U0937860

思源致远

上海交通大学史

第四卷　战争环境下坚持办学

（1937—1949）

主　　编　王宗光

本卷编著　漆姚敏　陈　泓

上海交通大學出版社

内容提要

本书以恢宏的卷帙记录了上海交通大学百余年厚重历史。以历史研究的客观与责任感，以全方位视角和近距离直击结合，以学术的精神和细致的笔触，在深入、广泛挖掘档案史料和现有出版资料的基础上，全景展示了上海交通大学自1896年建校至2006年共110年的历程。这是上海交通大学这所百年名校首次对本校建校历史背景、发展过程、经费运转、系科建设与演变、教学与课程情况、各时期教职员与学生分析，以及校园传统、风格、特色的形成等，作深入、周详的梳理与总结，是一部立意严谨的校史研究著作。

《上海交通大学史》按学校发展不同历史阶段，分八卷编著，此为第四卷“战争环境下坚持办学”。

图书在版编目(CIP)数据

上海交通大学史. 第4卷，战争环境下坚持办学/王宗光主编. —上海：上海交通大学出版社，2016
ISBN 978-7-313-14428-7

Ⅰ. ①上… Ⅱ. ①王… Ⅲ. ①上海交通大学—校史—1937—1949
Ⅳ. ①G649.285.1

中国版本图书馆CIP数据核字(2016)第012571号

上海交通大学史
第四卷 战争环境下坚持办学(1937—1949)

主 编：王宗光
出版发行：上海交通大学出版社　　地 址：上海市番禺路951号
邮政编码：200030　　电 话：021-64071208
出 版 人：韩建民
印 制：苏州市越洋印刷有限公司　　经 销：全国新华书店
开 本：787mm×1092mm 1/16　　印 张：26.5
字 数：488千字
版 次：2016年3月第1版　　印 次：2016年3月第1次印刷
书 号：ISBN 978-7-313-14428-7/G
定 价(共八册)：800.00元

《上海交通大学史》编纂委员会

（2011 年 1 月）

《上海交通大学史》编写组

（2011 年 1 月）

主编：王宗光

成员：（按姓氏笔画）

毛杏云　叶敦平　孙　萍　朱积川　朱隆泉　陈　泓

陈鑫木　范祖德　欧七斤　秦慰祖　龚诞申　盛　懿

蔡西玲　缪克成　漆姚敏　潘　鋐

序　一

先哲有云："欲知大道，必先知史。"历史之于国家，是兴替之镜，正身之基，致远之源，起着"鉴往知来，资政育人"的重要作用。特别是在中华民族伟大复兴的"中国梦"磅礴行进的今天，越来越注重从本民族的历史和文化传统中汲取智慧，积聚能量，夯筑根基，越来越注重传承和创新优秀传统文化的"中国声音"。习近平总书记曾反复强调：历史是最好的教科书，也是最好的老师，更是"最好的清醒剂"。"不忘历史才能开辟未来，善于继承才能善于创新。只有坚持从历史走向未来，从延续民族文化血脉中开拓前进，我们才能做好今天的事业"。

一个民族、一个国家尚且要"知道自己是谁，从哪里来，要到哪里去"，一所大学又何尝不需要挖掘自身的历史，传承厚重的文脉？作为国史与地方史的一种延伸，校史是大学文化建设的重要组成部分，也是大学文化层次的鲜明体现，更是大学精神凝练的源泉所在。离开校史，大学文化建设与精神追求就会成为无源之水，无本之木。

泱泱南洋，巍巍学府。上海交通大学诞生于19世纪末期，伴随中国近代化过程，它经历了晚清、民国和新中国三个历史时期。它的历史既是我国近代高等教育曲折发展的缩影，又是近代社会推陈出新在一所高校的生动反映。120年来，栉风沐雨、弦歌不辍，百年交大的历史就如同一座富矿，每一个采矿人都可以有自己的"发掘"：人才培养的辉煌成就；各个时代师生风采和精神风貌；不同时期校长们的办学理念和治校方略；名师大家在学科建设、教学科研中的睿智灼见；绵延百年的校风特点和精神灵魂；学校发展与国家民族命运的关系，等等，都值得思考和探究。与此相关的建校背景，学科布局、专业设置、师资建设、教学传统、优良学风、筹款方式、隶属关系、对外交流、校园变化等，也都值得细细琢磨，好好品味。这是交大百年历史文化的主要构成,亦是交大人非凡创造力的丰硕成果。

进入21世纪以后,上海交大面临的内外环境已发生很大变化。5 000多亩地的多校区办学空间、近5万人的师生规模、大批海外教师的引进、与原上海第二医科大学的强强合并,使交大多元文化背景的特点更加凸显。在此背景下,一所百年名校如何传承自己优良的文化精髓?如何让全体交大人拥有共同的文化烙印和追求,并在此基础上有所创新?如何让历史的深厚和世界的宽广交相辉映,在交大的校园里形成符合时代发展的新的精神文化?……这些涉及交大文化内核与交大人精神基因的问题,在创建世界一流大学的征程中,越来越需要做出回应与解答。而编纂一部真实、生动、系统、厚重的《上海交通大学史》,无疑能够为解读交大人精神内核与文化软实力提供智力支撑,也为交大争创世界一流大学奠定人文基石。

"盛世修史,懿年纂志"是中华民族千年传承的优良传统,也是当今社会主义文化建设的重大系统工程。《上海交通大学史》虽仅仅为一校之史,但其间世变幅度之大、时间跨度之长、经历曲折之多、涉及范围之广,在全国高校中都罕有其匹。如何真实记录学校的发展轨迹,如何系统梳理教育制度的演变,如何精彩描绘师生的生活图景,如何客观正确评论校史人物的历史贡献,如何科学总结百年办学的成败得失,凡此种种,都是编纂《上海交通大学史》的重点与难点,亦是对校史编纂者的巨大考验。所幸,自2006年110周年校庆之后,在以学校原党委书记王宗光教授领衔的校史编纂委员会的坚强领导下,集校内老领导、老同志、中青年校史研究队伍、校外专家学者的共同努力,历经十年艰辛,数易其稿,终于推出这一部卷帙恢弘的《上海交通大学史》,可谓"厚积薄发,十年一剑"。

古人云:"盖文章者,经国之大业,不朽之盛事。"翻开这部跨越三个世纪的厚重校史,重温交大往昔波澜壮阔的历程,我顿感心潮澎湃,为之动容,不胜感慨。我本人亦是上海交大在"文革"后恢复高考的第一届即"77级"学生,1982年本科毕业后,继续在母校攻读研究生,毕业后留校工作,直到1994年调离交大。应该说,我先后以学生身份与管理者身份亲身经历了交大在改革开放之后的17年岁月,对于这一时期交大学生"惜时如金"的学习热潮、享誉全国的管理体制改革、闵行新校区建设、派遣"世行生"等重大事件,都历历在目。衡诸这部《上海交通大学史》对这些史实的记载,应该说恰如其分地给予了还原与评价,较好地做到了资料翔实,持论平实,文风朴实,编排得当,征引规范。我相信,它出版面世后定能够经受时间的考验,成为一部可信耐读的优秀校史。

是为序。

姜斯宪

(上海交通大学党委书记)

2016年1月

序　二

上海交通大学是我国创建最早的高等学府之一。一百多年来，上海交大几度坎坷，历经沧桑，凝练积淀了优良的办学传统和厚重的文化底蕴，为国家造就了一批又一批各类专门人才，其中包括许多为民族独立、国家富强和科技发展、经济建设做出重大贡献的政治家、科学家、实业家、工程技术专家，可谓“桃李满天下，英才遍五洲”。新中国成立后，特别是改革开放以来，在党和政府的关心支持下，经过全体交大师生医务员工的奋发努力，百年学府焕发出勃勃生机，学校面貌发生了巨大变化。当年诞生于黄浦江畔只有数十人的南洋公学，如今已发展成为一所“综合性、研究型、国际化”的国内一流、国际知名大学，并正在向世界一流大学稳步迈进。

盛世修史，继往开来。上海交大的辉煌办学历程，既是一部承载着百余年来全体交大人励精图治、薪火相承的奋斗史，又是一个不断激励当今全体交大师生追求卓越、勇攀高峰的智慧库。上海交大历来重视校史研究与宣传教育，注重记录保存学校的发展轨迹与办学经验，更注重从中吸取不竭的精神动力。

自21世纪初年，学校将校史研究纳入大学文化和校园精神文明建设的重要部分，成立了校史编纂委员会，组织专门力量开展工作，编纂出版了一系列校史研究专著，如《上海交通大学纪事》(上下卷 2006)、《三个世纪的跨越——从南洋公学到上海交通大学》(2006)、《老交大名师》(2008)，在教书育人、对外宣传、自身文化建设等方面发挥了不可或缺的重要作用。如今，这部记载交大办学历史足迹、约计300多万言的《上海交通大学史》出版面世，这是学校校史研究的重要成果，是文化建设的基础性工程，更是向建校120周年的一次献礼。

在创建世界一流大学的征程中，大家愈来愈深刻地认识到，一所著名的大学不仅要有一流的物质条件，更要有一流的大学文化，要有经过历史沉淀又独具特色的传统风格、文化内涵与人文精神，形成引导激励全校师生的内在动力，这是一所大学的精髓和灵魂。建设以创新文化为主导的交大文化一直是创建世界一流大学的重要组成部分。《上海交通大学史》所记录的办学轨迹、展现的教育成就、总结的经验成果，正是上海交大精神文化的载体和底蕴，也是创建交大文化的根本与源泉。这部校史必将成为建设一流大学文化的重要组成，必将为创办世界一流大学提供有力的文化支撑。

“大学之道，在明明德，在亲民，在止于至善”。大学最根本的任务是培育具有社会责任、创新精神、实践能力的人才。大学的精神与文化传统对人才培育影响至深。《上海交通大学史》在梳理交大的发展脉络过程中，发掘了大量鲜活的历史事件、见微知著的师生校友轶事，提炼出真实历史背后所蕴含的大学精神、大学文化，这些都将成为莘莘学子成长成才的生动教材，有利于学生提高对“饮水思源、爱国荣校”内涵的理解，真正让“责任”成为凝结在每一位学子血液中的精神，成为一代代交大人不变的信仰。

《上海交通大学史》的出版，为广大师生、校友、教育同行以及社会各界关心交大发展的人士，提供了一部了解学校悠久历史和精神文化的优秀著述，也为交大自身大学文化建设、人才培育等提供了一份有价值的精神载体。在新的历史阶段，在国家推进双“一流”建设进程中，期待全校师生医务员工以更高境界、更大情怀，求真务实，努力拼搏，敢为人先，与日俱进，为建设中国特色世界一流大学，为中华民族伟大复兴作出不可替代的贡献。

马德秀

2011年2月第一稿

2016年1月修订

序　三

公元1896年，在甲午战败、民族危难之际，盛宣怀以“自强首在储才，储才必先兴学”的理念，创办南洋公学。

交通大学以“南洋”之名立，以“交通”之名兴。“交通大学”的校名源自1921年交通部所属四所学校合并而成大学之时。当“交通”二字的实业意义在历史的演化中渐渐淡去之时，作为校名，“交通”就成为一种文化和精神的传承。在“交通”之名下，交通大学的“大学”之道承载了“储才兴邦”的建校理想，光耀了“当为第一等人才”的办学理念，“傲立世界之巅，为民族谋进步，为人类谋福祉”，育人不辍，英杰辈出，成就了交通大学跨越三个世纪的辉煌，也让这座学府拥有了“天地交而万物通”的胸怀、气度及其独有的风格。

如果追溯到更远，中国传统文化对“交通”的理解源自庄子所云“交通成和而物生焉”，阐释的是一种宇宙观和价值观，是对宇宙万物和谐共生的哲学认知，是对自然规律的独特感悟。而“大学”一词的英文发源于中世纪西方都市生活及城邦初现时的拉丁文词汇“Universitas”，意指授予学位的由学生、教师和学者组成的多学科高等教育及研究机构。因此作为一所中国最早的现代大学，交通大学正是延续着中国传统文化的感性和西方现代文明的理性。中国传统之“交通”、现代西方文明之“大学”铸就的“交通大学”是历史与文化的交汇，也是思想与实践的贯通，所以成就其卓越，成就其辉煌。

“交通”为名，“大学”为道。

“交通”是校名，更是一种办学之道，真正让交通大学卓尔不群的，正是这种“天地交而万物通”“交通成和而物生焉”的办学之道。

大学是称谓，更是传承和创造的所在，真正让交通大学戮力同心、思源致远的，正是这种对大学精神、大学存在之根本意义的不懈追求。

在这样的大学之道下，交通大学自建校至今，无论世易时移，都赫然屹立于中国第一等学府之列。即便是几经辗转迁移，历尽艰难困苦，我们仍能在“上下交而其志同”的传承中坚持自己永恒的追求。

如今，集校史研究者多年心血编纂而成的八卷本《上海交通大学史》付梓出版，正是向世人展示交大人独特的情怀和追求，百余年的交大历史证明了：

交大是一所有追求的大学，交大人一直把感恩和责任放在首位。人才培养、科学研究、服务社会之交汇贯通是我们无时或忘的职责、本分和事业。交大人以发现和传播真理为己任，即使前路漫漫，荆棘丛生，交大人上下求索，从不懈怠。

交大是一所有灵魂的大学，交大人一直在追求思想的深邃。正是因为这种深邃，让我们拥有了宁静和淡泊，远离了喧嚣和浮华。“脱心志于俗谛桎梏，真理因得以发扬”。勤、朴、忠、诚之交汇贯通是交大人行为之准则。

交大是一所有思想的大学，交大人一直在追求文化的引领。“交通”之名赋予我们的是天地自然、社会人文相交相通之所在，更是阔达天地的视界和理想。交通大学聚天下之英才，攀智慧和思想之高峰，引领民主、科学和文化之发展。

回顾历史，交大的前辈先贤创造了无数的光荣。他们以天下兴亡、匹夫有责的气概，将办学与救国紧密结合，将求真与务实融为一体，以“明知不可为而为之”的自信和勇气站在时代最前沿，引领国家发展和社会进步，创造了无数个中国乃至世界的“第一”。面向未来，我们的梦想是把交通大学建设为一所大师云集、人才辈出、科技成果和人文思想交相辉映，在国家富强、民族复兴和人类文明进步的进程中，贡献卓著的大学！

“交通”为名，“大学”为道。交通大学的理想与风格、价值与追求将会成为真正的永恒。

张杰

2011 年 2 月第一稿

2016 年 1 月修订

序　四

巍巍学府，百年交大，历史是沧桑，也是明镜。上海交通大学一百多年来与中国近现代历史的百年兴衰相伴而行。交大“醒狮起、搏大地、壮哉吾校旗”，在中华民族救亡图存、跻身强国的历史进程中留下深深的印痕，积淀了众多精神财富。交大从艰难跋涉到奋力崛起的历史过程，一幕幕感人至深的历史场景，谱写了中国大学发展史上的辉煌篇章。对交大百余年校史的发掘与研究，并尽可能完整地编纂成书留存于世，既是一笔丰厚的历史遗产，也是一部用案例教育世人的哲学。总结和继承办学传统和经验，鉴往知新，启示后人。交大是谁、交大从哪里来、交大要往哪里去，这些问题的思考与解读，对于正在走向世界一流新征途的上海交通大学可以提供诸多有益的启迪。

峥嵘历程

上海交通大学校史编纂委员会自 21 世纪初开始，组织力量编写《上海交通大学史》，真实完整地记录学校从 1896 年至 2006 年共 110 年的办学历程和发展轨迹。经过十余年、十余位研究人员参与的编纂工作终于完成。110 年的历史演变似行云流水，又波澜起伏，激发我们无限感奋，引发我们长久思索。

上海交通大学始建于 1896 年。其时，在清王朝的统治下，内忧外患，国难深重，一些有识之士认识到“教育救国”的重要性。中国近代实业家盛宣怀向光绪皇帝呈奏《请设学堂片》，拟于上海创办南洋公学，造就政、法、商等兴国人才，获得清政府批准。从此，交通大学的前身——南洋公学在上海徐家汇创建，招生办学；先后设立师范院、外院、中院、特班、政治班及译书院、东文学堂等，选派留学生出国深造，探索从初等、中等到高等教育的办学体系，成为中国近代学制之肇端。清末民初，国内实业扩充，工商方兴，迫切需要高级实业技术和工程管理人才。学校及时调整方向，兴办工科，先后设置的铁路科、电机科、航海科、铁路管理科等在当时均为同类大学中仅见。孙中山曾来校为学生演讲，表达他"强国强种"的勃勃雄心，提出了10年筑成10万英里铁路的宏伟计划。

1921年，学校正式定名交通大学。由于政局动荡，学校虽曾几度更名，但坚持培养交通实业人才的宗旨不变。1928年，学校划归铁道部后，办学经费充盈，校园规模扩大，办学成效显著。30年代，学校继续延聘名师，添建校舍，拓展学科，成为以工科为主，兼重管理、理科的全国著名理工科大学，有"东方MIT(美国麻省理工学院)"的美誉。抗日战争爆发，交大师生在上海、重庆两地坚持办学，历尽艰难险阻，恪守交大办学宗旨，培养了大批战时急需的工程技术人才，涌现出可歌可泣的抗日英勇斗士。抗战胜利后，交大复员上海徐家汇原址办学，迅速恢复和发展理、工、管相结合的院系建制。爱国师生为了追求民主权利与社会进步，先后开展反"甄审""护校运动""反饥饿、反内战、反迫害""反美扶日"斗争等爱国民主运动，交大成为沪上的"民主堡垒"。

1949年5月，上海解放，交大的发展进入了新阶段。学校坚决贯彻新民主主义教育方针，积极参与新中国高等教育建设。师生们响应党和国家号召，纷纷投入到工业化建设的热潮之中。1952年，在高等学校"院系调整"中，交大许多学科及相关师生调往全国各地，为国家高等教育事业的布局和发展做出了贡献。1955年，国家决定交通大学西迁；1957年，在周恩来总理亲自指导下，决定交通大学分设两地，分别为交大(上海部分)、交大(西安部分)；1959年，中央决定交大(上海部分)和交大(西安部分)分别成为独立办学的上海交通大学和西安交通大学。

1961年，中央决定上海交大划归国防科委领导，成为一所国防工业高等学校。1966年，在"文革"的灾难中，学校工作全面中断，日常管理陷入混乱，知识分子成为批斗对象。校内外"造反组织"相勾结，批斗矛头直指广大师生和"老交大传统"。许多教师和科技人员忍辱负重，排除干扰，为国家教育、科技事业默默奉献，为国防科技事业做出贡献。1976年，"四人帮"被粉碎，交大师生在拨乱反正中率先批判"两个估计"，交大迎来了第二个春天。

20世纪70年代末，党的改革开放政策为社会主义现代化事业开创了新局面。上海交大在改革开放中抓住机遇和挑战，力求重振雄风，再现勃勃生机。交大党委带领全校师生积极探索并实践高校内部管理体制改革，为学校的重新崛起奠定了坚持改革开放、创新发展的思想基础。打开国门，走出校门，交大教授组团出访美国，成为新中国建立以后第一支访美的高校代表团。80 年代初，上海交大划归教育部直属，学校恢复理学科、管理学科，新建文科和新兴学科。1984 年，邓小平亲自接见上海交大干部和教师代表，热情鼓励学校的教育改革。在第六届全国人大第二次会议的《政府工作报告》中，肯定了上海交大的改革。90 年代开始，国家加大投入，加快建设闵行校区，改善办学条件，扩大办学规模，上海交大进入改革发展的快车道。

在全球科学技术迅猛发展的形势下，江泽民两次为母校题词，提出了建设世界一流大学的发展目标。教育部和上海市共建上海交大，批准实施国家旨在提升一流学科水平和创建世界一流大学的“211 工程”“985 工程”。随着综合实力增强，学校提出“综合性、研究型、国际化”的发展战略。跨入 21 世纪的上海交大发挥学科人才优势，利用大型企业的投资实力，得到闵行区政府的支持，实行大学、企业、政府三方战略联合，创建了由大学园区、研发基地、生态社会组成的“紫竹科学园区”合作新模式。交大借力及时拓展闵行校区，校园面积扩大至近 5 000 亩，顺势推进闵行校区二期建设，把世界一流大学的建设目标与新型校园的建设紧密结合，于“十一五”中期实现了闵行主校区的全面竣工和办学重心的顺利转移。1999 年，上海农学院并入交大；2005 年，上海交大与上海第二医科大学合并，成立新的上海交通大学。目前，上海交通大学已成为一所拥有理、工、农、医、文、法、管等学科，并拥有大批科学研究机构、众多附属医院的国内一流、国际知名大学，正在向世界一流大学稳步迈进。

纵观上海交通大学的发展历史，正是中国高等教育事业从无到有，由小到大，由弱到强，不断发展、创新的历史进程。

今天，我们以学校历史发展的纵向脉络为线索，编纂《上海交通大学史》，全书共 8 卷，依学校自身发展阶段划分为 8 个时期，每个时期 1 卷。其中，中华人民共和国成立之前分为 4 卷，之后分为 4 卷。全书共 300 余万字，约 1 000 帧照片。本着“以史为鉴”的精神，我们既注重历史真实性、可读性，更关注学术性、科学性，努力写成一部史料翔实、结构合理、观点鲜明、文风活泼的史学著作。

《上海交通大学史》记录办学历史，展示育人成果，总结经验得失，是学校建设一流大学文化的重要组成部分，必将为创办世界一流大学提供有力的文化支撑。校史研究是一项长期的工作，随着时代的发展与进步，对于一些历史事实的分析见解可能会有新的认识和结论。上海交大的校史研究工作还将继续坚持“以史鉴今、资政育人”宗旨，不断推陈出新，展示更多高水平的研究成果。

学人足迹

解读校史,值得自豪的是,百余年来,上海交大拥有一大批具有先进办学理念和大学精神的校长,拥有一大批学识卓越、众望所归的名师、学者,拥有一大批走出校门后为国家、民族和人类社会作出杰出贡献的莘莘学子。在不同历史时期,这些校长、教师和校友们留下许多精彩纷呈、可圈可点甚至可歌可泣的历史印迹,共同铸就了百年交大的历史丰碑。

第一,交大有一批志存高远、精于治学的校长。一代又一代掌校者为办好交大,为交大的建设与发展竭尽心智、巨擘鼎力,造就了学校的辉煌历史。

他们始终坚持"兴学强国"的教育观。一百多年前,盛宣怀创办南洋公学的目的,就是为了"强国",提出"自强首在储才,储才必先兴学",培养"经世济国"人才的思想。唐文治倡导培养"求实学、务实业"的救国人才,要造就"中国之奇材异能"。叶恭绰、黎照寰等是孙中山实业计划的忠实执行者,他们着力培养"实业计划的实行家""高深建设专才",以使中国摆脱贫弱,自立于世界民族之林。新中国成立以后,在社会主义工业化建设统一布局下,学校围绕培养多科性工科人才、国防工业人才的任务不懈努力。改革开放以来,学校顺应建设中国特色社会主义的发展要求,为实现中华民族之伟大复兴,以"继往开来,勇攀高峰"的精神,确立了创建世界一流大学的目标,制定并实践了"综合性、研究型、国际化"的发展战略,学科领域不断充实与拓展,逐步形成注重人的全面发展的创新型人才培养模式。交大人就是这样,以国家利益为己任,始终把自己的荣辱兴衰与国家的命运紧紧联系在一起。

他们始终主张"第一等人才"的培养观。唐文治提出了著名的"第一等人才"的培养观:"须知吾人欲成学问,当为第一等学问;欲成事业,当为第一等事业;欲成人才,当为第一等人才。而欲成第一等学问、事业、人才,必先砥砺第一等品行。""争第一"的思想成为交大百余年来人才培养的基本理念。交大的"第一等人才",明确以德育为前提和基础。唐文治曾说:"道德,基础也;科学,屋宇垣墉也。彼淹贯科学,当世宁无其人,然或忘身徇利,一旦名誉扫地,譬如基础未筑,则屋宇垣墉势必为风雨所飘摇而不能久固。"长期以来,学校除了专门学科的培养,还注重学生的人格养成。张铸、黎照寰都提出,"注重知识的获得,身体的锻炼,道德的修养,充分准备一切,务使成为一个完全的人。""完全之人,斯有不朽之事业,此教育之本旨也。"20 世纪 50 年代,彭康强调人才培养"要有明确的方向,这就是为社会主义服务";应该多培养几个像钱学森那样的人民科学家,才是最大的政治。进入 21 世纪以来,交大十分强调青年学生的科学精神与人文精神的紧密结合,为人的全面发展着力打造健康向上的精神家园。

他们始终坚持以世界先进的办学水准为追赶目标的发展观。唐文治的办学心愿是“冀与欧美各国颉颃争胜”；叶恭绰认为交通大学与欧美大学“未必无同趋一轨之日”；黎照寰力求把交大办成一所国际著名大学。进入20世纪80年代，江泽民为母校题词：“百年大计，教育为本，努力把上海交大办成第一流大学。”1995年12月，江泽民再次为母校百年校庆题词：“继往开来，勇攀高峰，把交通大学建设成世界一流大学。”恰似春雨甘霖，润物无声，“建设世界一流大学”已成为上海交大人的共同理想和奋斗目标。

他们始终践行锲而不舍、坚韧不拔的奋斗观。交大在一百多年办学过程中，一路坎坷，几度危难，曾多次面临中途夭折的困境。但是，掌校者一次又一次坚韧不拔的努力，擎大厦于将倾，挽学脉于临危。首任校长何嗣焜为学校的创建呕心沥血，伏案发病，溘然长逝。1902年底，袁世凯趁校内学潮之机，企图迫使学校停办，盛宣怀不甘校业就此夭折，千方百计筹措办学经费，维系学脉。民国初年，百废待兴，学校又面临经费无着的状况。唐文治带头减薪，师生同舟共济，终于渡过难关。20年代，军阀混战，时局不稳，凌鸿勋临危受命就任交通部南洋大学校长，竭力维持校基，终使学校得以承续。抗战爆发后，黎照寰、张廷金、徐名材、吴保丰等主校者，忍辱负重，历尽艰辛，坚持在上海和重庆两地办学，力保学业不被中断。新中国成立后，学校经历了院系调整、迁校等重大变动，学科、师资、设备等实力大为削弱；又经历“文化大革命”的摧残破坏，上海交通大学的规模、层次一度明显处于国内著名高校之后。“文革”结束，恰逢党的改革开放政策，交大领导班子遵循党的基本路线和方针政策，不失时机地抓住了科教兴国的发展机遇，坚持改革开放实践，在激烈竞争中迈开建设世界一流大学的步伐，获得社会认可和国家支持。

“穷且益坚，不坠青云之志。”面对复杂的局面能够做到独立思考、积极应对，在一次又一次的机遇和挑战中坚持拼搏，力争最好的结果，这正是交大掌校人的基本素养。

第二，交大有一批树人育才、众望所归的名师、学者。交通大学一贯重视教师队伍建设，以拥有高水平的师资为办学之本。20世纪二三十年代，有一批如胡明复、周铭、徐名材、裘维裕、胡敦复、唐庆诒等著名教授。40年代，交通大学在重庆期间，条件十分艰苦，仍然吸引了包括张钟俊、曹鹤荪、辛一心等在内的一批留学归国的青年英才来校执教。正是先贤们无怨无悔地躬耕于三尺讲台，才奠定了交大的百年基业。

他们具有心系国脉、底蕴深厚的爱国情怀。学校创办初期，所聘用的教师大多为中国现代第一、第二代知识分子。他们成长于中国传统文化土壤，又受到新思想的启蒙。在当时腐朽落后的社会现实和帝国主义列强的欺凌面前，他们抱有强烈的救国、报国之志，以“国家兴亡，匹夫有责”为座右铭；坚持独立人格和职业操守，视安贫乐道、坚守节操为人生追求。他们在风雨变幻的时局中,守望真理,矢志不移,决不以原则做交易,不辱教师之神圣使命。南洋公学特班总教习蔡元培曾向封建势力争取学生的民主权利,未果后愤然离校,另组"爱国学社"接纳辍学学生。抗战爆发,交大教师"仰天长啸,壮怀激烈",有的忍辱负重坚守教师岗位继续传道授业,有的宁可失业不向伪政权弯腰,有的历尽艰辛远赴重庆任教。上海解放前,为保护爱国学生躲避反动军警的追捕,吴保丰、王之卓都曾用校长汽车把学生送出校门到达安全地带。新中国建立后,交大教师以极大热情投入社会主义现代化建设高潮,为了响应党和国家号召,很多交大人告别大上海,毅然奔赴祖国各地艰苦创业,为新中国高等教育事业的蓬勃发展做出贡献。"文革"中,教职工不满"四人帮"的倒行逆施,欲教不能,欲罢不忍,大多仍旧坚守业务岗位,取得众多科研成果。党的十一届三中全会后,交大师生群情激昂、解放思想,率先提出否定"两个估计",重新恢复"老交大传统",焕发学术青春,抢回"文革"中失去的宝贵时间,积极开创教学、科研工作的新局面。

他们具有学贯中西、能文能武的真才实学。交大教师大都具有海外留学或工作的背景,同时,他们中的许多人还具有在工商业或政府实业部门的工作经历。他们不仅始终把握世界科技发展前沿动向,而且善于应用科学理论解决实际工程技术问题。交大教师为中国工程教育作出开创性的贡献,把广阔的国际视野和实际的应用能力融入教育与教学,用严格的学术精神开展大量丰富的实践教学以资验证,这些都是交大教师的显著特点。校友们回忆,交大的"实验教育这个过程教导你如何创新"。既有高深学问,又有实际才干和经验,学贯中西、真才实学成为交大教师的基本特征。因此,早在20世纪二三十年代,交大就成为知名高等学府,被誉为"中国工程师的摇篮"。

他们具有传道授业、德技双馨的人格魅力。交大教师融"传道、受业、解惑"于一身,不仅教书,而且言传身教如何做人,把中华文化传统的道德教化、修养情操一并传授给学生。在他们心里,爱国家就是爱交大、爱学生,就是兢兢业业地上好每一节课。授课时,逻辑缜密,析理清晰,出神入化,精美绝伦,讲解科学理论游刃有余,说明实际问题信手拈来。多年以后,学子忆此仍然津津乐道:"如痴如醉,大有孙猴子在听菩提祖师说法时的闻得大道那份喜悦。"邹韬奋回忆国文教员沈永癯"尤其受他的熏陶的是他的人格的可爱","是我一生做事所得力的模范。"钱学森在晚年把陈石英、钟兆琳两位老师视为对他"影响最大的老师",感悟"师恩永志于心"。众多学子在人生重大转折关头都得到交大教师真诚地呵护与无私的教诲。20世纪80年代后,交大的唐坤发、晏才宏、金正均等教师业务精湛,教学执着,深受学生爱戴,即使遭受病痛折磨,仍然坚持到生命的最后一刻,鞠躬尽瘁,死而后已。有学生怀念曾继铎教授,撰写对联,上联为"读万卷书,行万里路,桃李满天下",下联为"不谄不媚,傲骨铮然，浩气留人间”，横批“一代名师”，可谓对交大教师学识与人格的高度概括。

第三，交大有一批秉承校风、勇于担当的莘莘学子。古今中外，校友是学校的财富，是母校的骄傲，交大更甚。交大学生的心声是“今天我以交大为荣，明天交大以我为荣”，莘莘学子带着“饮水思源、爱国荣校”的母校情怀离开交大，走向社会。

他们传承着优良的爱国传统。叶恭绰校长回忆道：“交大学风，素称淳实”，“本校学生，潜心努力，有爱国不忘求学，求学不忘爱国之风。”“捐躯赴国难，视死忽如归。”辛亥革命前后，校友唐榕柄在广州、白毓昆在滦州，一南一北，响应革命，后均英勇就义。五四运动、五卅运动、“一二・九”运动中，交大学生都积极参与。在抗日战争及历次革命战争中，交大学生挺身而出，前赴后继，一些人因此献出了宝贵生命。侯绍裘、陈虞钦、邹韬奋、费巩、杨大雄、杨潮、曹炎等革命英烈长眠在上海龙华、南京雨花台、重庆歌乐山及各地烈士陵园之中。1945年后，交大的爱国进步学生战斗在第二条战线上，为争取民主进行顽强斗争，穆汉祥、史霄雯惨遭杀害，烈士安葬在交大徐汇校区的校园里，竖立纪念碑，成为永远的纪念。新中国成立后，交大毕业生满腔热情在祖国各地投身社会主义建设事业，涌现出无数优秀人物和先进事迹。黄志千、华怡等是他们的突出代表，成为交大人学习的楷模。

他们发扬了勇于创新的科学精神。探索科学、坚持真理是交大人的不懈追求。物理学教授裘维裕曾说：“大学的使命，是要养成一种健全的人格，训练一种相当的科学思想，有了这种训练，毕业之后，无论什么工作都可以担负，都可以胜任。”交大人把求真务实作为毕生的行为准则，处理问题喜欢“较真”，先要弄清道理再下结论。物理系1947年毕业生胡国定体会到，交大的学生“对复杂的新事件，总要先独立思考弄清楚问题，再下决心怎么去做。这就是交大的‘慢热’”。许多校友回忆说，交大培养了我们独立工作能力，交大教会了我们怎样去做研究；独立思考，遇到问题自己去解决已成为交大学生的习惯。这也是他们具有开拓创新能力的重要原因，为国家建功立业的素质基础。百余年来，在献身科技事业的交大校友中，有“人民科学家”钱学森，“国家最高科学技术奖”获得者吴文俊、徐光宪、王振义等；还有我国第一台中文打字机发明者周厚坤，第一台变压器的设计制造者周琦，第一台发动机的设计制造者支秉渊，第一架喷气式歼击机的设计制造者黄志千、“歼-7之父”屠基达、“歼-8之父”顾诵芬，第一枚液体燃料探空火箭的设计制造者王希季，第一艘万吨远洋货轮“东风号”的总设计师许学彦，第一艘核潜艇的设计者黄旭华，第一台自主设计与集成的作业型深海载人潜水器“蛟龙号”总设计师徐岂南，第一艘航空母舰“辽宁舰”总设计师朱英富，等等，他们的业绩在中国科学技术发展史上留下了浓墨重彩的一笔。

他们展现了始终如一的实干风格。求真务实是交大师生最鲜明的风格。学生在校经过严格的科学培养和精准的实验训练,深植实事求是的思想根基。唐文治校长提出“实心实力求实学,实心实力务实业”的要求;学校逐渐形成了“务朴纳,汰浮华,好实践,恶空谈,学则中西并重,而以实用为归”的校风。百余年来,交大的学子遍布各行各业,上天入地下海,声光电化齐备,既是先锋队,逢山开路、过水搭桥;又是螺丝钉,不计名利、默默奉献。交大学生崇尚实干、不骛空谈,敏于行,讷于言,能摈弃浮躁,作风扎实,实践动手能力强,已成为社会口碑。

1926年10月,在学校30周年校庆时,为感谢培养之恩,原师范班校友捐建的自流井取义“饮水思源”赠予母校;此后,“饮水思源”碑矗立在交大校园,成为交大标识,代代相传。改革开放以来,海内外校友纷纷回校,关心母校的建设与发展,许多人捐资助学,回馈母校,一幢又一幢由校友捐赠的建筑物出现在徐汇、闵行等校园中。地球虽大,“饮水思源”亦如磁石般吸引着天涯海角的交大人遥相呼应。“饮水思源,爱国荣校”是一种承诺,它把质朴的感恩与交大人扎实勤奋的事业心紧紧联系在一起;“饮水思源,爱国荣校”是一种情怀,它把道德、理想、情操与交大人崇尚的价值观紧紧联系在一起;“饮水思源,爱国荣校”是一种境界,它把学子与母校、个人与国家、民族与人类、历史与现实、科学与进步都紧紧地联系在一起,凝聚成交大人的世界观、人生观和价值观。

一代又一代交大学子,带着他们的智慧、学识和人生理想,走向大海,走向蓝天,走向祖国最需要的地方。无论是风雨如晦的年代,还是奋发图强的岁月,无论是工业现代化的召唤,还是改革开放奔小康的实践,无论立足国内,还是走出国门,他们都在人生的舞台上,显身手、展才华,以他们的聪明才智和热血青春回馈祖国、回馈社会、回馈全人类。在一百多年的办学历程中,黄炎培、邵力子、李叔同、蔡锷、王宠惠、蒋梦麟、邹韬奋、陆定一、汪道涵、钱学森、周建南、吴文俊、徐光宪、李天和、江泽民、葛守仁、王振义等都是交大学子的杰出代表。数十万交大人足迹遍及海内外,他们把交大的拼搏精神与实干作风带向四面八方。

思源致远

2006年,上海交大建校110周年之际,江泽民再次为母校题词:“思源致远”。这是对中华民族悠久的传统文化与交大百年传统精神相结合的高度概括。

“思源”最早见于北周庾信的《徵调曲》:“落其实者思其树,饮其流者怀其源。”表达了人们质朴的感恩情怀。“致远”在《周易》《论语》中均有表述,最著名的应为诸葛亮《诫子书》中“非澹泊无以明志,非宁静无以致远”,成为一代又一代知识分子的座右铭。

交大人为“思源致远”赋予了更深刻的意义。“思源”,凝聚着交大人对于自然、人文和社会的深厚浓重的历史观;“饮水思源,爱国荣校”被广大师生和校友们公认为交大校训。除此之外,交大人常思社会历史之源,常思人类认知之源,常思科学探究之源,寻求探索真理、开拓创新的力量源泉。“致远”,彰显出交大人刚毅淡定、高瞻远瞩的发展观。盛宣怀办学时就提出:“窃惟时事之艰大无穷,君子以致远为重。”黎照寰校长则教导学生:“才识丰,体力雄,志行高,具此三者,始能任重致远,为国效劳。”20 世纪初公布的《上海交通大学章程》提出了学校的使命:建设“综合性、研究型、国际化的世界一流大学”。“思源致远”,引领着交大人在学校建设、国家自强、民族复兴的伟大事业中树立应有的境界、胸怀和高尚追求,承担起作为一名交大人必须承载于肩的历史责任。

“无边落木萧萧下,不尽长江滚滚来。”回顾上海交通大学所走过的一百多年历史,怎不令人浮想联翩。历史长河,征途漫漫,交大人闯过了一次又一次艰难险阻;面向未来,交大人仍将不懈求索,勇于面对一次又一次机遇和挑战。历史已证明,交大人必须同舟共济、结伴前行;再铸前程更要求交大人别无旁骛、同心协力。

“建设世界一流大学”是一代又一代交大人共同的梦想。在此,我们谨以这部《上海交通大学史》奉献给每一位关心和热爱交大的师生和朋友,让《上海交通大学史》成为交大历史丰碑上的又一块基石,承百年薪火,续千秋伟业。

王宗光

2011 年 2 月第一稿

2015 年 12 月 31 日修订

目 录 | CONTENTS

在重庆的交通大学(1940－1945)

抗战胜利后的交通大学(1945－1949)

前　言

1937年7月—1949年9月，中国先后经历了抗日战争和解放战争。已有40余年历史的交通大学，由此进入了一个在战争环境中办学的历史时期。其间，学校经历了被迫迁至上海法租界、在重庆办学和上海、重庆两地师生复员徐家汇校园三段历程。由于时空交错，历史语境迥乎不同，为相对完整地展现出各阶段的历史面貌，本卷将按在上海的交通大学、在重庆的交通大学以及抗战胜利后的交通大学三部分分别记叙。

在上海的交通大学

1937年7月7日，卢沟桥事变爆发，日本对中国发动全面侵略战争。8月13日，日军进攻上海。在中华民族危亡时刻，在20世纪二三十年代已有相当发展的交通大学，面临着生死存亡的严峻局面。学校曾一再要求内迁，均被国民政府否决，师生被迫在法租界内租房上课。随着日本侵略战争的扩大，租界生存环境日益恶化，为应对局势、保全校产、继续办学，1941年9月，学校对外改称私立南洋大学。1942年暑假，日军进入法租界，学校被迫为汪伪政府管辖，直至抗战胜利。

由于战争，学校的实验设备、图书资料、房产等损失巨大，加之经费、校舍、设备等条件的限制，教学和实验不能正常开展。与抗战前相比，这一时期交大的教学、实验均处于十分困难的阶段。学校经费短绌，师生生活困窘。然而，在强敌环伺、风雨如晦的艰苦环境中，黎照寰校长、张廷金校长和全校师生忍辱负重，以坚忍不拔的精神、坚持严谨的学风，弦诵不辍，战前学校已初具规模的理、工、管三院制以及老交大的优良教学传统得以延续。

在重庆的交通大学

1940年秋,后方抗战和建设急需交通工程人才,重庆的交大校友鉴于教育对工业建设重要性的认识以及对母校的关注,热心奔走,得到教育部、铁道部的支持,交通大学分校在四川重庆小龙坎诞生,徐名材任分部主任。1942年8月,学校迁往重庆九龙坡,成为国立交通大学本部,吴保丰出任校长。

在重庆,学校秉承老交大的优良传统,重视招生质量,注重基础训练。更由于一批青年教师从国外学成归来,学校的教学质量、教材建设等方面都呈现出新的面貌。在广大师生的共同努力和广大校友的热忱支持下,学校新办了航空系、造船系、工业管理系、航海科、轮机科等系科以及电信研究所,为战后学校的进一步发展奠定了基础。

八年抗战,交通大学的校园被日本侵略者占据,学校遭受到从未有过的损失和煎熬。然而沪渝两地交大师生在民族危难之际,体谅时艰,自强不息,无论是在沪借地求存还是在渝异地办学,都经受住了最艰难的考验和锻炼。在环境恶劣、经费短绌、生活困苦的条件下,师生坚持办学,继承并发扬了交通大学优良的教学传统。

抗战胜利后的交通大学

抗日战争胜利后,重庆师生分批复员上海,和原在租界办学的师生一起,回到交通大学徐家汇原址继续办学。与此同时,中国人民又将面临内战的灾难,学校又面临着新的考验。1945—1949年,吴保丰、程孝刚、王之卓先后任校长,学校恢复理、工、管三院制,在院、科、所设置上均有一定的扩充,全校共有18个系、2个专修科和1个研究所。三位校长为发扬学校的优良办学传统并使学校恢复发展,提出"注重实际而施以严格训练"的教学原则,力求培养"以理为基础、工为应用的高质量的研究人才、工程人才、教育人才",并从招生择优录取、加强基础教学以及对学生严格要求等方面,采取积极的措施,恢复和健全了各种规章制度,聚集了一支具有相当学术水平和丰富教学经验的师资队伍,学校办学水平不断提高。

20世纪40年代末,学校处于黎明前最黑暗的时期,中共交大地下党总支团结广大学生和教师、职工先后进行了抗议美军暴行的斗争,反饥饿、反内战、反迫害斗争,"反美扶日"斗争,护校斗争,以及解放前夕的战斗等,成为中共党组织在上海学生运动的重要基地之一,被誉为"民主堡垒"。全校师生满怀热情,迎接解放。

1949年5月,上海解放,交通大学的历史翻开了新的一页。

（1937—1945）

在上海的交通大学

第一章
在上海办学

第一节　迁校法租界

一、抗战爆发及学校改隶教育部

1937年7月7日，日本军国主义者在卢沟桥发动了对中国的全面侵略战争。日军长驱直入，短短5个星期，就把侵华战火从华北扩大到华东。战区的几十所高等院校遭到了空前的浩劫。救亡图存，迁校内地，成为战区院校的必然之选。1937年8月开始，中国高校纷纷向远离战火的中国西部地区迁徙。

8月13日，日军进攻上海。淞沪抗战开始。在全民抗日浪潮的推动下，国民政府于8月14日发表《自卫抗战声明书》，宣告："中国为日本无止境侵略所逼迫，兹已不得不实行自卫，抵抗暴力。……中国决不放弃领土之任何部分，遇有侵略，惟有实行天赋之自卫权以应之。"①中日双方在上海展开激战。11月5日，日军加强对华侵略，增派部队从杭州湾登陆，中国军队腹背受敌，在付出极惨痛的牺牲后，不得不撤离上海。11月中旬，上海华界全部陷落。

---

① 复旦大学历史系中国近代史教研组编：《中国近代对外关系史资料选辑》（下卷第2分册），上海人民出版社1977年版，第11页。

1937年淞沪抗战爆发后,日军轰炸上海市区,闸北一带火光冲天

战前,上海市有各类高校32所,10月中旬,上海高校被炸毁或被占领者达14所之众,[①]处境岌岌可危。面对日军侵略,交通大学与沪上大多数高校一样面临着驻守或是迁移的重大抉择。离开上海迁校内地,是交通大学的首选。然而,交通大学的内迁计划进行得并不顺利,最终不得不滞留沪上,这与当时国民政府制定的应对措施是分不开的。

抗战全面爆发之初,国民政府并没有内迁高校的打算。国民政府行政院于1937年8月11日发布的《总动员时督导教育工作办法纲领》中规定:"战争发生时,全国各地各级学校及其他文化机关务必镇静,以就地维持课务为原则。"八一三战端一启,沪、宁、杭以及华东、华南地区的更多高等院校受到战火威胁。教育部开始考虑战争长期性对高等教育的影响,于8月19日发布《战区内学校处置办法》,密令将上海、南京、北平、天津、青岛等8个区域视为战区,敕令各省市教育厅局,如其主管区域辖有战区,应斟酌情形作下列处置:"一、于其辖境内或辖境外比较安全之地区,择定若干原有学校,即速尽量扩充或布置

① 中共上海市委党史研究室编:《上海市抗战时期人口伤亡和财产损失》,中共党史出版社2010年版,第125、126页。

简单临时校舍，以为必要时收容战区学生授课之用，不得延误。二、受外敌轻微袭击时仍应力持镇定，维持课务，必要时得为短期休课。三、于战事发生或迫近时，量予迁移。其方式得以各校为单位，或混合各校各年级学生统筹支配暂时归并，或暂时附设于他校。四、暂时停闭。”办法为战区院校设计了在非战区学校收容学生、维持课务或短期休课、迁校、暂时停闭等4种出路。

但是，对于上海各高等院校的出路，国民政府的考虑却有所不同，认为上海作为一个国际大都市，乃“中外观瞻所系”，上海开战必引发西方列强的干预，以淞沪会战牵连各国在沪利益，促使美、英、苏等大国或国际组织干涉调停，即可达到总体解决中日争端问题，达到保障现有主权和行政领土完整的“和平”目的。因此决定“不惜任何牺牲，予以强韧作战”，实施“以战求和”的策略。[①] 政府并无放弃上海之意，自然也不主张上海的高校往内地迁移，教育部对沪上高校的应变安排也随之做了调整。相比中央大学于9月23日接到教育部正式批复准许学校西迁重庆，[②]一周之后，即9月30日交通大学接到教育部文件《战事发生前后教育部对各级学校之措置总说明》，其中对上海专科以上学校的安排却是：“凡可在租界内开班者，仍应设法开学。”

交通大学本由铁道部管辖，此时接受教育部安排，是因为恰在淞沪抗战前夕，学校已由铁道部移归教育部直辖。学校自成立以来就与交通部门关系密切，交大毕业生由交通部门安排工作，这也是吸引优秀中学生投考学校的重要原因。因此，6月学校将由铁道部改隶教育部的消息刚发布时，曾遭到交大师生及校友们的普遍反对。6月13日，交大教授会致电蒋介石和行政院代院长王世杰：

> 交大自清末迄今四十余年，所造就工程管理科学人才服务于全国交通实业各界者数以千计。近年中央招考出洋研究生被录取者本校学生亦常十居六七，盖因本校课程能超脱编制之限制，常酌量国家需要而随时适应之……本校向归邮传、交通、铁道等部管辖，一切编制课程悉以交通上实际需要为归依，非与各路当局密切合作不能达到学以致用之目的……似不宜使本校与铁道部脱离关系。[③]

电文恳请：“以历史言、以成绩言、以效用言”，交通大学均不宜改隶。以后，交大教授会又呈书国民政府，提出：交大原有组织及课程与教育部现行大学组织法有出入，移转管辖之

① 葛业文：《淞沪抗战》，团结出版社2005年版，第165页。陈诚：《八年抗战经过概要》，《抗日战争时期国民党战场资料选编》（第一册），第7页。

②《四川大学史稿》编审委员会编：《四川大学史稿》（第四卷），四川大学出版社2006年版，第94页。

③《交通大学校史》撰写组：《交通大学校史资料选编》第2卷，西安交通大学出版社1986年版，第315－316页。

后，不宜率尔裁、撤、减、归、并；交大的办学传统乃学校四十余年办学经验之所积，应当求其充实改进，不应轻易改变；学校不宜与铁道部脱离；由教育部、铁道部合组校务委员会，教授代表不宜过少。6月底，交大教授会推举周铭、林叠、陈石英、庄智焕、潘承梁五位教授"代表我校全体教授为学生谋出路，为我校觅保障"，赴南京，至教育部、铁道部陈情，受到铁道部部长张嘉璈的接见。代表们表示希望铁道部保留对学校毕业生分派工作的成例，并成为"永久的成案"，同时请求保留交大数学系等基础学系。代表们的意见受到了张嘉璈的重视，他当场应允所请。[①]

在学校师生、校友的积极争取下，国民政府教育部最终作出让步。8月1日，交通大学由铁道部移归教育部直辖，但经费仍由铁道部拨给。科学学院改称理学院；土木、机械、电机三工程学院改称系，合组为工学院；管理学院改称与否由校务委员会自行商定。校务委员会除教育部高教司司长及本校校长为当然委员外，由铁道部聘请三人，教育部聘请四人，共九人组成。除以上变动外，所有人事、机构、专业和课程设置、教学要求等均未改变，学校的办学传统得以完好维护。

黎照寰校长
(1930—1944年
在任)

二、内迁受阻

淞沪抗战的三个月间，随着战事深入，战线由东逐渐西移，地处上海西南的交通大学徐家汇校园很快便濒临战火，校方意属迁校内地，并为此持续不断地向所属的上级教育部、交通部[②]呈函请示，为内迁做了种种努力。

七七事变前夕，重庆交通大学校友会已经数次来函请母校早日迁渝。7月底南开大学遭日军炸毁，举国震惊，黎照寰校长致电南开大学张伯苓校长表示慰问，同时向主管机关教育部及铁道部提出迁校请求。上海战事爆发前一天，即8月12日，学校收到教育部答复，不同意交通大学内迁请求，只同意"本学期得延展至九月二十日开学"。9月6日，教育

① 上海交通大学校史编纂委员会:《上海交通大学纪事(1896—2005)》(上卷)，上海交通大学出版社2006年版，第280页。

② 1938年1月交大原主管机关铁道部并入交通部。

部又密电黎照寰校长:“工程教育,最关紧要,交大素著成绩,政府期望至殷,所处环境可勉力进行,务望立即设法开学,为国效力。”还是要求交通大学做在上海开学的准备。

9月初,学校给尚未返校的学生们发去函件,询问:“1. 假定9月20日开学,该生能届期回校上课否？如以交通不便,至迟何日可到校？2. 该生拟否赴他校借读(何校)？(如拟借读证书随后寄达。)3. 如回校上课拟否参加他种活动？4. 各种费用可以如期缴否？5. 宿膳可以自理否？”回函能按时到校者寥寥,远者甚至到校日期都无法预告。外地学生返校后自理宿膳也有困难。更有不少学生及家长在复函中请求迁校,如学生杨汝楫的复函中就写道:“但今校址位于战区,纵令开学,学生冒险到校亦难安心求学。伏望学校向教育当局请求将校址迁入安全地带。”

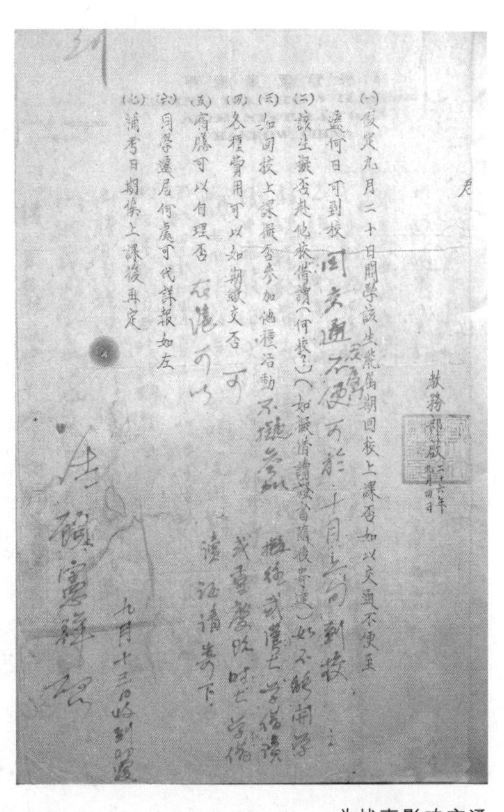
(一)假定九月二十日開學該生能届期回校上課否如以交通不便至遲何日可到校
(二)該生擬否赴他校借讀(何校?)(如擬借讀證書隨後寄達)
(三)如回校上課擬否參加他種活動
(四)各種費用可以如期繳交否
(五)宿膳可以自理否
(六)同學遷居何處可代詳報如左
(七)補考日期俟上課後再定

为战事影响交通阻塞征询学生函

这时日本侵略军已经逼近徐家汇,学校校园上空每日均有日本飞机多架低飞盘旋,师生生命安全受到严重威胁。学校成立维持治安委员会,专门制定护校方案,约定以上课电铃为空袭警报,停电则鸣锣为号,失火以敲上院前的大钟为号,并在图书馆后的土山下辟一空场作为空袭避弹处,购米12石存校外宿舍以防万一。9月13日,黎照寰校长致函教育部,呈报拟在邻近的法租界租屋数处,专供三、四年级学生上课;一、二年级人数较多,则拟迁至浙江兰溪或其他内地安全地点,必要时三、四年级学生亦迁往该地。未几,敌我战机在徐家汇上空交战,流弹从学校图书馆飞过,落在近旁的南洋模范中小学里。学校教授会决议学校暂时迁移内地,并在东南区找寻适当校址。黎照寰校长再次致电教育部,请求让一、二年级迁往浙江兰溪或内地上课,后又派出教师罗君惕去浙江绍兴勘查禹陵地区的房屋,准备迁移。然而,10月1日的教育部来函再次否决了学校的内迁计划,理由是:迁浙江兰溪不安全,因兰溪与金华为邻县,敌机曾投弹于迁至金华的同济大学校址,交大不宜再迁兰溪,以增敌人袭击之目标;现时应即在原址及上海租界内其他地点设法疏散,各年级一律开

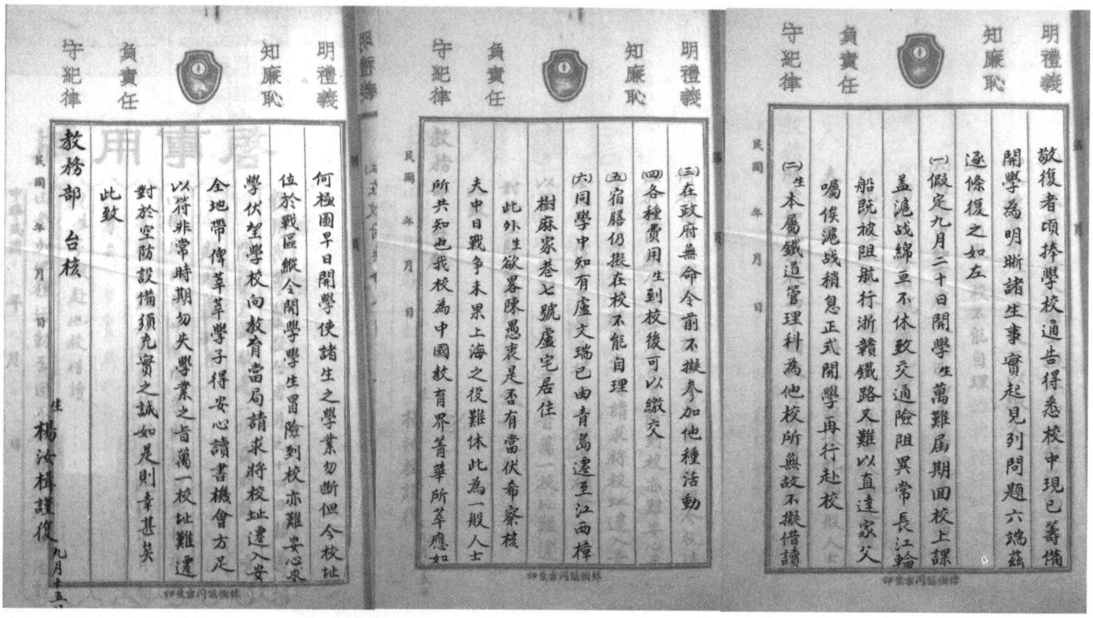
敬復者頃捧學校通告得悉校中現已籌備開學為明晰諸生事實起見列問題六端兹逐條復之如左
(一)假定九月二十日開學生萬難屆期回校上課 蓋滬戰綿亘不休致交通險阻異常長江輪船既被阻航行浙贛鐵路又難以直達家父囑俟滬戰稍息正式開學再行赴校
(二)生本屬鐵道管理科為他校所無故不擬借讀
(三)在政府無命令前不擬參加他種活動
(四)各種費用生到校後可以繳交
(五)宿膳仍擬在校不能自理
(六)同學中知有盧文瑞已由青島遣至江西樟樹麻家巷七號盧宅居住
此外生竊署陳愚衷是否有當伏希察核
夫中日戰爭未果上海之役難休此為一般人士所共知也我校為中國教育界菁華所萃應如何極圖早日開學使諸生之學業勿斷但今校址位於戰區縱令開學學生冒險到校亦難安心求學伏望學校向教育當局請求將校址遷入安全地帶俾莘莘學子得安心讀書機會方足以符非常時期勿失學業之旨萬一校址難遷對於空防設備須充實之誠如是則幸甚矣
此致
教務部 台核
生楊汝楫謹復
九月十五

学生复函请求迁校

课,并将重要图书、仪器、机械迁至租界内。

学校只得遵照部令在上海开学。交大校园位于徐家汇地区。徐家汇以华山路为界,以东为法租界,以西为华界。交大校园位于华山路西面,属于华界,当时即是在战区,显然无法开课,学校正门对面的校外宿舍则因在法租界属非战区,尚能勉强使用。于是,10 月 11 日,在隆隆炮火声中,三、四年级学生在交大校外宿舍开始上课。由于战事影响,交通阻塞,到校学生人数只略过半数。随着日军侵略战争规模的不断扩大,日军对上海的轰炸有增无已。10 月下旬,日军更是倾尽陆海空之全力,大举进攻,企图一举侵占上海。据日当局自己宣称,仅在 10 月 25 日—27 日的三天时间里,日军就出动飞机 850 架(次),“轰炸上海战场华军阵地及后方”,“共投炸弹 2 526 枚,计重 164 吨”。[①] 交大附近的徐家汇车站及虹桥路遭到日机反复轰炸,交大校外宿舍虽在法租界但紧邻战区,炮火连天,流弹纷飞,师生安全堪虞。此时上海高校中已有国立同济大学、私立复旦大学、大夏大学等相继迁往内地,暨南大学也准备内迁。有鉴于此,10 月 28 日,三、四年级学生召开临时代表大会,上书学校当局:“一、鉴于沪上形势紧张,学校前途未卜,迁校之举急不宜缓,迁校内地以云、贵、川一带为宜;二、迁移期内,暂离校外宿舍,在法租界分散租屋上课,功课不致停顿。”学校当天即

① 《上海市抗战时期人口伤亡和财产损失》,第 127、128 页。

召开教授会讨论学生们的意见，并推派钟伟成、丁嗣贤两位教授赴南京向教育部、铁道部请求准许学校迁往西南内地。

11 月 3 日，钟伟成、丁嗣贤两教授在南京见到教育部王世杰部长和雷震司长，陈请准许交通大学内迁。

钟、丁：上海方面同济、复旦、大夏各大学相继迁移内地，暨南即准备内迁，交大拟暂迁云南昆明上课，全体教员与学生一致主张如此。伟成等此次来京即系代表交大教授会向大部请求准予迁校，并协助搬迁经费。

王：本部不主张交大内迁，铁道部张部长日前晤及，主张亦如此。……本部不主张交大内迁，正所以表示对于交大特别爱护。第一，上海若是之大至少有一工业大学以应社会之需要，本部以为只有交大可膺此责任；第二，交大在上海有宽舒之校舍，完美之设备，优良之学风，如骤尔迁往昆明，校舍成问题，设备不完善，即使教员学生如期聚集，亦只有形式的上课，聊存躯壳而已；第三，西南文化落后，中等教育程度较东南各省相差甚远，以交大之招生程度将来新生之补充必大感困难，如减低程度降格以求，既非本部所许，想亦非贵校当局所乐闻；第四，本部以上海公私大学请搬者实繁，有徒既规定一原则，即遣出者一律不许迁回，试问，贵校能对此原则永矢弗渝否？有此四层，故本部不能允许交大离沪他迁，深盼两君转达贵校同仁勿误会。

钟、丁两教授再次争取：

……诚如部长所示，将来之困难如此，惟假使不搬，现在之困难又如何应付，尚请部长指示。第一，假使上海不幸沦陷敌手，即使能在租界上课，教员学生之安全恐无保障，万一日军干涉禁止上课，甚至对于知识分子加以蹂躏，员生个人安全尚在其次，交大之生命势将立时中断，届时欲求适间部长所言，保存躯壳且不可得；第二，万一上海与政府间交通阻断，汇兑不通，属校之经济来源告绝；第三，中日战争随时有酿成世界大战之可能，万一实现，上海不为战场亦成孤岛，试问交大临此境界能望幸存否？上陈三点困难，实现之期或即在眼前，部长适才所说四点尚属日后之顾虑。

王：交大既在租界内上课，余信员生安全一层尚无甚问题，至于学校经费，即使上海沦于敌手，汇兑决不致不通，平津可视为先例，政府仍可按时将教育经费汇沪。世界大战余不信两年以内可实现，盖德、意尚未充分准备也。政府对于各地大学明年五月间有一统盘筹划，届时或者对于交大迁内地一事再作考虑。

为使交大方面消除与其他国立学校待遇有别、教育部区别对待之感,王世杰部长还说:

> 目前应毋庸议国立大学留置上海不动者除交大外尚有医学院、商学院、音乐专科学校,后者之校长萧君尚系余之亲戚,渠曾一再请搬内地,余亦加批驳,藉此可见余之不主张贵校迁地就中毫无偏袒。①

就这样,出于对交大留沪意义、教学条件、招生特色,以及上海战况、租界局势、政府政策等几方面的考虑,教育部否决了交通大学提出的内迁请求。次日,交通大学的两位教授拜访铁道部张嘉璈部长再次提请内迁,同样遭到拒绝。两教授只得无果而返。11 月 12 日,日军占领上海,两教授正在回沪途中,闻讯中途折回南京,再度至教育部询问交通大学何去何从。王世杰部长仍回答:维持上课,不必内迁。囿于政府成命,交通大学内迁不举。上海沦陷,西迁路线被切断,交通大学也失去了整体内迁的可能。

三、被迫迁入法租界

在争取内迁的同时,出于安全考虑,学校也在安排图书、仪器以及人员向法租界搬迁。上海战争爆发前半个月,黎照寰便面谕图书馆主任筹备转移图书。1932 年"一·二八"事变时,交大曾成功地将校内重要物资转移存放至校外。此次搬迁,学校便采用当年经验,首先将校内重要图书迅速搬移至法租界内分散储藏,随后,大量图书被陆续迁入租界,至上海沦陷,价值 30 万元共 8 万余册的图书资料已全部从徐汇校园安全搬出。

1937 年 11 月 2 日,黎照寰校长接到教育部急电:机械设备应立即拆卸迁至安全地点。事实上,先此一天学校已经开始向法租界搬运仪器设备。学校动员教职工及学生,将徐家汇校区的教学实验用具搬往法租界震旦大学、中华学艺社、中法工专等处,实验工场里的笨重机器也尽量拆卸下来运走。各院系师生齐心协力日夜抢运设备。机械工程系、电机工程系、土木工程系把机械设备除一部分供实验应用外,均装箱搬运至震旦大学、汶林路(今宛平路)、辣斐德路(今复兴中路)等三处存放,后又搬至震旦地下室。土木工程系将办公室内一切家具用品搬至校外宿舍,布置临时办公室,后来再由校外宿舍搬迁至震旦。理学院的数学、物理、化学三系精密仪器很多,师生们均连夜抢运。化学系器械尤其零星琐屑,系主任徐名材连同师生工友 20 余人,以试验室抽斗为运输工具,装入器材,徒步搬出校外。当时日军飞机不断在学校上空盘旋,而师生精神并不少馁,持续工作,两天始完毕。全校大搬迁持续

---

①《交通大学校史资料选编》第 2 卷,第 292 - 293 页。

了4天，除体积太大的如各式锅炉、汽轮机、电动机等机械及房产、校园无法挪动外，其余物品均尽量搬走。移存校外的家具、机件、仪器、图书共计值110多万元，交大经营数十载的主要财产得以保存，为抗战时期交通大学在上海坚持办学提供了最基本的物质保障。

与机械设备迁移同步，交大师生也迁离了交大校园。淞沪战事不久，日机就开始频繁在交大校园上空盘旋，校园里已无法正常教学办公。以后，日方又在报上伪称交大校园内藏有军械，将派飞机炸毁，以此恐吓驱逐交大师生。鉴于沪上被毁院校已不在少数，校园并非安全场所，学校做开学准备时已经不再在徐家汇校园安排教学了，并且为保安全，交大维持治安委员会数次敦促校长及各部门教职员离开徐汇校园，到法租界内的校外宿舍或租屋处办公。11月初，上海大部分地区失守。此时，学校已租定法租界内的震旦大学、中华学艺社等处作为教学场所，全校各院系各年级都迁入其内，交大师生从此全部离开了徐家汇校园。

四、日军侵占徐家汇校园

日本侵略战争使大批平民流离失所，不少难民涌向难民救济会。为安置难民，1937年9月，国际救济会开始与交大校方商洽借房。10月28日，难民救济会上海分会主席潘公展致函铁道部、教育部，提出："日来战区难民退出，拥挤本会，原有地点不敷收容，兹查交通大学校舍并不在内上课，拟请钧部立即转饬该校黎校长，将校舍开放，交由本会收容难民之用。"[①] 教育部希望交通大学给予支持，校方表示同意。10月底，上海市难民收容所入校，大批难民涌入徐家汇校园。11月中旬上海华界沦陷后，国际救济会接办难民收容所，为保护办事人员和难民，还请了法国军警入驻校园。交通大学的校舍成为国际救济会第五难民收容所，一度收容难民达15 000多人，是当时"上海第一最大之收容所"。[②]

交通大学徐家汇校园位于租界之外，11月日军占领上海，交大校舍由于成为难民收容所，由法国工部局暂时管理，日军一时没有侵入。但是，日方已经将交大校园视如己有，当年年底，日本军部和外务省竟议定将交大校舍让与原在虹桥路的日本东亚同文书院。12月30日，日军宪兵队占领交通大学徐家汇校园，在内设立"宪兵队徐家汇分驻所"，交大校产全部落入敌手。难民救济会在日方一再催促下，被迫将难民陆续分送到其他收容所安置，[③]至1938年3月底，难民全部迁离交大校园。

---

① 《潘公展至教育部函电》(1937年10月28日)。

② 《文汇报》1938年2月14日。

③ 《文汇报》1938年3月17日。

日本宪兵队占领交大徐家汇校园

1938年4月8日,也就是在交通大学42周年校庆日当天,日本东亚同文书院进驻交大校园,并于当月17日摘下交通大学校牌,改挂东亚同文书院校牌。交大校园被侵占达8年之久,直至抗战胜利后才重新回到学校的怀抱。日人占据校园的这段时间里,即使是交通大学的学生也不能进入校园。一位在租界入学的交大学生回忆往事时感慨地说,自己读书时从未能跨进"古香古色的校园大门,而只能站在租界边缘眺望,心向往之,那股殷憧憬之情至今仍留脑海中"。①

第二节 在上海坚持办学

一、租界中求生存

被迫搬离徐家汇校园后,学校决定采取权宜之计,在法租界内租房继续办学。交通大学从此开始了于租界中求生存的艰辛历程,这也是交通大学百余年历史中最为艰难的一段办学历程。

最初,法租界当局不准学校在其界内租屋办学,校方再三与之交涉方获允

① 高彧文:《不平静的回忆》。《同窗集——纪念上海交通大学1939届级友毕业60周年》,第43页。

许。10月底，一二年级学生开始在借得的震旦大学的部分教室里上课。三四年级本在交大校外宿舍上课，中国守军退出闸北后，局势骤然紧张，用作教室的校外宿舍靠近火线，“恐有流弹波及”，学校设法租定法租界内的中华学艺社作为三四年级学生上课住宿之所。11月1日开始，学校将器械人员全部迁往租界，至5日，四个年级的学生均在租界里上课，中间仅停课4天。到12月8日，全校到职教员131人，职员79人；报到入学的二三四年级学生375人，一年级新生102人，借读生89人，实际到校学生共566人。

从1937年11月12日中国军队撤离上海，至1941年12月8日珍珠港事变日军占领上海租界，上海租界经历了长达4年的“孤岛”时期。这一时期，日军势力还不能完全控制租界，蛰居租界的交通大学暂得保存。然而，日军占领上海后声称自己是大上海的主人，可于必要时对尚未占领的租界采取任何断然措施，并暗中派遣大量日伪特务，向租界进行渗透和侵犯，相继渗入警察、法院、新闻等机构，同时伺机染指迁入租界的教育文化机构。1938年1月6日，交通大学校长黎照寰在致教育部长陈立夫的信中，便提出了对日伪势力侵犯沪上高等院校的忧虑及应对措施。

……自沪战发生本校迭奉部令饬速筹备开课，所有各级学生已于十月初[①]在法租界租屋上课，现在第一学期预计二月初即可结束，虽环境异常艰困，幸能勉强维持，差足告慰。

塵注但自沪上伪组织出现以后，学校环境日趋危迫。各校负责人前曾集议应付之策，拟至万不得已受伪组织或日人干涉时，为保全学校计，或将上海商学院并入沪江大学，医学院并入圣约翰大学，音乐专门学校或并入沪江或并入圣约翰。至于本校则因性质特殊而校舍因为上海国际救济会借作收容难民之所，幸未摧毁。然自本月一日以后，日人已率伪警入驻，将来收容所结束，势被占用……[②]

被日伪势力团团包围的孤岛并非安全之地，租界中的沪上高校处境险恶，随时面临着被敌伪接管的危机。租界当局又苟安一时，步步退让，对避入租界的中方机构作出种种限制，号称“中立”的租界内生存空间也日益窘迫。因此，已经迁入租界的交通大学还是希望往内地转移。1938年初，交大武汉同学会、昆明校友为母校觅得广西南宁旧省府、云南滇越铁路藏村车站营房以及大理提督公署、道府公署及营房等处作为内迁办学校址，先后致函教育部，请求准许交大从速迁移西南。学校方面亦再次向主管机关教育部、交通部提出迁校请

① 各级学生实于11月初在法租界租屋上课，与此信中时间有异。

② 黎照寰：《黎照寰致陈立夫信函》(1938年1月6日)。南京第二历史档案馆馆藏资料。

求。教育部答复坚决如昨，仍是"查交大沪校留沪继续上课，迄今尚未感觉交大困难。将来租界如果发生变化，本部自当随时留意指挥其进退，终不使之有危险也"，[①]"工科迁校极不易，交大在沪如尚可勉强支持，以不迁为宜"。[②]

内迁无望，学校只能立足租界，应对时局。1938年，上海汪伪政府成立，日方向第一特区(即上海公共租界)提出扩充势力要求，环境日趋恶劣，第二特区(即法租界)是否安全，趋势如何，难以预料。黎照寰校长频繁致函教育部部长陈立夫，请求以表面更改学校性质自称"私立"或"公立"等变通方式在租界争取生存机会。如1938年2月1日，交大在租界中的第二个学期刚开始，黎照寰就致函陈立夫，希望可以对外宣称学校带有私立性质。黎信中说学校处境危险，目前在租房上课，只要有经济接济还可维持，原徐汇校舍已由难民收容所借用；日人向所内人员表示，只许收容所办至2月底；日本如果接收特区，交通大学势必会受影响；租界法当局人士表示，如果交大方面能证明学校立校即有私立性质，将来日方如有所要求，法当局出面保全交大校舍校产便有所依据，故拟由教职员同仁发一非正式宣言，表明从立校以来实系带有私立性质；此宣言不公布，只于必要时抄送一份给法当局，对此保全学校方法，似不妨为权宜之计，是否可行请训示。

2月14日黎照寰校长又致函陈立夫，告知因交通大学系国立，日本声称其所有财产均可收用，提出将交通大学的"国立"称号改为"公立"，对外称因经费来源断绝，由教职员设法维持，实际则一切照旧。因改为"公立"需要设立董事会，学校甚至拟定11人董事会名单一份。部分信文如下：

> ……自日方在本校校舍设立徐家汇宪兵分驻所后，情形大变，现由日方将收容所难民分批遣散，闻将开办同文书院，所有未及迁出物件均不准搬迁，并由日兵自行移动。据法租界当局云，日方因本校属国立，拟将所有校产收用，即已迁至租界之一百余万元财产恐亦难保全。如不改为公立或私立，则将来对于日方及伪政府均无法应付，云云。故于昨日校务会议内提出讨论，答以不如暂时改为公立，对外则称因经费来源断绝，由教职员设法维持，实际则一切照旧。经费仍祈。[③]

5月9日，黎照寰再次致函陈立夫，提出借租用震旦等私立大学校舍之机，名义上与震旦大学合并，震旦对外称交大为该校一部分，对内一切仍完全独立，以其私立名义应对时局。

---

① 教育部批交通大学武汉同学会"为交大沪校处境危险请饬该校速迁南宁以策安全"呈文(1938年3月16日)。南京第二历史档案馆馆藏资料。

② 教育部回复昆明交大校友郑华"对于交通大学迁校事有所商询"(1938年4月19日)。南京第二历史档案馆馆藏资料。

③ 黎照寰：《黎照寰致陈立夫信函》(1938年2月14日)。南京第二历史档案馆馆藏资料。

信文如下：

本校因应对环境不得已时拟改为私立，业经陈奉，准予照办在案。顷舟召集各院长及主要人员商谈于改为私立以外，尚有与震旦大学合并上课之一办法。因震旦系属教会学校，应付将来似较便利。至合并办法，震旦对外则称本校各院为该校之一部分，对内则一切教务及行政仍完全独立，所拟是否可行，敬祈核示，以便与该校切实洽商。沪上情形变化莫测，应付办法自当因时制宜。尚乞指示南针以资秉承为幸，肃颂时祉。①

在致教育部及陈立夫的信函中，黎照寰还多次表示自己是国民政府任命的大学校长，不方便出面与伪政府打交道。如 1938 年 1 月致陈立夫的信就提出：

……经弟与校中同人筹商，若为环境所迫，校长不能执行职务时，拟定办法五项：一、由教职员组织维持委员会。二、或由教职员组织保管委员会。三、或由校友组织董事会维持。四、暂让本校前监院美人福开森博士主持。五、或暂交国际保管。现在上海伪组织已告成立，趋势如何，殊难逆料，第二学期能否继续办理，尚成问题。万一伪组织竟派员前来接收，弟为中央任命人员，自不能接受伪命，出面办理。上陈五项办法，以何为宜或应如何处置，敬祈。②

期间，教育部指令、教育部部长陈立夫及交通部部长张嘉璈的答复函件纷至沓来，应允"关于校务维持办法，必不得已时，该校校长可不出面，由教职员组织委员会对外"③，"学校名义至不得已时，可称已改为公立或私立，但组织不必变更"。④

就这样，学校既要在捉襟见肘中组织教学，又要殚精竭虑筹备应对日伪，还要竭尽全力争取上级主管部门教育部和交通部的支持，在艰难困苦中挣扎求存。

二、对外改称私立南洋大学

1940 年下半年，德国在欧洲扩大战场，日本作为其盟国与英美关系日趋紧张。上海英、美、法等国租界地随时有可能被日伪接管，蛰伏于法租界的交通大学面临着更加严峻和复杂的生存环境。为应对环境，1941 年开始，黎照寰又开始上书教育部，争取允许交通大学改名"私立"，以此向租界及日伪方表明学校与重庆国民党政府没有牵连，甚至呈报学校董事会规

---

① 黎照寰：《黎照寰致陈立夫信函》（1938 年 5 月 9 日）。南京第二历史档案馆馆藏资料。
② 黎照寰：《黎照寰致陈立夫信函》（1938 年 1 月 6 日）。南京第二历史档案馆馆藏资料。
③ 教育部给交大指令（1938 年 2 月 8 日）。南京第二历史档案馆馆藏资料。
④ 陈立夫给黎照寰函件（1938 年 2 月 24 日）。南京第二历史档案馆馆藏资料。

程、董事名单及“私立文治大学”之名以备案。6月20日,黎照寰再次上书教育部,请求“请准予三十年度学年开始时,对外一切即用私立文治大学名称”。[①] 几经周折,教育部终于核准交大改名请求,“准于必需时先对外改名为私立南洋大学,惟文凭可仍用交大名义”,[②]对内,校长仍由黎照寰担任,在暗中主持校务;经费由重庆政府继续暗中汇来;毕业生仍发交通大学文凭,由国民政府交通部、资源委员会等单位安排工作。1941年9月23日,学校召开第一次校董会,唐文治、福开森、章宗元、吴在章、才尔孟、朱鹤翔、黎照寰、胡诒穀、孙谋等11名董事悉数出席,推唐文治为名誉校长,学校对外改称“私立南洋大学”。这样,失去了校园的交通大学进一步失去了校名。

1941年12月8日,日本攻击珍珠港,太平洋战争爆发。9日凌晨,日军进攻英美在沪军舰。中午,日军占领了整个公共租界。沪上英美等国租界失陷,日军铁蹄踏进了租界。租界内到处可见荷枪实弹的日兵,戒严、宵禁、封锁、搜查、逮捕,屡见不鲜。与交通大学同一时期迁入上海英美租界的沪江大学、立信会计专科学校等高校相继向西南各地迁移。

日军占领了上海公共租界,却没有占领上海法租界。主要原因是法国的维希政府已向德国投降,法国的海外势力为德国所得,日本对其盟国的利益未敢随便触犯。但是,日本宪兵以抓捕抗日分子为名,不止一次荷枪实弹地闯进“法租界”里交通大学的课堂。学校以私立南洋大学名义在法租界竭力维持正常办学,但师生心绪难宁,教学秩序大受影响。到12月底,学校没有举行大考就放了寒假。1942年1月中旬开始,日本宪兵队三次派人至租赁在原公共租界威海卫路271号楼上的学校金工场运走机器、工具及材料:1月中旬察看查询;24日拆卸,贴标签;29日用卡车悉数载去,声言系属国立交通大学之财产,故予没收。2月,新学期开始,学校仍以私立南洋大学的名义继续维持。5月,日本宪兵队兴亚院及特务机关思想部强令学校校长、各学院院长、系主任10余人前往国际饭店谈话。日军头目声色俱厉地威胁,私立南洋大学实为国立交通大学之变相,若不改组,即将全部校产没收。日伪方即将接收交通大学的消息在校内引起混乱,像上学期一样,这学期学校也没有举行大考就草草结束,提前放假。

更为致命的是,学校已经陷入经费断绝的困境。自1942年1月以来,学校“案定所需经费,未得分文”。[③] 为领取经费,3月下旬学校曾特派文书主任罗君惕赴浙江金华催款,罗辗转10天于4月初到达金华,奔走商号、银行之间,又数次电告教育部求助,至4月底经费仍

① 黎照寰致教育部函。西安交通大学档案馆馆藏资料。

② 教育部给交大函件。南京第二历史档案馆馆藏资料。

③《上海交通大学纪事1896—2005》(上卷),第319页。

无下落。事关学校存亡，罗君惕在致财政部的函件中，着力陈情，恳请速拨经费：

> 君惕以接洽交大经费前来金华，奔走一月尚无眉目，教育部已来电云某款已于某月汇出，而事隔月余，犹未收到，不知何故；交大奉命在沪维持至最后一分钟，然维持之唯一要素，即为经费，至本月止，本校经费已竭，下月即无款可支。如应领经费不能从速发出，势非停顿不可。如此，上无以付国家之殷期，下无以慰学子之仰望，故到金（华）后，即以黎校长名义连发邮电致教育部，请速汇发，拟恳请教育部有关各司，凡系本校款项均请从速拨发，则上海教界不致陷于绝境，而交大同人亦可免为饿殍矣。[①]

然而，直到 7 月 11 日，黎照寰校长才接到教育部密电，告知：上半年经费 593 415 元因国库误将支付书命令拨发青木关农行，致金华无法具领。正拟更正，而金华失守，现已由部悉数代领，除以 30 万元拨存重庆金城银行，请速向沪该行洽取。[②] 但是，直到 8 月底，上海的金城银行仍答复“未得渝行实际音讯”，对于交大，“不肯续借”。[③] 经费已竭，告贷无门，学校乃至师生的生存都成了问题。

远在重庆的国民政府教育部眼看交大在上海已难以保全，1942 年 8 月初，一纸命令宣布将交通大学上海总部迁至重庆九龙坡，和设在那里的交通大学分校合并成总校；令黎照寰校长离沪赴渝任总校校长，未就任前暂由吴保丰代理校长职务；不能迁渝的师生仍以南洋大学名义继续招生开课，对内称交大上海分校。实际情况是：黎照寰以体弱不能赴任故辞去校长之职，原重庆分校主任吴保丰被委任为交通大学代校长；上海的 1 000 余名师生无法做到大规模迁移，只能继续留沪上学；抗战后被迫滞留在沪的交通大学改为分校。沪渝两地的交大地位变换是可以预见的，上海总部在租界中规模渐见萎缩，而此时在后方创办近两年的重庆分校即将迁入九龙坡，办学规模日益扩展。太平洋战争爆发后，租界形势突变，与外界联系几近断绝，留在上海的交大总校失去重庆政府的支持，在自生自灭的状态中直面经济、政治双重压力，生存危机到达顶点。就这样，抗日战争全面爆发以来留在上海艰难求存近 5 年的交通大学，“改名换姓”勉强维持大半年后，被改为交大分校，加之此时经费断绝，穷寇催逼，最终陷入了绝境。

---

① 《上海交通大学纪事 1896—2005》（上卷），第 318 页。

② 《上海交通大学纪事 1896—2005》（上卷），第 319 页。

③ 《上海交通大学纪事 1896—2005》（上卷），第 320 页。

张廷金校长
(1942—1945 年在任)

三、张廷金应对汪伪接管

1942 年暑假,学校董事会多次召开会议反复商议:交通梗阻,内迁已无可能;要是关闭学校,师生员工冒险抢救出来的贵重仪器设备将全部失去,而且近 800 名学生、200 名教职员即将失学、失业。因此,董事会决定在校内推选一位真心爱校、勇于承担的人士出面主持校务,以免被日伪方改组或派员掌校。最后,董事会一致同意请工学院院长张廷金代行校长职务,并嘱其勉为其难,以不被改组,不被接收,维持交大立教精神,并以经济有着为原则,与敌伪周旋,保存学校命脉。

张廷金(1886—1959),字贡九,江苏无锡人。1904 年考入南洋公学中院,1909 年毕业。同年,考取中国第一批庚子赔款留美生赴美留学,主修无线电专业。先后在俄亥俄州立大学、哈佛大学获学士、硕士学位。1915 年回国,任交大电机科教授,在我国首先开课讲授无线电,着手在校内建成了国内第一个无线电实验室,并建成无线电台,张廷金因此被称为“中国无线电元老”。1921 年改组成立交通大学上海学校后,张廷金任沪校副主任职务,尽职尽责,颇得人望。后因不满校长卢炳田破坏校章私自招生而愤然离校,任东南大学电机、机械两系主任,吴淞无线电总厂工程师等职。

1927 年张廷金被聘为中央研究院 30 名筹备委员之一,主持理化实业研究所无线电技术。此时交通大学再次改组扩充,解不开母校情结的张廷金又复归交大任教,任电机工程学院院长。他主持院务期间兼重理论与实验教学,扩充电机试验设备,亲自主教,严格要求。1933 年学校复设教务长,并规定教务长由各学院院长轮流兼任,张被推选首兼此职。抗战初期,学校奉命将电机、机械、土木 3 个工程学院合并组成工学院,他又被推选为首任院长。

“孤岛”时期,日本虽无法完全控制租界,但其势力已在逐渐渗入,学校在租界中的生存环境日益险恶。由于校长黎照寰的职务乃由国民政府任命,实为国民政府委任官员,此时已受到了日方监视,很难到校办公。为使学校工作正常开展,校内推举知名教授张廷金出面维持校务,以协助黎校长工作。1938 年 2 月始,国民政府教育部与交通大学之间已不方便进行直接汇款,学校亦选定张廷金作为转交人,政府先将办学经费汇给他,再由他转交学校。张廷金在法租界的住宅先是成了国民政府教育部汇款给交通大学的地址，渐渐地又成了流亡中的交大教授们开会议事的场所。1940 年 3 月，汪伪国民政府成立，租界局势更为恶化，这年下半年开始，交通大学的校务会议基本上都由张廷金出面主持。这是黎照寰校长与国民党教育部部长陈立夫商定的：因为黎照寰作为国民政府委派的校长，若日伪有所要求，难以周旋；而张廷金以知名教授身份比较方便应对时局。

1942 年上半年，重庆国民政府教育部至上海的汇款路线被阻，学校经费断绝，私立南洋大学之路走到了尽头。面对学校董事会的托嘱，张廷金没有退缩，他说："吾人处此国难严重时期，强邻压迫日甚，大乱于国，小乱于乡，盗贼满野，民无所托命庇生，杼轴既空，公私乏绝，是无可再事讳饰。诸君出而用世，不特展其所学，独善其身，应抱己立立人之志，救国救民之义。"为保学校命脉，他临危受命，决意出面支撑局面。此时，在汪伪财政部任职的一位校友表示"愿意拨给经费把学校办下去"，中文系一位教师愿意去南京汪伪教育部"打通关节"。受黎照寰校长和董事会之托，8 月中旬张廷金以私立南洋大学代校长的身份去文汪伪教育部，提出只要不派人，不改变教学制度，肯给经费，愿意恢复国立交通大学校名，继续办学。并与胡敦复、范会国两教授到南京洽谈。很快，汪伪行政院就决定恢复"国立交通大学"，以后又通过由工学院院长张廷金继续任交大校长的决议。学校继续开办，并于 9 月开学上课。

与此同时，抗战初期被迫留在上海的其他国立院校无一幸免，均被汪伪接收。重庆国民政府方面曾一度考虑停办上海各校。10 月 27 日，教育部部长陈立夫呈文蒋介石：

> 本年 9 月间，据上海交通大学黎校长由正阳关来电，略呈上海各国立学校均被敌伪接受，无法维持，请准免联等情。当经照准，并将该校上海部分及上海商学院、音乐专科学院自 10 月份停办。[①]

几天后，重庆教育部改变思路，11 月 5 日高等教育司司长吴俊升在教育部任务司已审核的相关文件上批复：

> 关于上海交通大学、商学院暨音专三校停办一案，由本司拟稿，经贵司会核呈判，时奉部长面谕改稿，谨发停办新闻，而未令知各该校院。本文件请将文字酌改为荷。[②]

任务司当日即将"命令停办"字样删去。交通大学等院校终未收到重庆国民政府停止办学的命令。

---

① 《教育部关于交大的呈文》(1942 年)。南京第二历史档案馆，全宗号：五；卷宗号：3284。

② 《教育部关于交大的呈文》(1942 年)。南京第二历史档案馆，全宗号：五；卷宗号：3284。

为维系学校命脉,校方忍辱负重,苦心经营,然而,学生并不能十分理解校方苦心。最早由于担心接管,学生们就曾秘密地开了一次代表会议,表示在此存亡危急之秋,要以民族气节为重,宁可牺牲学业,决不卑躬屈膝,谄事敌伪。会后学生代表们联名致信黎校长,希望南洋大学仍由重庆方面领导。学校被接管后,学生们纷纷出走,有的去内地进重庆交大,还有的转入其他私立学校,有的索性停学,留下的也颇感“屈节之辱”。以机械系三年级为例,50余名学生,先后赴重庆交大的达16名,休学的达11名,留下的学生不足一半。教师方面,裘维裕、陈石英、钟兆琳、黄叔培等知名教授也纷纷愤而辞职,被尊称为“反伪教授”。曾在“驱卢事件”中为张廷金鸣不平的周铭也拂袖而去。

汪伪教育部给张廷金以校长名义,宣布学校归其管辖,但并未派员干涉校务。张廷金没有理睬汪伪教育部的“委任”,既不宣誓就职,也不办移交手续。在支撑校务的3年中,他拒绝奴化教育,竭力维持学校原有办学宗旨,交大成为东南沦陷区青年学生向往的最高学府,学风及学术水准基本上继承了原有的校风和传统。正如当年在校就读的学生、中共地下党员陈警众所说:“一是办学方针没有变,学校坚持了起点高,要求严,以学术为主的方针;二是课程体系没有变,包括汪伪规定的要把日语作为必修课,也未实行;三是原聘教授没有变,除部分离校教师外,学校继续聘用原来的教授;四是实际解决了学校生存问题。交大自己无校舍,租房要房租,经费来源断了就没有办法,争取到经费就可使学校生存下去。张廷金实质上是维护了交大,体现了民族性,在战火纷飞的特殊岁月,坚持办学,保留了学校发展的生生血脉。”①

抗战胜利后,在一片“伪学生”“伪工人”“伪教师”的声浪中,张廷金被加上“汉奸”罪名,推上了公审席。张廷金在交大30多年,固守教育职位,奉命与敌伪周旋,保存校产,历尽艰险。知晓原委的交大当事人和社会名流纷纷出面,厘清实情,证明其清白身份。立法院院长、交大前校长孙科亲笔致函司法部部长“交大校产得以保全,实属张(廷金)君之劳绩”,要求免其汉奸嫌疑提起公诉。曾亲历过此事、时任校董事长的前校长唐文治更为直接地说:“张廷金于恶劣环境之中,艰苦奋斗卒能维护教育,保全校产以待中央接收,其奉职之忠,卫国之诚,可与前线作战将士相比。”前校长黎照寰也说:教育部下令保存校产,环境恶劣非得人对外不可,乃表决同意请张廷金代行校务。抗战胜利后前来接收租界内交通大学的吴保丰校长为其证明说:“沪校理工各系贵重图书仪器机件等设备以及各项校产单契,多半完整保存,学生程度亦属优良,此皆张廷金君历尽艰苦保全维持之功。”抗战期间任国民政府教育

① 陈警众口述资料,上海交大党史校史研究室整理。陈警众,交通大学1947届校友,中共地下党员。

部长的陈立夫也证明道：张廷金任职既由校务会议推举与商请，其目的在于维护校产，对当时处境不能公开否认伪命，惟有置之不理，他见危授命，真难得之国士。1948 年，上海高等法院鉴于上述当事人和社会名流的陈述，宣判“张廷金无罪”。[①] 与交大有着 30 多年情缘的张廷金教授，热心教育，爱校护校，忠心耿耿，为交大抗战期间在敌伪势力下的维持做出了贡献。历史是公正的，为交大做出卓越贡献的人是不会被遗忘的。

第三节　经费与办学场所

一、经费困难

抗日战争期间，经费短缺的问题一直困扰着交通大学，最后几乎成为迫使学校接受日伪管辖的重要因素之一。

1937 年 11 月初，交通大学钟伟成、丁嗣贤两教授受交大教授会委托赴南京请求落实经费和迁校事宜时，教育部部长王世杰犹断言：(交大)既在租界上课，安全无问题，经济可以汇兑，世界大战两年内不可能出现。交通大学 9、10 两月经费，经与铁道部催问，即日可汇出。铁道部张嘉璈部长也表示：铁道部自身经济困难万状，但交大经费当设法维持。话虽如此，实际情形却完全是另一回事。当时国内政局紊乱，通兑困难，交通大学的经费又需经过教育部与铁道部之间反复核准，事实上是屡遭延滞。9 月初，8 月份经费才汇到一部分。11 月初，9 月经费尚未领到。12 月初，10 月经费还没有着落。校长黎照寰不断致函教育部、铁道部催请速拨经费。12 月 18 日，深感失望的黎照寰又一次致函教育部部长，请发 10 月以来学校经费，并明确表示：“学校经费只能维持至明年 2 月，以后经费如何，如果中断，是否即行结束，或仍设法维持，请指示。”可是直到次年 1 月，答应拨发的 10 月份经费仍未收到。

1938 年 8 月，已迁至武汉的国民政府在日军进攻下告急，各政府部门急急迁避内地，交大办学经费更被搁置。学校处境日艰，虽厉行紧缩，但必需开支的房租等费用反又增加，当月只好派出管理学院院长钟伟成去汉口向国民政府催要经费。钟伟成辗转抵汉口后，教育部长陈立夫已离汉口，不久武汉沦陷，钟伟成空手回沪。其实 1938 年从年初到年尾，几乎每个月黎照寰都要向教育部等主管部门催请拨发多达 4 个月的拖欠经费。这一时期黎照寰的

① 上海市档案馆馆藏资料：187－02－00806。

信函离不开两个主题:请求辞职、索要经费。例如:1938 年 3 月 21 日,黎照寰致函陈立夫:

> 立夫吾兄部长勋鉴,敬启者去年十二月十日弟曾具呈大部,请准辞职。迄今未奉复,仅接前铁道部公权部长来电慰留,嘱维现状。其时以第二学期须筹备开学,既未派有替人不得不勉力照常服务。然,弟求去之意已久,分言之则甚长矣。兹简略说之,只有两点:一、交通部方面对于本校似不甚关切,事不无掣肘。如去年十二月份经费迄今未奉拨,今年又历三月,同人啧有烦言,支持困难,实于校无益,盖在洞见之中。二、沪上情势日趋恶劣,万一华中政府成立,至最不得已时,或须改为公立,此事已蒙俯允,届时校长自当更换,而最少对外声言系由董事公推也……[①]

又如,同年 10 月 17 日,黎照寰致函教育部:

> ……谨再具呈陈明请准辞去校长一职,不胜迫切待命之至。至学校如何维持,拟内迁与否当在钧部盖筹之中。惟校务不可一日无人主持,仰祈迅遣能员莅校接替,以维持校务。再者本校月支经费仅领至本年六月份为止,自七月份起即未领到。开学以后,在在需款,每月仅房租一项已数千元。并祈迅将七、八、九、十各月经费一并拨发,以救眉急,实为公便。谨呈教育部。[②]

就这样,校长一边请辞一边要经费,教育部一边劝慰一边稍作拨款。1938 年底,被催逼不过的高等教育司司长吴俊升向教育部长陈立夫报告:"该校黎校长前曾叠请辞,均经本部慰留,兹又呈请辞,如何处理,敬请核示。"陈立夫批示:"慰留。电告该校款汇至何月为止,并询是否全数收到。"吴俊升只得回应:"该校经费近已由本部垫发至 12 月份。"[③]而当时,交通大学经费本当是由铁道部拨发的。

战火隔阻,经费拖欠已属平常事,学校只得一再节流。校长黎照寰在教授会、教务会、事务会等诸多场合呼吁紧缩费用,力求节省。随着战事的迁延扩大,国民政府也财力见绌,行政院颁布了《困难时期各种支出紧缩办法》。1937 年 9 月教育部部长王世杰函告交大,九月份以后学校经费照行政院"紧缩办法"办理。教育部拨给交通大学的办学经费随之屡经减削,至 1939 年 5 月,竟减至预算 5 成以下。学校方面,自接到《紧缩办法》的当月即宣布紧缩开支。学校成立紧缩委员会,由时昭涵、陈石英、李炳华、钟伟成、庄智焕 5 教授组成,专门研究紧缩开支的办法。教职员酬金、人员编制、教学场地、教学设施等只要涉及开支的项目一概紧缩。如人员编制方面,训育长一职自 1937 年 9 月陈嘉勋辞职后就不再补充,由校长黎

---

① 黎照寰:《黎照寰致陈立夫信函》(1938 年 3 月 21 日)。南京第二历史档案馆馆藏资料。

② 黎照寰:《黎照寰致教育部函》(1938 年 10 月 17 日)。南京第二历史档案馆馆藏资料。

③ 教育部批文(1938 年 12 月 31 日)。南京第二历史档案馆馆藏资料。

照寰兼代；训导、事务、斋务、办事 4 职中的 2 职由其他部门兼办，斋务主任兼职办理训导事务，以后又约定学校所有新增各科目教员尽先校内担任，不另聘请，以节约经费。校工人数、薪酬也逐渐减缩。据《工务处 27 年度总报告》称：常雇厂工 43 人，比战前减 7 人，零雇散工一年工资 230 元，不足战前的 1/20。

为节约经费，1938 学年第一学期，学校开始停止为住校学生提供洗浴热水；第二学期，又开始节省用电，藉此每月节省约三四十元电费。各系也尽可能紧缩开支，如土木工程系为节省租绘图室的费用，硬是从震旦大学的大礼堂里隔出一室以供绘图。

图书馆在年报中所称的最大困难也是经费。抗战时期学校购书费用锐减，1937—1938 年度，购书籍报纸计国币 605 元；1938—1939 年度，书籍报刊费用为国币 754 元，较战前一年 3 万元的经费不啻天壤之别。在资金不足，无力购书的情况下，校长、教授、校友主动向学校捐赠图书。如 1938 年，黎照寰校长捐赠中西文图书共 94 册，其他诸教授及外单位捐赠图书 308 册；1939 年，校友捐赠图书中文 53 册、外文 603 册；到 1940 年，校长、教授、校友以及其他单位向学校捐赠中西文图书共 1 252 册。

教师薪酬方面，1937 年 9 月初，8 月份办学经费才汇到一部分，不足发付工资数，原定教职员加薪只得暂停。9 月起，学校奉令紧缩开支，黎照寰宣布：专任教员待遇照旧，开课确有困难者发生活费，若无故不来者留职停薪，即使准假回籍亦予留职停薪。1939 年 2 月，学校因办学经费困难，教职员薪金按 8 成发给。

校工薪酬方面，1939 年 7、8 月，物价暴涨，如米价上涨 160%、煤价上涨 150%，学校薪酬却只见萎缩。百物腾贵，入不敷出，这对收入原本就低的校工影响更为显著。7 月底、8 月初，学校事务处、工学院、理学院下属 100 余工人联名上书学校请求加薪。事务处尤挺伦呈报：该处 43 名工匠每月工资共 1 097 元，平均约 25 元，月工资在 20 元以下有 13 名，在百物昂贵之际，区区收入维持数口之家，确实困难。于是校总务会议拟定临时津贴办法：①工资在 40 元以上者不发；②30—39 元者每月给 5 角；③20—29 元每月给 1 元；④19 元以下者每月给 2 元；并规定严格执行非常时期内不得添补校工原则。8 月底，黎照寰校长呈函教育部，请求从 8 月份起给本校月薪仅为 35—70 元的低薪职工 239 人（包括职员、工人）增发津贴每人 20 元。但教育部没有回复，加薪未能实现。到 1940 年 4 月底，物价较全面抗战爆发前涨至 3 倍以上，每月仅 30—70 元的低收入工人生活更加困难。于是工人宣布全体停工。5 月 3 日，黎照寰批准低薪工人每人每月津贴 13 元，工人们体谅学校困难，开始复工。据校事务部《二十九年度第一学期工作报告》称，因物价日趋高涨，工人生活困难，1940 年学校发生工潮达 4 次之多。

二、战时助学措施

在办学经费得不到保证、教师待遇一落千丈的困难情况下,学校仍坚持战前对学生的各种免费、公费制度,还专门为来自沦陷区的学生设立贷金制度给予贷金或免费。这些助学措施在战乱年代为学生安心学业提供了经济保障,帮助了那些经济窘迫的学子得以顺利完成学业。

交大对学生的收费在各大学中是较低的。1937 年度学宿费各 20 元,医药费 4 元,讲义费 10 元,书籍仪器费 30 元,膳费 400 元,共计 464—484 元。即是如此,这对于收入较少的家庭来说,仍是一笔很大的开支。学校对优秀学生和家境贫寒的学生所设立的免费、公费制度,这一时期依旧施行。公费生除免缴学费外,每年津贴 200 元。1937 年度教务会议还决定,为奖励优秀学生,凡成绩达到规定的标准,由教务会议审查决定,退还上学期学费。1937 年度免费生 15 名;1938 年度免费 9 人,公费生 11 人;1939 年度免费生 5 名,公费生 5 名。为照顾战时学生的经济困难,1940 年第一次教务会议决定扩大免费和公费的学额;免费生名额增至全校学生数的 10%以上,公费生增至 4%以上。在学校经费困难的情况下,这个决定是非常难得的。

当时学校对战区学生也有一定的照顾。1938 年 8 月,学校按教育部规定设立"战区免费生""战区学生贷金",以帮助家乡沦陷的学生完成学业。学校同时设置战区学生贷金委员会,专门审核学生贷金、减免学费、补助等事宜。委员会由张廷金、裘维裕、钟伟成、胡端行、李谦若、谭炳熊、蔡星五、廖方新、柯成懋等人组成。10 月,学生贷金委员会举行第一次会议,决议:①贷金全额 10 元,半额 5 元,自 9 月份起按月发放,10 个月为限;②确定仲文治、左荣曾等 36 名为全额,戴保粹、汪遵平等 18 名为半额;③核准该年路土和、胡家骏等 11 名战区学生免学费。1939 年度战区免费生达 42 名。由于物价上涨,学生膳食费用增加,学校还一度设立了"膳食贷金",1941 年年底,申请者达 203 人之多,约占在校生的三分之一,其中战区生 183 人。

1941 年暑假,对因家乡沦陷生活无着的学生,学校又设立"暑假留校战区贷金",安排每日补课和劳动服务:上午补课 2 小时;参加工厂生产、抄写讲义、修筑校舍等劳动服务 1.5 小时,用勤工俭学的办法使战区经济困难的学生度过暑假。

三、办学场所

陆续迁入法租界内的交通大学,由于条件限制,临时校舍没有能够集中在一处,而是分散于法租界内多个地方。震旦大学和中华学艺社两处是抗战时期交通大学在上海的最主要教学场地。

震旦大学位于吕班路(今重庆南路),有东西两部分校舍,分在马路两边。东部为旧校舍,西部有一个大礼堂、运动场和一幢当时新建的大厦红楼,连同地下室和顶楼共计6层。1937年10月底,学校与法租界当局反复交涉,终于租得震旦大学新建的红楼第四层作为一二年级学生教室,五层顶楼作图书馆的临时书库,地下室为物理实验室、测量仪器室等。11月1日,交通大学一二年级学生在此上课。虽然合同中租借场所标的清晰,使用时界限却并不明显,比如,震旦大学红楼二楼的阅览室设备很好,有大大的阅览桌,桌上装着一排排有绿色灯罩的台灯。交大学生同震旦的学生一样享用着这个条件优越的阅览室。震旦大学红楼旁的运动场,也成为交通大学学生们打球、跑步、练习自行车和训练汽车驾驶的地方。交大工科学生的测量实习,也在这个场地上进行。

与震旦大学相距不远的爱麦虞限路45号(今绍兴路7号)是中华学艺社所在的3层建筑。11月5日,已在交大法租界校外宿舍上课半个月之久的三、四

震旦大学(抗战时期交大租用校址之一)

中华学艺社(抗战时期交大租用校址之一)

年级,因战火蔓延到徐家汇,遂撤离校外宿舍,迁入中华学艺社。这里逐渐成为抗日战争时期留在上海的交通大学的校本部。中华学艺社建筑面积不大,房间却不少,二楼还有一个礼堂。当时除少量房间作为教务、行政办公用外,多数作为三四年级的教室和专业实验室。二楼礼堂则被改成一大间学生宿舍,供外地学生住宿。

但是对于师生人数近千的交大,上述两处主要校舍还是显得狭小。震旦大学校舍只有四楼一层可作教室;学艺社房间虽多,但作为教室并不适用。有些教室小得容不下听讲和旁听的学生,大家只好站在走廊里听课;有些教室,如制图教室,白天排不上,就排到晚上,连星期日也排上;有时教室不够用,就等震旦的学生上完课后,见缝插针地进入教室上课;[①]高年级的细分专业,有些专业门类只有为数很少的几个学生,授课教师就干脆将学生带到自己家里客厅或写字间里上课。1938届校友周履说:“在四年级时,我与如程民祥兄读道路工程,由于该专业只有两人,导师叶家俊教授讲授的课程我们就在他客厅中

① 仇启琴:《寻梦步行 追忆往事》。《交大校友》,西安交通大学出版社1987年版,第114页。

上课，师生关系更为密切。"[①]

除此之外，学校还租借辣斐德路1194号中法工学院（今复兴中路1195号）、中国科学社明复图书馆（今陕西南路235号）、正风中学等处分散教学或试验。比如在中国科学社进行物理试验，在工程学会工业试验所进行化学实验，在中法工学院进行电机系、机械系的部分试验，土木系还曾利用中法工学院空地进行测量实习。

交大在战火中撤离徐汇校园和校外宿舍，渐渐地也失去了对这些房舍的使用权。1938年年底，法租界公董局主办为预防天花流行，提出借用交通大学校外宿舍设立病院，交大唯有应允，在12月20日致法国总领事署、法总巡捕房警务总监的信函中说："此事系慈善事业自应勉允，租借期限至明年3—4月，租金每月国币1元。"第二天，黎照寰校长在给教育部的信函中，表示每月收租金国币1元，乃保有主权之意。如此谦恭之要求，法方当然欣然照办，且逾期不还。拖至1939年7月5日，学校只得致函法巡捕房警务总监，声明交通大学校外宿舍租借期限至4月业已截止，现已逾期2月，所设医院何时结束，请告归还日期。

在日本侵略者支持下，交通大学徐家汇校园于1938年4月被日本东亚同文书院占用。1943年交通大学开始与汪伪政府交涉，要求日方返还交大徐家汇校园。11月5日，张廷金呈函汪伪教育部：

> ……本校徐家汇校舍悉前人40余年之经营缔造，规模宏远，黉舍巍峨，除应有之教室、宿舍、图书馆、体育馆、调养室等外，凡理工两院所需各种实验课程均建有专室，于研究及教课上实资便利。自二十六年秋沪上战事发生，本校迫于环境迁入前法租界租屋上课，原校舍为友邦同文书院使用。数年以来，因所租校舍地方逼窄，一切教课设备固属因陋就简，深感不敷应用。近顷，友邦维持东亚文化事业不遗余力，如圣约翰大学、金陵大学、岭南大学等均已先后移交我政府接收管理。凡属士林同深感奋。本校自去年秋奉令复校以来，以培养建设专才实为当务之急，惟校舍阙如，难期进展，不无遗憾。拟恳钧部转商友邦当局，请将同文书院现用之本校舍交回应用……[②]

12月31日，汪伪教育部致函学校，称接日本驻华大使函：

> 上海东亚同文书院大学于此次事变中校舍及寄宿舍全部焚毁，乃借用交通大学校舍，此系万不得已之举。交大方面前提希望交还该项房舍。同文书院大学遂

① 周履：《浮生如梦》。上海交通大学38级友联谊会：《六十年回顾》，第101页。

② 西安交通大学档案馆历史档案（以下简称"西交档"）。

有建筑新计划,惟因时局及各种关系建筑新计划不易进展。准由同文书院大学于校舍建筑完成之前继续使用交大校舍。①

作为补偿,同文书院“赠给”中国学术文化机关 300 万日元,其中 75 万日元(折合国币 4152500 元)“赠给”交通大学。

明知同文书院建筑新计划为托词,学校方面也无力再争。租屋逼仄,而租金日涨,学校运营困难丛生。1944 年 5 月,交大将日方“赠金”作为本校购置房产之费用,购入黄山路房屋,以租养租,弥补学校日益增长的开支。

① 《上海交通大学纪事(1896—2005)》(上卷),第 338 页。

第二章
教学与院系设置

第一节 坚持办学传统

一、严格教学要求

交通大学迁进法租界后，学校的培养目标和教育方针一如战前，仍以培养交通工程技术和管理人才为宗旨，发挥理、工、管相结合的长处，继承重视基础、重视实际、重视严格训练的办学传统。裘维裕、胡敦复、周铭、徐名材、李谦若、康时清、胡端行、陈石英、马就云等教授仍旧亲自上课、带学生做实验。有的教授们还常将授课、实验、实习一包到底。如张寰镜教授，他的讲课“从一年级的画法几何开始，讲到二年级的机械制图、机械原理图和经验设计。二学年四学期由他一人独立完成，每个学生的作业都是他亲自批改的”。[①] 学校迁入租界暂得安顿后，即筹划补足因战争影响拖延的课程和实验。1937 年 12 月，第 21 次教务会议决议：“因战争影响，一、二年级开课较迟，本学期主要学科授课每周加授一小时；各年级授课周数不足，学期延长一周放假，春假亦停放。”[②]就这样，教师们在设备简陋、环境恶劣、经费短绌、

① 仇启琴：《寻梦步行　追忆往事》。《交大校友》，第 114 页。

② 交通大学校史编写组：《交通大学校史》(1896—1949)，上海教育出版社 1986 年版，第 332 页。

生活困苦的条件下,认真执教,严格要求,坚持交大教学传统,为抗战和建设培养了大批交通工程技术和管理人才。

交通大学一向注重打基础,战时仍然如此。一二年级全是基础理论及其实验课程,如微积分、物理、化学、化学分析、画法几何、工程制图、热力学、应用力学、材料力学、机构学、工程材料、测量等。数学、物理和化学的比重很大,工科学生要学两年,内容全面,考试严格,为学生进一步向不同的专业学习打下坚实的基础。三四年级开设专业课程,专业分得并不很细,以加强学生将来就业的适应性。所授课程都与工程密切相关,可以直接应用于实际工作。学院之间学科交叉安排,理科要学金工、热工、电工;管理要学机、电;工科的电机、机械、土木要学经济和工业管理。学院之内,专业基础课也交叉安排,如机、电系的学生也要学野外测量。制图是工程师的基本功,交大学生从一年级到四年级,从未脱离制图,最后完成专业设计制图才能毕业。抗战时期,毕业生随时改行不足为奇,由于在校时打下了坚实的基础和较广的知识面,交大学生面临新行业并无困难,上手很快,因而较易找到工作。

战时交大坚持严要求,考试频繁。物理课是交大的"霸王课",一学期大小考试达 28 次之多。租界中入学、租界中毕业、在租界中度过四年战时大学生涯的 1943 届校友田正平曾以《难过的"考试关"》为题,记录当时的考试:

> 除大考在期终停课进行外,小考不停课,也不占用上课时间,都排在星期天下午,因此那时的学生认为星期天是每周最紧张、最吃苦的日子!交大的考试可用两个字来概括:多与繁。以物理课为例,开学后不久就贴出一张小考日程表,这周考理论,下周考计算题,周而复始,直至大考。交大的考题一般都是时间与答题差不多相当,以化学考题最为典型,厚厚的一本但明(Deming)化学,差不多每个角落都要考到,尽管用的是老题目,可是背老题目等于背书本,考试时就是比速度。交大学风踏实,极少有人作弊,而这种繁题如果想偷看一道,反而会失去了做二、三道题的时间,得不偿失。[①]

学习条件虽十分艰苦,但教师们爱护学校、认真执教、严格要求,学生们发奋读书、勉力向学。交通大学在艰苦的战争环境中仍然保持了原有的学风和学术水准,成为东南沦陷区青年学生向往的最高学府之一。

---

① 田正平:《回忆战时母校点滴》。《交大校友》,第 107 页。

二、重视实验与实习

重视实验实习，是交大在教学中逐步形成的一个特点。一贯推崇“学理与手艺并进”的交通大学，视实验、实习为培植工科人才不可或缺的教学手段。1937年抗战以来，交大租屋办学，屋舍紧张，实验室和实习工场等理工科大学教学上的必要场所顿时没有着落。租借的主要教学场所震旦大学以文、法、医类为主，少有工科设备；而中华学艺社又是一个学术机构，没有一间实验室，加之价值达百万余元的贵重仪器设备虽然拆卸运入租界，但由于没有场地安装且为安全考虑，大多被封存隐藏，因此，交大的实验实习课程受到很大影响，以至于迁入租界的第一个学期实践性课程几乎完全停顿。

在这样的条件下，学校师生千方百计克服困难，因陋就简，各显神通，或创设一些简易实验室，或租借工场设备，逐步恢复了大部分物理、化学等基础实验课。物理系各种实验多在中国科学社进行；化学系借用工程学会工业试验所进行实验，实习则借用福履里路286号文华油墨厂(今建国西路286号)和永利制革厂进行。工学院各系的实验室恢复相当困难。电机系在1938年1月借震旦大学和中法工学院等处的实验室，恢复了三年级的直流电机和四年级的交流电机试验，但必须安排在两校的教学空当或放学之后，因而学生们试验常常一直做到晚上。机械系试验较多，集中在暑假借中法工学院和震旦大学的实验室，并租赁民房，集中完成各项试验。土木系1938年3月借用震旦大学的材料试验室和设备，恢复了三年级的试验课。材料试验因大号试验机无处装置，乃于1943年度第一学期利用中华学艺社东北角，以青砖铺地、油毛毡为顶自建木棚一间，讲师周文德等悉心筹划，将几种大体积的试验设备妥善安装在木棚内，作为木工厂供学生实习。工程测量中的平面测量，曾借用中法工学院空地进行测量实习，然而该处时有法国警察踢足球，影响测量仪器安全及实习工作，师生不得已在贝当路(今衡山路)、高恩路(今高安路)、震旦大学操场以及附近的马路上进行。

虽然条件简陋，但教师们对实验的要求毫不降低。和在徐家汇校园时一样，任课的院长、系主任和教授们亲自带实验。实验前教师要先向学生讲清要求，学生必须写一份报告，写明实验内容、理论和方法，才能进入实验室。实验过程严谨，如进行电工实验时，学生接好线，要教师检查认可之后，才能接通电源进行下一步骤。实验结束后，还要求学生上交实验报告。1944届校友徐光宪回忆当时的定性分析化学实验课，袁积诚老师给出一未知元素样品，让学生做半微量定性分析，要求测出样品中含有哪几种元素(一般是四、五种元素)，并估计各种元素的含量等级：large、medium、small。一次徐光宪把实验报告交给老师，袁先生看后就说了一个字：Repeat。徐光宪做实验一向认真，很少出错，拿到这个Repeat，只好再重复一次实验。

重做实验的时间是要见缝插针的,因为正常的课程已安排满了,所以,重做实验往往需占用星期天的时间。因此我这一次更加仔细,结果出来还是那五种元素,我想没有错啊,怎么回事?因为老师已经叫我 repeat 了,我就不敢交上去,就再重复一遍,结果还是这 5 个元素,于是我再仔细检查一遍,结果发现有一个元素的量级应该是 large,而写成 medium,含量等级估计有错,于是我把原来的 medium 改为现在的 large 交了上去。老师接受了。一个半微量定性分析实验的估计量级也马虎不得。否则,就给你一个 Repeat。这个教训我记了一辈子,所以说做实验要非常当心,不能有一点错,量级的估计也不能有错,这个教训很深刻,至今不忘。[①]

实习作为培养动手能力的一个教学环节,也颇为学校所重视。抗战前学校每年寒暑假安排一、二年级学生实习金工、木工、电工,三年级到路局、工厂、企业做专业实习,四年级做毕业实习。“八一三”事变之后,上海市和附近地区不少工厂被毁或内迁,学校又经费短绌,开展实习十分困难,但学校还是努力创造条件安排必要的实习。

低年级的学生在校内实习。由于战前设备完善的铸工、锻工、木工三个车间均被日寇侵占,迁进法租界的仅有金工、木工设备,加之场地狭窄,器械短缺,这部分实习只能因陋就简,尽量补足。如机械系一、二年级的铸锻实习和金工实习分别安排到中法工学院的实习工厂和威海卫路的一家工厂,木模制造实习安排在中华学艺社的临时房子里进行。虽然实习条件简陋,这些作为从事机械工程工作者必须掌握的基本工种技能训练,仍被列为必修课程,要考试和评分,抓得很紧。实习时学生要穿上工作服,要求十分严格。

高年级的专业实习,则利用暑假在上海市各工厂进行。以机械系为例,1938 年度暑假,机械系三年级到祥生、银色两汽车公司实习。1939 年度暑假,学生至云飞汽车公司、中国公共汽车公司实习。1940 年暑期,学生实习安排在云飞汽车公司、祥生汽车公司、中国公共汽车公司及校内(辣斐德路 1194 号中法工学院)。专业实习同样要求严格,丝毫马虎不得,有校友回忆道:

到高年级还有专业实习。例如我是学汽车工程的,除了在校内学习汽车驾驶和修理技术外,还在暑假里去当时较大的公共汽车公司和云飞汽车公司的修理厂实习了一个多月,每天同工人一样干活,按时上下班,虽然弄得满身油污,但收获不少,得益匪浅。[②]

---

① 徐光宪:《自传》。北京大学提供。

② 仇启琴:《寻梦步行　追忆往事》。《交大校友》,第 114 页。

课余的参观实习活动也在抓紧进行。仍以机械系为例，1939 年度第一学期学校就组织参观 7 次，参加学生 188 人次。参观的企业有阜丰面粉厂、统益纺织公司、大华橡胶厂、竞成造纸厂、晶华玻璃厂、中和汽车材料厂、中国公共汽车公司等。

在上海的交通大学学生的毕业实习大部分由教育部、交通部统一安排到内地各路局、工厂、企业，实际上是对毕业生的就业安排。实习期间发放生活费，期满成正式职员后薪酬渐增转为月薪。抗战初期，教育部发放的旅费为每生 350 元(沪至昆明 250 元、昆明至内地 100 元)。1941 年年初，交通大学毕业班同学呈文教育部，请求增发赴内地旅费，学生们说，因为路途不便，需要绕道，途中舟车票价膳宿均成倍增加，据计算需 800 元，故请求发给每人 800 元旅费，待到任职机关领到津贴后偿还。结果，当年赴内地实习的交大学生每人领到旅费 500 元。

三、确保招生质量

交大历来重视招生，坚持宁缺勿滥的传统，这是交大出人才的一个重要保证。

1938 年，迁到内地的教育部首次举办国立院校统一招生，上海因环境关系，由各高等院校自行招生。抗战全面爆发以后，江浙一带因战乱的影响，中学教育质量普遍下降，战前投考交大较多的几所著名中学相继内迁，外地考生来源也减少，因而影响学校新生的质量。为了扩大生源，保证新生质量，学校决定到香港招生。当年上海报名 570 人，香港报名 114 人，学校录取新生 136 名，录取比例为 5∶1。

1939 年，教育部举办第二次全国国立院校统一招生，交通大学参加上海区国立大学的统招，这也是交通大学在上海唯一一次参加的全国统考。是年，上海考区共报名 2 761 名，其中报考交大者达 1 180 名，学校录取 228 名，录取比例为 5.2∶1。新生皆由招委分派，录取总分最高 514 分，最低 341 分，平均 380.55 分。全国统招成绩排名第二、第三名的程心一、刘百川分派至交大。按教育部指令，交通大学本应扩额，但因环境和条件的困难，只能就现有教室尽量收容，其余合格学生概由招委分派别校。至第一学期结束，学校发现统招分配至校的新生程度不一，部分学生功课跟不上，教务会议上教授们讨论开设暑假学校补习，对成绩较差者设法予以补课。

由于全国国立院校统一招生，新生质量不能保证，1940 年教育部批准上海各校(院)分别自行招生。交通大学乃自行招生，同时按教育部指令增加电机工程新生一班 30 名。当年，报考交大共 976 名，录取新生 261 名，录取比例为 3.74∶1。

1941 年 2 月，教育部吴俊升司长致函黎照寰校长，告知：①近因各地交通困难，决定本年公立各院校暂停统一招生;②希望交大招生名额在可能范围以内尽量扩充。黎照寰校长复函称:因租界内校舍已不敷应用,若再扩招更无法容纳,增辟校舍不易,房屋租金已增至半数,扩招实属困难。当年仍由交大自行组织招生,报考交大者共1 556人,录取246名,录取比例为6.33∶1。

1943年8月,据《民国32年度交大新生录取名单》记载:本年度招收录取新生216名,其中理学院44人,工学院114人,管理学院58名。

与战前一样,黎照寰校长仍每年主持招生委员会的会议,并亲自审查考生分数,对新生的品行也十分重视。各院院长、系主任也亲自审查院系的新生录取情况。黎校长曾在教务会议上提出:"本校招考素主严格,除学历外对于考生行为品性同样予以重视。故以前规定投考须由毕业学校校长出具证明书,以供查考。现虽时值非常,办理难以周密,仍事实所许,设法调查,以免与本校办学宗旨不合者得以幸进。"①

抗战期间学校一如既往,坚持标准,择优录取,凡未到分数线的考生,虽有私人介绍信或由人说情,也不予录取,由校长复函谢绝。

四、开展训育与体育

抗战爆发后,国民政府宣扬"抗战建国",通过训育制度加强对学校和学生思想的钳制。1938年3月,国民政府以现行教育"偏于知识传授,忽略德育指导"故,制定《中等以上学校导师制纲要》,规定各校每年级分为若干组,每组设导师一人,导师对学生的思想、行为、学业及身心均应体察个性,施以严密的训练。训育制度由此改称训导制度。交大训育部改称训导部。1938年9月,交大第二十五次教务会议议决,贯彻教育部指令,实施导师制:①由校长聘请各院长、系主任及各院推荐之正、副教授、专任讲师担任导师;②各院学生定15人为一组,并指定训育长或学院院长为主任导师。学校共聘教师73人担任导师。1941年,学校取消主任导师,改由训导长或训导主任负责。此时,训导制已经实施两年,学校对导师聘任及其工作内容作了部分修改:第一年以直接任课教员担任,便于了解学生;第二年改为固定导师制,连任至学生毕业。训导方法按照教育部颁发的导师制纲要进行,导师必须了解学生情况,每年将学生的个性、思想、学业、身体状况详加记载并报告一次。

交通大学迁入法租界后一年,租界当局于1938年9月专门就租界内学校发布命令,要求学校事先申报所授课程内容,予以审查,并严禁所谓的"使租界内居民互相敌视,以及扰乱

---

①《三十年度第一次教务会议》(1941年8月30日)。西交档。

公共秩序之宣传”，否则将封闭学校。处于这种形势之下，学校的训育工作一方面通过部订的共同必修课“三民主义”在课堂进行，另一方面则通过训育部和三青团分团部来执行。汪伪政府成立后，对占领区的政治思想监控更为严格，租界里国民党的各种组织也在查处之列。因此，学校训导部的工作基本上是由训导长、训导、斋务主任等管理学生品德、课外活动、住宿、膳食、考勤等，党化教育不强而校务管理色彩浓重。学校训导主任一职自 1939 年原主任陈嘉勋辞职后，一直由校长黎照寰兼任。汪伪政府接管交大后，训导部仍然存在，但是，此时校内已无食宿安排，其训导功能进一步萎缩，职能更集中于学生考勤管理等事务。

交通大学素有提倡体育运动的传统，租界中场地狭小，然而，在学校的努力下，交大的体育运动也渐渐地恢复起来。上海战事开始后，学校宣布暂停一、二、三年级体育课，免收体育费；不久，出于安全考虑，又宣布一律停止学生户外运动。迁入租界后，受到场地方面的限制，学生体育运动一度处于完全停顿状态。学校方面一再与震旦大学商洽，终获允借用其球场。1938 年度第一学期开始，足球、排球、篮球、网球等球类活动渐次展开。至 1940 年度，学校甚至开出了传统的技击课，由刘守铭、蕲海鹏任教练，“参加人数有武当门 58 人，少林门 66 人”，几近当时在校学生的两成。中华学艺社没有田径场地，乒乓球这一占地小的运动得以发展，乒乓球队活动频繁。震旦校园里有球场，交大足球的光辉史便在这里得以延续。当年学生中风行七人小型足球，而沪上的足球名将如韩龙海、李尧等都是交大的学生。这一时期交大学生还以“南洋大学”的名义参加校外的一些体育锦标赛，如相伯杯乒乓球比赛、震旦杯小球联赛，都取得了不错的成绩。

第二节　院系设置

抗战前，交通大学有科学学院、电机工程学院、机械工程学院、土木工程学院、管理学院 5 个学院和中国文学系、外国文学系 2 个系。1937 年 8 月 1 日，交通大学由铁道部划归教育部直辖。6 日教育部通知交通大学：“科学学院、各工程学院均应自本年度八月起，一律依法改正名称。”黎照寰校长照令执行，从此，交通大学原科学学院改名为理学院，下设数、理、化三系；原电机工程学院、机械工程学院、土木工程学院改称为系，合并为工学院。院系改称之后，理学院院长由原科学院院长裘维裕担任，工学院院长由电机、机械、土木三系主任轮流担任。1938 年 2 月 11 日第一次工学院院务会议上，电机工程系主任张廷金被公推为首任工学院院长。管理学院改称与否由校务委员会自行商定，遂得以保留原有名称。

因此，抗日战争时期，在上海的交通大学院系设置为理学院、工学院、管理学院、中国文学系和外国文学系三院二系，仍然是20世纪30年代形成的“以工为重点，理为基础，兼重管理”的教学体制。抗战八年，学校在困境中坚守传统，各院系的原有特色得以保存。

这一时期，交通大学的院系结构如图所示：[①]

抗日战争时期交通大学院系结构图(上海)

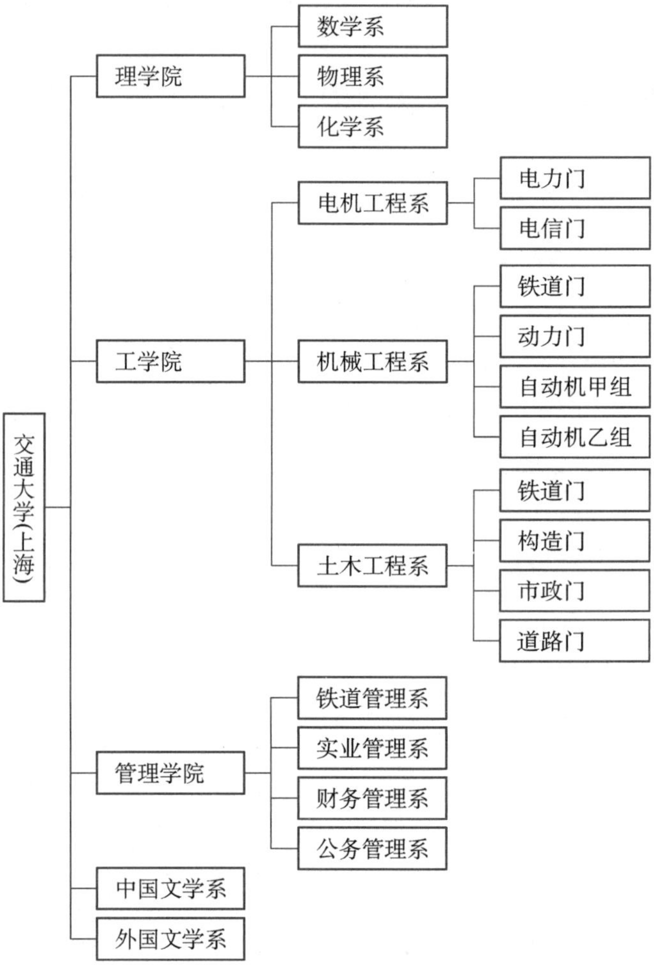

- 交通大学(上海)
  - 理学院
    - 数学系
    - 物理系
    - 化学系
  - 工学院
    - 电机工程系
      - 电力门
      - 电信门
    - 机械工程系
      - 铁道门
      - 动力门
      - 自动机甲组
      - 自动机乙组
    - 土木工程系
      - 铁道门
      - 构造门
      - 市政门
      - 道路门
  - 管理学院
    - 铁道管理系
    - 实业管理系
    - 财务管理系
    - 公务管理系
  - 中国文学系
  - 外国文学系

一、理学院

理学院院长是裘维裕。1942年学校被汪伪接管后，裘维裕辞职离校，范会国接任院长。

① 随时局变化，结构图中学科设置略有调整，其中，管理学院公务管理系于1938年后停办。工学院机械工程系自动机甲组、乙组，土木工程系道路门等三专业于1942年停办。

与战前比较，这一时期理学院专业设置无大变化。数学、物理、化学三系在一年级时课程相同，且大部分与工学院课程相似；二年级以后按各专业修习专业课。化学偏重于工业化学，实用性强，故学生较多，占理学院半数以上。三系仍维持战前特点，保证基本理论的教学与训练，教学要求、方法等也基本维持原状，但有以下三个新情况：

一是适合战时实际，既注重应用课程，又保证基本理论各科授课时数。1937 年学校迁入法租界后，院务会议提出：如感时间不敷授课困难，请各系自行斟酌增加钟点或设法补充，以求理学院在较短时间内把课程恢复到战前水平。

二是理学院仍维持战前重视实验和参观的特点，克服困难，尽力恢复了实验课。1937 年 10 月，理学院举行迁校后的第一次院务会议时，化学系主任徐名材曾报告：借得震旦大学试验室二间，可先供二三四年级学生各开实验课一门。三四年级研究工作借用和合坊四号工程学会工业试验所进行。会议并对物理系实验课如何恢复作出议决：应先恢复四年级光学实验、三年级电磁学实验。这些具体措施，都表明理学院在战乱时期，仍然坚持培养学生理论与应用结合的能力。

三是面临局势多变、资料缺乏的困境，理学院仍坚持“训练人才阐扬学术并重”的传统。理、化两系的毕业生在教师指导下，坚持研究工作，并写出多篇有质量的论文。

理学院各系概况如下：

（一）数学系

1. 课程设置

“八一三”事变及迁校，虽给数学系教学带来很大影响，但师生共同努力维持，使教学很快稳定，课程照常进行。在困难环境下数学系既要开好该系所需的各门课程，同时作为基础学科也要为其他院系开设微积分、微分方程等基础课程。据 1939 年 7 月的《理学院数学系报告》，数学系承担有物理系、化学系一二年级的微分方程、微积分、化学计算法；工学院各系一二年级的微积分、工程数学、微分方程；管理学院实业管理系的高等数学等课程。

1940 年交通大学数学系的课程设置见表 2－1：

表 2－1　数学系 1940 年课程表

课程名称	每学期学分数								课程学分数	每周授课时数	备注
	第一学期	第二学期	第三学期	第四学期	第五学期	第六学期	第七学期	第八学期			
国文	3	3							6	3	
英文	4	4							8	5	

(续表)

课程名称	每学期学分数								课程学分数	每周授课时数	备注
	第一学期	第二学期	第三学期	第四学期	第五学期	第六学期	第七学期	第八学期			
物理	3	3	3	3					12	3	
物理实验	1	1	1	1					4	3	
化学	3	3							6	3	
化学实验	1	1							2	3	
微积分	2	2							4	4	
中国通史	2	2							4	3	
德文			4	4					8	5	
经济学			2	2					4	3	
方程式论			2	2					4	2	
空间解几			2	2					4	3	
微分方程			2	2					4	2	
高等微积分			3	3					6	3	
数学问题			0	0	0	0	0	0	0	3—4	第五、六学期每周授4小时
理论物理			0	0					0	2	
科技德文					2	2			4	3	
实变函数					3	3			6	3	
函数论					3	3			6	3	
高等代数					3	3			6	3	
高等几何					3	3			6	3	
机械学					3	3			6	4	
刚体动力学					3	0			3	3	选修课
热力学					0	3			3	3	选修课
电磁学					3	3			6	3	选修课
数学分析(A)							2	2	4	3	
数学分析(B)							3	3	6	3	
数论							3	0	3	3	
群论							0	3	3	3	

（续表）

课程名称	每学期学分数								课程学分数	每周授课时数	备注
	第一学期	第二学期	第三学期	第四学期	第五学期	第六学期	第七学期	第八学期			
微分几何							2	2	4	3	
论文							1	1	2	2	
光学							3	3	6	3	选修课
现代物理							3	3	6	3	选修课
共计	19	19	19	19	23	23	17	17	156		

1940年数学系总学分为156，所有课程设置中，数理化国文外语德文等公共基础课计46学分，约占总学分的29%；工程技术基础课计42学分，约占总学分27%；数学专业课程68学分，约占总学分的44%。公共基础课、工程技术基础课与专业课程三者的比例约为1∶1∶1.5。

交大数学系成立较晚，侧重计算，注重与工程学科相结合。换而言之，数学专业课相对要少。抗战时期，数学系的课程调整继续朝工程方向倾斜。1940年，数学系专业类课程有15门，较战前1936年的17门减少2门；专业课程所占比重较理学院物理、化学两系少近10%。

2. 教师

这一时期数学系主任仍由胡敦复担任，教师人数约6—7人，其中教授4—5人，讲师、助教2—3人。先后任教的教师有胡敦复、顾澄、范会国、汤彦颐、武崇林、陈怀书、石法仁、莫叶、黄定、朱公谨等。

数学系主任胡敦复

胡敦复（1886—1978），又名炳生，江苏无锡人。1907年留学美国康奈尔大学，1909年回国，受聘游美学务处，主持考选庚款留美生。1910年出任游美学务处肄业馆（清华大学前身）教务提调。1911年夏创立立达学社，1912年与立达学社同仁在上海创办私立大同学院（大同大学前身），两度出任校长，长达20年。1930—1945年任交通大学数学系教授、系主任。1935年参与发起组织中国数学会，任首届数学会董事会主席。

顾澄（1882—1947），字养揺，江苏无锡人。毕业于清末格致书院数学科。曾任北京大学、清华大学教授,北平大学女子理学院院长,东北大学数学系主任、教授。1934年2月始任上海交通大学数学系教授。曾任数学会杂志《数学杂志》总编辑、交大科学学院《科学通讯》总编辑。译著《四原原理》为我国第一本译本。

范会国(1899—1983),广东文昌(今属海南)人。1920年赴法国学习。1929年获里昂大学数学博士学位。曾任中央大学、北平师范大学教授,交通大学教授、理学院院长、训育长,大同大学、复旦大学教授。中华人民共和国成立后,历任海南师范学院院长,北京师范大学教授、理论力学教研室主任,中国数学学会第一届常务理事。

汤彦颐(1901—1980),别名乐甫,浙江肖山人。早年留学美国,1926年在华盛顿大学获数学硕士学位,同年回上海在暨南大学任教授、数理系主任,先后兼大同大学、复旦大学教授。1935年中国数学家大会成立,汤彦颐与胡敦复等6人代表交通大学参加会议,当选为第一、第二、第三届理事会会计。抗日战争胜利后,任交通大学数学系主任、中国科学社特约编辑。1948年,受华盛顿大学邀请赴美讲学,后入美籍。

武崇林(1900—1953),字孟群,安徽凤阳人。1924年毕业于北京大学。先后在北京大学、东北大学、交通大学任教。1935年中国数学家大会成立,被选为评议会评议、《数学杂志》编委会委员。1945年任交通大学数学系主任。1952年任华东师范大学数学系教授。

陈怀书,1912年毕业于本校电机科。曾任扬州中学教师,后任教交通大学数学系。1935年,中国数学会成立,任第一届理事。编著《算术》《数学游戏大观》等。

莫叶(1914—1997),湖南新邵人。1936年毕业于本校数学系,同年留校任教。1943年5月,赴重庆交大任教,主讲微积分。1947年赴美留学,1949年获华盛顿大学哲学博士学位。回国后,历任交通大学、山东大学教授。

朱公谨(1902—1961),字言钧,又名霭如。1919年入清华大学,1921年入德国哥廷根大学数学系,1927年获博士学位,是中国第一位应用数学博士。1932—1952年任光华大学教授、教务长、副校长、代校长,期间兼任交通大学、同济大学教授。1952年后先后任交通大学、西安交通大学、上海交通大学教授。1956年被评为一级教授。

3. 学生

数学系学生人数向来是全校各系中最少的。1937年度第一学期,全系4个年级仅有学生7人。1942年度第二学期,实到学生一年级3人、二年级2人,全系只有5名学生。三四年级学生因上学期道路阻塞未能报到或报到太迟超过三分之一的期限,给长假一年,结果导致1943年、1944年连续两年没有毕业生。抗战八年,数学系仅有毕业生13人。数学系的著名校友有1940届吴文俊,1957年当选为中国科学院学部委员,获2000年度首届中国国家最高科技奖。

（二）物理系

1. 课程设置

这一时期，物理系课程设置基本维持战前原状。1940 年交通大学物理系课程设置见表 2-2：

表 2-2 物理系 1940 年课程表

课程名称	每学期学分数								课程学分数	每周授课时数	备注
	第一学期	第二学期	第三学期	第四学期	第五学期	第六学期	第七学期	第八学期			
国文	3	3							6	3	
英文	4	4							8	5	
物理	3	3	3	3					12	3	
物理实验	1	1	1	1					4	3	
化学	3	3							6	3	
化学实验	1	1							2	3	
微积分	2	2							4	4	
中国通史	2	2							4	3	
德文			4	4					8	5	
经济学			2	2					4	3	
高等微积分			3	3					6	3	
机械学理论			3	3					6	4	
微分方程			2	2					4	2	
物理教育			0	0					0	2	
测量和制图			1	1					2	2—3	选修课
几何图			1	0					1	3	选修课
机械制图			0	1					1	3	选修课
科技德语					2	2			4	3	
电磁学					3	3			6	3	
光学					3	3			6	3	
刚体动力学					3	0			3	3	
现场实验（机械）					2	0			2	4	

(续表)

课程名称	每学期学分数								课程学分数	每周授课时数	备注
	第一学期	第二学期	第三学期	第四学期	第五学期	第六学期	第七学期	第八学期			
现场实验(电磁)					0	2			2	4	
现场实验(光学)					2	2			4	4	
热传导					2	0			2	2	选修课
声学					0	2			2	2	选修课
电路及其应用					2	2			4	2—3	选修课
函数理论					3	3			6	3	选修课
工程热力学					3	0			3	3	选修课
工程热力学实验					0	1			1	3	选修课
现代物理							3	3	6	3	
理论物理							3	3	6	3	
现代物理实验							2	2	4	4	
研究论文							1	3	4	3—9	
蒸汽透平							3	0	3	3	选修课
高频实验							2	0	2	4	
量子力学							0	3	3	3	
电气工程							3	3	6	3	
电气工程实验							1	1	2	3	
共计	19	19	20	20	25	20	18	18	159		

物理专业总学分为159,所有课程设置中,数理化国文外语德文等公共基础课计46学分,约占总学分的29%;工程技术基础课计32学分,约占总学分的20%;物理学专业课程81学分,约占总学分的51%。公共基础课、工程技术基础课与专业课程三者的比例约为3∶2∶5。

物理系在开好本系各年级所需课程的同时,作为工科学校的重要基础课程,也要为其他院系开课。为弥补战争给教学造成的影响,物理系采取增加课时或集中补课等方法,力求补上各院遗漏的课程。如1938年度，理工一年级物理讲授因钟点减少，教材未能授毕，乃于暑假内补授4星期；理工二年级的物理课则从第十四周起，每星期增加1小时以补不足。1939年度，理电一年级普通物理讲授增加1小时；机械土木两班虽增加1小时仍未能于规定时间内完成，于是暑期中再补1星期将全部教材授毕。

物理系历来注重实验，但由于战争及时局影响，原来的从普通物理实验到高等物理实验循序渐进的实验程序已不可能按部就班地进行。迁入租界的第二年，经过教职员多方努力，原定的一、二年级物理试验和1937年所欠各院一、二年级的物理课还是一一得以补足。经过向有关方面商借，物理系还开辟了多处试验场所：在中国科学社进行光学试验、电磁学试验、高周波试验、普通物理试验（理工二年级），以及论文研究试验。在震旦大学地下室进行普通物理试验（理工一年级），大部分试验课得以恢复。1938年度物理系在四年级学生中恢复论文研究，并且尽力为学生准备论文研究试验室及研究资料。

为维持学校教学传统，物理系作了不少努力。这一时期的物理教学"仍本以前宗旨：注重基本科学观念之认识，重要实验技术之训练，俾学生于学理与实验，均有相当准备。本系课程，虽经事变，仍竭力本此宗旨以求进展"。[①]

2. 教师

1937年，物理系主任仍由裘维裕担任。1942年8月，汪伪政府接收交大后，裘维裕辞职离校，叶蕴理接任物理系主任。

这一时期，物理系教师在10人上下，先后在物理系任教的有裘维裕、周铭、班乐夫、叶蕴理、许国保、赵富鑫、赵贻镜、杨景才、黄志诚、沈德滋、钱尚平、郑昌时、程赓祚、熊启藩、姚启钧、任有恒、万尔成、姚憩涛、蔡驹等。

裘维裕（1891—1950），字次丰，江苏无锡人。1916年毕业于本校电气机械科，1916年留学美国麻省理工学院，获硕士学位。后在哈佛大学研究院从事物理学研究。1923年回国，任上海南洋大学即交通大学电机工程科教授。1928年，在交通大学创建物理系，任系主任。1930年任交通大学科学学院（1938年改为理学院）院长。

周铭（1888—1968），又名周明诚，江苏泰兴人。1910年毕业于本校附中，后赴美国麻省理工学院（MIT）学习，1919年获化学博士学位。1921年任交通大学化学教授。1924年开始，在交大协同裘维裕教授进行物理教学改革，同时改任物理学教授，主持物理实验教学及实验室建设，还专攻物理实验仪器的设计和制造，是交大物理实验教学和实验室建设的奠基

---

① 《物理系廿七年度第一学期工作报告》。西交档。

者。1956年被评为一级教授。

叶蕴理(1905—1984),江苏南京人。1930年代在法国巴黎大学攻读博士学位,在居里夫人的实验室从事放射性研究,1935年获博士学位。1942—1945年任交通大学物理系系主任,曾任中山大学、厦门大学教授、航空系主任。长期从事物理光学的教学工作。

许国保(1901—1993),浙江海宁人。1925年毕业于本校电机系,1931—1933年在德国柏林大学攻读理论物理。1933—1952年任交通大学物理系教授,讲授电磁学、理论物理等课。曾任浙江工学院、同济大学教授。1952年至华东师范大学任物理系普通物理、理论物理教研室主任,《物理教学》杂志主编。

赵富鑫(1904—1999),上海市人。1924年毕业于本校电机系。历任交通大学物理系教授、物理教研室主任,西安交通大学数理力学系主任、图书馆馆长、终身教授。曾任全国高等工科学校物理教材编审委员会委员、副主任、代主任、顾问等,教育部工程物理数学指导委员会副主任、代主任,中国太阳能电池第一届常务理事、陕西省物理学会第二至第五届副理事长,九三学社第六、第七届中央委员及顾问。

熊启藩,1907年生,江西南昌人。1934年毕业于交大物理系。曾任交通大学助教、国立中正大学副教授。1949年后,曾任南昌大学副教授、教授,江西师范大学教授、物理系主任,江西省物理学会第一至第三届理事长。

任有恒(1913—1997),江苏扬州人。1936年毕业于交大物理系,后留校任教。一直从事实验室工作,与周铭教授一起共同改进实验内容,研究提高实验质量。解放前夕,为保护实验仪器不受破坏,和同事们一起把仪器深埋在上院实验室的地板下。1978年任上海交通大学应用物理系副系主任、普通物理教研室主任。

3. 学生

物理系亦属于规模最小的系所,1938—1945年,共有毕业生18名。

(三) 化学系

1. 课程设置

化学系原有设备颇为完善,由于日寇入侵,各项药品、仪器、机械、图书等均陆续迁出,分存各处。1938年,迁入法租界的次年,化学系就努力恢复实验课,在动乱中力争稳定教学。

1940年交通大学化学系的课程设置见表2-3:

表 2-3　化学系 1940 年课程表

课程名称	每学期学分数								课程学分数	每周授课时数	备注
	第一学期	第二学期	第三学期	第四学期	第五学期	第六学期	第七学期	第八学期			
国文	3	3							6	3	
英文	4	4							8	5	
物理	3	3	3	3					12	3	
物理实验	1	1	1	1					4	3	
化学	3	3							6	3	
化学实验	1	1							2	3	
微积分	3	3							6	4	
中国通史	2	2							4	3	
德文			4	4					8	5	
经济学			2	2					4	3	
计量分析			2	0					2	2	
计量分析实验			2	0					2	6	
计量分析			0	2					2	2	
计量分析实验			0	3					3	9	
有机化学			3	3					6	3	
有机化学实验			2	2					4	6	
物理教育			0	0					0	2	
微分方程			2	0					2	2	选修课
几何画(画法几何)			1	0					1	3	选修课
机械画			0	1					1	3	选修课
技术分析					1	0			1	1	
技术分析实验					2	0			2	6	
物理化学					3	3			6	3	
物理化学实验					1	1			2	3	
工程化学					3	3			6	3	
工程化学实验					0	2			2	2	
科技德文(化学专业)					2	2			4	3	

(续表)

课程名称	每学期学分数								课程学分数	每周授课时数	备注
	第一学期	第二学期	第三学期	第四学期	第五学期	第六学期	第七学期	第八学期			
有机分析					1	1			2	1	选修课
有机分析实验					1	1			2	3	选修课
高等无机化学					2	0			2	2	选修课
高等有机化学					1	1			2	2	选修课
热工					0	3			3	3	选修课
应用力学					3	0			3	4	选修课
材料强度					0	3			3	3	选修课
化学工程					4	3			7	3—5	选修课
油漆与清漆							1	1	2	2	
皮革							0	2	2	2	
燃料与染色工艺(或冶金与陶瓷)							2	0	2	2	
油和油脂或燃料							0	2	2	2	
工业化学实验							1	1	2	3	
研究论文							2	2	4	6	
高等定性分析							1	0	1	1	选修课
高等定性试验							2	0	2	6	选修课
高等定性分析							0	1	1	1	选修课
高等定性实验							0	2	2	6	选修课
生物化学							2	0	2	2	选修课
胶体化学							0	2	2	2	选修课
工程化学实验							1	1	2	3	选修课
电机工程							3	3	6	3	选修课
电机工程实验							1	1	2	3	选修课
热工实验							1	0	1	1	选修课
化工厂管理							1	1	2	2	选修课
共计	20	20	22	21	24	23	18	19	167		

1940年化学系总学分为167，所有课程设置中，数理化国文外语德文等公共基础课计48学分，约占总学分的29%；工程技术基础课计35学分，约占总学分的21%；化学专业课程84学分，约占总学分的50%。公共基础课、工程技术基础课与专业课程三者的比例约为3∶2∶5。

化学系的实验课程受战争影响较大。化学系除努力开好本系的实验课外，还千方百计为全校各院补上所缺实验课程。如1937年度管理学院学生所缺普通化学、化学试验于当年暑假全部补足，1936、1937两年度工学院学生所缺定性分析、工业分析课在1939年暑期学校补完，1936年度化学系学生所缺有机化学试验也于1938年度第一学期补足。经过努力，化学系还恢复了化学论文研究试验。1939年度化学系四年级化学论文研究试验命题有15道。

化学系重视培养学生对于专业研究的兴趣和能力，曾相应开设了一系列课程。抗战时期，时局动荡，专业研究课程一时缺失，但学生有强烈求知欲，要求开设高等定性分析课。化学系克服困难，及时增设，每周讲课1小时，试验3小时，计5学分，分两学期授完。1938年化学系恢复以往的专家演讲。1939年又恢复化学文献课，每周1小时1学分。

2. 教师

抗战初期，化学系主任仍由徐名材担任。1938年徐赴重庆资源委员会任职，陆奕淦教授接任系主任。1943年2月，陆辞职，沈溯明继任系主任。抗战初期，化学系有教师约30人，1942年汪伪接管学校后，化学系教师更替频繁，1937年底的30名教师到1942年底只剩12人，离校人数达到60%。1942年以后，师资变化不大，人数在23、24人之间浮动。后期教师大部分是学校留校毕业生。

先后在化学系任教者有徐名材、柯成楙、刘承霖、丁嗣贤、时昭涵、谢惠、沈溯明、陆奕淦、颜春安、沈慈辉、张怀义、袁积诚、许植方、韦镜权、陈毓麟、张辅忠、杨耀文、蔡默、周祖训、徐宗骏、蔡润芳、朱自立、朱晋塘、璩定一、沈博渊、桂雍、郭钟福、卢焕章、蒋孙毅、任通宝、吴文间、潘承圻、顾翼东、桂雍、蒋孙毅、任通宝、陆伯勋、吴文问、王箴、陈庆尧、恽福森、胡新南、吴林西、孙卫、仲文治、乌凤仙、丁光宇、周勤益、吕保龄、戴梅龛等。

柯成楙，1893年生，浙江平湖人。1910年考取第二批庚款赴美留学。回国后任本校教授。

沈溯明，1891年生，浙江吴兴县人。1910年考取第二批庚款赴美留学。曾任北京大学教授兼任北京市立师范学校教务主任，交通大学教授、系主任。曾任龙门联合书局董事长、科学出版社副董事长。著有《无机化学》。

沈慈辉,1896年生,上海市人。美国康奈尔大学硕士。曾在美国阿格米漆厂、福特汽车公司任职多年。回国后于上海创设永固造漆公司,为中国机制油漆工业先驱。去台后继续经营永固造漆公司,并投资复兴木业公司。在台工商界深孚人望,曾任永固造漆公司董事长兼总经理,台湾中华书局董事长等职。

许植方(1897—1982),字鲁瞻,浙江黄岩人。1920年毕业于南京高等师范学校,后就教于齐鲁大学、金陵大学。1923年入菲律宾大学。1935—1940年在校任教期间开展国药成分研究。1940年后任福建医学院、英士大学、北洋工学院教授。中华人民共和国成立后,任浙江大学教授。1952年任教上海第一医学院药学系,创建分析鉴定科。

顾翼东(1903—1996),江苏苏州人。1923年毕业于东吴大学,1925年获美国芝加哥大学硕士,1935年获哲学博士学位。曾任交通大学、复旦大学教授。1980年当选为中国科学院学部委员。中国钨化学研究的奠基人。其溶剂萃取化学研究成果对萃取化学的发展起到巨大的推进作用。

3. 学生

化学系学生人数较多,抗战8年间,共有毕业生123人,占理学院全院毕业生的80%。著名校友有1944届徐光宪,1980年当选为中国科学院学部委员,获2008年度国家最高科技奖;1944届高小霞,1980年当选为中国科学院学部委员。

表2-4 1938—1945年交通大学理学院毕业生统计表(上海)①

届别 / 人数 / 系别	1938	1939	1940	1941	1942	1943	1944	1945	小计
数学系	2	1	3	1	3	0	0	3	13
物理系	2	4	2	3	3	0	2	2	18
化学系	12	9	18	13	19	18	16	18	123
总计	16	14	23	17	25	18	18	23	154

二、工学院

1937年教育部将交大土木工程学院、机械工程学院、电机工程学院合并为工学院,土木、机械、电机三院改称系。改称后的工学院院长由电机系主任张廷金担任。工学院的土木系分设铁道、市政、构造、道路四门;机械系分铁道门、动力门、自动机甲组(汽车门)、自动机

① 表中数据来自上海交通大学档案馆历史档案(以下简称“上交档”):LS2-469、LS2-483、LS2-450。

乙组(飞机门);电机系分电信门和电力门。

与战前比较,工学院专业设置在维持原来的基础上,为了适应抗战的需要和世界科技的发展,增强了汽车、航空、无线电工程方面的教学内容,课程调整较为频繁。

此外,由于日寇入侵,原有的土木工程、机械工程、电机工程三学院已颇具规模的试验设备遭到不同程度的损失。这一时期,工学院为恢复试验室作了很大努力。通过多方商借,短期内工学院各系的实验课因陋就简,得以恢复,维持了交大理论与实际结合、"学理与手艺并进"的原有特点。

工学院各系概况如下:

(一) 电机工程系

1. 课程设置

经过近30年的发展,抗战前,交通大学的电机专业已处在当时国内高校同类专业中的较高水平,拥有张廷金、钟兆琳、寿俊良、马就云、庄智焕等阵容强大的教师队伍和机件、仪器相当完备的工程实验条件,学科体系也日臻完善。

抗战初期,学校发展势头被遏,各学科门类处在维持状态。1939年初电机工程系在年度报告中提出:"本学年因时局关系与学校经济状况,教务以维持现状为原则,设备应行购置者暂不添订,试验消耗物品尽力求减省,并传知本系各教授通力合作以符学校樽节之至意。"[①]好在不少富有教学经验的教授仍在学校任教,课程设置基本照旧,电机工程系教学基本得以维持。

电机工程系在一、二、三年级不分专业,四年级分为电信门和电力门,前者注重电话、电报及无线电之构造,后者主要讲发电厂及输电工程等,学生自由选择,不加限制。

1940年交通大学电机工程系的课程设置见表2-5、表2-6:

表2-5　工学院电机工程系1940年课程表

(一、二、三年级)

课程名称	每学期学分数						课程学分数	每周授课时数	备注
	第一学期	第二学期	第三学期	第四学期	第五学期	第六学期			
国文	2	2					4	3	
英文	3	3					6	4	

① 《交通大学校史资料选编》第2卷,第341页。

(续表)

课程名称	每学期学分数						课程学分数	每周授课时数	备注
	第一学期	第二学期	第三学期	第四学期	第五学期	第六学期			
物理	3	3	3	3			12	3	
物理实验	1	1	1	1			4	3	
化学	3	3					6	3	
化学实验	1	1					2	3	
微积分	3	3					6	4	
画法几何	2	0					2	6	
机械图	0	2					2	6	
工厂实习	1	1					2	3	
航空测量	0	2					2	4	选修课
微分方程			2	2			4	2	
应用力学			3	3			6	3	
工程化学			1	1			2	1	
化学分析			1				1	3	
实验设计			2	0			2	6	
动力制图			0	2			2	6	
机械学			3	0			3	3	
机械设备			3	0			3	4	
金工实习			0	1			1	3	
机械厂			1	1			2	3	
材料强度			0	3			3	3	
电器设备			0	3			3	5	
德文			2	2			4	3	选修课
热力工程					3	3	6	3	
机械工程实验					1	1	2	3	
直流电机					4	4	8	4	

（续表）

课程名称	每学期学分数						课程学分数	每周授课时数	备注
	第一学期	第二学期	第三学期	第四学期	第五学期	第六学期			
电器测量					2	2	4	2	
直流电实验					1	1	2	3	
工程材料					2	0	2	3	
机械设计					2	2	4	4	
交流电路					0	3	3	4	
水压机					3	0	3	3	
电话					0	3	3	3	
蓄电池					1	0	1	1	
成本计算					3	0	3	3	
材料工程					3	0	3	3	
德文					2	2	4	3	
工业管理					0	2	2	3	
工程经济					3	0	3	3	
共计	19	21	22	22	30	23	137		

表 2-6　电机工程系 1940 年课程表

（四年级）

电信工程门					
课程名称	每学期学分数		课程学分数	每周授课时数	备注
	第七学期	第八学期			
交流电机	4	4	8	4	
电机设计	2	0	2	3	
通信网络	3	3	6	3	
电报	1	0	1	1	
电话与电报实验	0	1	1	3	
自动电话	2	0	2	2	
无线电工程	4	3	7	3—4	
无线电工程实验	1	1	2	3	
无线电设计	0	1	1	2	

(续表)

电信工程门					
课程名称	每学期学分数		课程学分数	每周授课时数	备注
	第七学期	第八学期			
无线电设计实验	1	1	2	3	
交流电实验	1	1	2	3	
内燃机	0	2	2	2	
电视	0	2	2	2	
共计	19	19	38		
电力工程门					
课程名称	每学期学分数		课程学分数	每周授课时数	备注
	第七学期	第八学期			
交流电机	4	4	8	4	
电机设计	2	2	4	3	
电力输送	4	0	4	4	
交流电实验	1	1	2	3	
发电厂	3	0	3	4	
电厂设计	0	2	2	3	
蒸汽发电厂	3	3	6	3	
无线电工程	3		3	4	
通信实验	0	1	1	3	
电器配电	0	2	2	2	
原动机	0	3	3	3	
电气铁路	0	2	2	2	
照明与测光	3	0	3	3	选修课
共计	23	20	43		

电机系在教学上素有既注重理论教学,又重视实验课的特点。但是,由于迁入法租界,电机工程系不少大型实验设备未能搬移,只抢运出部分轻便实验仪器,并且运出机件仪器受场地限制只有部分供给实验应用,余者均装箱存放,实验课因此大受影响。通过努力,迁校

的第二年才恢复了部分试验课。1938学年课外参观活动也渐次恢复，其中有张廷金教授带领电信门学生参观三极公司；寿俊良教授率领电信、电力两门学生参观法商电车电灯公司；史钟奇教授率领电信、电力学生参观上海电话公司；马就云教授率电三学生参观法商电车电灯公司。1939学年学生参观的工厂和公司更有上海电力公司、法商电车电力公司、天厨味精厂、上海电话公司等多达10余家单位。

2. 教师

电机工程系主任为张廷金，1943年第一学期，张廷金无暇兼顾主任一职，由薛绍清教授兼任电机工程系主任。全系有教授5人，副教授2人，专任讲师3人，兼任讲师3人，助教2人，共15人。1942年下半年，教师变动较大，马就云病逝，钟兆琳、曹凤山、周琦、居崑、陈明哲等5人辞职。全系教师11人中，新聘教师5人，占45%。

先后在电机工程系任教者有张廷金、钟兆琳、马就云、胡端行、寿俊良、曹凤山、周琦、吴济、居崑、刘侃、李志熙、高崇龄、徐桂莹、李璇、陈廷坤、薛绍清、简柏敦、徐嘉元、王世骐、毛钧业、范宁寿等人。

钟兆琳(1901—1990)，字琅书，浙江德清县人。1923年毕业于本校电机系。次年留学美国康奈尔大学，获硕士学位。1927年回国在母校任教，历任交通大学电机系主任、电工器材制造系主任，西安交大教授，陕西省电机工程学会第一届理事长等职。20世纪30年代，指导研制出中国第一台交流发电机和电动机。曾任第五、六届全国政协委员。1956年被评为一级教授。

马就云(1901—1942)，浙江东阳人。1924年毕业于本校电机系，随即留校任教。曾留学英国，学成归国仍回交大任教。20世纪30年代后一直教授直流电机、直流电机试验和蓄电池三门专业课程。

曹凤山(1901—1990)，江苏扬州人。1924年毕业于本校电机系，1926年、1927年先后获美国哈佛大学和麻省理工学院电机硕士学位。曾任浙江大学教授、电机系主任，暨南大学、交通大学教授。1949年后，历任交通大学教授，华东纺织工学院教授、数理系主任等。

3. 学生

学校迁入法租界后，电机系学生报到的只有85人，到1939年度增加到127人。1938—1945年，有八届毕业生，共193人。著名校友有：1941届杨嘉墀，1981年当选为中国科学院学部委员；1940年上海入学、1943年重庆交大毕业的陈德仁，1995年当选为中国工程院院士。

表 2-7 1938—1945 年交通大学电机工程系毕业生统计表(上海)[①]

届别/人数/专业	1938	1939	1940	1941	1942	1943	1944	1945
电力门	15	19	15	11	20	13	17	15
电信门	7	8	7	9	12	5	11	9
总计	22	27	22	20	32	18	28	24

(二) 机械工程系

1. 课程设置

抗战时期,机械工程系一如战前,一、二、三年级不分专业,四年级分为铁道机械门(铁道门)、动力机械门(动力门)、自动机械甲组(汽车门)和自动机械乙组(飞机门)等 4 专业。1942 年 9 月后,因师资严重缺乏,自动机甲、乙 2 专业停办。

1940 年交通大学机械工程系的课程设置见表 2-8、表 2-9、表 2-10、表 2-11、表 2-12:

表 2-8 机械工程系 1940 年课程表

(一、二、三年级)

课程名称	每学期学分数						课程学分数	每周授课时数	备注
	第一学期	第二学期	第三学期	第四学期	第五学期	第六学期			
国文	2	2					4	3	
英文	3	3					6	4	
物理	3	3	3	3			12	3—4	
物理实验	1	1	1	1			4	3	
化学	3	3					6	3	
化学实验	1	1					2	3	
微积分	3	3					6	4	
画法几何	2	0					2	6	
机械制图	0	2					2	6	
金工实习	1	1					2	3	
航空测量	0	2					2	4	选修课
应用力学			3	3			6	3	

① 1938—1944 年数据来自上交档:LS2-469。1945 年数据来自上交档:LS2-483。

（续表）

课程名称	每学期学分数						课程学分数	每周授课时数	备注
	第一学期	第二学期	第三学期	第四学期	第五学期	第六学期			
工程化学			1	1			2	1	
化学分析			1	1			2	3	
机械学			3	0			3	3	
机械设备			0	3			3	4	
材料强度			0	3			3	4	
实验设计			2	0			2	6	
运动学制图			0	2			2	6	
翻砂厂实习			1	0			1	3	
电气零件			0	2			2	2	
工程经济			3	0			3	3	
机械厂			1	1			2	3	
德文			2	2			4	3	选修课
微分方程			2	2			4	2	选修课
热力工程					3	3	6	3	
热力工程实验					1	1	2	3	
电机工程					3	3	6	3	
电机工程实验					1	1	2	3	
水力学					3	0	3	3	
工程材料					3	0	3	4	
机械设计原理					3	3	6	3	
机械设计					2	2	4	6	
高级金工实习					1	0	1	3	
共计	19	21	23	24	20	13	120		

表 2-9 机械工程系 1940 年课程表

(四年级铁道机械门)

课程名称	每学期学分数		课程学分数	每周授课时数	备注
	第七学期	第八学期			
蒸汽发电机	3	3	6	3	
机械工程实验	1	1	2	3	
铁路机械工程	3	3	6	3	
机车设计	3	3	6	7	
汽车设计	1	1	2	3	
铁路设备	0	2	2	2	
铁路管理	0	2	2	2	
阀门齿轮	1	0	1	2	
内燃机	3	0	3	4	
研究	0	1	1	3	
选修课	3	3	6	3	
汽车工程	0	3	3	3	选修课
蒸汽透平	0	3	3	3	选修课
铁路运输	0	3	3	3	选修课
站台与终点	0	3	3	3	选修课
铁路信号	2	0	2	2	选修课
共计	20	31	51		

表 2-10 机械工程系 1940 年课程表

(四年级动力机械门)

课程名称	每学期学分数		课程学分数	每周授课时数	备注
	第七学期	第八学期			
蒸汽电厂工程	3	3	6	3	动力门必修
机械工程实验	1	1	2	3	
电厂设计	2	2	4	6	
工业建筑设计	1	1	2	3	
蒸汽透平	0	3	3	3	
电气工程	3	0	3	3	
发电厂	4	0	4	4	

（续表）

课程名称	每学期学分数		课程学分数	每周授课时数	备注
	第七学期	第八学期			
水力发电工程	0	2	2	2	
汽车工程	0	3	3	3	
汽车工程实验	0	1	1	3	
内燃机	3	0	3	4	
研 究	0	1	1	3	
选 修	3	3	6	3	
共计	20	20	40		
海洋工程	3	3	6	3	动力门选修
航空工程	3	3	6	3	
暖 通	0	3	3	3	
无线电工程	0	3	3	3	
无线电工程实验	0	1	1	3	
迪塞尔发动机及设计	0	1	1	3	
共计	6	14	20		

表 2-11　机械工程系 1940 年课程表

（四年级自动机甲组——汽车门）

课程名称	每学期学分数		课程学分数	每周授课时数	备注
	第七学期	第八学期			
汽车发动机	3	3	6	3	选修Ⅰ
汽车发动机燃料	0	2	2	2	
汽车电气	2	0	2	2	
蓄电池	1	0	1	1	
汽车底盘	3	0	3	3	
汽车维修	0	2	2	2	
汽车设计	2	2	4	6	
汽车机械实验	1	1	2	3	
汽车修理	0	1	1	3	
公路工程	3	0	3	3	
公路运输	0	2	2	2	

(续表)

课程名称	每学期学分数		课程学分数	每周授课时数	备注
	第七学期	第八学期			
内燃机	3	0	3	4	
机械工程实验	1	1	2	3	
电动机	0	2	2	2	
研究	0	1	1	3	
选修	0	3	3	3	
共计	19	20	39		

表 2-12 机械工程系 1940 年课程表

(四年级自动机乙组——飞机门)

课程名称	每学期学分数		课程学分数	每周授课时数	备注
	第七学期	第八学期			
空气动力学	2	0	2	2	选修Ⅰ
飞机结构	3	3	6	3—7	
飞机设计	3	0	3	7	
飞机仪表	0	2	2	2	
飞机	0	2	2	2	
机场工程	0	1	1	1	
螺旋桨设计	2	0	2	6	
飞机发动机	3	0	3	3	
汽车电气	2	0	2	2	
飞机发动机设计	0	2	2	6	
飞机发动机实验	1	1	2	3	
内燃机	3	0	3	4	
机械工程实验	1	1	2	3	
无线电工程	0	3	3	3	
无线电工程实验	0	1	1	3	
工具制造	0	2	2	2	
无线电测量	0	1	1	1	
共计	20	19	39		

为适应战时需要，机械系在立足原有课程的基础上，对课程设置进行了多次调整，增加了铁道、汽车、航空、无线电、水力发电、气象等方面的课程。如1938年度三年级自动机门增授汽车工程课程2小时，3学分；四年级铁道门增授选修课电力铁道3小时，3学分；四年级动力门增授选修课无线电工程3小时，3学分；四年级自动机门甲组增授自动车修理课程3小时，2学分。1939年度四年级内燃机课程由2小时3学分改为4小时4学分；四年级动力门发电厂课程由3小时3学分改为第一学期4小时4学分，第二学期又改名为水力发电，2小时2学分；四年级自动机门乙组增授气象学课程2小时2学分；四年级动力门增授柴油机及设计课程3小时3学分；四年级自动机门甲组添增授航空工程算学课程2小时2学分。

2. 教师

这一时期，机械工程系主任为胡端行。1938—1941年该系教师约为22人。1942年8月，学校被汪伪接管后，教师辞职者颇多，其中包括自动机门黄叔培、钱廼桢、姜长英三位教授，直接导致四年级自动机门不能开班，直至抗战结束。机械系四年级的机械工程实验、电机系三年级的机械设计两学科，也因无人任教，未能开课。该学期机械系教师减至15人中，新聘者7人，几乎占总教师数的一半。此后教师变化不大。

机械系主任胡端行

先后在机械工程系任教者有胡端行、陈石英、浦峻德、胡嵩嵒、黄叔培、马翼周、姜长英、梁士超、姚祖训、吴良弼、蔡常、李俶、沈三多、张寰镜、蒋汝舟、吴金堤、杨安定、朱麟五、许日昭、仇启琴、唐敏晃、张烨等。

胡端行（1888—1946），原名殿楷，号粹士，江苏太仓沙溪人。1909年入上海健行公学、继入本校学习，为校长唐文治所器重，请部派留学美国，1913年留学俄亥俄州立大学攻电机工程获硕士学位。1918年回交通大学任教，兼图书馆馆长、教务长等职。

陈石英（1890—1983），上海市人。1906年毕业于烟台海军学校，1913年赴美国麻省理工学院留学。1916年回国后，先后担任交通大学教授、系主任、代理教务长等职，同时兼任南洋铁路学校、复旦大学、劳动大学教授。1949年7

月后任交通大学校务委员会副主任委员,后任副校长。1956年被评为一级教授。

黄叔培(1893—1979),原名黄庆才,广东揭阳人。1913年入清华大学,1915年赴美国就读于开师理工大学,1918年入西利亚理工大学,1921年获机械工程博士学位。1923年回国,先后在北京工业大学、广西大学、上海劳动大学、交通大学任教。1954年后曾任长春汽车拖拉机学院副院长、吉林工业大学副校长等职。曾任政协全国委员会委员。

姜长英(1904—1985),1926年毕业于南开大学矿科,同年赴美国专修航空。回国后,就业于张学良的东北空军、杭州航空署、笕桥航空学校等。1936年执教交通大学航空门。1942年,赴苏北新四军办的江淮大学任教直至该大学停办。1945年复回交大任教。1949年后,转入南京华东航空学院,1958年起任教西北工业大学。《中国大百科全书》航空航天卷编委。

沈三多,1905年生,江苏海门人。1925年毕业于本校机械工程系。1927年获美国普渡大学机械工程硕士学位。1927年回国,先后在浙江大学、武汉大学、交通大学、西安交通大学任教。

朱麟五(1902—1985),又名朱瑞节,浙江嘉兴人。1926年毕业于本校电机科,1928—1930年留学英国,毕业于曼彻斯特茂伟电机厂工程师培训班。回国后长期从事发电厂建设和教育工作,历任大同大学、交通大学教授,交大电机系、动力系主任。1959年任交通大学工程物理系主任。1962年任交大船舶动力系主任。

3. 学生

1937年秋因战事受阻不能返校的学生甚众。迁入法租界时,机械系有学生117人。以后学生逐渐增加。《机械工程系二十七年度总报告》称:"本系学生,于本年度内,在外回校者有三十九人,难中师生重聚,更觉欣幸。"[①]该学年结束,在校学生达153人,到1940年全系学生计169人。1942年8月,学校被汪伪接管,学生纷纷休学、转校,加之自动机两专业停办,学生或转它系或转它校,机械工程系在校学生数量锐减,只有115人,是抗战八年间学生人数最少的一年。以后稍有恢复,学生数在130人左右徘徊。

从1938年到1945年,机械工程系共毕业学生261人。著名校友有1939届谈镐生,1980年被选为中国科学院学部委员;1943届许国志,1995年被选为中国工程院院士。

---

① 《交通大学校史资料选编》第2卷,第329页。

表 2-13 1938—1945 年交通大学机械工程系毕业生统计表(上海)[①]

专业 \ 人数 \ 届别	1938	1939	1940	1941	1942	1943	1944	1945
动力门	9	7	5	11	12	13	10	21
铁道门	4	13	11	2	5	5	10	5
自动机甲	5	9	18	20	15	0	0	0
自动机乙	11	14	8	10	8	0	0	0
总计	29	43	42	43	40	18	20	26

(三) 土木工程系

1. 课程设置

抗战时期,土木工程系课程设置一如战前旧制,一、二、三年级不分专业,四年级分为铁道工程门、构造工程门、市政工程门、道路工程门等 4 专业。1942 年 9 月,因四年级学生不足,道路工程门停办,以后又因选课学生数量太少该专业直至抗战胜利未能恢复。

1940 年交通大学土木工程系的课程设置见表 2-14、表 2-15:

表 2-14 工学院土木工程系 1940 年课程表

(一、二、三年级)

课程名称	每学期学分数						课程学分数	每周授课时数	备注
	第一学期	第二学期	第三学期	第四学期	第五学期	第六学期			
国文	2	2					4	3	
英文	3	3					6	4	
物理	3	3	3	3			12	3	
物理实验	1	1	1	1			4	3	
化学	3	3					6	3	
化学实验	1	1					2	3	
微积分	3	3					6	4	
画法几何	2	0					2	6	
机械制图	0	2					2	6	

① 1938—1944 年数据来自上交档:LS2-469。1945 年数据来自上交档:LS2-483。

(续表)

课程名称	每学期学分数						课程学分数	每周授课时数	备注
	第一学期	第二学期	第三学期	第四学期	第五学期	第六学期			
航空测量	2	2					4	4	
金工实习	1	0					1	3	选修课
高等工程数学			2	2			4	2	
化学分析			1	0			1	3	
机械学			3	0			3	5	
材料强度			0	4			4	5	
工程材料			0	3			3	3	
工程地质			2	2			4	2	
工程制图			1	1			2	3	
高等测量(演讲)			3	0			3	3	
高等测量(实地)			1	0			1	3	
天文与大地测量学			0	4			4	4	
工程经济			3	0			3	3	
水力学					3	0	3	4	
机械工程					2	2	4	2	
铁路弯道与土木工程					3	0	3	3	
铁路与公路测量					1	0	1	3	
铁路建筑					0	3	3	3	
公路工程					3	0	3	3	
结构理论					3	3	6	3	
结构设计					1	1	2	3	
钢筋水泥理论					3	0	3	4	
砖石及建筑					0	3	3	4	
供水					0	3	3	3	
楼房建筑					0	2	2	3	

（续表）

课程名称	每学期学分数						课程学分数	每周授课时数	备注
	第一学期	第二学期	第三学期	第四学期	第五学期	第六学期			
公路设计					0	1	1	3	
材料测试					1	0	1	3	
公路材料测试实验					0	1	1	3	
共计	21	20	20	20	20	19	120		

表 2-15　土木工程系 1940 年课程表

（四年级）

课程名称	每学期学分数		课程学分数	每周授课时数	备注
	第七学期	第八学期			
航空站与航线	1	0	1	2	公共必修
电气工程	2	2	4	2	
电气工程实验	0	1	1	3	
公路维修	2	2	4	2	
桥梁设计	2	0	2	6	
排水与污水处理	3	0	3	3	
河流与港口工程	0	3	3	3	
工程契约	0	1	1	3	
工程设计	0	1	1	3	
钢筋水泥桥梁设计	0	1	1	3	
共计	10	11	21		
铁路门	10	11	21	15—18	公共必修
铁路运输	0	3	3	3	
铁路信号	2	0	2	2	
站台与终点	0	3	3	3	
铁路机车	4	0	4	4	
铁路工程设计	1	1	2	3	
桥梁工程	0	2	2	2	
论文	3	0	3	3	
共计	20	20	40		

(续表)

课程名称	每学期学分数		课程学分数	每周授课时数	备注
	第七学期	第八学期			
构造门	10	11	21	15—18	公共必修
高等结构	3	3	6	3	
高等结构设计	2	2	4	3	
铁路工程	0	2	2	2	
钢筋水泥桥梁设计	2	0	2	4	
论文	3	0	3	3	
共计	20	18	38		
市政门	10	11	21	15—18	公共必修
城市规划	0	2	2	2	
高等公路工程	2	0	2	2	
环卫工程实验	1	1	2	3	
市政管理	3	0	3	3	
市政工程	0	3	3	3	
水净化	3	0	3	3	
环卫设计	1	0	1	3	
论文	0	3	3	3	
共计	20	20	40		
公路门	10	11	21	15—18	公共必修
路基土壤学	2	0	2	2	
公路桥梁工程	2	0	2	3	
高级公路	2	0	2	2	
公路管理与财政	2	0	2	2	
城市规划	0	2	2	2	
公路运输	0	2	2	2	
交通管理与监督	2	0	2	2	
路旁发展	0	1	1	1	
汽车驾驶与维修	0	1	1	2	
论文	0	3	3	3	
共计	20	20	40		

2. 教师

土木工程系主任由李谦若教授担任。1937 年，交通大学迁入租界后，除个别离校外，土木系教师大多留沪照常上课，教师队伍还算稳定，人数维持在 15 人左右。1942 年 8 月，汪伪接管学校，教授杨培琫、叶家俊、潘承梁、康时清和助教周履、蔡任之等 6 人辞职，土木系还有原任课教师 11 人(其中教授 4 人、讲师 2 人，原讲师擢聘为副教授者 5 人)，另外新聘副教授 1 人、讲师 1 人、助教 2 人，该学期的教师更替为土木系历年之最，课务颇受影响。

这一时期，先后在土木工程系任教者有李谦若、杨培琫、叶家俊、潘承梁、康时清、周履、蔡任之 、顾康乐、金肖宗、江祖岐、郑日孚、胡清瑗、邹敬传、黄宏煦、张光棣、黄慎修、吴潮、刘宝信、周文德、顾夏声、徐名枢、兴康(法籍)等。

李谦若(1886—1969)，字叔和，江苏苏州人。1904 年入上海震旦学院，1907 年赴美国康奈尔大学土木工程系留学。1911 年获学士学位后回国参加辛亥革命，受聘于铁道和水利部门。1930—1945 年在交通大学历任教授、土木工程学院院长、教务长。以后先后执教于复旦大学、厦门大学等院校。

杨培琫，1890 年生，字德新，广东顺德人。毕业于本校土木科。美国俄亥俄州立大学理科硕士。曾任广西建设厅技正，北洋大学工学院教授、本校教授等职。

叶家俊(1890—1962)，毕业于本校土木科。美国康奈尔大学土木科硕士，密歇根大学道路工程、道路运输科硕士。曾任铁道部总务司长简任技正，公路局长、广九铁路局长、本校教授。

潘承梁，1897 年生。毕业于唐院土木工程科。美国伊利诺大学铁路工程硕士。曾任光华大学、唐院、东北大学、河北省立工业学院、交通大学教授。

康时清(1890—1988)，江苏南汇县(今上海南汇)人。1907 年入本校学习，后被清政府选为工科举人，公费派往英国伯明翰大学留学，专修矿科。1915 年回国，曾任汉冶萍公司所属安源煤矿工程助理、工程师、代理总工程师。就职期间被吸收为英国矿学会会员、美国矿冶学会会员，被选为英国皇家科技学院院士。曾任交通大学、同济大学教授。曾任上海市第二、三、四届政协委员。

3. 学生

1937 年度受战事影响，秋季到校报到的学生共 89 人，以后逐年恢复，1942 年上半年全系在校学生达 135 人，为抗战时期最高峰。1942 年下半年，学校被接管，除一年级新生外，各级到校注册的学生先后不齐，且较原数大为减少，四年级学生尤甚。当年升入四年级的学生应为 30 人，到校注册者只有 15 人，导致分设专业时人数不足，道路门停办。抗战

8 年间,土木工程系共毕业学生 192 人。著名校友有 1941 届顾夏声,1995 年被选为中国工程院院士。

表 2 - 16 1938—1945 年交通大学土木工程系毕业生统计表(上海)①

专业 \ 人数 \ 届别	1938	1939	1940	1941	1942	1943	1944	1945
构造门	14	9	13	18	19	7	11	7
铁道门	7	5	7	7	6	3	3	4
市政门	5	5	3	9	4	3	4	3
道路门	2	2	2	7	4	0	0	0
总计	28	21	25	41	33	13	17	14

三、管理学院

管理学院在 20 世纪 30 年代已初具规模,无论在教育宗旨、课程设置、教学方法上都已自成系统。1936 年 6 月,国民政府教育部曾令交通大学将管理学院改称商学院。这一决定遭到广大校友、教授会、师生的强烈反对,教育部只得收回成命,管理学院得以保存巩固。抗战时期,管理学院的特色仍得以保持。

(一) 课程设置

抗战初期,管理学院抱定"本院为造就各项管理专才而设"的宗旨,课程设置基本与战前相同,有铁道管理系、实业管理系、财务管理系和公务管理系等 4 系。1938 学年始,公务管理系不再招生,原有学生并入财务管理系,称为财务公务系,后又改称财务管理系。1941 年下半年—1945 年抗战结束,管理学院有铁道管理系、实业管理系、财务管理系 3 个系。

1940 年交通大学管理学院的课程设置见表 2 - 17、表 2 - 18、表 2 - 19:

表 2 - 17 管理学院铁路管理系 1940 年课程表

课程名称	每学期学分数								课程学分数	每周授课时数	备注
	第一学期	第二学期	第三学期	第四学期	第五学期	第六学期	第七学期	第八学期			
国文	2	2	2	2					8	2—3	
英文	3	3	2	2					10	3—5	

① 1938—1944 年数据来自上交档:LS2 - 469。1945 年数据来自上交档:LS2 - 483。

（续表）

课程名称	每学期学分数								课程学分数	每周授课时数	备注
	第一学期	第二学期	第三学期	第四学期	第五学期	第六学期	第七学期	第八学期			
高等数学	3	3							6	4	
经济原理	3	3							6	5	
会计原理	3	3							6	5	
现代史	1	1							2	2	
中国自然资源	1	0							1	2	
经济地理	0	2							2	3	
铁路运输原理	2	2							4	2	
社会学	2	0							2	3	
铁路发展史	0	1							1	3	
法、日、德、俄文			2	2					4	4	
财会数学			2	2					4	3	
货币与银行			2	2					4	3	
商业组织与财政			2	2					4	2	
中间账务			3	3					6	4	
铁路组织			2	0					2	3	
铁路乘客服务			0	2					2	3	
公共财政			2	0					2	3	
公共演讲			1	0					1	2	
铁路土木工程			0	2					2	3	
中文公文程式			0	1					1	2	
法、日、德、俄文					2	2			4	3	
统计学					3	3			6	5	
机车机械					2	0			2	3	
机车管理					0	2			2	3	
铁路货运					3	0			3	4	
铁路货运等级与速率					0	3			3	4	
火车操作					0	3			3	4	

(续表)

课程名称	每学期学分数								课程学分数	每周授课时数	备注
	第一学期	第二学期	第三学期	第四学期	第五学期	第六学期	第七学期	第八学期			
行李与载荷					0	1			1	2	
水路运输					2	0			2	3	
汽车运输					0	2			2	3	
城市运输					1	0			1	2	
空中运输					0	1			1	2	
铁路信号					2	0			2	3	
铁路财政					2	0			2	3	
铁路法					0	1			1	3	
成本核算					2	2			4	3	
英文公文程式					1	0			1	2	
经济原理							2	2	4	3	
铁路会计							2	2	4	3	
终点站和站台操作							3	0	3	4	
铁路储运管理							2	2	4	2	
汽车销售与财务							2	0	2	3	
汽车协作							2	0	2	3	
人事管理							0	2	2	3	
铁路统计							0	2	2	2	
铁路安全							2	0	2	2	
铁路操作中心							0	2	2	3	
政府管理							0	3	3	4	
铁路操作与交通问题							2	2	4	3	
铁路管理研究							1	1	2	5	
专家演讲											
共计	20	20	20	20	20	20	18	18	156		

表 2－18　管理学院实业管理系 1940 年课程表

课程名称	每学期学分数								课程学分数	每周授课时数	备注
	第一学期	第二学期	第三学期	第四学期	第五学期	第六学期	第七学期	第八学期			
国文	2	2	2	2					8	2—3	
英文	3	3	2	2					10	3—5	
高等数学	3	3							6	4	
物理	2	2							4	3	
物理实验	1	1							2	2	
化学	2	2							4	3	
化学实验	1	1							2	3	
制图	1	0							1	3	
经济原理	3	3							6	5	
中国自然资源	1	0							1	3	
经济地理	0	2							2	3	
法、日、德、俄文			2	2					4	4	
财会原理			3	3					6	5	
货币和银行			2	2					4	3	
应用力学			3	0					3	3	
材料强度			0	3					3	3	
机械零件			2	0					2	2	
Δ工业心理学			0	2					2	2	
商业组织和管理			1	0					1	2	
公共演讲											
中文公文程式			0	1					1	2	
翻砂实习			1	0					1	3	
机械厂实习			0	1					1	3	
法、日、德、俄文					2	2			4	3	
统计学					3	3			6	5	
商业法律					2	2			4	2	
机械工程					2	2			4	3	
机械工程实验					1	0			1	3	

(续表)

课程名称	每学期学分数								课程学分数	每周授课时数	备注
	第一学期	第二学期	第三学期	第四学期	第五学期	第六学期	第七学期	第八学期			
电气工程					2	2			4	3	
电气工程实验					0	1			1	3	
工程材料					2	0			2	3	
工程工艺					0	2			2	3	
中间财会					3	3			6	4	
国内外商业					2	0			2	3	
国内外贸易					0	2			2	3	
运输因素					0	1			1	3	
Δ英文公文程式					1	0			1	2	
劳动力问题							2	0	2	3	
工业法律							0	2	2	3	
工厂管理							2	2	4	2	
购买与储藏							2	2	4	2—3	
成本核算							2	0	2	3	
高等成本核算							0	2	2	3	
工业市场							2	0	2	2	
工业交通管理							0	2	2	3	
销售管理与合同							0	1	1	2	
广告和机车							2	0	2	3	
保险或车辆管理							0	2	2	3	
公务管理							2	0	2	2	
预算							2	0	2	3	
人事管理							0	2	2	3	
工业管理研究							2	2	4	3	
专家演讲							1	1	2	5	
经济控制							0	2	2	3	
共计	19	19	18	18	20	20	19	20	153		

表 2-19　管理学院公务管理系、财会管理系 1940 年课程表

课程名称	每学期学分数								课程学分数	每周授课时数	备注
	第一学期	第二学期	第三学期	第四学期	第五学期	第六学期	第七学期	第八学期			
国文	2	2	2	2					8	2—3	
英文	3	3	2	2					10	3—5	
高等数学	3	3							6	4	
经济原理	3	3							6	5	
财会原理	3	3							6	5	
现代史	1	1							2	2	
社会学	2	0							2	3	
心理学或法律原理	0	2							2	3	
中国自然资源或政治学	1	0							1	2	
经济地理	0	2							2	3	
中国通史	2	2							4	3	
法、日、德、俄文			2	2					4	4	
财会数学			2	2					4	3	
货币与银行			2	2					4	3	
中外关系			1	1					2	2	
中间财务			3	3					6	4	
商业会计			2	2					4	3	
公共财会			2	2					4	3	
运输基础			1	0					1	3	
公共演讲			0	1					1	2	
中文公文程式			1	0					1	2	
共计	20	21	20	19					80		
财会管理： 法、日、德、俄文					2	2			4	3	
统计学					3	3			6	5	
商业法					2	2			4	2	
国内外商业					2	0			2	3	

(续表)

课程名称	每学期学分数								课程学分数	每周授课时数	备注
	第一学期	第二学期	第三学期	第四学期	第五学期	第六学期	第七学期	第八学期			
国内外贸易					0	2			2	3	
成本核算					2	0			2	3	
高等成本核算					0	2			2	3	
决算					2	2			4	3	
政府核算					0	2			2	3	
银行核算					0	2			2	3	
铁路核算					2	0			2	3	
高级银行					2	0			2	3	
财经形势分析					0	1			1	3	
预算					0	2			2	3	
铁路管理					2	0			2	3	
英文公文程式					1	0			1	2	
共计					20	20			40		
财会管理：经济理论							2	2	4	3	△者为会计组学生选修 ○者为财政组学生选修
经济思想史							1	1	2	2	
经济控制							2	0	2	3	
高等统计学							0	2	2	3	
铁路统计							0	2	2	2	
铁路财贸							2	2	4	3	
△ 计算机问题及 ○ 税收							2	2	4	3	
国际商业政策							2	2	4	2	
公用事业经济或所得税计算							2	0	2	3	
○ 国际金融或 △ 计算系统							0	2	2	3	
人事管理							0	2	2	3	
投 资							2	0	2	3	

（续表）

课程名称	每学期学分数								课程学分数	每周授课时数	备注
	第一学期	第二学期	第三学期	第四学期	第五学期	第六学期	第七学期	第八学期			
财经管理研究							2	2	4	3	
专家演讲							1	1	2	5	
共计							18	20	38		
公务管理： 经济原理							2	2	4	3	
经济控制							2	0	2	3	
刑 法							2	0	2	2	
人事管理							0	2	2	3	
远东政治发展							0	2	2	3	
公务管理							3	0	3	3	
税收							2	2	4	3	
政府收益							2	0	2	3	
铁路管理中的政府法规							0	2	2	3	
铁路核算							2	2	4	3	
外事机构或土地法							0	2	2	3	
管理法							0	3	3	3	
民法							2	0	2	3	
公共管理研究							2	2	4	3	
专家演讲							1	1	2	5	
共计							20	20	40		

抗战时期，管理学院在教学上的特点基本得到维持。如教学上注重“经济学”的讲授，重视理论教学联系实际，在困难环境中仍坚持组织参观实习。学院对学生毕业论文仍严格要求，各科四年级论文均有指定教师担任指导，论文题目由教授们逐个核定。在近一年的时间里，毕业生们收集材料，专心研究，至次年 6 月，论文撰成，始准办理毕业事宜。

（二）教师

1937—1942 年，管理学院院长为钟伟成。1942 年 8 月，汪伪接管学校，钟伟成决意辞职,暂为主持院务至11月,课务正常进行后正式卸任。11月起,院务由铁道管理系主任郁仁充、财务管理系主任蒋士麒及实业管理系主任郑惠益共同负责。1943年2月始,郁仁充任代理院长,1943年底任院长。

抗战时期,学院最初有教师40余人,1938年8月骤减为18人。1942年8月,汪伪接管学校,原任教师辞职离校者甚众,致成本会计、铁道会计等课程拖延数周。1942年秋,管理学院有教授6人,副教授6人,专任讲师6人,助教3人,兼任讲师4人;共计25人,其中新聘教师11人,高达44%。此后,教师人数在25上下略有增减。

曾在管理学院任教的教师有钟伟成、沈奏廷、李炳华、严励平、郁仁充、谭炳勋、熊大惠、陈振铣、安绍芸、查修、冯建维、郑惠益、林叠、俞希稷、汪仲良、黄荫莱、张宗谦、夏晋麟、蒋士麒、余良、王同文、黄宝桐、徐松麟、胡亦生、王烈望、任家诚、黄宗瑜、谢铭怡、戴葆鎏、樊守执、龚清浩、胡纪常、莫若强、徐钟济、蒋士驹、徐名朴、胡鸿勋、徐仁、郑汝祥、倪文宙、沈超、蒋嘉祥、林时彦、朱静、苏挺、濮长庚、徐崇钦、程君耀、陈书绅、吴人杰、陈恭谅、萧叔恩、朱彬元、黄恭仪、崔晓岑、王钧璈、穆家骥、桂思卓、邓显尧、王尔杰、徐松年、吴赓夔、王乃益等。

钟伟成(1898—1986),江苏江都人。1915年就读于上海圣约翰大学。1918年赴美留学。1921年获伊利诺大学商学学士后,再入芝加哥大学研究院研修管理学。1922年回国后先后担任交通部秘书、暨南大学教授等。自1929年起长期担任交通大学教授、管理学院院长。中华人民共和国成立后曾任交通大学校务委员会常务委员、东吴大学第一副校长等职。

沈奏廷(1904—1963),字谏初,浙江余杭人。1928年毕业于本校铁路管理学科。1929至1930年在美国宾夕法尼亚大学研究院学习。1932年回国曾任唐山交大、上海交大教授。铁路运输学科的奠基人。其列入商务印书馆大学丛书、于1935年出版的著作《铁路货运业务》《铁路运价之理论与实际》是我国最早出版的铁路运输专业教程。

李炳华,1892年生,福建林森人。美国威斯康星大学运输经济博士。曾任燕京大学教授及系主任,浙江大学、圣约翰大学、交通大学教授。

严励平,江苏宝山人。本校机械工程学士,美国康奈尔大学机械工程硕士,西屋公司电气制造厂实习。曾任交通大学教授。

郁仁充,浙江吴兴人。本校铁路管理科学士,美国宾夕法尼亚大学商业管理硕士,曾任交通大学教授。

谭炳勋,广东王平人。本校铁路管理科学士,美国宾夕法尼亚大学商业管理硕士。曾任交通大学教授。

熊大惠，1908年生，江西南昌人。美国宾夕法尼亚大学运输硕士、历任京沪铁路局部派适用、江西公路处、交通部航政司专员，重庆大学、沪江大学、上海商学院、暨南大学、交通大学教授。

陈振铣，福建人。1931毕业于交通大学，美国伊利诺大学会计学硕士。曾任东南联大商学院院长、交通大学教授、东吴大学会计系首任系主任。

安绍芸(1900—1976)，河北武清人。我国现代会计创始人之一。1923年清华学堂毕业，美国威斯康星大学经济学硕士，回国后曾任交通大学、国立上海商学院会计学教授，并开设会计事务所。1949年后，担任财政部会计制度司司长，主持设计全国统一的会计制度。

查修，安徽人。美国伊利诺大学图书馆学学士，政治经济学博士。曾任暨南大学教授兼图书馆主任，交通大学教授、图书馆馆长等职。

冯建维，广东南海人。美国宾夕法尼亚大学硕士。曾任南方大学教务长、浙江大学教授、交通大学教授等。

郑惠益，福州人。美国俄亥俄州大学经济博士。曾任沪江大学、交通大学教授等。

（三）学生

在艰苦的环境中，管理学院的学生们仍然执著地开展以学术为主导的各项活动。1938年各科均成立专业学会：铁道管理科学生组织了铁道管理学会，财务管理科学生组织了财务管理学会，实业管理科学生组织了实业管理学会。1938年9月初，管理学院学生杨天龄、杨宝濂、张芝祥、苏挺、邓津梁等人发起重新组织实业管理学会，目标是“提倡科学管理精深之研究，及赞助中国实业发展与改进”。1939年11月，《交通大学实业管理学会会刊》出版发行，老校长唐文治为封面题字。1938年，财务管理系二年级班长董庆煊、三年级班长顾黄城二人发起组织成立“财务管理学会”，目标有三：研究学术；联络感情；帮助毕业生求职。财务管理系一至四个年级大约100人左右参加，顾黄城任会长，董庆煊任副会长。学会还聘请张廷金、范会国、郁仁充、蒋士麒、徐松麟等为名誉顾问。在教师的指导下，各学会都举行了演讲、参观和研究活动。据《管理学院二十八年度第一学期总结报告》称：学院的各3个学会，本学期在进行演讲、参观、研究方面颇为努力。

1937年年底管理学院在校生共179人，以后学生人数逐渐增加，1940学年、1941学年学生人数突破200人，恢复甚至超过1936年的在校生人数。1942年8月汪伪接管学校后，学生人数一度降到152人，比1941学年减少1/4，甚至低于抗战初期因交通不便学生无法按时返学、辍学者甚众的1937年第一学期，成为抗战期间管理学院学生人数最少的一段时期。

表 2 - 20 1937—1944 学年交通大学管理学院学生人数统计表(上海)[①]

届别 人数 级别	1937	1938	1939	1940	1941	1942	1943	1944
一年级	68	49	68	73	68	47	64	98
二年级	44	38	44	59	59	34	38	48
三年级	38	31	38	41	50	36	23	34
四年级	29	44	28	38	39	35	35	25
总计	179	162	178	211	216	152	160	205

抗战时期,管理学院有 8 届毕业生,共计 272 人。

表 2 - 21 1938—1945 学年交通大学管理学院毕业生统计表(上海)[②]

届别 人数 专业	1938	1939	1940	1941	1942	1943	1944	1945
铁道管理系	21	15	9	9	20	14	16	10
财务管理系	4	10	10	16	10	12	9	8
实业管理系	9	14	5	9	9	6	9	4
公务管理系	3	4	4	3	0	0	0	0
总计	37	43	28	37	39	32	34	22

四、中国文学系

抗战时期,中国文学系的任务、课程设置与战前基本相同,主要为理工管各学院讲授中文课程,开有中国文学和中文公文程式两门课程。中国文学以陶养品性、适应实用为主。中文公文程式以熟练程式、明习体要,及研究保管档案、增加行政效率为主旨。中国文学是全校各院系共同的基础课程。理学院一年级必修国文一年,计 6 学分。工学院一年级必修国文一年,计 4 学分。管理学院必修国文二年,计 8 学分。中文公文程式是管理学院二年级必修课,必修一学期,计 1 学分。

中国文学系选用的教材除注重实用外,并注重道德修养,多选传记、游记、书札等内容,还加授《大学》《中庸》两书,使学生"略知古圣贤修齐治平之道,成己成物之务,于学生身心之

① 数据来自上交档。

② 数据来自上交档:LS2 - 469、LS2 - 483。

修养，颇收成效”。[①] 在教学方法上，维持一贯传统，力求引起学生研究国文的兴趣，并注重书法训练，及时纠正学生的谬体别字，尤其注重加强学生的文法方面知识。学生课外作业由任课教师指定《论语》《孟子》《史记》《汉书》为必读之书，并作札记，师生还合作研究书法。中国文学系保持了全校国文会考的传统，会考不及格者均要补考；补考不及格者，必须在暑假补读。同时会考选出前三名优秀者加以表彰。如 1940 年会考第一名为土木工程系三年级周履的《墨子贵兼孔子贵化论》，唐文治点评：“文气磅礴，有浩乎沛然之观。”第二名为土木工程系一年级王灿钟所作《论知足与知不足》，唐文治点评：“百家腾耀出其腕下，略去微瑕即成大器。”第三名为土木工程系三年级黄同荫所作《论知足与知不足》，唐文治点评：“文有内心，足微品行纯粹。”

这一时期，学校中文教育较为特殊的举措是，请老校长唐文治来校讲学。1938 年秋，胡端行携校长黎照寰信函拜访唐文治，希望他为交大师生开设特别讲座。虽然胡端行造访之时，唐文治因年迈体弱由无锡回沪休养尚不足一月，但他慨然应允。从此年过七旬的唐文治开始每周日到交大讲学，不论酷暑严冬都由助手搀扶着到校，直至 1943 年 12 月。1942 届校友刘其昶记录了当时唐文治讲学的场景：

> 我第一次去参加听唐先生的讲学至今还留下深刻的印象。上课铃响了，听众立刻全都肃然就座。只见一位五十来岁的引路人用盲杖牵引了一位满头白发、双目失明的老者进了教室，使我大吃一惊。原来这位老人就是久仰其名的唐文治先生。我真不知道他将如何进行讲课。唐先生坐定后，那位引路人，据说也是唐先生的一位学生，先将这一课的题目和大意简单介绍一下。我记得那天所讲的是唐代文学家韩愈的《原道》。接着，唐先生就全文大声朗诵一遍。但实际上他是在背诵……声音洪亮而苍劲有力，抑扬顿挫而字字铿锵。在座者均为之精神一振……若不是亲眼目睹，根本不可能想象这是一位双眼失明的古稀老人在朗读……接着，唐先生就对全文作分段介绍，对于文中关键之处更作重点讲解。我国古文的特点是既为文学作品而又常结合道德教育……唐先生的讲解就充分兼顾了这二方面的阐述，使听众都感受到受益匪浅。讲解后，大家可以提出些问题进行讨论。最后，唐先生又将全文再大声背诵一遍而结束。[②]

唐文治的讲座每周一小时，每学期约 12 次，以道德文学大纲为主，学生们甚感兴趣，校

---

① 《交通大学校史》(1896—1949)，第 376 页。

② 刘其昶：《回忆唐文治先生和唐庆诒先生》。交通大学 1942 届电机工程系毕业校友编印：《庆祝母校成立一百周年纪念册 师生永契》，1996 年，第 23 页。

外人士来听者亦甚踊跃。讲座持续了5年多,前期内容由学校汇集成《唐文治演讲初集、二集》《唐文治演讲三集、四集》,分别于1939年7月、1940年9月编印出版。

中国文学系先由陈柱任系主任,1940年陈柱离校。1942年私立南洋大学时期,教务长胡端行兼任中国文学系主任。1943年4月,陈柱返校,复任系主任。

中国文学系教师为全校各院系之最少者,抗战期间教师人数只有2—3人。初期有教授陈柱、讲师蒋廷曜、讲师田一贯3人。1938年春,蒋廷曜因战事阻隔不能返校,学校没有另外聘请教师,其课程由陈柱、田一贯两人分而担之。1938年9月始,学校特聘唐文治先生为特约导师,为学生开国文讲座。私立南洋大学时期,中国文学系有教师王蘧常、田一贯、吴丕绩等3人。1942年8月王蘧常离校,后陈柱返校,又增聘讲师徐松年。1944年4月陈柱辞世,国文教师又只有3位。

王蘧常(1900—1989),字瑗仲,浙江嘉兴人。1924年毕业于无锡国学专门学院后留校任教。1927年后在上海大夏大学、复旦大学、之江文理学院、交通大学执教。汪伪接收交大后辞教。抗战后,历任暨南大学教授,无锡中国文学院副院长,1951年后任复旦大学系教授。著作有《明两庐题跋诗》《顾亭林著述考》等。能书诸体,尤善章草。

五、外国文学系

抗战时期,外国文学系开有英文和英文公文程式两门课程。理学院一年级必修英文一年,计8学分。工学院必修英文一年,计6学分。管理学院必修英文二年,计10学分。英文公文程式是管理学院二年级必修课,学时一学期,计1学分(公务管理系除外)。

由于当时德国的科学技术水平处于世界前列,学校非常重视德文,外国文学系还开有德文和科技德文两门课程,以提高学生吸收德国科技的能力。理学院一年级必修德文一年,计8学分;科技德文一年,计4学分。工学院中电机系必修德文二年,计8学分;机械系选修德文一年,计4学分。

管理学院对外语的重视程度较高,两年的英文学习之外,还必须学习第二外语(日、法、德选一)两年,计8学分。

这一时期,外国文学系师资相对其他院系较为稳定,主任为唐庆诒,另有英文教授李松涛、英文副教授凌鸿铭、法文讲师黄序夏、俄文讲师吴清友、英文助教韦愿、德文讲师胡哲揆、日文讲师张国斌等。私立南洋大学时期,陈振东、许国璋来校任教,教师人数保持在8人上下。

唐庆诒(1898—1986),字谋伯,江苏太仓人。1901年考入本校中院,1914年赴美国比洛伊大学深造。1917 年 5 月参加美国 12 州州际英语演讲联赛获第二名，轰动一时。1918 年从比洛伊大学毕业，考入哥伦比亚大学研究生院，1920 年 2 月获硕士学位。同年 9 月任国际联盟公使衔秘书严鹤龄的文书。1921 年 4 月回国，1924—1984 年为交大外语系教授，教学艺术精湛，享有盛誉。

许国璋(1915—1994)，浙江海宁人。1934 年考入交大，1936 年转入清华大学。1939 年清华大学外文系毕业后，在交通大学、复旦大学任教。1947 年去英国伦敦大学和牛津大学攻读英国文学。1949 年回国，在北京外国语学院任教。曾任北京外国语学院语言研究所所长、教授，中国大百科全书《语言文字》卷副主编，中国语言学会常务理事。著有《许国璋语文论集》《欧洲文化史引论》等。

第三章
师生生活与政治活动

第一节　师生生活概况

一、师生规模

抗日战争时期，在上海继续办学的交通大学师生最多时达 1 000 余人，少时不足 700 人。这一时期，学校各学期在校师生数见表 3 - 1：

表 3 - 1　交通大学(上海)师生数统计表(1937—1944 学年)[①]

学年	1937		1938		1939		1940		1941		1942		1943		1944	
学期	一	二	一	二	一	二	一	二	一	二	一	二	一	二	一	二
学生	566	513	674	656	730	717	717	839	594	750	594	526	624	606	826	
教师	134		144					145	109	143		120	118	121		

(一) 教师人数

这一时期教师人数基本在 109—145 人之间浮动，尤其在 1942 年 8 月学校被汪伪接管

① 表中数据来自上交档、西交档。

后，教师辞职者颇多，教师队伍实际变化非常大。如1942年第一学期，电机系钟兆琳、曹凤山、周琦、居崑、陈明哲等5人辞职，马就云病逝；全系教师11人中，新聘教师5人，占45%。又如机械系，该学期有教师15人，其中新聘者7人，几近该院教师总数的一半。其他院系情况类似。又如1943学年第二学期，学校有教师121名，较上学期的118人仅多3人，数量上的变化几乎可以忽略，但深究教员名单及校情报告可知，121名教师中新聘教师达38名，占全部教师数的31.4%，作为一学年上下学期的过渡阶段，这一次的教师新旧更替可算是十分剧烈。

（二）学生人数

淞沪战争爆发的1937学年，由于受战时交通梗阻、经济困难等因素影响，在校学生数大幅减少。第一学期566名学生中，有新生102名，唐院、平院及其他高校借读生89名，二、三、四年级学生到校注册的仅为375名，不到到校学生的七成。老生中除四年级学生外，其他各级到校者不足半数，不能返校的学生除部分往他校借读外，纷纷请长假休学，这一延滞导致许多1935级、1936级的学生推迟了一年方得毕业。第二学期，外校借读生陆续离校，在校生人数进一步减少。1938学年以后，转学、休学的学生陆续返校，在校学生数逐年增加，每学年增额近百，至1940学年末，学生数增至839人，到达抗战时期最高水平。1941年底太平洋战争爆发，日军向英美宣战，开进英美租界，虽还没有开进法租界，但学校前途不明，学生中不安情绪蔓延，部分学生开始向重庆交大转移。1942年8月，在上海的交通大学被汪伪政府接管，学生或转学或迁往内地或停学，到校学生较上一学期锐减150余人，与抗战初期相仿，是战争时期学生数的又一低谷。

引起在校师生人数消长的各种因素中，值得一提的是，抗战初期有部分唐平两院的学生来沪校借读。20世纪20年代交通大学定名以后，即有沪校、唐院、平院三部，也即交通大学上海学校（简称交大沪校），交通大学唐山学校（简称交大唐院）以及交通大学北京学校（简称交大平院）。1937年卢沟桥事变发生之前，交大唐院已身居危地，处在日军胁迫建立的冀东自治区之内。七七事变后，院长孙鸿哲忧郁病逝。当时适值暑假期间，院务无人负责，学校遂告瘫痪。交大平院院长由北宁铁路局局长徐承燠兼任，日军侵占北平后，学校无人负责，于无形中解散，情况与唐院相似。两院师生纷纷离开敌占区南下，部分辗转来到上海。教育部一度主张"交大唐平应趁此时期归并上海沪校，合并上课"。[①] 9月13日，交通大学上海学校接到教育部指令：唐、平两院学生转赴上海交大上课，两院优良师资应由该校依照需要及财力酌量遴用。学校立即决定不限年级"准许唐、平两院学生在本部借读"。1935年夏考入交通大学北平铁道管

① 《交通大学校史资料选编》第2卷，第292－296页。

理学院的高彧文(1939届校友)就是在这种情况下进入交通大学沪校学习的,他回忆道:

1937年7月7日,日军发动卢沟桥事变后,大举入侵,爆发了全面抗日战争。北平、天津相继沦陷,交大平院被迫停课,顿时使我陷入国难当头、家乡沦陷、学业中断的困境而惶惶不安。是年中秋节后,忽接交大校部通知说,母校于淞沪战役之后已迁入上海法租界,在中华学艺社并借用震旦大学的部分校舍安排上课,平院、唐院的同学也可以到上海按原专业、原级别继续学业等语(事过多年回忆情况大致如上),看了通知,既惊喜又深为感动……到校后方知来母校管理学院铁道管理系插班学习的平院同学尚有李佩文、彭邦桢、连同张兆英和我共四人(其他专业另计)。[①]

唐平院两院学生络绎来沪借读,至1938年春,交大沪校迁入法租界的第一个学期结束时,校内已有唐院22人、平院22人,在沪校的两院学生多时曾达50余人,几近当时在校学生数的一成。1939年唐平两院在湘潭平越复校,大部分两院师生即离沪赴平越上课。

二、教师概况

抗战时期,教师们被迫迁出条件优裕的校舍和宽敞的教师宿舍,大都租住在狭小的阁楼里,生活水平一落千丈。加上战时货币贬值、物价飞涨,学校经费又被拖延拨付,教职员工资时遭拖欠或降低,生活十分清苦。1939年2月底,学校宣布教职员薪金按八成发给,以后一度只发五成。薪酬缩水,而当年8月与战前比较,米价上涨160%,煤球价上涨150%。

从1942年1月开始,交通大学与重庆教育部联系中断,重庆政府核准的办学经费未得分文,学校仅凭挪借维持校务,应支不足,艰苦万分,教师待遇每况愈下。不少教职工不得不外出兼职,或做小生意,为了生活疲于奔命,健康状况每况愈下。这年3月11日,是机械系老教授梁士超执教交大20周年纪念日。这日,他在给校长的信中这样凄凉地写道:"……最近两年来因遭遇生活上之难堪,个人经济上更形恶劣,至本年开始所有子女教育事项已觉无力支持,其日后情形何堪设想!"[②]一位资深教授尚且无力抚育子女,一般教职员生活情形更是可想而知了。1939年毕业留校任教的青年教师仲文治说:

1939年毕业后,我留校任有机化学及化学工程两门试验课助教,课余曾协助刘承霖教授的化学工业社做些研制工作,为期一年。此时通货膨胀,币值每况愈下,抗战后阶段交大所发月薪仅值三斗米(24公斤)。为养家糊口不得不兼职,如:

---

① 高彧文:《不平静的回忆》。《同窗集——纪念上海交通大学1939届级友毕业60周年》,第43页。

② 上交档:LS3-107。

家教、中学教师，还受化工原料界诸友委托研制紧缺的各种化工制品，但数量不多，时间也不长。其时，迫于生计，经周颐年学兄介绍，与其亲友合作研制印染用的过硼酸钠，生活之艰难，终生难忘。[①]

交通大学在上海被汪伪接管后，校长黎照寰"愤愧无已，只有负咎引退"，[②]钟伟成、沈奏廷、谭炳勋、李谦若、胡端行、陈石英、吴清友、钟兆琳、王蘧常等40余名教职员先后离校。离开的教师们有的辗转至重庆交大本部，有的转至上海其他单位工作，还有的干脆待业在家。留下的教师仍坚守教职继续教学。当然，也有极个别教师选择了不同的道路，出任伪职，但他们都遭到了学校师生的抵制。[③] 如，中文系有位教师出任伪职后，电请中文系教师王蘧常前往南京就职，说是"虚高位相待"。[④] 王蘧常已于汪伪接收交通大学时辞职，收入无着，生活艰窘，全家吃菜粥度除夕，但对其相邀不理不睬。由于对方函电纷驰，督责备至，王蘧常乃作《节妇吟》一首以明志。老校长唐文治得知此事大为赞叹，常称"瑗仲已成王寡妇了"。[⑤]

交大教师们以教学为乐事，以育才为天职。他们期望通过自己的努力为国育才。国难之时，教师们对学生的爱护尤胜从前。土木系顾康乐教授担心由于战争时局混乱，毕业生出路堪忧，再三地告诫1938年即将毕业的学生：你们毕业后可能一时找不到工作，千万不要进跳舞场、跑马场等处去，还是多逛逛书店、公园，增加自己的知识，注意道德修养。[⑥] 电机系教授钟兆琳素来与学生保持联系，交大迁入租界后，一些学生失去了音信，钟兆琳非常着急，甚至在报上登寻人启事。学生胡声求在筹划赴美留学的过程中，更是得到了黄叔培、黎照寰、陈石英等师长的帮助。1939年，即将毕业的胡声求希望出国留学，"我找黄叔培教授商量，他非常同意我的想法，把我的成绩单寄到他的母校美国纽约任西里亚大学，取得了一张免学费的奖学金入学许可书"，但是，"一般人谈到留学，那时非囊有万金不可。而我囊中空空，谈留学，几乎是一个非常夸张的狂想"。正当胡声求想方设法筹款之时，校长室送来一张便条，说是黎照寰校长约他谈话。胡声求回忆道：

(黎照寰)用那熟悉而久未听到的广东乡音国语亲热地说："……据我所知，除了你胡声求以外，本届毕业生，没有听到有别人计划出国留学；其他各大学，情形也大致如此。"停了一会，他又说："黄叔培教授说，你在全班最年轻，但是满有蛮劲和

---

① 仲文治：《我的回忆》。《同窗集——纪念上海交通大学1939届级友毕业60周年》，第261页。

② 《上海交通大学纪事(1896—2005)》(上卷)，第319页。

③ 施增玮：《我和抗日英雄杨大雄》。《交大校友》，中国铁道出版社1991年版，第239页。

④ 王蘧常：《"孤岛"时期所作诗文回忆》。《上海"孤岛"文学回忆录》(下册)，上海社会科学出版社1985年版，第290页。

⑤ 陆汝挺：《回忆唐文治(蔚芝)先生二、三事》。《无锡文史资料》(第12辑)，第36页。

⑥ 参阅程民祥：《从弱冠到耄耋》。上海交通大学38级友联谊会：《六十年回顾》，第134页。

胆量。你的胆子不小，人家是‘公费’留学，‘自费’留学，你是‘没费’留学！”“黄主任示意我对你从旁协助。但是，我是两袖清风，只好来一个‘秀才人情纸半张’，如何？”我默然在想。忽然间，听到嘶嘶然撕纸的声音，校长用预先准备好的一个大型牛皮纸公文封套，信封上款是毛笔黑色楷书大字“胡声求同学收存”，下款是红色印体大字“国立交通大学校长室缄”，旁边一个毛笔黑色行书大字“黎”。黎校长抽出了信封中的文件，是一封打字的正式介绍公函——交通大学证明书：“为证明事……如荷海外侨胞予以协助至为感幸，此证。”由校长具名用印，并加盖“交通大学之印”。黎校长让我看过后，笑容可掬地看我一眼，说：“不要小看这一个秀才人情，对你到美国上岸以后，可能大有帮助。”原来，这一位广东籍的黎校长，是美国留学生，对于那时几乎清一色的美国大城市唐人街，即所谓华埠，非常了解。唐人街是广东宗亲社会的延伸。到了美国，只要找到华侨社团宗亲会馆，自然有人热诚协助。

黎照寰为胡声求出具的证明书

交通大學證明書

爲證明事查胡聲求係本校本年工學院機械工程系畢業生現得美國任西里亞工科大學（Rensselaer Polytechnic Institute）研究院獎學金并由師友資助就道赴美入該大學肄業以求深造該生家寒好學如荷海外僑胞予以贊助至爲感幸此證

長黎照寰

中華民國二十八年七月三十一日

果然，在我到了美国上岸以后，虽然身无分文，但是这一封威武跳眼的介绍信，发生了光环般的作用。是它，帮助我从上海交通大学航空系毕业后2年9个月之内，完成我的任西里亚硕士及麻省理工博士学程。也是这一封介绍信的衍生效果，帮助我在到了美国4年之内，在旧金山成立了上千人的中国飞机制造厂；在第二次大战末期，生产A26型战斗、轰炸两用轻型军用飞机机身，每年达1 800多架。①

1939年8月7日，胡声求携带随身换洗衣服和几本交通大学的笔记本，离开上海法租

① 胡声求：《我与交通大学的因缘际会——从交通大学航空系到旧金山中国飞机制造厂再到亨次维尔火箭城月球研发中心》。朱隆泉主编：《思源湖》，上海交通大学出版社2006年版，第98页。

界交通大学宿舍，踏上了留学征程。而他随身携带的两只半新不旧的手提包即是机械系教授陈石英教授所赠。抗战以来陈石英资助的学生不在少数，他曾找来学生喻诚正，告之“同学如有困难，师有余款，可以补助”，[①]唯一条件，款项由喻诚正分发，他自己不具名。上海成为孤岛后，许多学生家庭接济中断，处境困难，教师们或为其申请各种助学金，或为之介绍工作，有的甚至还拿出微薄的薪资给予接济。虽然当时困难者甚众，教师们的点滴帮助只是杯水车薪，但来自师长的关爱，令失去家国护佑、在困境中挣扎的学生们倍感温暖。

陈石英教授

三、学生生活

由于战争，许多学生与家庭失去联系，接济中断，学校又失去校舍，经费紧张，对学生难以护翼周全，原本清贫的求学生涯困难陡增，许多学生课余在外担任家庭教师等工作以资补助。购买书籍和纸张是学生求学阶段经常性的必要支出。但是，原版书很贵，学生们只能买国内的影印本或是上届同学出让的旧书。交通大学1943届土木系校友田正平回忆当年大学生活时，写道：

> 学校迁入号称“十里洋场”的租界，而交大学生仍保持了朴素的作风。从衣着上看，几乎是长袍和学生装的“世界”。当时学生一般很穷，课余在外面担任家庭教师者很多。每逢开学，校内墙上到处贴着“让售翻版课本”或“出售K、E计算尺”的小条，同学间进行“自由贸易”……[②]

学费、教材、衣着之外，食、宿是学生，尤其是外地学生普遍面临的两大难题。战前交通大学的住宿向来为学生们所称道，住进高年级宿舍执信西斋更是即将升入高年级的学生们倍感荣耀的开心事。然而烽烟一起，学生们这一

① 喻诚正：《我爱交大》。《同窗集——纪念上海交通大学1939届级友毕业60周年》，第244页。

② 田正平：《回忆战时母校点滴》。《交大校友》，第106页。

小小梦想顿时化作灰烬。抗战那年升入三年级的1939届校友傅景常回忆道:

> 二年级下学期,在绘图教室中上画法几何课,课间休息时,抽签分配三四年级的学生宿舍:执信西斋……主持抽签的同学摇号叫号,天真活泼,劲头十足。大家一面摸签,一面大笑,真不知天下有烦恼事。万万想不到,就在这年暑假期间,"七七"事变发生了,交大由徐家汇迁入法租界中华学艺社,执信西斋之梦迅速破灭。皮之不存,毛将焉附。个人的幸福依靠国家而存在,这是千真万确的。[①]

迁入租界的交通大学成了一所没有校园的大学,教室、图书室、试验室等教学场所散置十余处。空间小,学生多,租借的教学区几乎没有什么可以活动的地方,学生间流传着一句玩笑话:"下车就上课,下课就上车。"当时由于上海租房紧张,沪上迁入租界的各院校一般不再为学生提供住宿。但是,交通大学的学生大多数来自外地,学校还是尽可能地为他们提供住宿。只是屋舍有限,学校规定凡是上海市内学生一律走读,食宿自理。作为主要教学场所的中华学艺社四楼有部分小房间供外地学生住宿。1939届机械系校友董瑞麐从学校迁入租界直到毕业都住在其内,他回忆当时的住宿时曾说"每室四人,拥挤不堪"。[②] 然而,就是这样"拥挤不堪"的小房间,也还是供不应求。学校又将学艺社二楼的大礼堂也改作宿舍,近百人济济一堂,每人一桌一椅一床,层叠紧凑密密麻麻,很像轮船中的通铺舱,被学生们称之为"大统舱"。即便这样还是僧多粥少,容量有限。每张床脚下都填上一个铁皮罐头,罐口储水,用以隔绝江南特产"南京虫"(一种吸血的臭虫)。但由于床铺过分密集的缘故,这种"绝缘工程"的效果并不显著,为虫所困的学生不在少数。校内宿舍最初还每日供给热水8小时,以供学生盥洗沐浴,后因煤价高涨而学校经费紧张,1939学年第一学期起即停止供给热水沐浴,第二学期起又开始限制用电。虽然条件极差,但请求寄宿者络绎不绝,学校竭尽全力所提供的宿舍只能容纳180余人,仅占学生总数的1/4,"学生宿舍因床位少而希望入住者多,几无日无人以书函或当面请求住入者"。[③] 住不进来的学生们只能三五人一起,合租附近民房。到1942年秋,所有宿舍全部改作教室,学生无一留宿校内,外地学生全都在校外租住民房。

学生膳食本由学生自治会办理。为保持竞争,学生自治会曾设有两个厨房,最初两年尚称平顺。1939年下半年开始,由于物价暴涨,每人每月膳食从上学期的12元涨至16—18元,增涨了近1/3—1/2强,加之炊职人员相继辞职,学校几乎断炊,学生膳食成为校内最为

---

① 傅景常:《交大求学杂忆》。黄昌勇、陈华新编:《老交大的故事》,江苏文艺出版社1998年版,第352页。

② 董瑞麐:《六十年简况》。《同窗集——纪念上海交通大学1939届级友毕业60周年》,第240页。

③《训育部二十七年度第二学期工作总报告》。上交档:LS1-80。

严重的问题。校方出面协助以渡困境，但是物价持续暴涨，1940 年下半年每月膳食费增至 27 元，是 1939 年上半年的 225％，校内时告断炊。经费困乏的学校再也拿不出解决办法了，校内食堂最终解散，学生一日三餐自行在外解决。1940 年高小霞考入交大化学系，只能中午买块烤白薯充饥，顽强地奔走在学校和家之间。晚上给富裕家庭的子女补习功课时，才能在学生家里好好吃上一顿晚餐。战时的上海物价高昂，交大学生的营养状况很差。1944 届电机系校友赵国南回忆：

> 我与吴镇、周焕校、张景万、梅之红 5 人租住在马斯南路顺风茶园的亭子间里，当时物价飞涨，茶园老板虽想增加房金，却总赶不上物价，对这些穷学生又不能逼得太凶，于是干脆不去修理房屋，任凭风吹雨打、玻璃窗碎落、窗户洞开，室外狂风暴雨，室内也风雨飘摇。伙食更是可怜，月初 5 人向饭店付的饭金，到下半月已不值一半，这样，半月生萝卜切丝伴盐便成经常“大菜”。好在米饭即使粗粝尚不致减半。因此有点剩余也就地利用楼下老虎灶的沸水，一同灌进保温瓶内，明晨便成稀饭享用。由于长期营养不良，5 人中 4 人日后都患结核病。[①]

即使面临如此艰苦环境，交通大学师生爱国之心尤炽。抗战之初，电机系的钟兆琳教授买来《大路歌》《毕业歌》等爱国歌曲唱片，用手摇留声机放音学唱，不断有学生去到他在图书馆旁的教师宿舍楼内的住所中一起听唱。学校迁入法租界后，“同学们站在中华学艺社楼顶，可以目睹日军从闸北炮轰南市，炮弹从头顶呼啸而过，大家均为弱国挨打、国土受侵而义愤填膺”。[②] 当年 11 月即有周巨昌、钱保功、夏锡均等同学离开上海奔赴延安。在租界中的莘莘学子也发愤研读，希望毕业后赴内地投入抗战洪流。

由于局势混乱，法租界里的恐怖现象日趋严重，1938 年初，交大校门外就发生掷弹事件，师生安全受到威胁。随着日伪势力逐渐向租界渗透，法租界当局的限制有增无减，气氛非常压抑。法国驻沪总领事专门向租界内的学校颁布命令：要事先申报所授课程内容，予以审查；学生或教职员间、教师与学生之间均不能在校内集会，或联校集会，否则将封闭学校。1938 年 9 月，交通大学原本安排每周日唐文治来校作讲座。可是第一个星期日 9 月 18 日，适逢“九一八”国耻纪念，租界方面特别戒严。因担心讲授时众多学生聚于一堂，引起租界方面误会，学校自动避嫌，被迫公布讲座顺延一期。日军进入租界不久，就从租界地下电台查到交大抗日学生施增玮的名字，日军宪兵踏入交大课堂，责问正在上课的马就云教授：“有没

① 上海交通大学党史校史研究室编著：《民主堡垒》，上海交通大学出版社 2007 年版，第 84 页。

② 糜岩：《回忆与汇报》。《同窗集——纪念上海交通大学 1939 届级友毕业 60 周年》，第 255 页。

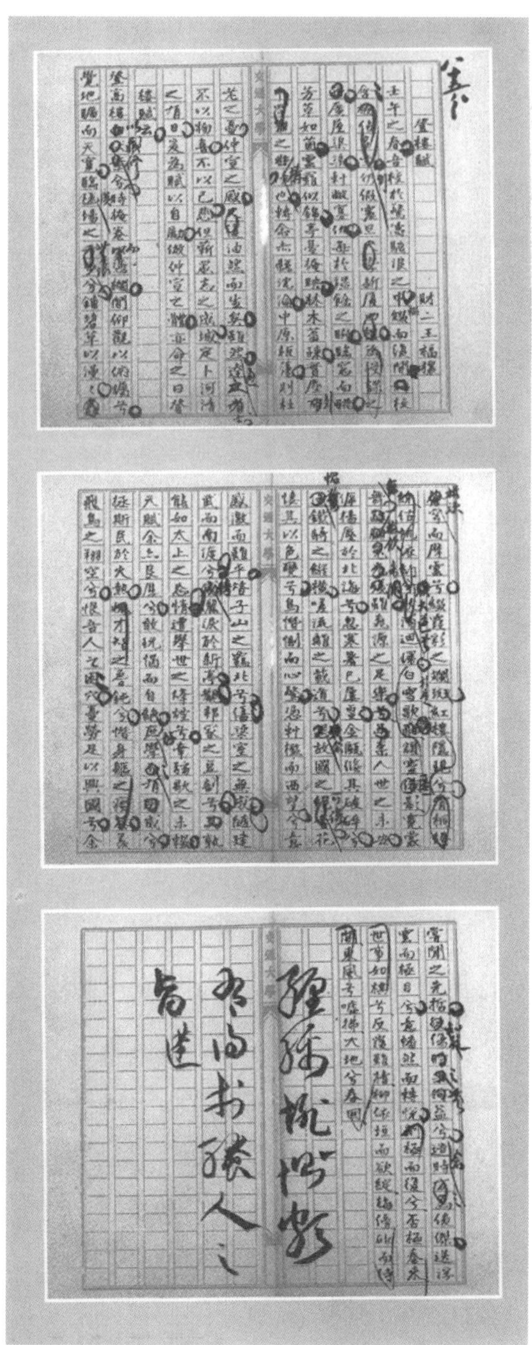

1944届校友王福穰所写《登楼赋》

有施增玮?”教授不吭声,同学们也不吭声。所幸当天施增玮因病没有上学,课后一同学赶到施家报信,施增玮从此离开了上海。[①] 1944届电机系学友赵国南回忆说:1942年春赵富鑫老师正在给我们讲授电工的一堂课上,突然闯进来不少法租界当局的包探,伴同几个日寇武弁,押着一位已遭铁铐的中年同胞进来抓人。看来他已遭严刑逼供,驼着背,边默默地注视每个学生,边艰难地在课堂里被推着走了一圈。最后他说“没有看到”你们要抓的人。同时法探和日寇又抓起赵老师讲台上的点名簿检查了一遍,证实他们要抓捕的冯召异没有来上课,才悻悻退出。[②]

师生们承受着日军的刺刀威胁和“思想战”的巨大压力,还要忍受租界里外国人的欺辱,忧国之心、爱国之情在心头潜滋暗长。1942年4月,财务管理系二年级学生王福穰在王遽常教授的国文课上吟出一首《登楼赋》,一吐租界借屋上课的沉郁心情:

> ……睹邦家之豆剖兮,孰能如太上之忘情?遭举世之烽烟兮,幸弦歌之未辍。天赋余亦良厚兮,敢玩愒而自绝?庶勤学之有成兮,拯斯民于火热……[③]

《登楼赋》表达了一位热血青年对山河破碎、国土沦丧、时势动荡的忧虑与愤懑,同时更

---

① 施增玮:《我和抗日英雄杨大雄》。《交大校友》,中国铁道出版社1991年版,第239页。

② 《民主堡垒》,第84页。

③ 王福穰:《登楼赋》。《思源湖》,第378页。

传递出青年学生在逆境中勤学自励，以求学有所成，“拯斯民于火热”的决心。就这样，年轻的学子们压抑着山河破碎之痛，在逼仄的教室中，在拥挤的宿舍里，埋首书本，发奋用功，默默地为民族复兴积蓄智慧和力量。1943届土木系校友田正平回忆道：

当时虽在战时，交大仍有严密的教学制度，良好的教学秩序。举一件小事为例，有一次校工闹了一次“小罢工”，当天我们上大二物理课，上课无人摇铃，学生均准时进教室静坐等候，赵富鑫老师也准时挟了粉笔登上讲台，二话不说，开口就讲课，好像什么也没有发生，一切如常。①

教室、实验室散置各处，师生们往来奔波，茶饭无常。但是，大家的学习积极性仿佛分外高涨。“大统舱”里，学生们都能自律，按时作息，免除干扰，秩序井然。学生甚至点评说“大统舱”里四方杂处，对于不同班级、不同专业的沟通交流倒是很有好处。阅览室一定要早早地起床才能“有幸”占到一个座位，一本书被精密地安排，能够同时被几个人所共享。四周烽火连天，而室中弦歌不辍。梁士超教授谈及租界里的教学时曾说：“交大学生多能发奋用功，而学业成绩并不比战前低劣。”后来在科技界、学术界作出很大贡献的胡声求（1939届）、吴文俊（1940届）、田炳耕（1942届）、徐光宪（1944届）、高小霞（1944届）等人，都是这一时期从交大租来的教室中毕业的。吴文俊1939年升入数学系三年级，武崇林教授讲授的代数与实变函数论使他对现代数学，尤其是实变函数论产生了浓厚的兴趣。他刻苦自学，反复阅读这方面的数学著作，从而踏上了走向数学研究的道路。徐光宪1940年在租界入学，1944年

1940届校友吴文俊

1944届校友徐光宪

① 田正平：《回忆战时母校点滴》。《交大校友》（1987年），西安交通大学出版社1988年版，第106页。

在租界毕业，直至抗战胜利回母校当助教才第一次踏进交大徐汇校园。他的大学岁月，正是上海时局紧张、学校处境最为艰难的一段岁月，但是学校坚持传统，对学生“严要求、重基础”，徐光宪在师长的引导中勤奋学习，大学四年一直保持全班第一的成绩。毕业后一年，他回到交大当顾翼东教授的助教，课余做完了 Noyes 和 Sherriel 编的 *Chemical Principles* 的全部 498 道习题，为他以后的学习和科研生涯打下了坚实的基础。

困境中，学生们互助友爱，十分珍惜同学友谊。1943 届土木系校友蒋孟厚回忆：学校对作业用纸要求严格，有一定规格。田正平经常为全班学生奔走，往往能买到全市最低价的合格用纸。程心一的父亲被日本人抓了起来，庄懋年尽力设法援救，徐和生等解囊相助。[①] 学校不再提供食宿，学生全部走读后，平时学生之间少有交流机会。1939 级的汪华芳和 1940 级的梁光溥希望为同学们创造一个社交场所，建议成立“南洋化工社”，他们租用一间空置的厂房，运用所学的化学知识制成酱油、墨水、雪花膏等销售给同学们，作为活动经费的来源。化工社成立后，有男女同学二三十人参加。制作酱油等要安排社员在周末值班，这就为同学们提供了交流的机会。在南洋化工社中，后来有好几对同学结成终身伴侣，同学们戏称他们为“酱油夫妻”。院士夫妇徐光宪和高小霞就是在南洋化工社建立起他们最初的友情的。

四、毕业生到内地服务

抗日战争全面爆发到学校被汪伪接管之前的历届交通大学毕业生的去向，有以下几种情况：教育部、交通部分配；学校向路局、企业推荐；企业单位来校招聘；自寻出路以及出国留学。如 1938 年机械系史家宜考取公费留英，1939 年胡声求赴美留学，1941 年机械系屠大奉等三人自费出国。但主要去向还是前两种。抗战开始后，沿海一带工厂企业纷纷内迁；同时，内地交通工程建设任务繁重，急需大批交通工程和管理人才。奔赴内地，参加建设，成为在上海租界学习的交大毕业生的首选。

1938 年 5 月，交通部、教育部两部指令交大毕业生仍由交通部分发各路实习，作为留用工作的前一程序。交通大学 1938 届毕业生绝大多数被分配到内地后方工作。如机械系全部、土木系 18 人分配至成都、昆明、株洲等内地部属各机关，其中杨浩兴等 4 人赴公路总局管理处，张景班等 6 人赴湘赣铁路工程局，陈启源、杨公敏赴湘桂铁路桂南段工程局，郭成举、林植菁、胡志诗、田顺德等 20 人赴滇缅铁路工程局。电机系分配到长沙、桂林、南昌等地 18 人。管理学院毕业生 37 人均奉交通部令派部属各机关服务，其中林一鹍、金先邑、钱承

---

① 蒋孟厚：《春风化雨忆寒窗》。西交档。

交大在租界中的第一批毕业生——1938届土木系毕业照。前排中为土木系主任李谦若

汉等17人在部令未到前已去湘、鄂、粤、桂、川等处。但是，由于交通阻塞等原因，也有部分学生未能赴职报到。

1939年，教育部决定：1939年上海公立、私立专科以上学校毕业生由教育部统筹安排，送往后方服务。旅费除医科学生由军政、内政两部负担外，其余均由教育部各给350元(沪至昆明250元、昆明至内地100元)。6月，交通部催促交大上报毕业生名单，以备分发工作，并函告学校，实习待遇为每月生活费50元，期满改发65元，满半年改发月薪80元。毕业生出发时学校应派员护送。8月，交通部和西南实业协会再度来函，要求聘请和介绍交大毕业生去后方工作。据交通部分发交通大学毕业生实习名单记载：路政司1人、人事司3人、会计处2人、公路总管理处2人、邮政储金管理局6人、叙昆铁路工程局11人、滇缅铁路工程局8人、湘桂铁路桂南段工程局3人、西南公路管理处3人、川桂公路运输局5人、西北公路运输管理局2人、滇缅公路运输管理局1人、桥梁设计处5人、贵阳机务标准设计处2人、柳江机器厂1人、桂林电厂2人、黔中机器厂3人、西康省公路局1人，共计18个单位，61人。值得一提的是，机械系航空门毕业生14人，除胡声求赴美留学外，其余13人全部奔赴内地，进入航空委员会所办的成都空航机械学校第六期高级班，准备入伍受训，完成抗日救国任务。学生途中遇敌走散，历尽艰辛，其中有7人是徒步走到成都的。1939年，交通大学共有126人毕业，其中112人分配到内地后方工作。

1940 年,教育部将交通大学毕业实习生数定为 151 人,基本囊括交大该年全部毕业生。此外,学校还向中英庚款董事会推荐毕业生担任科学研究助理,自 1939 年底到 1940 年暑假止,分三期共推荐 15 人次。1941 年,经学校与后方各铁路、公路局联系,该届四年级毕业实习仍照例分发。这一年全校共计毕业生 161 名,有 123 名派往内地,遍及华中、华南、西南、西北等 23 个路局,因抗战需要,这一年土木系有近半毕业生在 5 月份就提前毕业,去往后方服务。

1941 年下半年租界局势愈发紧张。8 月间,学校决定:为应付环境,四年级不放寒假、春假,提前结束课程,以使学生能从速毕业赴内地服务。1942 年年初,黎照寰校长化名李耀寰电函教育部吴俊升司长:四年级毕业生,所修学分达到部定标准 147 分,可否准其提前毕业,或在可能范围内化整为零,再延数月。教育部很快复电:四年级毕业生,在可能范围内化整为零,再延数月完成学业后,发给毕业证明书。1942 年 3 月,黎照寰校长再次化名李耀寰致函吴俊升:本期产品(毕业生)可即完工,约有 175 件可运入内地。5 月吴俊升复函:毕业生就业问题,按惯例转交通部办理。

1938 届校友徐昌裕(前排左二)在延安

就这样，许多交大毕业生怀着共赴国难、工业救国的热情，克服各种困难，纷纷去后方工作，为抗日战争和内地建设作出了贡献。

这一时期的毕业生和在学学生中，也有一些人直接奔赴抗日前线，有去延安的，也有参加新四军的。如1938年就有电机系毕业生周建南、孙俊人、徐昌裕等3人，化装越过日军封锁线，通过汉口八路军办事处介绍奔赴延安。

第二节 学生政治活动

1937年日本发动全面侵华战争，中华民族抗战高潮掀起。已中断了五年的交大中共地下党逐渐恢复组织，建立学协、重建党小组。他们团结交大进步师生，站在沦陷区民众与日伪势力斗争的最前线。

一、"学协小组"建立

抗日战争全面爆发后，中国人民抗日救亡组织如雨后春笋般建立起来。上海先后成立文化界、学生界、职业界、教育界、妇女界、工人界等抗日救亡协会。交通大学是上海文化界救亡协会和上海教育界救亡协会的发起者之一，校长黎照寰出任教育界救亡协会理事。各种救亡协会与组织都进行抗日救亡工作，但有民众自发组成的救亡协会，有国民党参加组织的救亡协会，也有共产党领导的救亡协会，政治背景不同，其组织形式、斗争态度、工作方法均不尽相同。

上海市学生界救亡协会于1937年10月在中共地下党领导下成立，1939年改名为"上海市学生协会"，简称学协。上海学协是在中共地下党领导下组织起来的群众性的公开的抗日救亡组织，是抗日救亡运动中的一面进步旗帜。它的内部组织活动是按照党在秘密环境下工作原则进行的。学协成员都是经过党的教育、培养，有一定觉悟的积极分子。他们必须具备的条件是：积极要求抗日，拥护党在抗日时期的政治主张；遵守纪律，保守秘密；团结学生进行工作，成员需参加学协小组的组织生活；入会须由党员或学协的成员推荐介绍，经过组织讨论，个别秘密吸收。学协的对外宣传活动是公开的。

由于第二次国内革命战争时期上海地下党组织连遭国民党破坏，党在上海的力量十分薄弱，抗战爆发时党员只剩130人，其中学校系统约有50人。抗战爆发后，学校系统的部分党员转入根据地，留下坚持从事学生工作的只有20人左右。当时交大已没有共产党员。1937年秋，铁道管理系王嘉祥(王维恭)、机械工程系唐敏晃和吴克敏等3位在中学参加上海市学生界救亡协会的学协成员作为新生考入交大。当时由于人数少且没有党员做核心,学协成员力量单薄,均系分散活动。1939 年又有钦湘舟、刘百川、葛一飞等 3 位在中学加入学协的学生考入交大。同年,在中共江苏省学委安排下,共产党员沈铮(沈韦良)、韩煜昌考入交大。在上级地下党学委的领导下,交通大学学生协会小组正式组建,主要成员有王嘉祥、钦湘舟、沈铮等 9 人,钦湘舟任组长。交大学协的建立,具有重要的意义。它虽然不是党的组织,却是全面抗战以来,交大第一个由共产党领导的群众性的抗日救亡进步组织,是党团结进步学生、宣传抗日主张的重要纽带。它为学校更广泛地开展抗日救亡工作,为培养积极分子、团结进步力量、发展党员建立党组织奠定了基础。

交大学协小组建立后,从学校的情况出发,因地制宜地开展校内外两方面的工作。对内,组织读书会、创办壁报,把积极分子组织起来,开展政治宣传;利用群众组织与日伪势力作斗争,从而密切联系学生,团结群众,扩大积极分子队伍。对外,交大学协加强与校外抗日救亡单位的联系,互相协作,扩大影响。如钦湘舟作为交大学协的代表,参加全市性的大学区干事会议。会上确定由交通大学、暨南大学、复旦大学三校的学协组成区干事小组,推选钦湘舟为小组长。区干事小组成立后,各校随时交流救亡工作情况。又如,区干事小组又确定与南通迁沪的南通工学院的学协进行沟通,由钦湘舟联系。地下党的领导,正是通过大学区干事小组进行的。从此,交大的各项抗日救亡活动就由学协出面积极开展起来。

组织读书会是交大学协小组最主要的活动之一。在民族灾难降临时,交大学生曾自发组织阅读当时公开发行的《上海周报》《时论丛刊》等进步刊物,三四人一组,也有五六人一组,每月举行座谈、讨论。例如 1939 年考入交大化学系的女生闵淑芬就自发组织了以学习《大众哲学》《论政党》等社会科学书刊的读书会。读书会既符合学生的愿望与要求,又是广泛联系学生的好形式。交大学协小组把具有爱国热情、思想进步的学生组织起来,通过读书会,凝聚周围学生,发现积极分子。读书会以学协成员为核心,吸收各个班级要求进步的学生参加,讨论时事、政治,学习马克思主义基本理论,阅读一些影响较大的书籍,如斯诺的《西行漫记》、邹韬奋的《萍踪寄语》、艾思奇的《大众哲学》以及一批苏联小说。学协小组成员在读书会上分析国内抗战形势和国际形势,有时涉及中国共产党对抗日民族统一战线的主张,有时介绍根据地的形势和苏联的情况等。许多学生就是通过参加交大学协小组读书会的活动,提高了政治觉悟,走上了革命道路。例如闵淑芬、吴仲仪、徐修成等就是在读书会中开始觉醒,选择了参加革命。闵淑芬在《我在抗战时期觉醒》一文中回忆当年的情景:“八一三”上海抗战不久,故乡湖州沦陷,随家避居乡镇。亲身目睹了日军对我国人民的疯狂屠杀、奸淫掳掠种种残害,感到切齿痛恨,但苦于无能为力。高中毕业后,考进了交通大学,想寻求民族独立、振兴中华、争取自由平等的道路。在读书小组活动中得到学协成员的帮助，通过学习进步书刊，讨论政治、时事，了解到苏联革命，知道了八路军、新四军，看到新的希望，向往社会主义，坚定了抗战胜利的信心。

壁报是交大学协小组又一个重要阵地，学协成员和读书会的积极分子，不定期地以壁报、黑板报进行宣传。壁报短小精悍，内容非常广泛，有介绍文艺作品的，如《拓荒者》《十字街头》《呐喊》《文天祥》等；有从报纸上转摘传递信息的，如第二次世界大战、中国抗日战争、台儿庄战役、平型关大捷中的八路军、国际反法西斯阵营的情况等；有时还交流读书心得。办壁报、黑板报，通过点滴介绍，使学生了解了国内外形势，知道了八路军、新四军、延安抗日根据地，扩大了视野，增强了抗日救亡的决心和信心。

交大学协小组在组织读书会、开展壁报宣传等活动中，注意培养积极分子、吸收学协新成员。当时学协组织已转入半秘密状态，学协不公开号召发展成员，只是个别吸收。铁道管理系的金海圻就是在参加读书会的活动中，因表现积极、热情高、文笔好，被吸收为学协成员的。据统计，1939 年底交大学协正式成员有：机械工程系的唐敏晃、吴克敏、仇启琴、刘百川，电机工程系的钦湘舟，土木工程系的沈铮，铁道管理系的王嘉祥、金海圻，实业管理系的韩煜昌，财务管理系的葛一飞等。学协成员需定期过组织生活。组织上对已参加学协小组的成员，尽量发挥其作用，有的成员甚至被输送到社会上去工作，如金海圻参加学协后，即被介绍至《海沫》[①]参加编辑出版工作。

1940 年冬，上海环境日趋恶化。中共地下党员和积极分子队伍虽有一定的发展，但为确保组织的安全，中共江苏省委决定：在内部撤销学协党团，停止学协执委会活动，学协区干事会和学协区党团也随之撤销，以免学协一旦遭破坏，影响地下党组织。但各基层学协小组仍在活动。1941 年 5 月 26 日，中共中央书记处在“孤岛”环境日益恶化的情况下，向江苏省委发出《关于上海党的工作方针》的指示：必须时刻警惕和估计到租界环境有极大逆转可能，提出“将已暴露的学生、职员、工人支部中的较暴露的同志送往新四军区域，将这些支部变成短小精干的支点”；“将过去因积极参加过抗战工作而暴露了的群众组织化整为零，并转成纯友谊性质的团体”。1941 年夏，江苏省委学委决定学校的学协小组全部停止活动。但是，交大地下党员和积极分子和学生的联系仍然存在。他们通过个别的、三三两两的形式广交朋友，化整为零，以适应变化着的形势。

① 《海沫》，中共江苏省委学委领导下创办的半月刊，1940 年 10 月创刊，1941 年 12 月太平洋战争爆发后停刊，共刊出 22 期。主要对象是大学生，旨在帮助读者正确认识人生、认识社会，激励大学生肩负起民族独立与改造社会的重任。

二、重建中共交大地下党组织

中共地下党重视大学的建党工作。1939年12月成立大学区委,派出干部联系交大、暨南、复旦等10所大学党的工作和区学协党团。交通大学是租界里规模最大、影响最大的一所大学,但中共交大党组织从1934年被打散以后,很长时间没能恢复,学校内长期积蓄的进步力量亟须加强党的领导。重建交通大学中断5年之久的中共地下党组织已是一项紧迫的任务。

大学时期的钦湘舟

在上级党组织的安排下,1939年共产党员沈铮、韩煜昌考入交大。1940年,学委又动员已在中学入党的冯彦华、张雄谋2人报考交大。同年7月,钦湘舟被吸收入党,从此交大有了5名党员。由于租界形势险恶,沈铮因工作出面较多,党员身份有所暴露,撤离了交大,韩煜昌又自动退党,但交大尚有钦湘舟和新入学的冯彦华、张雄谋3名党员,具备成立组织的条件。1940年9月,学委决定在交大恢复党组织,由钦湘舟[①]负责。这是交大中断了5年之后重新建立的党组织。

1940年10月,党员张雄谋由于在中学就已站在斗争前列,被敌人注意,组织上决定他撤离交大转移到根据地。交大党小组只剩2人。但是党小组利用一切机会,采取分工联系,做积极分子的工作。12月,仇启琴入党,交大党小组又有了3名党员。就在这时,冯彦华的父亲、新闻界进步人士冯执中遭日寇暗杀,冯彦华离校去了根据地,交大地下党又仅剩钦湘舟和仇启琴2名党员。1941年秋,在中学入党的沈惠龙、蒋淡安两人考进交大。交大地下党员人数增加到4人。1941年12月8日,日军突袭珍珠港,太平洋战争爆发,英、美等国向日本宣战。日军进占公共租界和法租界,上海全部成了沦陷区。法租界虽仍由公董局负责,实际上由日本侵略势力控制,迁入法租界里的交通大学处境更加艰难。面对复杂情况,上级党委决定继续选送中学的学生党员报考交大,加强学校内党的力量。1942年秋,中学生党员吴增亮、冯绿苏、沈志修、胡锁明4人考进交大。在校的地下党也积极培养积极分子,把符合党员条件的"学协"成员葛一飞和王嘉祥发展入党。根据形势的发

---

① 钦湘舟,又名金世乐(1919—2005),上海人,1938年毕业于敬业中学,入暨南大学物理系即加入"学协"组织。1939年考进交大电机工程系,1940年7月加入中国共产党,曾任交大党支部委员、中国科技协会党组成员之一。解放后曾任淮南电业局副局长、安徽省水电局设计院副院长、安徽省电力局副局长等职。

展和斗争的需要，1942 年 9 月，又建立中共交大党支部，钦湘舟和仇启琴都曾担任过党支部书记。

大学时期的仇启琴

交大的党员虽然不多，但交大党组织逐渐成长为交大抗日运动的领导核心。他们在上级党组织的领导下，机动灵活地开展以勤学、勤业、勤交友为内容的各项活动。“勤学”，就是勤奋刻苦读书，争取成绩优秀；“勤业”，就是兢兢业业，工作勤恳、热情，为同学服务；“勤交友”，就是积极主动联系群众，与同学广交朋友。做到“三勤”，需要付出艰辛的努力。战时交大仍是课程重、要求高、考试多、试卷难。还有学校迁至法租界后，教学分散，实习更加分散。大多数学生走读，早出晚归，外地学生还得租房住宿，自理伙食，往返周折，十分费时。加上因物资匮乏，日伪限制用电，学生往往是在家中油灯下进行夜间复习。在这种情况下开展群众工作难度极大，但党员们的“三勤”活动得到了同学们的尊重和信任，打开了团结同学的局面，也积累了斗争经验。

正由于交大党组织认真贯彻了学委的正确领导，在极端困难环境下，坚守学校阵地团结了广大同学，赢得了学校当局对学生爱国行动采取保护的态度，交大地下党组织得到了发展。交大党支部先后发展吴仲仪、宋名适、闵淑芬等入党。同时，中学时入党的沈讴、朱承坚、仇启华等先后考入交大。直至 1945 年 8 月抗战胜利时，不包括已毕业离校和组织调动的，交大沪校中共地下党员共有 25 名。从 1945 年 9 月起，吴增亮、沈讴先后担任支部书记。

三、社团组织与活动

（一）交大基督教青年会

随着抗战形势的深入发展，汪伪反动势力对学生活动施加了压力，1940 年 8 月、9 月间，中共地下党决定解散“学协”，“学协”骨干沈铮等撤离上海。但交大地下党以新的形式成立了一些适合当时条件的、以开展有益的课外活动为掩护的群众组织，进行团结抗日和关于青年前途的教育，如组织交大基督教青年会和南洋剧社，组织集体文娱活动等。参加青年会的同学，最多时达一两百人；南洋剧社先后上演过田汉的《湖上的悲剧》，曹禺的《蜕变》《白茶》等剧。

基督教青年会是以上海基督教名义建立的青年群众组织。租界当局不允许学生从事公开的抗日活动,禁止各种抗日的组织,但募寒衣、节支救难等公益性行动,传统的团契、青年会和上海基督教学生团体联合会[①]等还有公开活动的空间。交大不是教会学校,但租用教会学校震旦大学上课,校长黎照寰是基督教徒,而且是基督教青年会全国协会董事长,提倡开展基督教青年会工作,在学校筹备建立青年会组织,能得到校方支持。交大学协决定筹建交大基督教青年会,通过青年会的活动,团结进步青年学生,争取合法的活动空间。

1940 年 5 月,管理学院学生基督教徒徐瑞珍出面,联合部分学生向黎照寰校长提出成立交大基督教青年会的申请,很快得到了批准。徐瑞珍任会长,学协成员王嘉祥、葛一飞共同负责该会工作。交大青年会很快成为交大学协联系群众的重要渠道。由于租界当局对宗教团体的活动"不干涉",交大青年会公开张贴布告,号召学生加入。交大学协利用这个合法组织展开各种活动,有些规模较大的活动能吸引百余名学生参加。1940 年暑假,交大学协通过青年会出面组织暑期讲座,邀请当时留在"孤岛"上的知名民主人士平心、周建人、韦悫、林汉达等来校演讲,就民主宪政、青年修养、文学艺术等各方面的问题进行探讨,吸引了不少学生前来听讲。交大青年会的活动不但活跃了学生的课外生活,更加深了学生对社会现实的认识,促进了党员、积极分子团结、联系群众工作的开展。

交大基督教青年会建立后,加入了上海基督教学生团体联合会,成为其 30 个学校团体成员之一,交大与其他学校进步团体之间的联系得以加强。交大青年会建立的剧团还参加"上海联"娱乐部组织的各种文艺活动,其演出剧目法国作家莫泊桑的《毋宁死》,宣扬了进步和爱国主义精神,受到广大青年的欢迎。

(二) 工余联谊社

交大校友、上海电话公司工程师王天一等青年科技人员,为了交流情况,互通信息,获得更多的谋生之道,酝酿组织一个以理工科毕业科技人员为主体的、交谊性为主要活动的工余联谊社。交大党支部即派出党员宋名适、仇启琴参与筹建事宜。1943 年 10 月 3 日,以交大校友和在校学生为主的工余联谊社成立。这是青年科技人员联谊的群众组织,也是党组织在敌人直接统治下与汪伪反动势力进行斗争的新形式。"工余联谊社"有利于毕业离校的学生党员把原在校团结的知识分子团结在自己的周围,既可保存力量,又可解决大学毕业的学生党员进入社会后孤军作战的困难,还可以扩大党在科技人员中的影响。

---

① 上海基督教学生团体联合会:简称"上海联",是基督教青年会支持的,由各校青年会和团契民主选举组成的校际性组织。它的宗旨是在学生中间开展基督教活动,以培养青年的德、智、体、群四育,为社会和民众服务。参加者包括基督教徒、非基督教徒。

联谊社在成立过程中，得到了中国科学社的杨孝述、曹惠群、秉志等老科学家的赞助和支持，并提供联谊社活动场所。联谊社仿照中国科学社，除定期举行大、小集会讨论社务，举行聚餐会、游园会等交谊活动外，还开展带有学术性的活动。

为了加强对工余联谊社的领导，党组织先后又选派交大毕业的钦湘舟、闵淑芬、葛一飞和吴仲仪等6名地下党员参加该社，并成立中共工余联谊社党支部，由钦湘舟任书记。支部根据上级党组织的要求，把上海科技界热爱科技、有正义感、有爱国思想的青年科技人员团结起来。

抗战前期，附近各省市迁来许多高等学校，上海知识分子比较集中。他们中许多人为国家前途彷徨苦闷。党组织针对青年科技人员的特点，利用工余联谊社的合法团体身份，广泛开展丰富多彩的学术活动和联谊活动，如举办科技讲座，邀请茅以升、黄兰荪、陈石英、钟兆琳、马地泰、董希阁等科技界著名专家学者讲学；或组织参观，例如参观当时上海最高建筑国际饭店的工程技术和设备，以此提高大家的爱国主义思想和对科技事业的信心。活动寓政治于学术，寓教育于生活，还积极争取发展党员和积极分子。工余联谊社从而成为党团结全市广大青年科技工作者的学术团体，也是党团结教育青年科技人员的一次成功的尝试。联谊社初期成员仅40多人，到1945年抗战胜利前夕，社员达250多人。

在敌伪统治下的上海，少有公开的科技活动。以工余联谊社名义举办的工业讲座，出版的《工程界》杂志和《工余社报》，受到了中下级技术人员的欢迎。尤其是工业讲座，分化工、电工、土木、机械、纺织等5组内容，在交大党支部领导下，1945年7月1日—9月17日，每星期日上午讲授，历时两个半月，共58讲，听讲者476人，3 000余人次，深受校内外青年的欢迎。在此过程中，对50余位讲授老师逐个登门拜访邀请、确定讲题的内容、联系借用场地、安排教室、对外张贴广告、办理报名手续、印发讲义等各项具体工作，都是组织联谊社的党员、积极分子利用业余时间进行的。

抗战胜利后，中共上海地下组织决定成立技术部门党的工作委员会，钦湘舟是主要负责人之一。1945年8月26日，工余联谊社扩大改组为中国技术协会，并成立中国技术协会党的领导小组，由交大毕业生钦湘舟、宋名适、闵淑芬负责。协会会员发展到400余人。上海科技界的专家教授、实业界和知识界的知名人士，如王之卓、王绳善、吴羹梅、顾毓琇、胡厥文、茅以升、赵祖康等均为“技协”正式会员。会员中不但有交大毕业的校友和中共党员，也有不少复旦、大同、之江、沪江、圣约翰等高校毕业的中共党员。由于不公开，也不参加类似于学生运动、工人运动的直接斗争，活动形式相对隐蔽，“中国技术协会”在解放战争时期一直得以延续，为上海的解放和新中国成立后的社会主义建设积蓄了科技力量。

(三) 参加“救济失学义卖”活动

日寇侵入租界后,交大党组织开展群众工作十分困难。地下党党员贯彻上级工作方针,以“勤学、勤业、勤交友”等隐蔽的方式来团结群众。1944 年冬,中共华中局城工部[①]指示学委结合当时学生失学问题严重,组织一次全市的大规模的救济失学的义卖运动,广泛动员学生,破敌伪控制,打开学生工作的新局面。上海地下党学委决定于 1945 年元旦与春节之间,通过基督教青年会组织全市大中学校学生举办“救济失学义卖市场”活动。

交大学生素有助学“义卖”救济贫困学生的传统。蔡元培的女儿蔡睟盎是 1944 年秋考入交大的,她回忆义卖助学情况说:一年级我就参加自发的助学活动。同班的几位女学生见到有些学生因生活困难而有失学之虞,商量合伙经营汤面、馄饨等点心,中午向学生出售,以全部收入支援困难学生。当时,我家经济也较拮据,但母亲很赞成这项活动,让我从家中取了十只菜碗去入伙。

日伪统治时期,沦陷区物价飞涨,上海学校的学杂费也大幅度上涨,大批学生因缴费困难,面临失学危机。为困难学生举办的“救济失学义卖市场”活动推出适逢其时,受到了沪上群众的支持。

1945 年 2 月 15、16 日两天,在上级地下党统一部署下,由基督教青年会出面举办 “救济失学义卖市场”,地址设在八仙桥青年会大厦内。“义卖”市场盛况空前,参加义卖工作的学生 1 000 多人,前来义卖市场的人数达 10 余万人。全市有 30 多所大中学校分别设摊,出售各自募捐的和自制的商品。每个摊位几乎就是一个各具特色的小百货店。义卖场内还设游艺室,有钓鱼、打枪、摸彩、测字等游戏;还设有茶座,供应学生自制的点心和饮料。还有医学院学生的医疗服务,以及音乐、木偶戏、话剧等文艺演出。交大党支部发动积极分子和各班学生募捐物品、用具及制作手工小商品参加义卖,有自制模型电动机、飞机、滑翔机、军舰等。义卖所得捐款超出原定目标的一倍半。这次义卖活动使大批困难学生得到援助,参加义卖的青年学生也得到了锻炼,积极分子队伍得以发展壮大。

---

① 华中局城工部:1943 年 4 月,华中局敌区工作部(后又称城市工作部)正式成立。华中局城工部领导上海、南京等地党的地下组织,贯彻党的白区工作方针,采取“勤学、勤业、勤交友”的工作方式,扎根于群众之中,以度过最困难的时期,保存和发展党的力量。1945 年 9 月,随着华中局与山东分局合并,成立中共中央华东局,华中局城工部即告结束。

（1940—1945）

在重庆的交通大学

第四章
在重庆办学

第一节　国立交通大学分校

一、小龙坎创建重庆分校

1938年，国民政府内迁重庆，大量国家机关、工厂、高校纷纷向后方转移，后方原有设施顿时不敷应用。同时，抗日战争进入相持阶段，为了坚持长期抗战，国民政府开始着力经营后方，着重建设交通运输业、通信业、兵器重工业及公私营工矿业为主体的国营经济体系，这就需要大量工程技术和管理人才。大后方时局的变化，既为高等院校特别是工科院校的毕业生提供了大量的就业机会，同时也提出了迫切的人才培养的要求。当时国民政府教育部制定的毕业生送后方服务办法规定："毕业生应全体送后方服务，不服从者不给毕业证书。"①1939年，教育部又通告上海公立、私立专科以上学校，毕业生统筹安排，送往后方服务。

中国高等院校中，交通大学以工程教育著称，大批毕业学生服务于交通及工业各界，成绩斐然，闻名国内外。抗战初期，交通大学的多次内迁请求皆被教育部否决，学校被迫迁入上海法租界，虽坚持办学，但规模缩减，在校学生急剧减少。1939年8月，上海租界中的交通

---

①《上海交通大学纪事(1896—005)》(上卷)，第290页。

大学接到已迁到重庆的国民政府教育部的指令,要求增加电机系和机械系班数,并设立工科研究所培养工科硕士,以满足大后方对高级工科人才的迫切需求。尽管当时租屋狭小、师资不足、经费困难,学校还是准备在沪扩招一班电机工程新生,并通过了工科研究所组织简章,准备开办工科研究所。校长黎照寰同时提出设想,请当时正在重庆的原交大化学系主任徐名材主持筹备在川增设电机、机械工程各一班。然而,终因校舍困难,只能就已有教室尽量增加学额,在上海增加班数未能成功;开办工科研究所一事,也因经费困难不了了之;在川设班之事也是提而未议。1940 年 1 月,重庆国民政府教育部又令交通大学设电机、机械培训班,电机系与机械系设置双班。然而,当年 3 月底,汪精卫伪"国民政府"在南京成立,加强了对沦陷区内政治、经济、文化、教育的控制。此时,重庆至上海租界汇兑不通,学校经费枯竭,朝不保夕,已经绝无余力遵照部令扩大招生了。

1940 年,为培养后方急需的建设人才,迁至重庆的教育部举办各种培训班。在四川的交通大学校友以此为契机,向教育部提出在内地设立交通大学分校之请求,这一提议获得了国民政府教育部和交通部的认同。其过程即如电机系 1924 届校友钱其琛所言:"在渝同学鉴于复校之急需,曾一再向教育部请愿,未获要领。二十九年教育部举办各种培训班,同学遂以设立交大分校承办训练班为理由,重申前请,嗣奉核准。"[①]交通大学滞留沪上虽为国民政府所指令,然而,眼见上海形势愈加严峻,重庆政府也不得不考虑交大的生存问题,遂决定将原计划用于在上海增加交大电机、机械班数的经费用于在重庆设立交大分校。5 月,教育部密电黎照寰校长赴渝。黎照寰以体弱不能成行,请求辞职。7 月初,交大四川同学会会长韦作民等代表交大全体校友致信黎照寰校长,敦促上海方面及早着手,推进分校筹建。信文部分内容如下:

> 顷闻部令交大在川筹设分校,在渝同学同深欣慰,并由此间同学集议,愿尽全力为母校服务。惟现距规定开学期已甚迫切,为使筹备工作得即日开始起见,已公推徐名材、庄伯文、冯君策、陈俊时,顾毓瑔、李简初、韦作民、徐恩曾等组织委员会,协助觅地建屋及罗致教材设备等,俾分校得如期告成。至分校筹设事,仍请先生电示办法,以便代向教部请示及各方面接洽协助。总之,同人等唯一希望在求分校之早日实现,以求母校之长足发展,亦谅先生所乐闻也。时机急迫,尚乞早赐明教是幸……[②]

---

① 《上海交通大学纪事(1896—2005)》(上卷),第 306 页。

② 四川同学会致黎照寰函(1940 年 7 月 3 日)。上交档:LS2-133。

在校友们的热心推动下，1940 年 7 月 29 日，教育部发电文至上海租界中的交通大学：

> 兹指定该校于下学年增设机械系、电机系各一班。每班普通设备费 2 万元，教学设备费 10 万元，经常设备费 3 万 2 千元。学生由统考分发。惟应在后方办理，仰速派员在川筹备，务于本学期开课。[①]

虽然此时租界交大中尚有教师持异议，认为后方办学设备不能共用、教师不能兼授、管理训育指导人员均需重复设置，国难之际殊不经济，不赞同再另外开班设校。然后方建校之事已经蓄势待发，教育部数次传文督促交大校方从速派员在四川筹办分校。

二、徐名材任分校主任

1940 年 9 月 10 日，教育部高等教育司根据学校推荐，任命原交通大学化学系主任、时任资源委员会化工处处长的徐名材为交通大学重庆分校主任，主持分校筹备事宜。

徐名材主任（1940—1941 年在任）

徐名材（1889—1951），字伯隽，浙江鄞县人，化工学家。1903 年考入南洋公学中院，1908 年毕业。1909 年考取公派留美入麻省理工学院攻读化工，先后获学士、硕士学位。1917 年回国，任湖北汉阳铁厂工程师及浙江大学、中央大学教授等职。1923 年，回母校任化学教授，1928 年任化学系主任。1938 年 8 月，赴重庆出任资源委员会化工处处长。1940 年 8 月至次年 7 月，任交通大学重庆分校主任。1941 年 3 月，接办重庆动力油料厂任厂长。1945 年抗战胜利后，赴日任国民政府驻日代表团成员，向日本交涉索回永利铔厂的硝酸装置等在战争期间被日军从中国拆走的化工设备。1946 年回国，任中央化工厂筹备处主任，为上海化工厂、南京化工厂和重庆化工厂的建设发展奠定了基础。1949 年，徐名材任华东工业部化工处处长，并一度兼任轻工业部上海工业试验所所长。中华人民共和国成立后，他在组织科技人才支援各地建设、组织恢复华东化工生产、组织企业调整和技术改造等方面，均有贡献。

---

① 教育部电函交通大学（1940 年 7 月 29 日）。上交档：LS2 - 133。

正当徐名材得以大展宏图报效祖国之际,不幸突发心脏病,于 1951 年 11 月 8 日在上海去世,享年 62 岁。

徐名材毕生重视培育科技人才。在交通大学任教时,以学识渊博、信息灵通、善于联系实际、讲授精辟、与同学间感情融洽著称。1930 年交通大学成立科学学院,徐名材任化学系主任。他秉承学校"求实学,务实业"之传统,决定该系各班从三年级起分设化学组和化工组,相应调整课程,由学生选读。他自己继续坚持讲授普通化学,编写了《工程化学手册》,由校图书馆印行,改变了以往全部搬用国外教材的做法,增强了实用性。为学校在抗日战争艰苦条件下坚持优良传统,保证教学质量,起到了重要作用。徐名材心系化工事业,克己奉公,一生清廉,有学者风度,人多尊称为"徐老夫子"。

1940 年 9 月 15 日,国立交通大学分校筹备处在重庆小龙坎龙隐支路的广播大厦中借屋成立,设通讯处于牛角沱瑞庐。在徐名材主持下,当月制定交通大学分校《组织大纲》,声明创办分校"以研究高深学术,培植建设人才为宗旨"。

分校筹备工作开始,首先面临的是校址校舍问题。当时交大校友、时任重庆资源委员会中央无线电器材厂厂长、后任交大教授的王端骧提出将器材厂空闲的工人宿舍借给母校。器材厂宿舍地处重庆市郊小龙坎,有房舍 2 幢,大小房间 60 余间,与分校初期规划中 2 个班级 80 余名学生的规模正可匹配。又小龙坎临近的沙坪坝是抗战时期重庆文化四坝[①]之一,其间汇聚了中央大学、重庆大学等七八所高校。新建的交通大学分校在基础设施、师资等方面均可借助附近院校的资源。徐名材等筹建人员欣然接受了王端骧的建议,将临时校舍定在小龙坎,教室、办公室、宿舍均设其内。

只是,校舍毕竟由器材厂工人宿舍改建而成,地方并不宽敞,运动场地仅一篮球场兼排球场,更不具备高校所需的实验室等硬件设施。于是,实验室、运动场所、实习基地等方面,分校与近邻中央大学、重庆大学、交通部汽车配件厂等单位商洽借用事宜,皆获应允。重庆大学是本地院校,经营数十载,教学设施较为齐备,在这方面尤为分校提供了很多便利。

交通大学在重庆建分校,由于时间紧迫,路途遥远而艰险,建分校时上海本校尚无人来重庆,分校师资必需就地自行解决。分校主任徐名材请张钟俊、曹鹤荪两位海外归来的博士、交大校友,担任电机、机械两个系的主任;化学、英文、国文等课程的教师,请其他院校教授兼任;教务主任则请中央大学工学院院长陈章兼任。

10 月底,重庆政府教育部部长陈立夫致分校主任徐名材训令:"核准国立交通大学在川

① 文化四坝:指沙坪坝、华西坝、夏坝、白沙坝,抗战时期许多内迁院校集聚其中,遂以文化得名。

办理机械、电机两班，并由该校推派的主任主持筹备。"训令指出两班学生已由教育部统一招生委员会录取分发，为办理便利起见，还特地制订了《国立交通大学分校办法》，其文如下：

一、校名：确定为国立交通大学分校。

二、组织：该分校现仅有两班，经费有限，内部组织应力求简单。除主持人员称为分校主任外，教务训导拟令合设教导主任 1 人，下设教务员、训导员各 1 人。总务事项设事务员、文书各 1 人，书记 2—3 人。会计设会计员 1 人。教员专任及兼任教授、讲师各若干人。

三、行文：该分校准援唐山工程学院及光华大学成都分部之例，对于本部得直接呈文，重要者并应分函本校备案。本部去文亦然。

四、经费：该分校经费系由工程师训练经费内直接拨发，与交通大学本校经费无关。所有概算书及将来报销拟迳令造报，以省手续。

五、钤记：该分校准自刻木质钤记，文曰："国立交通大学分校钤记"，并令将启用日期分函本校并呈本部备案以资信守。①

《办法》规定交大分校"对于本部得直接呈文"；经费上"与交通大学本校经费无关"，明确交大分校在行政、教务上与交大上海本校的相对独立性。

经过两月余的奔走，1940 年 11 月 18 日，国立交通大学分校终于在小龙坎正式开学。这时分校仅设电机、机械专业各一个班，有一年级新生不足 80 人，皆由教育部从统一招生中分配而来。分校教员 10 余人，主任为徐名材，教务主任为陈章，专任、兼任教授有：物理曹鹤荪，数学张钟俊，英文陈铎，化学张江树，图形几何陈大燮，国文龚张斧和工程大意陈章。

交通大学分校一告成立，关心交大者皆感欣慰，交大校友们更是欢欣鼓舞，纷纷致电表达对母校的良好祝愿和殷切期望。1940 年 12 月，分校开会致谢交大校友，前校长凌鸿勋等到会校友多达 80 余人，为母校发展出谋划策，极为关切。1941 年 4 月 8 日，交通大学分校举办 45 周年校庆纪念大会。这是分校成立后的第一个校庆，也是抗战以来交通大学第一次公开校庆。是时，嘉宾云集，学校放假两天以示庆贺。

交大重庆建校，在后方"并无基础，又以物资艰难及经费限制，图书仪器皆少，设备不足应付教学需要，参考书及教本均很缺乏"，②然而，在一年不到的时间里，分校从筹备到开学，教学、校务皆进入正轨。学校机构精简，事务管理井井有条。从 1941 年 5 月，交大分校向教

① 教育部训令：令国立交通大学分校主任徐名材（1940 年 10 月）。上交档：LS5－34。

② 《教育部 1942 年视察学校情况通报》（1942 年 5 月）。南京第二历史档案馆馆藏资料。

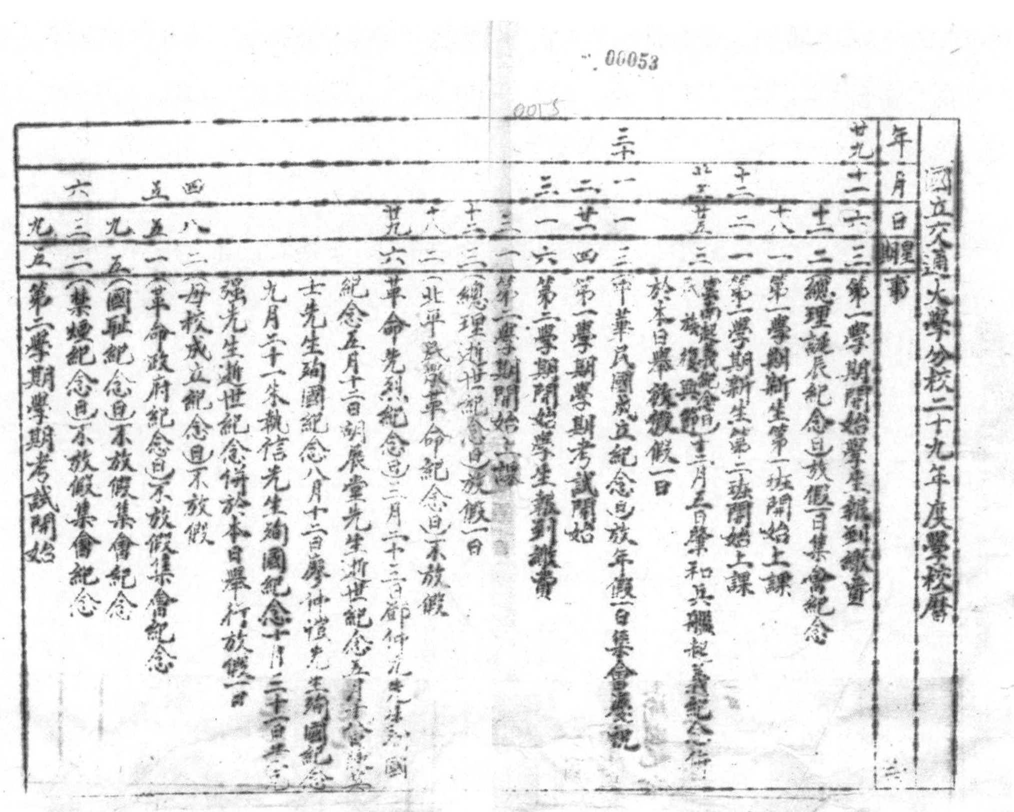

國立交通大學分校二十九年度學校曆

年	月	日	曜	事
廿九	十一	六	三	第一學期開始學生報到註冊
		十二	二	總理誕辰紀念日放假一日集會紀念
		十八	一	第一學期新生第一班開始上課
	十二	二	一	第一學期新生第二班開始上課
		廿五	三	雲南起義紀念日十二月五日肇和兵艦起義紀念併於本日舉行放假一日
三十	一	一	三	中華民國成立紀念日放年假一日集會慶祝
	二	廿四	一	第一學期學期考試開始
	三	一	六	第二學期開始學生報到註冊
		三	一	第二學期開始上課
		十二	三	總理逝世紀念日放假一日
		十八	二	北平民衆革命紀念日不放假
		廿九	六	革命先烈紀念日三月二十二日鄧仲元先生殉國紀念五月十二日胡展堂先生逝世紀念五月十八日陳英士先生殉國紀念八月十二日廖仲愷先生殉國紀念九月二十一日朱執信先生殉國紀念十月三十日黃克強先生逝世紀念併於本日舉行放假一日
	四	八	二	母校成立紀念日不放假
	五	五	一	革命政府紀念日不放假集會紀念
		九	五	國恥紀念日不放假集會紀念
	六	三	二	禁煙紀念日不放假集會紀念
		九	五	第二學期學期考試開始

交大分校 1940 年度校历

育部呈报的 1940 年度工作报告中可知分校开办以来的主要工作有:①起草教务、训导、总务各种章则,因上海总校章则一时不能寄到,就向内地各大学索取章则作为参照拟定。此项工作在分校筹办阶段便已开展,继 1940 年 9 月制定《国立交通大学分校组织大纲》,10 月参照中央大学、重庆大学经验,拟定《国立交通大学分校章程》,包括《考试规则》《学业成绩计算规则》《重习、留级、停学、退学、加读规则》《中英文演说竞赛规则》《借读生、特别生、转学生及旁听生规则》《实习规则》《参观规则》《图书室学生借书规则》等 8 方面内容。以后又陆续制定教务规则及训导、总务章程及办事细则等。②编订校历,本学年分两学期,授课时间 28 周。③充实图书、仪器。按照部拨美金订购物理、电工试验仪器及机械、电机两系图书。由于经费不足,还向校友发起募捐运动。④提倡普及体育。⑤筹借实习工场,去附近的重庆大学物理实验室及交通部汽车配件厂进行实习(包括锻工、铸工、木工、金工)。⑥筹建永久校址,拟定在沙坪坝对江盘溪购地建舍。⑦开办暑期实习学校。因学生程度不齐,对物理、微积分等课程,利用暑假分两班每周授课 9 小时,共 12 周。⑧安排招收新生事宜。由于教育部令各校自行办理，分校成立招生委员会，分别在重庆、成都、桂林、昆明4处招考。

三、吴保丰接任分校主任

分校初创，万事待举，岂料半年未到，分校主任徐名材提出辞呈。原来此时，日寇已经侵占了大半个中国，沿海尽陷敌手，一向依赖外国提供军需民用的石油制品，进口困难日益加重。陕西地方兴办的延长石油厂产量极微，玉门油田刚开始小量开采，大西南交通和工业所需的汽油、柴油和润滑油极端紧缺，主要指望植物油制炼产品和酒精作为替代和补充。1941年3月，分校主任徐名材以其知名化工专家身份被国民政府任命为重庆动力油料厂厂长，为抗战提供急需的液体燃料。1941年6月中旬，身兼两职的徐名材致函教育部部长陈立夫，呈报交大重庆分校成立已近一年，为有利于学校工作，请辞主任职务，同时推请中央广播事业管理处处长兼交通部技术人员训练所副所长、交通大学校友吴保丰继任。7月25日，吴保丰接教育部任命，即日赴交大重庆分校担任分校主任。

吴保丰主任、校长（1941—1947年在任）

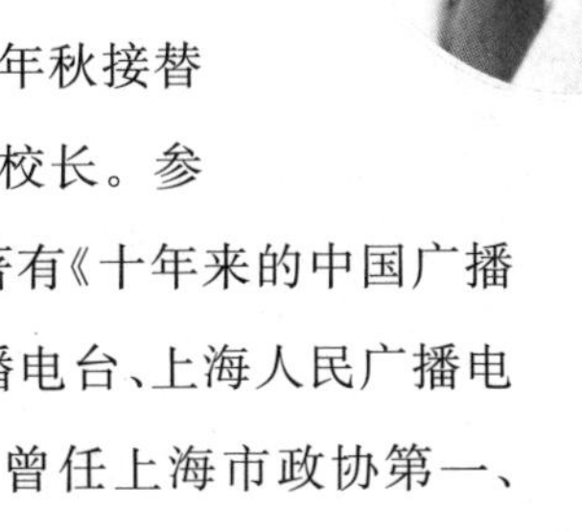

吴保丰（1899—1963），字嘉谷，江苏昆山人。1921年毕业于交通大学上海学校电机科。同年7月加入由李大钊、恽代英等人在北京发起组织的少年中国学会。1923年赴美，在乔治·西屋公司工作一年后考入密歇根大学，后获电机硕士学位。1925年经陈果夫、曾养甫介绍加入中国国民党。回国后在广州国民政府从事组织工作，1927年随北伐军进南京，历任国民党中央组织部总干事秘书、科长、昆山县县长，1935年当选国民党中央候补委员，1945年为中央执行委员。1931年后历任交通部简任技正、电信管理局局长、中央广播事业管理处处长。1941年秋接替徐名材任交大重庆分校主任，后任交通大学代理校长、校长。参与制定了《指导全国广播电台播送节目办法》等法令，著有《十年来的中国广播事业》等文。中华人民共和国成立后曾任华东人民广播电台、上海人民广播电台顾问，为上海及华东各省广播事业作出极大贡献。曾任上海市政协第一、二、三届委员。

1941学年第一学期开学时，分校已有一、二年级2个班，学生130余人，教职员20余人。此时,小龙坎分校临时校舍,已大大超过了当初约定的3个月借期。11月,吴保丰取得中央无线电器材厂重庆分厂厂长王端骧的继续支持,为厂房暂作校舍订立租借契文,商定借期延至1942年7月31日,交大分校承诺期满必定迁出。小龙坎校舍地方狭小,本为权宜之计,学校一直有筹建永久校址的计划。再者,随着师生人数增加,小龙坎校舍益发房屋拥挤,不堪调配。1941年12月,日军袭击珍珠港,英美对日宣战,日军铁蹄已经踏进上海公共租界,在法租界办学的交通大学本校随时可能被日伪接管或停办,许多师生表示愿内迁来渝。相形之下,小龙坎的校舍更显得房小屋挤,远不敷学校发展的需要,重庆分校扩建势在必行。

这时,吴保丰看到了一个良机。原来,吴保丰此时还兼任交通部技术人员训练所副所长,1941年年底,训练所计划由壁山迁往重庆九龙坡,在九龙坡建造房舍。吴保丰向交通部提出扩大训练所建筑面积,将建新房舍的一部分作交通大学分校校舍。交通部门有许多交大校友,他们一直关注母校在重庆的发展。吴保丰的建议得到了交通部部长兼交通技术训练所所长张嘉璈的同意及交通部财务司司长、交大校友徐承燠的支持,很快获得批准。以后,在建设九龙坡校舍的过程中,分校又得到了宝天铁路工程局局长、交大前校长凌鸿勋的拨款支援,以及交通部电信管理局局长朱一成、交通部次长徐恩曾等交大校友的帮助和支持。

第二节 国立交通大学本部

一、九龙坡分校改本部

1942年8月,交大分校的九龙坡校舍落成。校址位于九龙坡的黄桷坪,毗邻嘉陵江,距重庆市区约20公里。学校占地300余亩,中贯公路,路西为大礼堂、总办公室、教室、图书室等,稍后为球场及学生宿舍、浴室、饭厅、厕所,再后山上为教职员丙种宿舍,路东为教职员甲乙种宿舍及运动场等。校舍建筑虽属简陋,但场地宽阔,环境清幽。九龙坡校区的建成为抗战后期交通大学在内地的迅速发展准备了条件。

重庆小龙坎的交通大学分校准备迁往九龙坡新校址,即将踏上新的发展征程。此时,上海租界里的交通大学却直面生死,难以维持。1942年8月3日,重庆国民政府教育部给在上海的交通大学发出训令,下令学校撤离上海迁往重庆,在九龙坡成立国立交通大学本部,留在上海的部分改称上海分校。训令全文如下:

交通大学重庆九龙坡校园

> 兹核定国立交通大学即行由沪迁渝，以该分校九龙坡校址为校址。该分校并入办理。其不能迁渝员生，故准暂在沪上课，暑假后仍准招一年级生，在沪对外用南洋大学名义，对内称交大上海分校。迁渝后，暂设土木、电机、机械、航空、管理5系。……该校31年上半年应发各费照拨沪校，指定其中10万元作员生内迁旅费。7月份起，沪校经费由该校经费内拨支一部分，定为沪、渝两部，各半分支，渝校半数由国库迳拨具领。除电令该校遵照兹电饬黎校长即行来渝主持校务外，在黎校长未抵渝以前，所有筹备事宜，指定该分校主任负责处理。仰即遵照进行。此令。[①]

黎照寰校长呈文教育部长陈立夫，告之“因眼下形势复杂，沪生能自由出境来渝不多”，“且旅费甚巨”，告贷无门，交大全校由沪迁渝实属不能办成之事。8月，上海本部被汪伪政府接收。教育部8月3日要交大“由沪迁渝”的训令无法贯彻，成了空文。黎照寰请求负咎引退，但直到1944年10月14日，多年来递交辞呈10余次的黎照寰方才获准辞职。

1942年10月中旬，教育部令吴保丰代理国立交通大学校长（1945年5月26日正式任命吴为国立交通大学校长），重庆交大分校改为国立交通大学本

① 教育部训令：令国立交通大学分校（1942年8月3日）。西交档。

部,重庆的交大师生由小龙坎迁入九龙坡新校舍。11 月 1 日开始上课。此时,学校有教职员 90 余人,学生已达 490 余人。秋意渐浓的九龙坡上顿时人声鼎沸,出现了新的生机。

二、学科扩展

学校迁到九龙坡后,迎来了一个学科发展的时期。交通大学历史上长期隶属交通部,1937 年 8 月改属教育部后,在实习安排、学生就业等方面不如隶属于铁道部时有优势,但在专业设置上却有了较大的拓展空间。交大重庆办学充分显示办学者的自主性和开创性,专业设置很大程度上突破了以往侧重于铁道交通的专业。在不到三年的九龙坡办学期间,交通大学学科专业从分校初创时的电机、机械 2 个系,迅速扩展成包括土木、机械、电机、航空、造船、管理等 6 个学科在内的陆海空皆备、兼具管理的学科体系。

吴保丰接任分校主任不久,就找到代物理课的航空工程博士曹鹤荪商谈。他说交通大学过去只重视陆上交通技术人才的培养,现在是否也应该考虑培养海空方面的技术人才,陆海空人才全面培养才能说是名副其实的交通大学。吴保丰问:“如果办起一个航空系来有没有困难?”曹鹤荪非常高兴地回答:“困难当然有,但教师是最主要的,有了教师,其他事情就好办了。请教师的事情我可以负责。”[①]他将此事告诉了与他一道留学意大利学航空的季文美和许玉赞。季、许也是交大毕业生,都愿意回母校任教,两人先后退出航空部门来到交大。不久学校又聘来马明德、杨彭基等人。在师资得到保证的同时,吴保丰也征得了教育部同意创办航空系,但教育部不提供筹办经费和设备费,要求学校自筹。吴保丰只得求助于主管全国空军的航空委员会。该会曾于 1935 年资助交大在机械工程学院内办过一个航空门,至 1942 年停办时毕业学生 72 人,大都服务于航空技术部门。时值交大上海学校航空门停办,国内高校中设有该专业的寥寥无几,而战时空军部门正急需大量的技术人才。因此,航空委员会很快就同意交大的请求,资助开办费每年每班 2 万元,还调拨了战斗机 3 架、发动机 8 台等一批实验、实习器材,并允许学生到所属飞机厂实习。1942 年 10 月,航空工程系在九龙坡新校址正式成立,曹鹤荪任代理系主任。当年即有一、二年级两个班,一年级招收新生 30 名,二年级由在校机械、电机两系 8 名学生自愿转入。1945 年,全系已有 4 个年级 116 名学生。抗战胜利复员上海后,航空工程系有所扩充,添置设备、改进课程,依托学校强大的工科优势,交通大学成为国内航空工程教育规模最大的学校之一。航空工程系的成功创办,不仅拓展了学校工科专业的范围,还为学校与社会机关、企业单位合作办学提供了经验。

---

① 曹鹤荪:《母校航空系十年(1942—1952)回忆》。《交大校友》,第 93 页。

1943年，吴保丰又与交通部、电信总局、中央广播事业管理处、中央电工电器材厂、中央无线电器材厂等单位商谈合作，创办电信研究所，培养硕士研究生层次的电信技术与研究人才，一切经费和设备由上述各方资助。1943年7月20日，教育部核准成立交通大学电信研究所，聘张钟俊为主任。1944年，研究所开始招生，学制二年，由教育部授予硕士学位。1944—1949年，电信所共招考录取硕士研究生36人，其中19人获得硕士学位，成为中华民国时期培养工学硕士学位研究生最多的机构。

1942年6月24日，学校向教育部呈文，自下学年起增设土木工程学系，也很快得到批准。

1942年8月，教育部下令交大上海学校全体迁渝。考虑到交大上海学校学科设置的特点，重庆分校又决定开办交大传统学科管理系。这样，秋季在九龙坡新校址开学时，交通大学已有土木、电机、机械、航空、管理5个系。

在开辟新的学科专业的同时，学校也注重对已有的学科专业进行调整。以管理学科为例：1942年恢复管理系，1943年暑假管理系改为运输管理系，同时增设工业管理系、财务管理系，1945年秋再增设电信管理系，至此，恢复了战前交通大学管理学科4个系的规模。

1943年5月，交通大学又意外地得到了造船等“海”科专业，成为了“陆海空”皆备的交通大学。这些“海”科专业来自1943年5月并入交通大学的重庆商船专科学校。重庆商船专科学校与交大素有渊源，其前身为邮传部高等实业学堂于1909年创办的航海专科，以后划出独立发展为邮传部高等商船学堂。抗战期间，该校迁往重庆造船业中心溉澜溪复课，改名为国立商船专科学校。1941年，该校因校长任命问题发生学潮，直到1943年也未能平息。教育部于1943年5月20日发出训令：“国立重庆商船专科学校校风不良，屡诫无效，部令停办。所有校产由交大接收。”由是，重庆商船专科学校解散，学生师资一律归入交通大学，重新改组设系。经过整理和重组，原有基础较好的造船科改为造船工程系，学制4年，翌年便有首届毕业生。这是中国大学的第一个造船工程系，民生造船厂总工程师、原造船科主任叶在馥为首任系主任。另外还组成轮机管理和商船驾驶两个3年制专修科。随重庆商船专科学校来到交大的有学生209人，教职员66名，其中不乏如王超、郭懋来、叶在馥、张法令、李铭藩、杨檩、沈孟超、崔钟秀等业界知名人士。

概而言之，到抗战胜利前夕，交通大学在重庆已经发展成拥有9个系、2个专修科、1个研究所，囊括“陆海空”、学科门类较为齐全的工科大学。教育层次上以本科为主，兼有专科和研究生教育。尽管由于经费、师资等方面原因，学校没有恢复设置基础教学的理学院，但在学科专业上较抗战前已有很大的发展，为复员后的交通大学构建了较好的发展框架，成为大后方高等工程教育的一朵奇葩。

三、行政管理

九龙坡时期，交通大学发展迅速，无论是学生、学科，还是校舍、图书、仪器设备等方面，与小龙坎分校初创时期都不可同日而语。学校规模迅速扩大，抗战胜利前夕，学校在校学生达 1 700 多人，教职员有 280 余人。学校人事组织为：校长吴保丰，教务长李熙谋，训导长陈鲲，总务长张锡荣，机械系主任陈大燮，土木系主任薛次莘、代主任王达时，运输管理系主任沈奏廷、代主任熊大惠，财务管理系主任刘攻芸，工业管理系主任祝百英，造船系主任叶在馥，航空系主任曹鹤荪，轮机科主任王超，航海科主任郭懋来，工科研究所电信学部主任张钟俊，机械工场主任史脱次纳。

教务管理方面，先后公布了《国立交通大学教务会议规则》《国立交通大学教务处组织规则》《教务处暂行办事规则》《国立交通大学 1944 年新生训练体育检测办法》《国立交通大学 1944 年新生训练早操办法》《国立交通大学 1944 年新生训练篮球比赛办法》《交大学生奖惩规则》等规章制度。

四十七周年校庆纪念编印:《交大概况》

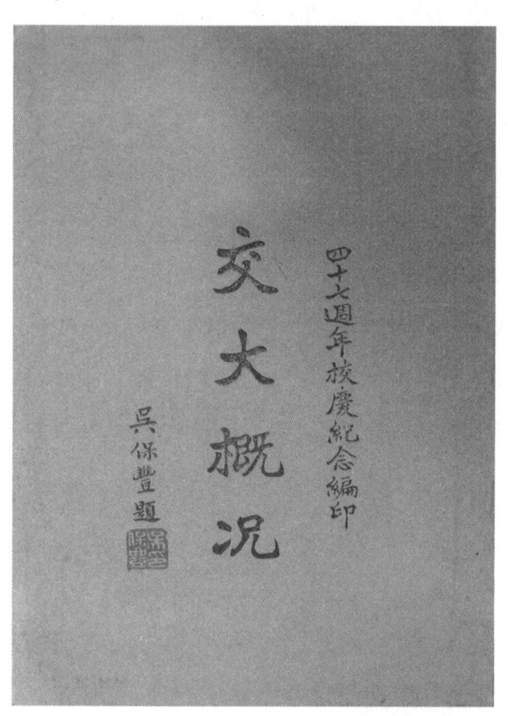

交通大学素有举办校庆的惯例，抗战以来，学校处境艰难，日常维系尚且困难，更别提组织校庆活动。直至重庆办学，学校才恢复了 4 月 8 日举行校庆活动。在九龙坡 3 年，学校连续举办了两次规模较大的校庆纪念活动。第一次为迁入九龙坡的次年 1943 年举行的交通大学建校 47 周年纪念会，前校长孙科为此写下“英才乐育，百年树人，交通学术，月异日新，发展路航，电则传真，同心建设，利国裕民。莘莘学子，济民怀珍，自强不息，淬砺精神”的贺辞。第二次是 1944 年举行的建校 48 周年校庆，这也是抗战以来交通大学最为盛大的一次校庆。学校成立校庆筹备委员会，并在《中央日报》连登 3 天校庆筹备会启事。校庆当日，全校师生及校友齐聚九龙坡校园举行庆典，交通部平剧社表演、各项球类比赛、游艺活动及学生话剧表演等活动备添欢庆气氛。与战前来宾无数、盛况空前的数次校庆相比，战争年代的校庆相对仪式简单、规模不大。但是，九龙坡校园里举行的校庆活动，以其隆重的姿态向世人展示了交通大学生生不息的命脉，鼓舞了后方师生校友，也向仍在沦陷区的交大师生传递了交通大学顽强不屈、浴火重生的信念。

由于抗战时期的特殊性，九龙坡时期，学校除了办学、制度建设、校园建设、图书设备建设等高等院校常规事务外，还有 1943 年和 1944 年两次组织学生从军，以及 1945—1946 年组织全校师生分四批次复员回上海等不同寻常的校务。

第三节　校舍与经费

一、校舍建设

重庆分校建校之初，临时校址设在重庆市郊小龙坎，校舍是租借校友提供的资源委员会中央无线电器材厂空闲的工人宿舍，有房舍 2 幢，大小房间 60 余间。但是，临时校舍借期仅为 3 个月，急需觅地另盖新校舍。分校曾经计划在沙坪坝对江盘溪购地建舍，筹建永久校址。然抗战时期，经费紧张，分校日常经费尚能敷衍，非常规经费就非常有限，盖新校舍的经费毫无着落。不仅如此，1941 年秋，分校办学进入第二个年头，由于年级、班次、师生人员俱增，既有屋舍更加拥挤，不堪调配，即刻便要增建房屋 3 幢，一为学生膳堂，二为厨房及工人宿舍，三为实习工场。1941 年 11 月 15 日，分校主任吴保丰与器材厂方面订立租借契文，商定延长厂房借用期限，同时规定：厂方新建的办公楼、厂楼借作校方办公室、宿舍之用，由校方垫付建筑费 15.54 万元，其余由厂方自备。新建屋舍借期至 1942 年 7 月 31 日为止，期满迁出。厂方于 4 个月偿还校方垫款 15.54 万元，即 1942 年 8 月 1 日还 7 万元，9 月 1 日还 3 万元，10 月 1 日还 3 万元，11 月 1 日还 2.54 万元。校方使用厂房如有修改，迁出时应予恢复修整；若房屋在借期间因空袭损坏，由校方负责呈请教育部拨款修理完善。

然而学校没有自己单独的校舍终非长久之计。吴保丰兼任副所长的交通部技术人员训练所正在九龙坡建造新房舍，于是吴向交通部提出扩大训练所的建筑面积作为交大分部新校舍的请求，得到交通部、教育部及交大校友的热情支持。1942 年 8 月初，九龙坡新校舍落成，有办公室连大礼堂楼房 1 幢、教室 4 幢、学生宿舍 4 幢、教职员宿舍 2 幢，还有厨房、食堂、浴室、操场等基本设施。

1942 年 10 月中旬，交大分校由小龙坎迁入九龙坡新校舍，同时改为交通大学本部。由于空地甚多,为改善师生福利,学校还开展生产,与技术人员训练所合办农场,种植蔬菜,畜猪,养鸡。但由于校园范围广阔,屋宇疏旷,地居乡僻,四无遮栏,管理殊为不易,校园失窃事件频发,衣服、棉褥、笔墨、钱财皆有遗失。当时师生极为清贫,倘遭失窃,便无力添补,只有忍寒苦捱,不胜其扰。于是,学校与同处一地的技训所联合呈文交通部,请调配交通队警 20 名、队长 1 名,组织警卫队来九龙坡值勤,费用由所、校双方负担。

九龙坡地处荒郊,原无水、电供给。学校迁入之前,已建成可供千人 3 个月用水的蓄水池一座,以后又开凿水井 2 口。供电原已安排开学时接通,不料这年冬天重庆市电量负荷过大,电力公司停装新用户。学校热盼通电,1943 年 4 月校庆刊物上甚至著文曰:“彼时非但可以大放光明,且与学生工厂实习,裨益犹大。”[①]学校再三与国民政府经济部电业司、重庆市政府、电力公司等商洽,直到该年 8 月,才终于实现接电入校。

1943 年 5 月,重庆商船专科学校并入交通大学,师生人数激增,九龙坡校舍又不敷应用。学校乃将江北溉澜溪的商船学校旧址设为分校,作为工程系一年级学生上课之用。二年级及以上学生则在九龙坡上课。溉澜溪距重庆十里,乃进重庆之重镇,有一大瀑布直流长江,篷船繁多,巨石沿滩,风景秀美,分校校舍即在山谷中。一年后,即 1944 年 4 月,经交通部、教育部同意,交通大学用溉澜溪分校校舍对换交通部技术训练所九龙坡房舍,九龙坡的房舍遂统一为交通大学本部校舍。

二、经费筹集

重庆办学时期,交通大学的办学经费主要有三个来源:教育部拨款,外单位援助和社会捐赠。

抗战时期政府财政困难,虽然教育部定下“教育需作平时看”的方针,尽量保证各级学校正常教学,但能发给各校的办学经费远不敷实际使用。交通大学重庆分校设立之初,教育部下拨经费为每班普通设备费 2 万元,教学设备费 10 万元,经常设备费 3 万 2 千元,每月经常费 5 333 元。对于仅有电机、机械两班不足百余人的学校,尚能应付。第二学年开始,年级、班次增加,更添建设新校舍的需求,而经费并未随之增加,加之物价上涨,学校顿时入不敷出。为此,分校主任吴保丰于 1942 年 2 月两次呈函教育部,要求追加预算经费。其一如下:

> 自增班以后,人事、设备均经就事实需要加以充实,虽囿于预算仍不敷甚巨。顾本年来,计截止 12 月底止,超出约 4 万元。现在 41 年度业已结束,经费溢支部

① 《总务处概况》。四十七周年校庆纪念编印:《交大概况》。

分益增困难。此次追加预算允为事实所不可免者。钧部洞察本分校实际情形，用敢沥情，上陈仰止。

迅赐追加预算 4 万元，解此倒悬，不胜幸甚。是否之处，乃乞核示。

随文还附上分校 1941 年经常费及建筑费收支情况表两份。表一“分校 1941 年经常费收支情况表”显示，1941 年度教育部发放的经常费、追加经费等扣除学校的招生费、电灯费、教职工薪酬等，收支相抵，尚透支数 32 212. 16 元。表二“41 年度建筑费收支情况表”显示，该年教育部发给学校建筑费 30 000 元，学校建筑费实付数 45 351. 45 元，实际透支15 351. 45 元。吴保丰提出将以上两项数目作为教育部追加交通大学预算经费的参考，“应请追加确数，可酌量确定之”。

然而，政府拨款终究未能补足实际开支。一个月后，1942 年 3 月，分校校务会议上，杨立惠总务长报告：开办费 24 万已先后完全领出，本应在设备方面，却垫付办公费和膳食贷金，此后将无法挪移。吴保丰只得回应：经费因无法开源，只有节流。以后各方面购置设备尽量紧缩，方能维持下去。[①]

1942 年 8 月，在上海的交通大学被汪伪政府接管，教育部停拨上海学校经费，将之拨给重庆的交通大学，重庆学校经费有所增加，但仍不敷实际发展的需要。

此时，学校如有扩大招生、增设院系等诉求，教育部常持赞同态度，但经费要求学校自筹。学校方面只能与相关单位商量洽谈，争取经济及物资上的援助，航空系、电信研究所等新增院系的办学经费都是用这种办法筹来的。以航空系为例，系主任曹鹤荪说：“自从成立以来，航空系没有拿到开办费，也没有拿到逐年添置仪器设备专款。无论在重庆还是上海，都是在外单位的支援下，自己设法建立实验室和实习室。”[②]事实是，交大分校有筹建航空系的计划后，分校主任吴保丰就致函全国航空最高管理机关航空委员会主任周至柔及航委军政厅，请求在经费、设备、教学等方面给予协助。最终争取到每班每年 2 万元的经费以及大量教学器材。此外，电信研究所是学校与交通部电信总局、中央广播事业管理局、中央电工器材厂及中央无线电器材厂等单位合作创办，其经费则来自各合作机关每月各支 1 000 元的补助。

募捐也是学校当时筹集资金、设备的一个重要途径。分校初创时，徐名材主任即说经费“不足之处向校友征集”。李熙谋任交大分校教务长的第一天，便接到了“设备充实由李熙谋

---

① 《第三次教务会议纪录》(1942 年 3 月 19 日)。西交档。

② 曹鹤荪：《母校航空系十年(1942—1952)回忆》。《交大校友》，第 93 页。

备函向各公私厂征募”的任务。吴保丰主任更是不厌其烦地无数次向中央无线电器材厂等后方各单位募捐仪器设备。前校长孙科赞同交大为添建校舍及充实图书仪器开展募捐活动,甚至愿担当募捐发起人。重庆办学时期,学校较大规模的捐资活动有:1941 年 8 月由学校发起的“为母校献金运动”,1942 年由重庆校友分会发起的“为母校献金运动”“劝募一本书运动”;远在海外的交大校友也发起了“10 元献金运动”……以下为 1945 年第一个学期,学校所得捐赠资金的不完全记载:

3 月 17 日,民生实业股份有限公司总经理卢作孚募捐法币 9 万元;(1945 年年底,民生实业股份有限公司已捐赠过 10 万元);

3 月 17 日,宜宾中央电瓷厂募捐国币 4.25 万元;

5 月 2 日,资源委员会驻美技术团、交大留美同学会会长陈良辅致函吴保丰代理校长。函述:为母校献金运动,前年捐助款美金 700 元,购书一部及药品等,本年发起 10 元献金运动,已捐得 1 600 余元,连前年余款共 2 000 元,拟用一半在美购实用之工程手册等图书;

5 月 5 日,中国兴业公司程东臧捐赠国币 5 万元,天原厂、天厨厂合捐 10 万元,吴蕴初先生捐赠 10 万元,共计 25 万元给交大添建舍宇及增购图书;

5 月 23 日,在印军中任译员的交大同学冯大千致函吴校长,将积存国币 1 万元献赠学校;

7 月 12 日,校友徐继庄致函吴校长,代学校募捐到国币 15.17 万元。[①]

捐资者中既有公私企业、社会团体,也不乏作为企业家或是学生的热心个体。其他许多捐赠未能见诸文字者,也是不胜枚举。至于仪器、设备、书籍等的捐赠,更是不计其数。祁渝校友,交通部滇缅公路工务局等地校友,中央广播事业管理处、华成电器制造厂、中央器材厂、航空委员会等单位的捐赠信函纷至沓来,引擎、车床、X 光管、飞机发动机、飞机、绘图纸,甚至学生乐队所需唱片等物都有捐赠,在很大程度上充实了学校设备。当时航空系的所有教学设备都来自各个航空部门的捐赠。

由于学校扩展迅速,增建屋舍、添置设备等事犹如家常便饭,时有发生,而教育部经费往往滞后拨付,学校只得先行垫付,这时便不得不向别单位告贷。由此,发生了校长吴保丰化借为赠的趣事。1944 年学校曾向川康公路局借款 100 万元。1945 年 4 月,战时运输管理局、川康公路局致函学校,要求归还该项借款。然而学校确实无钱还债,拖了半年,吴保丰校

---

① 《上海交通大学纪事(1896—2000)》(上卷),第 353 页。

长干脆复信说因物价高涨，预算不敷支出，教室、宿舍又不得不增建，经费十分困难，还是请贵局将借款作捐赠，免予筹还吧。好在后方单位对交大办学向来极为支持，川康公路局果真将欠款算作是捐赠给交大的建筑费，百万元借款一笔勾销。

三、校友支持

交通大学得以在重庆建校，交大校友功不可没。正是校友们的热忱相助，促成了交大分校在小龙坎的顺利诞生。小龙坎临时校舍即为校友王端骧所提供。以后，九龙坡新校舍的建成，在很大程度上也得益于供职于交通部门的徐承焕等校友的精心筹划，以及凌鸿勋、朱一成等校友的慷慨解囊。

重庆时期，交通大学已有 40 余年历史，有沪、平、唐三院，校友众多。1941 年 1 月，为互通声气、切磋互助、巩固母校基础，在渝校友成立交通大学三院校友联合委员会，负责筹备成立总同学会事宜。当年 11 月 13 日在陪都重庆交通

1941 年 1 月 4 日旅港交通大学校友聚会

部大礼堂召开交大同学大会,到会同学达500余人。大会通过总会会章。1942年3月31日,交通大学同学会成立。在此前后,桂林、衡阳、贵阳以及陕西等地同学会分会也渐次成立。交大同学会及分会的成立,极大地凝聚了校友的力量。《交通大学同学会成都分会简章草案》中,就把"辅助母校发展"定为该会的宗旨之一,明确提出:"凡我同学能为分校效劳者,必竭力以赴。"抗战时期内地办学条件极为艰苦,交通大学重庆建校后,经费短绌,各种物资均告贫乏。校友体谅母校艰难,竭力为母校分忧解愁。1942年交大同学会发起"为母校献金运动",至9月底,得捐款689 700余元,引擎、车床等设备估价超过218 000元。交大同学会还号召校友们为总校每人至少捐书一册,称作"劝募一本书运动",以济学校书荒。交大留美同学会校友甚至打算在美国向各大公司捐募仪器设备。正如吴保丰校长所言,"他如经校友之力而得公众辅助,以作学校经常费,或认捐的款以备建筑工厂及其设备,或捐助奖学金以鼓励学生学业之进修者,均无不慷慨竭尽热诚爱护之至意"。[①]

沦陷区教职员、学生内迁时,广大校友也频施援手,涉险相助。事实上,远在重庆建校之前,各地的交大校友们对深陷战区的交大母校及母校同学的关心爱护已有体现。全面抗战刚开始时,当时正在北方实习的二年级学生赵镇焕、强元清等人就是在校友们的自发帮助下逃离战火安全返家的:

> 1937年夏,由学校介绍我与同学谈镐生、强元清到平绥路南口机厂实习。不久,七七卢沟桥事变发生,敌机疯狂轰炸。厂长系南方人、交大校友。他劝我们撤返南边。他说:"我是负责人不能擅离职守,你们并非正式职工,应设法返校继续求学。"当即由厂方书面介绍到北平交大,请安排食宿,资助旅费(当时我们所带路费已不足,北平交大发给我们每人十元,才能成行),并转介绍到塘沽车站。站长也是交大老校友,设法联系,随同英侨乘浙江轮,脱离战区。[②]

1942年8月,重庆教育部令交大上海学校迁渝,交大校友开始有组织地进行接应工作。交大同学会密电上海校友转告内迁途径,并于各地设接应站,设法帮助母校师生转入九龙坡本部。宝天铁路工程局局长、交大校友凌鸿勋很快致函吴保丰主任,告知沪校学生内迁沿途可负责照料的单位人员名单,其中有西安丁振华、宝鸡段乐生、双石铺尹亮武、广元朱翰谱、成都李季虞等人。交大在重庆九龙坡成立总校后,上海学校的师生相继内迁。衡阳分会成立一年的时间内,"招待沦陷区赴重庆平越母校同学截至目前止计79人,树人向电政管理局

---

① 《交通大学校史资料选编》第2卷,第421页。

② 赵镇焕:《回忆与体会》,强元清:《怀念母校》。《同窗集——纪念1939届级友毕业60周年》,第217、234页。

接洽垫旅费 43 900 元(教职员均在内),车票则由刘鼎新、沈恩涛两同学转请路局照发,抵桂后则请胡同学瑞祥负责接洽金城江汽车赴筑以利遄行”。[①] 天水同学会也“特发动组织招待机构,经分别洽得洛阳、西安、宝鸡、双石铺、广元、成都各地,陇海路及宝天路同学担任,并拟定招待办法分函通知,旋陆续获复均允与负责”。[②]

特别重要的是,重庆交通大学的师资也得益于校友。交通大学分校成立之初,教职员10 余人中,有交大校友 8 名,其中包括分校主任徐名材、教务主任陈章、数学教师张钟俊、物理教师曹鹤荪以及王正纬、姚宏曾、陆家振、唐济楫等 4 名教务人员,形成以校友为主体的师资队伍。以后,原在其他学校任教的校友,或学成归国的交大校友络绎来校。比如,由于当时二年级力学课程较多,校友丁观海就自告奋勇来校兼课,曹鹤荪说:“丁观海在重庆大学任教,他也到交大来兼课。他常穿蓝布长袍。一身粉笔灰,说明在重大刚上完了课。”[③]据张钟俊回忆,重庆九龙坡时期,仅 1934 届校友在母校耕耘的就有曹鹤荪、季文美、张钟俊、张思侯、张煦、朱兰成、宋家治、徐人寿、王达时、辛一心等 10 位。其中,曹鹤荪和季文美筹建航空系,张钟俊筹建电信研究所,朱兰成到电信研究所开设微波电路课,张煦和张思侯兼任电机系课程,宋家治、王达时代理土木系主任,徐人寿为土木系开设新课程,辛一心兼任造船系教授。这 10 位校友在重庆交大时期担任骨干教师,为交大航空系、造船系及电信研究所的建立、交大土木系的发展作出了很大的贡献。[④] 因此,吴保丰说:“教员人选,素为各大学一大困难问题。今吾母校教员,无论质量两方面,均已得有美满结果,苟非吾校校友人才众多,抱有牺牲精神,热忱贡献,曷克臻此。”[⑤]

---

① 陈树人:《交大同学会衡阳分会一年来会务之崖略》。四十七周年校庆纪念编印:《交大概况》。

②《天水交大同学会近况》。《交通大学校史资料选编》第 2 卷,第 427 页。

③ 曹鹤荪:《回忆重庆交通大学》。《上海交通大学一九三四级通信特刊——毕业五十五周年纪念专辑》,第 67 页。

④ 张钟俊:《记 34 级 15 位级友在母校耕耘的点滴事迹》。《上海交通大学 1934 级同学毕业 60 周年纪念册》(1994 年 8 月),第 9 页。

⑤《交通大学校史资料选编》第 2 卷,第 421 页。

第五章
教学概况与系所设置

第一节　适应战时需要的教学

一、秉承办学宗旨

培养高质量的交通建设人才是交通大学一贯的办学宗旨。交通大学在小龙坎成立分校时，分校主任徐名材主持制订的《国立交通大学分校组织大纲》，继承了1936年《交通大学学则》的提法，更明确地提出："本校以研究高深学术，培植建设人才为宗旨。"[①]

培养高深学术的交通建设人才，这不仅是交通大学的历史传统，也是当时国家的需要。抗战后期，中国交通建设规划极为庞大，当时一些较大的交通工程，如滇缅公路铁路、西北公路、川滇和川黔铁路、宝天铁路等都在施工，亟需大批工程建设人才。国际国内形势势必影响与交通界关系密切的交通大学。接替徐名材掌校的吴保丰在重庆主持校务的四年中，也主张把学校办成"技术训练切实、科学根基深厚"的工科大学。在他主校的1943年，《交大概况》中写道："交通建设，为战后复兴要政之一。一旦抗战告终……交通建设，必居首要，本校使命将更重大，责任将更艰巨，亦可断言。……我国战后建设需要技术人员之数量，初步估

---

① 《上海交通大学纪事(1896—2005)》(上卷)，第306页。

计，其中交通一项所列大学工科毕业生……共计三万一千五百有奇。交通技术人才训练，急待加紧扩展，实责无贷也。"[①]教务长李熙谋在《建设工业教育以配合工业建设》一文中写道："欧美之科学技术、机械制造、设计管理，得有今日之成就，一言以蔽之，皆从学校教育中得来。"他认为："一旦战争结束，我国必须进行大规模之工业建设……工业上所需求之人才，不特数量实增，必且律质更严，以我国现有各级工科学校之教学与训练，所能造就之人才，欲应付未来之需求，其困难必多，其最大之原因，厥为物质条件之不足，技术训练之不切实，与科学根基之欠深造。学科方面，既病在庞杂，学理方面，又失之肤浅。"因此，他说："不论专才通才，或科学研究，其养成之道，必自学校教育入手，我国工业建设之前提，端在工业教育之完成，而我国欲赶上欧美工业，必先迎头赶上欧美之工业教育，此乃不易之规则也。"[②]可见，把交通大学办成培养中国工业建设、交通工程人才的最高学府，已成为当时交大负责人及教授们的共识。

就培养何种交通工程的专门人才这一点上，交大的教授们都认为交通大学所要培养的工程师，不同于高级工业职业学校培养的技术员，"技术员仅负事业上技术之责任，而工程师则尚须兼顾经济、组织及管理等各部门也。工程师者应用数学、物理、生物、经济等科学之学识及观察体验、发明、发现之经验，运用物质及宇宙间天然动力，为人类社会造福利者也"。[③]学校提出本校所培养的交通工程人才必须具备高级管理知识，因此对学生的教育须注意："①工程师不特须具物理、数学，生物等科学之学识，且须具有经济科学之学识。②工程师须有观察体验及发明等经验，须注重科学研究。③工程师除技术工作外，尚须负经济及组织管理等责任。"[④]为此，学校方面克服资金、师资等困难，在后方陆续设立了运输管理、财务管理、电信管理等三系，尽量恢复交通大学工管结合的课程设置，以全面贯彻学校的办学宗旨。

二、继承教学传统

交通大学在中国教育界久负盛名，重庆交通大学虽直接得自老校的人力、物力支持甚少，但完好地保持了老校教学方面的优良传统。学校坚持老交大严格要求、重视基础的教学

---

① 《本校今后之展望》。四十七周年校庆纪念编印：《交大概况》，第 5 页。

② 李熙谋：《建设工业教育以配合工业建设》。《交大学报》创刊号，1945 年。

③ 《电机工程系学科及工程师之概念》（草稿），西交档：2766 号。交通大学校史编写组：《交通大学校史》（1896—1949），上海教育出版社 1986 年版，第390 页。

④ 《电机工程系学科及工程师之概念》（草稿），西交档：2766 号。《交通大学校史》（1896—1949），第390 页。

1943年，重庆交大的第一批毕业生。吴保丰(前排左五)

传统，开办不及一年，不及格退学者占三分之一，保证了教学质量。附近学校林立，交大学生独以好学见称，当时风气，可以想见。

(一) 招生方面

重庆的交通大学录取新生严格执行按分数录取。分校创建之初，中学教育质量普遍下降，加之西南地区的基础教育比较薄弱，一度影响到交大的招生质量。抗战期间，国民政府当局在各大中学校实行贷金、公费制度，鼓励发展工科院校，在很大程度上刺激了生源质量的回升，加上交大历来的办学声誉和毕业后出路较好的优势，前来投考交大的学生比较多，录取率很低，竞争十分激烈。为确保新生质量，交通大学入学考试要求高、考题难。一位当年的考生回忆："学校单独招生，考生约四五千名，几乎全是各中学的优秀学生，擅长数

理化，成绩一般的学生望而却步，不敢问津。”①抗战时期的重庆作为陪都，是内迁的政府机关聚集之地，交大在教育界素有盛名，常有一些权贵人士为其子女亲友说情希望进交大就读。为保证新生质量，凡不到分数录取线者，校长吴保丰均予拒绝。由于战争的原因，有一些学生以借读、转学等方式进入学校，为保证教学质量，学校执行严格的甄别考试：凡教育部分发本校免试生及试读生，以及其他国立大学肄业学生转学本校者，一律须经甄别考试，经甄别考试不及格之科目，必须补读。补读后再补考如仍未及格，令其退学。

（二）课程方面

重庆的交通大学十分重视基础课，主要表现在三个方面：

① 申士标：《记忆里的浪花——交大在重庆琐闻十二则》。《上海交通大学通讯》1986 年 2 月，第 10 页。

一是注重基础学科数、理、化以及英文、国文的教学。1943 学年的第一次教务会就重申:“注重基本训练,切实注意学生能力。”交大工程学系的物理课比其他大学和工科院校多,电机系学习两年,每周 4 学时,共 12 学分。其余如机械、土木、航空等工程学系,学习一年半,每周 4 学时,共 9 学分。国文和英文课是所有各系科一年级的必修课。工程各系的国文每周 2 学时,共 4 学分;英文每周 3 学时,共 6 学分。管理系国文和英文都是每周 3 学时,共 6 学分。每学年第一学期国文会考,第二学期英文会考,均在每学期开学后两个月内举行。会考成绩列前五名者,予以奖励;不及格者,下学期补习后重考。外文基础课程都使用原版教材,有的教师用英语讲课,以培养和训练学生的外语能力。除了把英文作为低年级的共同必修课之外,工程类系科的三四年级还开设德文课,作为第二外语的必修课,每周 3 学时,2 学分。

教学中,老交大对学生严格要求的传统也得到很好的传承。校长吴保丰、教务长李熙谋以及大多数教授都是留学归来的交大校友,他们早年在母校接受了严格治学的熏陶,以后又在国外受过严格的科学训练。这批重庆交大的教师们以美国教育为参考,学习麻省理工学院、哈佛大学等校的办学经验,主张树立严格的治学校风。教授们执教时,严格要求,有的教授不仅课堂教学严格,对学生的习题也要求甚高,习题数据要精确到小数点以后三位。

二是各系科所学的专业面较宽,适应性强,毕业生走上工作岗位之后能很快担任实际工作。例如机械系开设的课程,不仅有机床、电工等基础知识,到高年级还分设铁道、汽车、动力、造船等专门课。这些专门课从机器本身的设计制造到厂房设计、驾驶操纵都开有课程,对学生进行广泛的训练。

三是重视实验和实习课程。老交大一向重视实验、实习,着重培养学生动手和解决生产中实际问题的能力。重庆学校继承了这一传统。一批刚自国外留学归来的教授也很强调实习和实验。由于重庆学校创办于战时,实验设备简陋欠缺,实验课不能按时进行,学校于是利用暑假商借其他大学或企业的实验室为学生补上试验课。比如:1944 年暑期,机械、电机、土木、航空等系一年级借重庆大学物理实验室补物理实验,电机系二年级借中央大学电机实验室补电磁测定,机械系三年级借中央大学机械实验室补热机实验,土木系三年级借中央水利实验处实验室补水力试验。学校还积极安排学生参加工厂实习。当时重庆地区工厂企业集中,交大校友甚多,为本校学生工厂实习创造了有利条件。重庆办学的第一个暑假即 1941 年暑假起,学校已经开始组织学生参加暑期工厂实习。学校还制定了一系列的规章制度,以保障实习的有效进行。早在 1940 年,学校就制定了《国立交通大学分校实习规则》,明确规定:“学生实习时应各带记录簿,返校后应报告实习情形及其心得……实习时如有疑义,得陈请教员或实习处所指派之指导员解释……实习完毕后应由教员或实习处所评定成绩报告本校考核……学生之实习报告以及教员或实习处所之成绩报告，经教务处考核后得作为该科目学业成绩之一部分。”[①]1942 年，学校又制定了学生暑期实习的办法，规定：“凡二三年级学生，必须于暑期内分赴各厂实习。实习期满，每人须作五千字以上之总报告，以作加读学分。” 1943 年，学校特意再次公布 1940 年制定的《实习规则》，以示对实习的重视。

（三）考试方面

重庆的交通大学继承了老交大的传统，制度完备，要求严格。1943 年学校制定《国立交通大学考试规则》，规定：“本校考试分学期考试、临时考试、补考、甄别考试、会考 5 种。”临时考试的次数与日期，由各教员自行酌定，一般是每学期 1 学分的课临时考试至少 2 次；每学期 2 学分的课临时考试至少 3 次；余类推。关于补考：学生学期成绩不及格科目之学分总数不满该学期修习学分总数三分之一，其不及格科目成绩在 40 分以上者，得予补考，但以一次为限，不能以任何理由请求作第二次补考；补考仍不及格，应令重读，其不及格科目不满 40 分者，不得补考，应令重读；因不及格而补考者，其成绩分及格与不及格两种，及格者一律统予 60 分。1944 年 9 月学校教务会议，进一步修订了学生补考和退学办法：“不论学期学程或学年学程其不及格学分数，均按照每学期所修学分分别计算，不以学年成绩平均计算之：①每学年不及格学分数超过全年修习学分总数二分之一者，应令退学；②每学期不及格学分数超过该学期修习学分总数三分之一者，不得参加补考。其不及格各学程均需重读。”[②]重读补考仍不及格，照章令其退学。

学校的考场纪律也极为严格：“①在试题发出后，每次只准一人出场，且第一人未返场时，第二人不得出场。一有缴卷者离场，其未缴卷者即不准出场。②无论大小考，学生均须随带注册证放置考桌上，以便随时查对。③小考时学生之书本笔记等均应缴收，其经教员准予参考不在此限。”[③]在考试中如发现学生有作弊行为，一律从严处理，轻者补考、记过或留级，重者开除。如 1943 年暑期大考，有 4 名学生违章携带书籍笔记进入试场，校训导处即以“记大过一次”的处分。又如，1943 年土木系二年级理论力学大考，一学生作弊，被开除学籍。

抗战时期，教师们抱定为国培养抗日和建设人才的决心，坚持对学生严格要求。因为交大的考试种类多、题量大、难度高，交大的学生虽然都是经过多次筛选出来的，但要考到八九

① 《交通大学校史资料选编》第 2 卷，第 437－438 页。

② 《交通大学校史资料选编》第 2 卷，第 404 页。

③ 《交通大学校史资料选编》第 2 卷，第 399 页。

十分,却难以做到。教务处公布月考、期考分数时,用蓝色填写及格分数,红色填写不及格分数。多数学生的目标是60分。如果问一个学生考了多少分?他若回答“我赢了,他输了。”就知道他及格了;所谓“他输了”,是指教师而言,没有将他考倒。交大的考试成绩的低分,还曾引起过一次交涉。当时安徽省政府规定:凡得80分以上的安徽籍在校大学生,可按学期发给奖学金。交大安徽籍学生一听就急了,推派代表去安徽省教育厅请愿。官员们听了代表们的陈诉,也觉得把交大的分数和其他学校的分数同样看待,确实有失公道。省府研究决定特准交大安徽籍学生,平均分数在65分以上者,也发给奖学金。[①]

学校校纪校规的施行同样极严,如1944年11月23日第二次教务会就对26位开学后既不报到注册又不请假的学生,作了令即退学处理。[②]

第二节 教学新进展

一、海外归来的年轻教师

交大重庆分校的师资队伍与上海学校相比较,出现了一些新的特点。1942年5月,重庆国民政府教育部到交通大学分校视察,对学校的教师问题专门提出:“教授多新进,甚能富于求知与服务的热情,然在学生方面则愿望得老教授,对于青年教授信心较少。”[③]事实上,整个重庆办学时期,交通大学的正、副教授大多是刚从欧美各国留学归来的年轻学者,这批教师的特点是:

第一,年纪轻。从1943年4月的刊印的《交通大学47周年校庆纪念册》中的教师名单来看,全校有教师54位,其中29位正、副教授,平均年龄37.66岁;8位讲师平均年龄32.7岁;17位助教平均年龄28岁。他们精力充沛,勇于开拓。诞生于重庆的航空系最能反映这一特色。1942年,交大航空系成立,曹鹤荪被任命为该系代理主任,年仅30岁,是交大历史上最年轻的系主任。在这位不怕困难、干劲十足的系主任周围,集聚了同样既有真才实学又具顽强进取精神的季文美、许玉赞、岳劼毅、马明德等与其年龄相仿甚至更年轻的教授。其中,季文美更以“学识渊博,热诚近人”深受师生爱戴,得到了“年轻教授”的美誉。[④] 正是这群

---

① 申士标:《记忆里的浪花——交大在重庆琐闻十二则》。《上海交通大学通讯》1986年2月,第10页。

② 《交通大学校史资料选编》第2卷,第405页。

③ 《教育部1942年视察学校情况通报》(1942年5月)。上交档。

④ 吴耀祖:《怀念季文美老师》。《季文美文集》,西北工业大学出版社2008年版,第442页。

“年轻教授”创造了交大航空系的十年辉煌，也是他们为中国航空教育事业奠定了坚实的基础。

第二，学历高。从海外归来的教师们都已获得博士、硕士学位。留美的大多就读于美国著名的麻省理工、哈佛、康奈尔、芝加哥、伊利诺等大学；留学欧洲的院校则有英国杜伦大学、意大利都灵大学航空学院、法国巴黎大学、法国国家科学院等西方著名院校。以交大电信所的教授为例，他们中的大多数不仅获得了发达国家的博士、硕士学位，更在学位论文研究中有出色表现。如，张钟俊于1937年，时年22岁，在美国获麻省理工学院博士学位，他的博士论文解决了确定单相电机短路的暂态过程之响应特性这个电机学上多年悬而未决的难题，受到同行高度评价，其中提出的求解周期变化系数的微分方程的傅立叶级数法，不仅对电机学，而且对数学研究也是个创新。又如，周同庆于1933年，时年26岁，获美国普林斯顿大学博士学位，并因博士论文优异获金钥匙奖。

第三，理论与实践结合。回国的年轻学者们接受了国外先进的专业知识训练，不少还担任或兼任过国内外实业部门或高校的研究工作，有的教师还曾在英国阿姆斯特朗造船厂、德国柏林高工、德国西门子电厂、美国西屋电器等西方现代企业工作实习过，比较熟悉生产实际。如教师张煦，他于1936年到美国哈佛大学和麻省理工学院学习电磁波、真空管、电声、电信网络、电子测量等课程，并从事磁控管论文研究，还曾在纽约无线电厂和长途电话局实习。张煦认为他在留学过程的中“确实有幸得到极其优越的条件，亲身接受了通信工程全面的教育和训练，既学到理论，又接触到实践，为以后一生的工作打下了牢固的基础”。[①] 这样一批年轻教师们不仅带回了代表当时世界科技发展最前沿的新知识、新技术和新教材，也带回了理论与实践相结合的教学方法。尽管后方条件简陋，他们还是在教学的同时，千方百计克服困难开展研究，其中一些人的研究工作不仅跟踪国际学科前沿的发展，还取得了令人瞩目的科研成果。

更为可贵的是，这些教师不仅拥有高学位和最新的专业知识，而且都满怀强烈的爱国主义情感。他们当中绝大多数人是在抗日战争最艰苦的岁月，毅然放弃在国外优越的工作、生活条件，怀着为国育才、科学救国的理想回到灾难深重的祖国的。这批教师的到来，给成长中的交通大学注入了勃勃生机。青年教师们很快化解了因他们年轻而导致的疑虑，以丰富的实际工程经验和前沿科技知识赢得了学生和老教师们的信任和尊重。

---

① 张煦：《上海交通大学通信工程教育六十年》。《交大校友》(1993)，西南交通大学出版社1994年版，第151页。

二、新的课程内容

崭新的师资队伍为交通大学这所历史久远的学校带来了教学上的新气象。重庆交通大学的教学与上海交大相比，教学和科研更能紧密结合，课程内容新而深，能及时反映当时世界上本学科领域的前沿知识和最新研究成果。许多课程直接采用教授们刚从国外带来的新教材。如土木系四年级的《高等材料力学》《弹性力学》和《流体力学》等课程都以世界著名学者铁木辛科的新书，代替了较陈旧的教材。有的教材在美国 1942 年刚出版，学校于 1943 年即已采用。如土木工程系开设的《土壤力学》即是当时世界科学领域的前沿学科。

还有一些课程的教材是教师们广泛搜集国外科技期刊和书报中的有关论文、资料，经过精心整理、加工而编写出来的，如航空系的部分课程。有些教材则是教师整理、总结自己对某一学科多年研究的成果，并借鉴吸收国外书刊中的新内容编著而成的。值得一提的是，这些在科技发达国家获得学位后回国的年轻学者，熟悉国际上学科领域发展状况，并且在教学的同时坚持不懈地开展科学研究，注重将国际上的前沿知识和自己的研究成果及时引进教学之中，他们所编教材本身即代表当时业界的国际水平。张钟俊使用的《电信网络》就是这类教材的代表。网络综合是 20 世纪 40 年代电路理论领域刚刚兴起并迅速发展的一门学科，张钟俊主持电信研究所期间，不仅自己从事这一新兴学科的研究，而且还指导学生一同探索。20 世纪 40 年代末，他在网络综合领域已有不少建树，他在这一时期写的《电信网络》一书，是他将电信网络课程教学和网络综合理论研究密切结合的产物，这本书也是国际上第一本阐述网络综合理论的专著。张钟俊在电信所后期还研究并讲授过当时的另一门新兴课程“自动控制理论”，开创了中国自动控制理论教学和研究的历史。在这样一批教授的指导下，青年学子看到科学技术的广阔发展前景，激发和坚定了他们学习的兴趣。

随着工程科学技术的迅速发展，学校教师在给学生讲授新知识的同时，还注意根据实际需要，拓展、加深教学内容。为适应抗战和内地建设需要，土木系新增设了水利门，管理学科逐步创办了工业管理系、电信管理系，机械系加强了航空工程、汽车工程等专业的教学。土木系四年级的教学中，教师们甚至安排了国外研究生上的课程，为学生打下扎实基础的同时尽量扩展他们的知识外延。据 1945 届航空系校友陈成吉回忆：“我在交大自 1941 年入学，一年级时就是曹老师(曹鹤荪——作者按)教授物理，二年级时开办航空系，念他教的流体力学及高等数学、微分方程，三四年级又是 Elliptical Integrals, Variational Calculus, Vector Analysis 及空气动力学。这些课，在美国算是研究生院的课程。那时我只是一知半解，匆匆地合格而过。后来在美国加州大学再念时，这一组的数学课分成了好几门课，念了几年，慢慢念懂了，才知道曹老师知识深广。当时中国大学里没有研究生院，他只能在四年大学中发挥。”当时，许多教师的想法是：“中国人的聪明才智极佳，比起世界上第一流的学者来也能处于同一等级，只是机会不及而已”。曹鹤荪常对学生们说的就是：“只希望在你们毕业50年后国内教育已经大大进步，那时可以发挥你们的才能了。”在艰苦的战争年代，教师们怀着培养国家栋梁的愿望，将自己积年所学浓缩在本科课堂里，热望学生们终有一日能够大展所学，为祖国效力。

三、科研与学术演讲

抗战期间，后方物资缺乏，设备不足，教授生活清苦，凡此种种，均极大地限制了学术研究的开展。学校战前原有的各种学术刊物大都已停止出版；重庆期间，《交大学报》迟至1945年9月才出创刊号，《交大土木》专刊仅出版了两期。

由于研究经费短缺，为筹集资金，学校常常采取与相关单位合作的形式开展学术研究。1944年12月2日，学校与资源委员会签订《研究试验合约》。合约规定：“资源委员会为业务上之需要，委托交通大学机械、电机系研究试验有关机械、电机技术专题。资源委员会补助交通大学研究试验经费国币叁拾万元正。”双方商定机械、电机方面的研究课题，由学校教授担任研究试验工作。合约有效期为一年。研究专题有：机械系“灰铸铁件之硬模铸铁方法”“内燃机构造及装置之改良”“模子铸钢”；电机系“高应力载荷系统”“脉冲发生器”“火花隙特性”“液体与固体和电介质”“高应力测量法”“击穿和放电”等。[①]

邀请校外专家和本校教授来校举行学术演讲，也是学校学术研究活动的一个方面。当时，学校每月初要举行一次全校师生的“国民精神总动员月会”，这本是国民政府推行的训育制度中的一项内容，但吴保丰校长将“国民月会”演讲内容逐渐延伸为工程教育问题的学术演讲。如1943年上半年的演讲有：凌鸿勋的《西北建设之重要和抱定大志去做建设西北的工作》，吴保丰的《论学生的道德人格修养——亲爱精诚、相互磋磨、尊敬师长》《训练的重要》《抗战中铁路交通概况，将来如何发展铁路交通以利运输，兼谈学生应该注重体育养成健壮身体》，邵力子的《苏联的工业化问题》等。

后来“国民月会”改为“国父纪念周”，每周举行1次，学校经常请知名人士、学者来校演讲。1944年11月—1945年6月，学校共举行演讲12次，除一次是由军队将领罗卓英讲抗战形势外，其余都是请学者、专家讲工程、技术、治学等方面问题。如美战时生产局局长、钢铁专家和波兰驻华大使林宁斯基等主讲《战时生产》，美驻华使馆经济顾问主讲《战时经济问

---

① 《上海交通大学纪事(1896—2005)》(上卷)，第343－344页。

题》,美战时生产局主任顾问长主讲《战时及战后的中国工业》;中国工程方面的专家,有西北公路局局长讲《西北交通》,中国工程师学会工程师杨继曾讲《工程问题》,滇缅公路兼中印公路局局长龚继成讲《中印公路及油管工程之建设》;还有学校教师李熙谋讲《科学与研究》,柴志明讲《中国工业化问题》,沈奏廷讲《工业建设与运输》等。

就这样,交通大学利用"国民月会"和"国父纪念周"的专题演讲,扩大了学生的视野,丰富了他们工程技术和管理技能方面的知识。

尽管战时条件极差,但学校还是创造各种条件,鼓励学生课余阅读及自动研究,以期造就专才。各系四年级生有专题讨论,以促进学生阅读杂志、搜集材料、作报告及集会研讨。学校还向国际学术文化资料供应委员会商借有关影片多种,"每晚在校放映,以供阅读。学生对此颇感兴趣,并且随读随抄笔记,以备参考"。[①]

四、训育与体育

训育制度是国民政府教育部规定的对各级各类学校实施思想、道德管理的一种教育制度。1939 年国民政府颁布《训育纲要》,对训育的意义、内容、目标、实施等各个方面进行了规定,国统区各类院校均照章执行,重庆的交通大学也不例外。作为国立大学,交通大学的校长、教务长都由国民政府任命,虽然主张把学校办成"技术训练切实,科学根基深厚"的工科大学,但仍不得不执行国民政府所规定的训育政策。

这一时期,学校的训育目标是:"本校训导之实施,遵照部令力求教务配合,达到训教合一之目的,并以三民主义为中心,养成德、智、体、群、美兼备之人格。""训教合一"是指国民教育部推行的"导师制"。重庆交大实施"导师制",将全校学生按班次分为 8 个组,每组学生 12—19 人,设导师 1 人,由学校约聘 8 位正、副教授及专任讲师担任。导师的责任是"对学生的思想行为……依据训育标准……施以严密之训导",并"详密记载",报告训导处。1945 年 2 月,学校明确"各学业导师个别指导学生关于选择攻读及其他有关学业问题",将导师的职责延伸并侧重于对学生的学业指导上。学校的训导方针是"循昔日校风,注重严格训练"。如 1941 年 10 月 16 日,新生报到入学,由训导处组织进行两周新生训练,包括精神讲话、特约演讲、军训、校史、内务示范、规章、劳动服务、清洁、体育等。

重庆交通大学的训育工作分两个方面:一是在课程安排上,所有的工程系科都在一年级开设"三民主义"课,向学生宣讲国民党"党义";二是每月举行一次全校师生的"国民精神总

---

① 《交通大学校史资料选编》第 2 卷,第 409 - 410 页。

动员月会”，后改为“国父纪念周”会，每周举行一次。教育部要求各校请国民党党政要员在会上训话，进行思想控制。但是交大的“月会”“周会”演讲内容逐渐调整为以工程、技术教育为主。在当时国共合作的形势以及重庆进步势力影响下，学校也曾邀请过中共驻重庆代表团的邓颖超以及民主人士马寅初在“国父纪念周”上演讲，受到师生的热烈欢迎。

按教育部规定，重庆交大设立训导处，设训导长一名，负责日常训导工作。训导处下设生活指导组、卫生组、体育组等3组。

生活指导组主要对学生的生活和思想进行指导，实际上是加强对学生思想的钳制。该组设主任1人，下设训导员、女生指导员、助理员、书记若干人。其职责是：①训导计划之拟订；②导师之分配；③学生训导之分组；④学生思想之训导；⑤学生团体之登记及指导；⑥学生刊物之审查；⑦党部及三民主义青年团之委托事项；⑧社会服务及劳动服务之推行事项；⑨各项规章表册之拟定；⑩学生贷金之审核；⑪学生日常生活一般问题之处理。[①] 如，1943年6月，训导处对少数离校和到校不合校规的学生予以惩处。又如，学生进行社团、壁报等课外活动都必须先至训导处生活指导组登记。

卫生组需负责学校的每日门诊、改善学校环境卫生、预防传染病，还要为贫民诊疗，并与卫生署洽谈为学校争取药品，职责也颇为繁重。1941年初，学校开设医药室，当时医药器材极少，校医护士均为兼职，直至9、10月间，方先后聘得医生、护士各1人，他们终日住校应诊。医药器材也有所补充。但是，学校医疗经费依旧十分拮拘，1943年春季每月仅有6 000元卫生经费购买药品。

体育组设主任一人，另有体育指导、组员若干人。“体育一项，继承以往之精神，一切设施，均具有确定之目标及计划；课程及课外运动均有完善之组织与系统。”[②]交大向来重视体育，重庆办学虽然环境和条件较差，学校仍把体育列为必修课。分校创办初期，小龙坎校区只有一个篮球场，体育运动难以开展。学校于是向中央大学借得大草坪一块改为运动场，篮球、网球、足球及跳高、跳远等项运动得以开展。学校规定每天早晨升旗仪式过后举行早操20分钟，不得无故缺席。体育课外，各级学生必须参加课外活动。学生运动风气渐成，举行班级篮球比赛时，彼此争雄，气氛紧张热烈，犹如抗战前情形。

迁到九龙坡后，学校地处山坡，地势不平，学校克服困难，开辟运动场地，陆续建成篮球、排球、垒球、器械、田径等各项运动场。此时，体育经费增加，运动场地宽广。体育教育重点

---

① 《训导处概况》。四十七周年校庆纪念编印：《交大概况》，第38页。

② 《交通大学校史资料选编》第二卷，第387页。

在于普及运动。各系从一年级到四年级每周2学时体育课,其教材除依照教育部规定的体育实施方案外,按学生性别、体力、兴趣和季节,以及学校设备编制,讲授运动的基本技能和各种运动方法。早操制度依然严格,全校学生均须参加。课外运动每周2小时,全体学生一律参加。运动项目依季节变化,秋季为田径、足球、排球、游泳、垒球,冬季为篮球、足球、手球、越野跑,春季为田径、篮球、手球、垒球、足球、跳远,夏季为排球、游泳,每日下午四时后还有课余运动。学校体育组每季度组织各系科班级间球类比赛,每年举行全校运动大会。

为使学生养成良好的运动习惯,学校尤为重视对入学的新生的管理,先后制定多项规定,以严格制度促成新生养成体育锻炼的习惯。《国立交通大学一九四四年度新生训练体育测验办法》第一条即规定:“凡本校本学年度一年级新生须一律参加之。”[①]《国立交通大学一九四四年度新生训练早操办法》规定:“每晨升旗典礼后举行早操一年级新生均须参加……学生于早操时须着短装,严守纪律,尤须努力操作。否则视情况之轻重予以处分。”《国立交通大学一九四四年度新生篮球比赛办法》规定:“以系科为单位凡各系科一年级新生必须各组织一队代表其单位参加比赛。”[②]《国立交通大学一九四五年春季运动会办法》中也规定,一年级学生每人至少参加一项比赛,“如不参加或报名而不出场参与比赛者除作本学期体育课不及格外,并由训导处以记过处分”,而“二、三、四年级学生得自由报名参加”。[③] 经过一年级的严格体育教育后,学生们终于得到可以自主决定参赛与否的“自由”了,然而,运动已成习惯,他们往往弃“自由”而不用,反以驰骋赛场为乐事。1945年6月,26名运动员代表交通大学出席在复兴关体育场举行的陪都48校联合运动会。游泳50米自由式,周懿荣独占鳌头;100米仰泳金庆骥名列第3;200米接力交大队名列第四;汪永年等参加各项比赛名列第五;交通大学在48校中名列总分第七。如此佳绩令师生大受鼓舞,学校体育运动之风更盛。

国民政府在战时加强了对学生的军事训练和军事管理。交大的军训工作一度也由训导处负责。学校在训导处下设军事管理组,管理学生的内务、早操、集会及食堂之清洁等。军事训练列为各科一年级学生的共同必修科,每周修习2学时(不计学分),同时,对学生采取军事管理办法,把学生编成军训队,分大队、中队、分队。中队长和分队长由学生充任。军训除了队列操练外,还到附近兵工厂、军事机关参观,并举行实弹射击。1943年1月,教育部下令各大学军事管理组改为军训总队部,由原属训导处改为直隶于校长,并由校长任总队长,训练、管理等事务一如旧制。

---

① 《交通大学校史资料选编》第2卷,第481页。

② 《交通大学校史资料选编》第2卷,第482页。

③ 《交通大学校史资料选编》第2卷,第483页。

第三节　系所设置

交通大学在重庆发展迅速，从在校师生数来看，1940 年 11 月分校开学时，全学校仅有两个班，师生员工仅百人。1942 年分校改总校，学校增开土木、航空、管理等三系，加之上海学校部分师生内迁来渝，学校人员骤增，师生员工近 600 人。1943 年，学校增设电信研究所、财务管理系、工业管理系、水利门（土木工程系）等 4 系所，尤其是商船专科学校的并入带来大批师生员工，学校师资增长尤为迅速，教师总数达上年的 3 倍。以后，各系科年级逐年递增，在校学生数持续增长，至抗战结束，学校已有 43 个班，师生 1 500 余人。

表 5－1　交通大学（重庆）师生数统计表（1940—1944 学年）[①]

学年	1940	1941	1942	1943	1944
学生	75	131	494	832	1 340
教师	15	25	54	163	137
职员	10	11	40	103	77
班次	2	4		37	43

从学科专业来看，1940 年 10 月—1945 年 8 月，不到五年的时间里，学校专业已从最初的电机、机械两个系扩展为土木、机械、电机、航空、造船、运输管理、财务管理、工业管理、电讯管理等 9 个系 2 个专修科 1 个研究所，形成"陆海空"皆备、兼具管理的学科体系，见结构图。学校学科较战前有很大发展，不过，还没有恢复传统的三院设置。

需要说明的是，抗战时期后方急需电机、机械两科人才，交大重庆分校即以此为由得以创建。因此，1940 年交通大学在重庆办学，首先设立的便是电机机械两系。随着局势发展，学校顺应时势逐渐增设土木、航空、造船等专业。因此，交通大学在重庆办学的几年中，学科专业始终处于动态发展中，几乎每年都有新的系科或专业成立。比如，管理学科的 4 个系是分 3 次设立的，1942 年恢复运输管理系、1943 年设财务管理系、工业管理系，1945 年增设电讯管理系。系别之下的各专业成立时间也有先后，如土木系成立于 1942 年，当时只有结构、路工两门专业，水利门则于 1943 年设立。由于各系科专业成立时间不一，"抗日战争时期交通大学系所结构图（重庆）"所呈现的是 1945 年抗战胜利时学校学科系所设置情况。

---

① 数据引自上交档。

抗日战争时期交通大学系所结构图(重庆)

- 交通大学(重庆)
  - 电机工程系
    - 电力门
    - 电讯门
  - 机械工程系
  - 土木工程系
    - 结构门
    - 路工门
    - 水利门
  - 航空工程系
    - 空气动力门
    - 飞机结构门
    - 发动机门
  - 造船工程系
  - 运输管理系
  - 财务管理系
  - 工业管理系
  - 电讯管理系
  - 电讯研究所
  - 轮机专修科
  - 航海专修科

一、电机工程系

(一) 课程设置

重庆交大电机系基本沿袭老交大传统,课程设置紧凑严格。电机系分电力门及电讯门,一、二年级课程完全相同,至第三年始稍不同,至第四年,以应用需要不同,训练亦异,故除交流电机讲授与试验相同外,其余课程全不相同。

电机系在教学上重视基础课程的讲授,并重视人文科学的教学。一二年级课程为基础训练,共开设 27 门课程,计 86 学分。在基础训练中:物理学讲授两年,每周 4 小时,对力学、光学、电磁学、声学、热学等 5 科目,有详尽而系统的阐述。二年级电工原理,则力求包括电机工程学科所需用电磁理论中基本原理,以期在学习电力电讯各应用课程时,无所阻碍,同时养成学生日后探讨思索的能力。二年级第二学期加授高等数学，提高对于一般电工问题的分析及研究能力。这两门功课都被视为以后修读专门高深课程的基础功课。

三年级开始设置本系基础课，四年级主要是专业课，共设34门课程，计115学分。三年级第一学期加授电炤学（电照学），求在物理光学的应用中获得基本常识，为学习电力电讯两门者所共同选修。四年级的专业课程训练：电力门注重电力输送、电机设计及电厂设备等；电讯门注重无线电、电话、电报等。此与其他院校相似专业差异不大。

另外关于实验及工厂实习，物理、化学、电磁、电机电话、无线电实习等，均为必修。关于文学教育，除国文、英文外，还得选修德文。至于社会科学方面，如经济学、工业管理等都必须选读，以训练学生对国家、社会和工厂的认识，了解工作对象，做一个具有领导能力的工程师。

重庆交大电机系1943年各年级课程见表5－2：

表5－2　电机工程系1943年课程表

课程名称	每学期学分数								课程学分数	每周授课时数	备注
	第一学期	第二学期	第三学期	第四学期	第五学期	第六学期	第七学期	第八学期			
国文	2	2							4	2	
英文	3	3							6	3	
微积分	4	4							8	4	
物理实验	1	1							2	3	
物理	3	3							6	4	
化学	3	3							6	3	
化学实验	1	1							2	3	
工场实习	1	1							2	3	
画法几何	2	0							2	6	
工程画	0	2							2	6	
三民主义	0	0								2	
体育	0	0								2	
军训	0	0								2	
微分方程			3	0					3	3	
物理			3	3					6	4	
应用力学			5	0					5	5	
工业化学			2	0					2	2	
工业化学实验			1	0					1	3	

(续表)

课程名称	每学期学分数								课程学分数	每周授课时数	备注
	第一学期	第二学期	第三学期	第四学期	第五学期	第六学期	第七学期	第八学期			
高等机械画			1	0					1	3	
经济学			0	3					3	3	
工场实习			1	1					2	3	
电工原理			3	3					6	3	
机构学			3	0					3	3	
高等数学			0	3					3	3	
材料力学			0	5					5	5	
热力学			0	4					4	4	
电磁测定			0	2					2	4	
工程材料					3	0			3	3	
材料试验					1	0			1	3	
电炤学(电照学)					3	0			3	3	
直流电机					3	0			3	3	
直流电讯实验					1	1			2	3	
交流电路					4	3			7	4	
热工学					4	4			8	4	
热工试验					0	1			1	3	
交流电路					0	4			4	4	
交流电路试验					0	1			1	3	
工业管理					0	3			3	3	
测量					0	2			2	4	
水力学					3	0			3	3	
电话及电报					3	3			6	3	
电讯工程					0	3	3		6	3	
工程电力学					0	3			3	3	
德文					2	2	3	2	9	3	
交流电机试验							1	0	1	3	
专题讨论							1	1	2	1	
公文程式							0	1	1	1	
论文							0	4	4		

（续表）

课程名称	每学期学分数								课程学分数	每周授课时数	备注
	第一学期	第二学期	第三学期	第四学期	第五学期	第六学期	第七学期	第八学期			
电力输送							4	0	4	4	
电厂设备							3	0	3	3	
热机试验							1	0	1	3	
电机设计							2	2	4	4	
馈电学							0	3	3	3	
电讯试验							0	1	1	3	
电话传送							4	0	4	4	
自动电话							3	0	3	3	
电话及电报试验							1	0	1	3	
无线电工程							4	4	8	4	
无线电试验							1	1	2	3	
电磁波							0	3	3	3	
选科							0	5	5	5	
总计	20	20	22	24	27	30	31	27	201		

对于交大电机系如此严密的课程教学，电机系老同学告诫选择报考交通大学电机系的中学毕业生们："本着交大的一贯作风，学生进了学校，第一步在学业上必须奠定稳固的基础，所以课程的紧，习题的繁，考试的多，再加上实验和报告复杂，往往使一个刚进交大的学生因时间和精力的不够而感到吃力，甚至由于几次考试上的失败而失掉了勇气，在这种情形下，必得以坚忍和努力来克服之而安渡难关。"①

抗战前交大电机系的图书以及实验仪器相当完备，而在重庆，因为战时条件恶劣，电机系图书设备均告匮乏，所幸电信研究院有一个图书室，有部分重要的杂志新书可供参考，交通部技术人员训练所及材料实验所先后允予合作，故三、四年级的实习勉强可在校内进行。至于一、二年级的理化试验还必须借用中央大学、重庆大学等其他院校的实验室。由于实验量不足，兼之战时各项工业的材料是统制的，尤其平常绝对禁止购置通信器材，所以学生们除学校指定的实验外，很少再有其他的机会接触电器，学生常有纸上谈兵的苦闷。

① 《交大概况》，国立交通大学迈社，第9页。

（二）教师

1940年交大分校成立之初，电机系由张钟俊教授主持；1942年倪俊任系主任；1944年倪俊赴美考察，1944年下学期开始许乃波担任系主任。

至1944年年底，交通大学电机工程系教师有倪俊、许乃波、张钟俊、陈湖、张思侯、殷元章、严晙、孙昌倍、周祖同、黄福生、于怡元、高恒蓉、吴继宗、刘永业等[①]。

倪俊，江苏海门人。1919年毕业于本校电机系。同年赴美国西屋电气实习并在GE公司任电机工程师。1922年进入美国康奈尔大学研究院，1924年获硕士学位。曾任职于纽约爱迪生电气。回国后，曾任浙江大学教授，清华大学电机系教授、系主任，交通大学电机系主任、教授。

许乃波(1906—2002)，福建金门人。1930年毕业于香港大学电机系。曾任香港大学电机系主任，交通大学电机系主任、教授，英国伯明翰工业大学教授。1958年后，历任第一机械工业部电器科学研究院、上海电器科学研究所工程师，天津电气传动设计研究所副总工程师、高级工程师。第五、六届全国政协委员。

张钟俊(1915—1995)，浙江嘉善人。1934年毕业于交大电机系，同年赴美国麻省理工学院深造，先后获硕士、博士学位。回国后曾任武汉大学、国立中央大学、交通大学教授。1943年创办中国第一个电信研究所——交通大学电信研究所并任主任。中华人民共和国成立后，任上海交通大学教授，先后担任无线电系和自动控制系、计算机系、电工和计算机科学系主任，计算机应用研究所、自动化研究所所长等职。1980年当选为中国科学院学部委员。

陈湖(1907—1986)，江苏如东人。1929年毕业于交大电机系。曾任湖南大学、交通大学教授，成都电讯工程学院教授、无线电系主任，中国邮电通信学会电话交换技术专业委员会副主任。长期从事有线电通信教学和研究工作。中国民主同盟盟员。第三、六届全国人大代表，第五届全国政协委员。

殷元章，生于1912年，江苏无锡人。1934年毕业于浙江大学电机工程系。1936年留学英国。1938年回国。曾任浙江大学副教授、教授，交通大学教授。中华人民共和国成立后，历任机械工业部第二设计院主任工程师，第八设计院总工艺师，西南、上海电器科学研究所副总工程师、高级工程师，中国电机工程学会第三届理事。20世纪70年代后期负责组织领导了Y系列异步电动机设计、试制工作。主编《电机制造工厂设计手册》。

严晙(1906—1991)，江苏丹阳人。1930年毕业于中央大学。曾任教于中央大学、清华

---

① 《交大教职员统计报表》。上交档：LS2-147。

大学、交通大学。曾任全国工业自动化教材编审委员会主任、陕西省电机工程学会副理事长等职。

周祖同，湖南长沙人。1940 年毕业于湖南大学电机系。1945 年入美国康奈尔大学学习。曾任交通大学讲师、副教授。历任华东军区军事科学研究室研究员，哈尔滨军事工程学院、长沙工学院、国防科技大学教授。长期从事无线电遥控及抗干扰的研究和教学工作。

（三）学生

重庆交大电机系分电力和电讯两门。在重庆办学五年，全系在校学生增长迅速，从办学第一年的 33 人到抗战胜利前的 226 名。这一时期，电机系有两届毕业生，共计 47 人。

表 5-3　1940—1944 学年交通大学电机工程系学生统计表（重庆）①

学年 / 人数 / 年级	1940	1941	1942	1943	1944
一年级	33	62	67	60	94
二年级	0		47	46	49
三年级	0	0	49	34	43
四年级	0	0	0	7	40
总计	33		163	147	226

二、机械工程系

（一）课程设置

由于机械涉及范围较广，难以门门研究，因此机械工程系重视基础的奠定，以使学生具备良好基础，日后遇到无论何种特别机械，研究后即可了然。课程除学课之授受外，着重实习，使学生在设计或工作时，对其中每一零件均能详细明了，以免不明其奥妙何在，无从着手。具体到课程设置上，一方面在一二年级仍按交大一向传统注重基本原理的讲授，兼授以较浅工程知识，以使学生在三四年级研求较深科目时知识上有所准备。另一方面，为适应战时需要和制造工业的发展，又在三四年级科目中增添了实际制造及有关的制造科目，以使学生毕业一入工厂制造部门即能展其所学，以应需要。机械系学生 4 年中应修满 171

① 表中数据大部分采用各学年第一学期数据。数据来自上交档。

学分。

具体说来,机械系一二年级课程与电机系基本相同,为数、理、化及人文科学的基础教学。三年级所设课程皆为机械系专业基础课程:材料力学及金相学各述材料强度的计算及性质;热力工程及水力学则为两大原动力的讨论,当时前者应用最为普遍,因此讨论较为详尽;机械设计介绍设计一般机械的原理。四年级是各专业专门课程,同时还设置了如工业管理等研究有关工业经济的学科。

重庆交大机械系1943年各年级课程见表5-4:

表5-4 机械工程系1943年课程表

课程名称	每学期学分数								课程学分数	每周授课时数	备注
	第一学期	第二学期	第三学期	第四学期	第五学期	第六学期	第七学期	第八学期			
微分方程			3	0					3	3	本系一年级课程与电机系一年级相同,故本表中作省略
物理			3	0					3	4	
应用力学			5	0					5	5	
工业化学			2	0					2	2	
工业化学实验			1	0					1	3	
高等机械画			1	0					1	3	
经济学			3	0					3	3	
工场实习			1	1					2	3	
机构学			3	0					3	3	
机构学数			0	1					1	3	
高等数学			0	3					3	3	
材料力学			0	5					5	5	
热力学			0	4					4	4	
测量			0	2					2	4	
经验设计			0	1					1	3	
汽瓣及调速器			0	2					2	2	
体育										2	
工程材料					3	0			3	3	
材料试验					1	0			1	3	
工厂实习					1	0			1	3	

（续表）

课程名称	每学期学分数								课程学分数	每周授课时数	备注
	第一学期	第二学期	第三学期	第四学期	第五学期	第六学期	第七学期	第八学期			
机械设计					3	3			6	3	
机械设计制图					2	2			4	6	
电工学					3	3			6	3	
电工试验					1	1			2	3	
热力工程					4	4			8	4	
水力学					3	0			3	3	
金相学					0	3			3	3	
热工试验					0	1			1	3	
流体力学					0	4			4	4	
德文					2	2	2	2	8	3	
工业管理							0	3	3	3	
公文程式							0	1	1	1	
专题讨论							1	0	1	1	
论文							0	4	4		
蒸汽动力学							4	0	4	4	
蒸汽动力厂设计							2	0	2	6	
机车工程							3	0	3	3	
机车设计							0	1	1	3	
车辆设计							0	1	1	3	
厂房设计							0	1	1	3	
机车实习							1	0	1	3	
铁道管理							2	0	2	2	
铁道机械工程							3	0	3	3	
电气铁道							0	3	3	3	
汽车工程							3	0	3	3	
车身设计							1	0	1	3	
机动力学							3	0	3	3	

(续表)

课程名称	每学期学分数								课程学分数	每周授课时数	备注
	第一学期	第二学期	第三学期	第四学期	第五学期	第六学期	第七学期	第八学期			
发动机设计							1	0	1	3	
柴油机							3	0	3	3	
汽车实习							0	2	2	6	
汽车驾驶实习							0	1	1	3	
公路管理及养设							0	2	2	2	
汽车燃料							0	3	3	3	
水力机							2	0	2	2	
机械制造							0	4	4	4	
燃料							0	3	3	3	
造船工程							3	0	3	3	
发动机							3	0	3	3	
船身结构							3	0	3	3	
船身设计							1	0	1	3	
航海仪器							2	0	2	2	
气象学							2	0	2	2	
水动力学							0	4	4	3	
航海学							0	3	3	3	
驾驶实习							0	1	1	3	
共计			22	19	23	23	45	39	171		

由于经济及环境困难，机械系面临教科书、参考书等书刊匮乏的问题。除尽可能购得书籍以供学生参考外。所用教材，一部分采用欧美书籍，一部分则是教师们根据自己多年的实践经验，辅以各方搜集来的资料自行编著而成。

同交通大学整体校情一样，机械系设备奇缺，各种仪器设备主要靠有关单位捐赠。至1943年仍未能建立实习工厂。在后方各公私厂商的协助下，机械系大部分学生得以在暑期内赴工厂见习。学生就实习经过编写实习报告后，由教授评阅给分。1943年47周年校庆时，经统计为交大学生提供实习机会的工厂有：中央无线电机制造厂、甘肃油矿局修车厂、中央汽车配件厂、交通部钢铁配件厂、招商局电器厂、华生电机制造厂、大渡口钢铁厂、第一兵工厂、交通部材料运输队、大中实业制造公司、豫丰机器厂等11家单位。

（二）教师

1940年交大分校成立之初，机械系由曹鹤荪教授主持。至1942年九龙坡总校成立时，曹鹤荪改任新成立的航空系主任，柴志明教授出任机械系主任。

至1944年年底，交通大学机械工程系教师有柴志明、陈大燮、张德庆、陈熹、张有生、孙鲁、周元谷、杨颐桂、陈宗惠、龚应曾、刘昉、严灏景、汪受春、陈元亨、顾子言、董维良、顾懋林、鲍乃鼎等人。[①]

机械系主任柴志明

柴志明（1903—1981），本校机械工程学士，美国普渡大学机械系电机系毕业。曾任安庆电厂厂长、浙赣铁路机务处长、浙江大学机械系主任、军政部特种车辆制造厂厂长、交通部材料实验所所长。

陈大燮（1903—1978），字理卿，浙江海盐人。先后就读于唐山交大、上海交大。1927年，在美国普渡大学攻读机械工程，获硕士学位。1928年回国后，一直从事热力工程的教学与研究工作，先后任教于浙江大学、中央大学、重庆交通大学分校。1949年以后，任交大教务长。1959—1966年任西安交通大学副校长。1956年被评为一级教授。

陈熹，交大机械工程学士，美国密歇根大学工程硕士。历任广西大学机械教授兼系主任、交通大学教授。

张有生，德国工业大学工学博士。历任兵工署技正及科长、同济大学教授、交通部燃料实验所主任、交通大学教授。

杨颐桂，毕业于美国麻省理工大学机械系。历任京浦北宁等铁路工程师、北平大学及东北大学教授、兵工署第一工厂总工程师、交通大学教授。

（三）学生

1940年分校成立之始，机械系仅有新生40余名。1942年九龙坡总校成立，陆续招收新生。1942年暑期，汪伪政府接管上海法租界内的交大，沪校机

---

① 《交大教职员统计报表》。上交档：LS2－147。

械系学生多人由沪辗转来渝，转入九龙坡本校，少数电机系学生也转入机械系，该系学生迅速增至 158 名。重庆交大的机械系有两届毕业生，共计 50 人。

表 5 - 5 1940—1944 学年交通大学机械工程系学生统计表(重庆)[①]

<table>
<tr><th>学年
人数
年级</th><th>1940</th><th>1941</th><th>1942</th><th>1943</th><th>1944</th></tr>
<tr><td>一年级</td><td>42</td><td rowspan="2">57</td><td>51</td><td>54</td><td>79</td></tr>
<tr><td>二年级</td><td>0</td><td>52</td><td>29</td><td>47</td></tr>
<tr><td>三年级</td><td>0</td><td>0</td><td>39</td><td>52</td><td>39</td></tr>
<tr><td>四年级</td><td>0</td><td>0</td><td>16</td><td>2</td><td>48</td></tr>
<tr><td>总计</td><td>42</td><td>57</td><td>158</td><td>137</td><td>213</td></tr>
</table>

三、土木工程系

(一) 课程设置

重庆交通大学的土木系开设于 1942 年 8 月。1937 年以前，交通大学土木系已有铁路、道路、结构、市政等四专业。而重庆办学，一开始只设有结构、路工两门专业，为适应西南地区建设需要，1943 年增设水利门。

土木系一年级课程与其他各系相同，为数、理、化及文科基础课程。二年级课程多为工程基本学理及技术，有应用力学，材料力学，水力学，平面测量等课程，“课业已使人忙碌不堪，加以每星期二次之测量实习，益使人感到疲乏而劳拙”，被该系学生视为四年中功课最为繁重的一年。三年级多为土木专业课程，涵盖构造原理、工程计划、及施工方法等方面内容。四年级分结构、路工、水利 3 门，除继续各项共同必修科目外，分别对各专业知识进行深入研究，同时还设有公文程式、工业管理以及机械、电机等其他专业的课程，以扩展学生视野。

重庆时期，土木系的教学在内容和深度上都比战前有所更新拓展。例如四年级开设的高等材料力学、弹性力学和流体力学课程，都采用世界著名学者铁木辛科所编教材，而这些课程过去都是为研究生开设的。

重庆交大土木系 1943 年各年级课程见表 5 - 6：

---

① 表中数据大部分采用各学年第一学期数据。数据来自上交档。

表 5－6　土木工程系 1943 年课程表

课程名称	每学期学分数								课程学分数	每周授课时数	备注
	第一学期	第二学期	第三学期	第四学期	第五学期	第六学期	第七学期	第八学期			
物理			3	0					3	4	本系一年级课程与电机系一年级相同，故本表中作省略
应用力学			5	0					5	5	
微分方程			3	0					3	3	
地质学			2	0					2	2	
机动学			2	0					2	2	
水力学			3	0					3	3	
平面测量			2	2					4	2	
平面测量实习			2	2					4	6	
材料力学			0	5					5	5	
最小二乘方及弧三角			0	2					2	2	
经济学			0	3					3	3	
热机学			0	3					3	3	
铁道测量			0	2					2	2	
铁道测量实习			0	1					1	3	
水利试验			0	1					1	3	
体育										2	
大地测量及应用天文					3	0			3	3	
大地测量实习					1	0			1	3	
道路工学					3	0			3	3	
工程材料					3	0			3	3	
电工学					3	0			3	3	
水文学					2	0			2	2	
钢筋混凝土					3	0			3	3	
结构学					3	3			6	3	
结构设计					0	2			2	6	
钢筋混凝土计划					0	2	2		4	6	

(续表)

课程名称	每学期学分数								课程学分数	每周授课时数	备注
	第一学期	第二学期	第三学期	第四学期	第五学期	第六学期	第七学期	第八学期			
铁道工学					0	3			3	3	
圬工及基础					0	3			3	3	
都市给水					0	3			3	3	
房屋建筑					0	3			3	3	
材料试验					0	1			1	3	
电工试验					0	1			1	3	
德文					2	2	2	2	8	3	
钢结构计划					2	0			2	6	
道路计划							2	0	2	6	
契约规范及估价							2	0	2	2	
专题讨论							1	1	2	1	
铁道计划							0	2	2	6	
河工学							0	3	3	3	
市政工程							0	3	3	3	
公文程式							0	1	1	1	
毕业论文								2	2		
高等结构学							4	0	4	4	
钢桥计划							2	0	2	6	
高等材料力学							3	0	3	3	
土壤力学							0	3	3	3	
钢筋混凝土拱桥计划							0	2	2	6	
弹性力学							0	3	3	3	
养路工学							2	0	2	2	
高等道路工学							3	0	3	3	
铁道管理							2	0	2	2	
铁道号志							0	2	2	2	
道路材料试验							0	1	1	3	

（续表）

课程名称	每学期学分数								课程学分数	每周授课时数	备注
	第一学期	第二学期	第三学期	第四学期	第五学期	第六学期	第七学期	第八学期			
隧道工程							0	2	2	2	
航空测量							0	3	3	3	
运河工学							2	0	2	2	
水力发电工程							3	0	3	3	
污水工程							2	0	2	2	
防潦及排水工程学							2	0	2	2	
水工计划							0	2	2	6	
河工计划							0	1	1	3	
灌溉工程							0	2	2	2	
海港工程							0	2	2	2	
流体力学							0	3	3	3	
共计			22	21	25	23	34	40	165		

九龙坡时期，土木系的实验设备极为简陋。实验课所需设备主要靠校友捐赠及向有关单位征募而得，科研活动也因设备不足受到影响。土木系师生成立了土木工程学会，利用课余时间敦品励学。学会举办学术讲座，组织参观工厂建筑，并搜集土木工程方面的著作，每年刊印一期《交大土木》。在物质极端匮乏的情况下，刊物仅出版两期即告终止。

土木系主任王达时

（二）教师

1942 年秋土木工程系成立之初，系主任为薛次莘，但薛同时任交通部西南公路总局局长，不能经常来校，因而请宋家治代主任。1943 年夏以后，王达时先后任土木系代理主任、主任，为恢复和发展交大土木系卓有功绩。

至 1944 年年底，在重庆交通大学土木系任教者有特聘教授茅以升，教师王达时、薛次莘、汪菊潜、康时清、徐人寿、杨钦、陈本端、谭议、金恒敦、林振国、冯汉邦、姚佐周、李道伦、陈世柏、詹道江、徐萃英等。[①] 其中,康时清教授乃于1942年汪伪接管租界中的交通大学时,离校来渝者,携家带口千里跋涉,殊为不易。

茅以升(1896—1989),字唐臣,江苏镇江人。1911年考入唐山路矿学堂(今西南交通大学)。1916年考取清华庚款留美。先后获美国康奈尔大学硕士、卡内基·梅陇大学博士学位。博士论文《桥梁桁架的次应力》中的研究成果,被称为“茅氏定律”。回国后,曾任交通大学教授、河海工科大学校长、北洋工学院院长、杭州钱塘江桥工程处处长、交大贵州分校校长、国民政府交通部桥梁设计工程处处长、中央研究院院士。中华人民共和国成立后,历任北方交通大学校长、铁道部铁道研究所所长、铁道科学研究院院长。中国科协第二届副主席、名誉主席,中国土木工程学会第三届理事长,九三学社第五至七届中国际桥梁及结构工程协会高级会员,国际土力学及基础工程协会会员。1985年当选为中国科学院学部委员。

王达时(1912—1996),江苏宜兴人。1934年毕业于交大土木工程系。1938年获美国密歇根大学土木工程硕士学位。回国后,曾任中山大学、重庆大学、复旦大学教授,交通大学教授、工学院院长,同济大学教授、副校长,全国高等工业学校建筑结构类专业教材编审委员会主任。专于钢结构及结构力学,对薄壁结构与构件的非线性有限元解析有较深研究。

薛次莘,1896年生,江苏武进人。1912年毕业于本校土木系,考取清华公费留美生。麻省理工大学毕业。曾任上海工务局技正、经济委员会技正、资源委员会专门委员、西南公路总局局长等职。

宋家治(1911—1997),1934年毕业于交大土木工程系。曾任交通大学教授。抗战胜利后去台湾,在公共工程局及台湾电力公司、交通部、经济部等部门工作,曾任行政院主任秘书。

(三) 学生

1942年秋季土木系创立时,有学生78人,其中一年级56人,二年级22人。至1945年,土木系在校学生162人。

四、航空工程系

航空工程系是交通大学在重庆创办的。1935年,交通大学曾在机械工程系中设有航空门。抗战全面爆发后,因环境恶化、师资不足等问题,1937年上海租界交大的航空门停办。1942年6月9日,重庆交大分校呈文教育部:“航空事业为近代国家建国之要素,本校上海总

---

① 《交大教职员统计报表》。上交档:LS2-147。

校原设航空工程系，历年造就此项人才甚多，故本分校拟于下半年增设航空工程系。”[①]1942年7月，教育部指令：“所请应予照准。”交大遂于1942年8月设立航空工程系。抗战后期因政府需要大量航空技术人员以配合抗战胜利后的航空复员计划，故于1944年起，航空工程系设立双班，规模扩大。

（一）课程设置

航空工程系的课程设置一年级与其他工科各系相同，全以中、英文和数、理、化课程为主；二年级数、理、化课程仍占很大比例；三年级开始航空工程的专业课程；四年级分空气动力、飞机结构、发动机三门。

重庆交大航空工程系1943年各年级课程见表5－7：

表5－7　航空工程系1943年课程表

课程名称	每学期学分数								课程学分数	每周授课时数	备注
	第一学期	第二学期	第三学期	第四学期	第五学期	第六学期	第七学期	第八学期			
微分方程			3	0					3	3	本系一年级课程与电机系一年级相同，故本表中作省略
物理			3	0					3	4	
应用力学			5	0					5	5	
工业化学			2	0					2	2	
工业化学试验			1	0					1	3	
高等机械画			1	0					1	3	
经济学			3	0					3	3	
工场实习			1	1	1				3	3	
机构学			3	0					3	3	
机构学制图			0	1					1	3	
高等数学			0	2					2	3	
材料力学			0	4					4	4	
热力学			0	4					4	4	
流体力学			2	2					4	2	
航空工程			0	4					4	4	
体育			0	0					0	2	

① 《上海交通大学纪事（1986—2005）》（上卷），第324页。

(续表)

课程名称	每学期学分数								课程学分数	每周授课时数	备注
	第一学期	第二学期	第三学期	第四学期	第五学期	第六学期	第七学期	第八学期			
工程材料					3	0			3	3	
材料试验					1	0			1	3	
机械设计					3	0			3	3	
机械设计制图					2	0			2	6	
电工学					3	3			6	3	
电工试验					1	1			2	3	
内燃机					4	0			4	4	
应用空气动力学					3	3			6	3	
金相学					0	3			3	3	
飞行力学					0	3			3	3	
飞机发动机					0	3	3	0	6	3	
飞机结构学					0	3	3	0	6	3	
飞机性能设计					0	1			1	3	
飞机实习					0	1	1	0	2	3	
发动机实习					0	1			1	3	
德文					2	2	2	2	8	3	
航空仪器							2	0	2	2	
空军军械学							0	2	2	3	
空气动力学							3	0	3	3	
工业管理							0	3	3	3	
航空仪器实习							1	0	1	3	
风洞实习							1	0	1	3	
气象学							0	2	2	2	
专题讨论							1	1	2	1	
论文							0	4	4		
选科							3	3	6	4	
飞机结构设计							1	1	2	3	

（续表）

课程名称	每学期学分数								课程学分数	每周授课时数	备注
	第一学期	第二学期	第三学期	第四学期	第五学期	第六学期	第七学期	第八学期			
高等结构							0	3	3	3	
发动机实习							1	0	1	3	
飞机发动机设计							1	3	4	3	
机动力学							0	3	3	3	
弹道学							0	3	3	3	
共计			24	18	23	24	23	30	142		

战前交通大学机械系航空门的各种参考书籍及实习设备已有相当基础，但未能迁往重庆。航空系在重庆创办时没有开办费，实习器材由航空委员会拨赠，设备仅有报废飞机1架、滑翔机1架、发动机3台、机关枪6挺、炸弹引信8种、各种仪表30余种（大都已残缺不全）、无线电收发报机1台、照相机1台。经向航空委员会及会属各工厂多次征募，设备器材逐年增添。到1943年航空工程系先后建立了风洞实验室、发动机实习室、飞机结构实习室、仪表及无线电实习室、空军军械实习室等。

（二）教师

航空工程系创办之初，由曹鹤荪教授代理系主任，后季文美任系主任。至1944年12月，航空工程系教师有季文美、曹鹤荪、许玉赞、杨彭基、马明德、岳劼毅、伍仲奇、贾日升、

航空系主任曹鹤荪

航空系主任季文美

徐春祥、袁锡、何庆芝、陆天瑜等12人。[①]

曹鹤荪(1912—1998),江苏江阴人。1934年交大电机系毕业,同年考取公费留学意大利都灵大学航空工程研究生院,攻读空气动力学。1936年获博士学位。回国后,任成都空军机械学校高级教官,交通大学教授、航空系主任、教务长。1949年后,参加中国人民解放军军事工程学院、国防科学技术大学的筹建和领导工作,曾任教授、副校长。1979年当选为中国宇航学会副理事长、中国空气动力学研究会副理事长、中国航空学会常务理事。1985年当选为国际宇航科学院院士。

季文美(1912—2001),浙江义乌县人。1934年毕业于交大电机系,同年考取公费赴意大利都灵大学学习航空工程,1936年获博士学位。1937年回国任南昌飞机制造厂工程师。1942年以后任教交通大学、华东航空学院、西安航空学院、西北工业大学,历任系主任、副院长、副校长、校长、名誉校长等职。曾任《中国力学丛书》《上海力学丛书》编委。中国航空学会理事长、中国力学学会副理事长、国际航空科学委员会(ICAS)学术委员会委员。全国人民代表大会第六届代表。

许玉赞(1909—1985),浙江嘉兴人。1932年交大机械系毕业,1934年考取公费赴意大利都灵大学学习航空工程。1937年回国,历任南昌飞机制造厂、云南昆明电工厂、云南垒允飞机制造厂工程师。1942年后任教西南联合大学、重庆交通大学、上海交通大学、华东航空学院、西安航空学院、西北工业大学。

杨彭基,1913年生,上海人。1931年考入清华大学,1933年赴比利时列日大学学习,1939年毕业。后任比利时勒纳尔飞机制造厂工程师。1940年回国后任云南垒允中央飞机制造厂设计工程师。1942年后先后担任西南联大、交通大学、华东航空学院、西安航空学院、西北工业大学教授。

马明德(1915—1969),北京人。1938年毕业于本校机械系航空门。1938—1939年在美国密歇根大学航空工程专业学习获硕士学位。回国后任云南省垒允中央飞机制造厂工程师组长、贵州大定发动机厂技士、交通大学航空系副教授、教授。1949年后,任中国人民解放军华东军区司令部军事科学研究室研究员,哈尔滨军事工程学院教授、系副主任。参与制定国家大型风洞基地的长期规划。主持建成中国第一个包含亚、跨和超音速风洞的大型风洞群。

---

① 《交大教职员统计报表》。上交档:LS2-147。

（三）学生

交大航空工程系培养的毕业生，是中国最早的航空工程专业人才。1942 年重庆交大航空系成立之初，有学生 43 人，其中一年级 30 人、二年级 13 人，全部为男生。至 1945 年 1 月，共有学生 116 名。

1944 年秋，航空工程系学生成立了 Aerosport Club，简称 AsC，为方便对外联络，中文名为“交通大学航空模型研制会”。这是在航空工程系二年级学生郑显基、王学让、周潞荣、马龙章等带头下制作航空模型的一个学生组织，郑显基担任会长，其宗旨是：“我们愿尽我们微薄的力量，推行航空教育，培养航空兴趣，阐扬航空知识，以期发展航空工业，使祖国早日踏上富强之路！”航空工程系教师季文美、杨彭基、贾日升等对这个学生组织给予大力支持。学校从航空工程系实习室里拨出一个小房间作为社址。在杨彭基教授等的协助下，解决了竹丝、泡桐木、棉纸、奶酪胶、弹射绳上拆下的细橡筋和涂布油，甚至得到少量进口的轻木等航模制作材料。当时内地物质匮乏，连纸张都告短缺，这些材料可谓来之不易。

AsC 会员们自己动手制作航空模型，参加重庆市举办的各种航模展览和表演赛，都取得了很好的成绩。西北工业大学教授、1947 届交大校友薛中擎曾经回忆道：

> 这时还未接触到专业课程，对航空技术和理论，连感性认识都不多，自投入这次制作航模活动，学到了不少航模的结构和飞行原理，试飞中，争辩着，调试着重心，安定面、方向舵的相对位置，配置螺旋桨的平衡，改变着安装角、上反角的大小……这次制造航模活动对这批同学的影响，恐怕是不可低估的。上述一些有关术语的外文名称，烙印在我的脑中，至今不忘。

五、造船工程系（附轮机专修科、航海专修科）

造船工程系是交通大学在重庆期间新设的系。1943 年 6 月，重庆商船专科学校并入交大。重庆商船专科学校原设造船、轮机、驾驶三科，并入交通大学后，造船科经过充实，改为四年制的造船工程系。

（一）课程设置

1. 造船工程系

造船系课程一年级与电机、机械、航空等工程学系一样，为数理化中英文等基础课程。二年级共设 15 门课程，计 41 学分；三年级共设 14 门课程，计 42 学分；四年级共设 15 门课程，计 40 学分。

重庆造船工程系 1943 年各年级课程见表 5－8：

表5-8 造船工程系1943年课程表

课程名称	每学期学分数								课程学分数	每周授课时数	备注
	第一学期	第二学期	第三学期	第四学期	第五学期	第六学期	第七学期	第八学期			
物理			3	3					6	4	本系一年级课程与电机系一年级相同，故本表中作省略
体育			0	0					0	2	
热力学			0	4					4	4	
微分方程			3	0					3	3	
应用力学			5	0					5	5	
材料力学			0	4					4	4	
高等数学			0	3					3	3	
工业化学			2	0					2	3	
工厂实习			1	1					2	3	
物理实验			1	1					2	2	
船体构造			2	0					2	3	
工业化学实验			1	0					1	3	
船体计算制图			0	2					2	6	
机械学			3	0					3	3	
德文					2	2	2	2	8	3	
流体力学					4	0			4	4	
造船设计					2	2			4	6	
造船原理			0	3	3	3	3	0	12	3	
材料试验					0	1			1	3	
电工试验					0	1			1	3	
热工试验					1	0			1	3	
船模制造					0	1			1	3	
实用造船学					2	2			4	3	
轮机学大意					0	3			3	3	
电工学大意					3	3			6	3	
高等材料力学					3	0			3	3	
冶金及金相学					2	0			2	3	
机械设计					0	2			2	3	

（续表）

课程名称	每学期学分数								课程学分数	每周授课时数	备注
	第一学期	第二学期	第三学期	第四学期	第五学期	第六学期	第七学期	第八学期			
潜艇							1	0	1	2	
经济学							0	2	2	3	
造船设计							2	2	4	6	
结构原理							3	0	3	3	
航政概要							1	0	1	2	
特种船舰							0	2	2	3	
机动力学							2	0	2	3	
空气动力学							0	3	3	3	
轮机学大意							3	0	3	3	
航空工程大意							2	2	4	3	
船轮及驾驶大意							2	0	2	3	
船厂管理及设备							2	2	4	3	
论文							0	4	4		
共计			21	21	22	20	23	19	126		

2. 轮机专修科

轮机专修科学制为三年。一年级也以基础课为主，共设 12 门课程，计 34 学分；二年级共设 17 门课程，计 46 学分，其中专业课占比重较大；三年级设 11 门课程，计 39 学分，以专业课程为主。轮机专修科 1943 年各年级课程见表 5－9：

表 5－9　轮机专修科 1943 年课程表

课程名称	每学期学分数						课程学分数	每周授课时数	备注
	第一学期	第二学期	第三学期	第四学期	第五学期	第六学期			
国文	2	2					4	3	
英文	2	2					4	3	
物理	3	3					6	4	
化学	3	3					6	3	

(续表)

课程名称	每学期学分数						课程学分数	每周授课时数	备注
	第一学期	第二学期	第三学期	第四学期	第五学期	第六学期			
军训	0	0					0	2	
体育	0	0					0	2	
微积分	3	3					6	3	
三民主义	0	0					0	2	
投影几何大意	2	2					4	3	
汽锅学	2	2					4	3	
工程画	0	1					1	3	
工厂实习	1	1					2	3	
微分方程			3	0			3	4	
轮机学			2	2			4	3	
应用力学			2	0			2	2	
驾驶学大意			0	1			1	1	
船执学大意			1	0			1	1	
材料力学			0	3			3	4	
造船学大意			0	2			4	2	
机械设计			2	3			3	3	
热力学			3	3			6	3	
工业化学			1	0			1	2	
机械学			0	2			2	3	
航政法规			1	0			1	1	
电机学			3	3			6	2	
机仓管理			3	3			6	3	
水力学			0	2			2	4	
工厂实习			1	1			2	3	
汽旋机					2	2	4	3	
内燃机					2	2	4	3	
轮机设计					4	4	8	6	
汽锅设计					2	2	4	3	

（续表）

课程名称	每学期学分数						课程学分数	每周授课时数	备注
	第一学期	第二学期	第三学期	第四学期	第五学期	第六学期			
辅助机					2	2	4	3	
电机学					2	2	4	3	
汽机及锅炉					1	0	1	1	
检查章程					1	0	1	1	
轮机实验					1	1	2	3	
机仓管理					2	2	4	3	
工厂实习					2	2	4	6	
共计	18	19	22	25	21	19	124		

3. 航海专修科

航海专修科的学制也为三年。一年级共设16门课程，计43学分，以基础课程为主；二年级共设20门课程，计46学分，以专业课程为主；三年级设20门课程，计37学分，专业课程的比重比二年级更大。航海专修科1943年各年级课程见表5-10：

表5-10 航海专修科1943年课程表

课程名称	每学期学分数						课程学分数	每周授课时数	备注
	第一学期	第二学期	第三学期	第四学期	第五学期	第六学期			
国文	2	2					4	3	
英文	2	2	2	2	1	2	11	3	
三民主义	0	0					0	2	
军训	0	0					0	2	
体育	0	0					0	2	
音乐	0	0					0	1	
化学	3	2					5	3	
物理	3	3					6	4	
地理	1	1					2	3	
球面三角及微积分大意	4	3					7	4	

(续表)

课程名称	每学期学分数						课程学分数	每周授课时数	备注
	第一学期	第二学期	第三学期	第四学期	第五学期	第六学期			
投影几何	1	1					2	2	
机械画概要	1	1					2	2	
航海术	2	2					4	2	
航海天文学	0	2	2	3	4	0	11	2	
航执	2	2					4	2	
应用力学	0	1					1	2	
船执			2	2	2	0	6		
罗经学			2	2			4	2	
引航避碰章程			2	2			4	2	
水道测量学			1	1			2	2	
测量实习			1	1	1	0	3	2	
信号			1	0	1	2	4	2	
帆绳			0	1			1	1	
天象测算			1	2			3	2	
应用力学			1	0			1	2	
无线电学			0	0	2	0	2	3	
造船学大意			1	1			2	2	
轮机学大意			1	1			2	2	
海面			1	1			2	2	
医药常识			1	0			1	1	
海商法			1	0			1	2	
国际法摘要			1	0			1	1	
气象			2	2			4	2	
海上保险法					1	0	1	1	
罗经学、旋转罗经					2	0	2	3	
水道测量					2	0	2	2	
水上货运学					1	0	1	2	

（续表）

课程名称	每学期学分数						课程学分数	每周授课时数	备注
	第一学期	第二学期	第三学期	第四学期	第五学期	第六学期			
风缆					1	0	1	2	
航舶组织同管理					1	0	1	2	
船员职务					1	0	1	2	
天象测算					2	0	2	3	
海军军事常识					1	0	1	2	
船执实习					0	3	3	9	
航海天文实习					0	4	4	9	
航行值更实习					0	3	3	9	
游泳实习					0	1	1	3	
共计	21	22	23	21	23	15	125		

造船系的教授们认为以中国国情，大学要负起实际责任，强调实际应用方面的教学，同时也重视学理，希望学生能研究创新而不是因循守旧模仿外国。因此参照国外各大学造船系水准并估计国内现在和将来实际需要来编排课程。造船系图书、设备匮乏，教材全靠教授们自编讲义。实验尽量利用学校机械、土木、电机等系的设备。实习则利用寒暑假去周围各大船厂。当时政府和各界也给造船系以支持和帮助。

（二）教师

重庆是抗战时期中国造船业的中心，人才集中。交大造船工程系建立后，很快就形成了一支较强的师资队伍，系主任由叶在馥教授担任。

1944年年底，重庆交通大学造船工程系教师有叶在馥、罗明燏、杨仁杰、卢孝栋、张南如、王公衡、曹于琪、辛一心等。航海专修科教师有郭懋来、盖建勳、翁寿椿、李向刚、陈修复、郑冠璋等，郭懋来为科主任。轮机专修科教师有王超、王荣瑸、郑海南、萧人麟、张育晙、何端龙、邓神武、王继庚、傅庄菴等，王超为科主任。[①]

叶在馥（1888—1957），广东番禺人，祖籍福建闽侯县。1903年入广东黄埔水师学堂驾驶班，1906年肄业后到北洋舰队“通济”号练习舰实习。1908年在“海圻”舰当见习官。1909

① 《交大教职员统计报表》。上交档：LS2－147。

造船系主任叶在馥

轮机专修科主任王超

年随海军元勋萨镇冰赴英国留学，1912年入格拉斯哥大学攻读造船工程。1914年至美国纽伦敦监造潜艇。1915年入麻省理工学院军舰研究院学军舰设计与制造，1917年获硕士学位。同年秋回国任职海军江南造船所。1943年在交通大学创办我国第一个造船系，任系主任。后任大连造船厂建厂委员会总工程师。

罗明燏，20世纪30年代前后曾任广东省、广州市政府技正(即今之总工程师)，对广州市长堤、滨江大堤等的建筑作出了不少贡献。后任交通大学教授。中华人民共和国成立后，任华南工学院院长。在土建、航空、造船等方面都颇有造诣，参加过许多工厂大厦、道路桥梁的设计，及飞机跑道、飞机库、轮船的设计建造工作，被誉为“海陆空专家”。

杨仁杰(1905—1992)，江苏海门人。1926年毕业于本校机械工程系，同年留校任教。1935年考取中英庚款赴英留学生，就读于纽卡斯杜伦大学皇家学院造船工程系，1937年获硕士学位。后进入英国格林威治皇家海军学院攻读造舰工程。曾任香港黄埔船厂工程师、招商局工程师、交通大学教授等。

王公衡(1906—1987)，原名世铨，字公衡。山东省潍县(今潍坊市)人。中国造船工程学会和交通大学造船系创始人之一。先后毕业于国立交通大学唐山土木工程学院、英国格拉斯哥大学、英国格林威治皇家海军学院。1939年回国后，任交通部简任技正、交通大学造船系教授。中华人民共和国成立后，任交大造船系代理系主任、教研室主任等。1956年主持建成我国第一座设备先进的双轨拖曳式船模试验池。《辞海》《机电辞典》编委，《船舶工程辞典》总编辑。上海市第二、三、四、五、七届人民代表。

辛一心(1912—1957)，字予彩，江苏无锡人。1934年毕业于交大电机系。1936年赴英国新堡杜伦大学皇家学院学习造船工程，1938 年获硕士学位。同年进入格林威治皇家海军学院攻读造舰工程。1940 年回国，任西北工学院教授、机械系主任。1944 年起在交通大学造船系连续任教 13 年。抗战胜利前夕，任招商局总工程师，主持六大江轮的修复工作。中华人民共和国成立后，任船舶工业局船模试验所筹备处主任，主持建成单轨悬臂式船身模拖曳试验水池。主持设计了油轮、客货轮、挖泥船等不同种类船舶。

王超(1890—1968)，江苏南京人。1909 年毕业于南京海军学堂轮机科，1916 年获美国麻省理工学院造船系硕士学位。历任马尾福州船政局造船科主任、马尾海军学校教务主任、青岛港务局局长、青岛海军学校教授、重庆商船专科学校教授兼教务主任、交通大学教授。

（三）学生

重庆时期，造船工程系于 1943 年冬和 1945 年夏已经先后有两届毕业生共 19 人，全部服务于与航业有关的工厂公司机关。所有毕业学生都是从重庆造船学校和交大其他院系转来的，因此人数较少，这也是造船工程系只成立两年就有毕业生的原因。到 1945 年 1 月，造船工程系有学生 160 名，轮机专修科有学生 59 名，航海专修科有学生 82 名。

六、运输管理系

战前交通大学原有管理学院，下设铁道管理系、实业管理系、财务管理系、公务管理系等 4 个系。重庆时期，1942 年夏交大始重新开设管理系，1943 年秋恢复财务管理系，增设工业管理系，同时将原有的铁道管理系改为运输管理系；1945 年，增设电讯管理系。

运输管理系即战前的铁道管理系。1942 年秋，国民政府教育部令上海的交大总校内移与在重庆的分校合并办学，限于经费，管理学科只准设系，称为管理系。该系教师鉴于后方水、陆、空配合运输的重要，将学科研究范围稍加扩展，1943 年管理系改名运输管理系。

（一）课程设置

运输管理系的教育方针，首在使学生认识西方运输管理的各种原理与技术；其次，使其明了中国运输管理现状及改革之道。中西理论相互配合，为学生将来在实际工作中有所创新奠定基础。运输管理课程就性质言，可分为运输、工程、经济三大类。因为运输管理人才，除应具有管理运输事业之专门技能外，也需了解经济、工程方面的基本知识，方能在工作中触类旁通，游刃有余。

重庆交大运输管理系 1943 年各年级课程见表 5 - 11：

表5-11 运输管理系1943年课程表

课程名称	每学期学分数								课程学分数	每周授课时数	备注
	第一学期	第二学期	第三学期	第四学期	第五学期	第六学期	第七学期	第八学期			
国文	3	3							6	3	
英文	3	2							5	3	
商业数学	3	3							6	3	
交通史	1	1							2	2	
经济地理	1	1							2	2	
运输原理学	3	3							6	4	
经济学	3	3							6	4	
会计学	3	3							6	4	
财政学	2	2							4	3	
工商组织与管理	1	1							2	2	
铁道组织与管理			2	2					4	2	
铁道业务			3	3					6	4	
铁道及公路工程				2					4	3	
公司财政			2	2					4	3	
铁道财政			2	2					4	3	
高等会计			3	3					6	4	
成本会计			3	3					6	4	
经济学说与制度			3	3					6	4	
统计学			2	2					4	3	
铁道运价					3	3			6	4	
铁道运输					3	3			6	4	
铁道行车机务					2	0			2	3	
汽车工程					0	2			2	3	
车站管理					3	3			6	3	
公路管理					3	3			6	4	

（续表）

课程名称	每学期学分数								课程学分数	每周授课时数	备注
	第一学期	第二学期	第三学期	第四学期	第五学期	第六学期	第七学期	第八学期			
水运管理					3	3			6	3	
材料管理					2	2			4	3	
国际贸易					2	2			4	3	
运输问题							3	3	6	4	
论文							3	3	6	4	
铁道会计							3	3	6		
铁道统计							3	3	6	4	
战时铁道运输与管理							2	0	2	3	
空运管理							2	2	4	3	
电政管理							3	0	3	4	
邮政管理							0	3	3	4	
政府财政							2	2	4	3	
行政学							0	2	2	3	
共计	23	22	20	22	21	21	21	21	171		

（二）教师

重庆的交大运输管理系首位系主任为战前交大管理学院院长钟伟成。1942 年汪伪政府在上海接管交大，钟伟成愤而辞职，赴重庆交大，适逢重庆学校恢复管理学科，钟伟成遂任运输管理系主任。不久，钟赴美考察，徐仲宣代理系主任。1943 年徐氏辞职，校长吴保丰聘沈奏廷继任。沈奏廷为中国铁道管理专家，其任期两年中，交大运输管理系气象蓬勃，被称作该系在内地的“中兴阶段”。1945 年夏，沈离校，熊大惠接任系主任。

运输管理系主任沈奏廷

1944 年年底，在运输管理系任教者有李熙谋、沈奏廷、许靖、陈振铣、祝百英、沈立人、王文光、梁传愈、熊大惠、王烈望、周健民、王思立、吴澍、陶大镛、顾家骥、潘慧珠、李竹、黄莲荫、周柏

栋等。[①] 其中,沈奏廷、陈振铣、熊大惠、王烈望等教师皆从上海交大内迁而来。

李熙谋(1896—1975),字振吾,浙江嘉善西塘镇人。1915 年入本校电机专业毕业,考取浙江官费留美生,先后获麻省理工学院硕士、哈佛大学博士学位。回国后任教浙江大学、暨南大学。1927 年任浙江大学工学院首任院长,次年兼任浙江省第一任电话局局长、省广播电台台长。1941 年任交通大学重庆分校教授、教务长。抗战胜利返沪后兼任上海市教育局副局长。1947 年当选国大代表。曾任国民政府驻联合国教科文组织驻日代表、台湾省立博物馆馆长兼行政院原子能委员会执行秘书、教育部常务次长、台湾电子研究所所长、行政院原子能委员会专任委员等职。1970 年任台湾私立东吴大学理工学院院长。

祝百英(1902—1990),浙江鄞县人。1926 年毕业于本校电机系,1926—1929 年在苏联中山大学红色教授研究院学习。回国后,历任交通大学教授、系主任、训导长等职。

沈立人,1927 年生。毕业于东吴大学经济系。1949 年后,在苏州税务局、苏南财委、江苏省计委工作。1980 年任中国社科院经济所研究员兼宏观室副主任。1986 年任江苏省社科院经济所所长、省社联副主席。

七、财务管理系

财务管理系战前隶属管理学院,是交大原有系科。1942 年上海的交大被汪伪接管后,重庆交大成为总校,上海学校部分师生内迁来渝,其中有部分财务管理学生,由于人数不多,当年暂入运输管理系上课,称为管理系。1943 年,一方面上海的师生纷纷内迁来到九龙坡,另一方面重庆学校增聘教授、招收新生,昔日交通大学管理学院的财务管理系遂在重庆得以重生。

(一) 课程设置

财务管理系的目标在于培养理财专才,因此设置课程的准则是理论与实务并重,使学生对于财政经济理论有所了解,同时具备财务管理技术。抗战前,交大财务管理系设有财政统计、金融、银行等课程,着重金融、企业等事务,课程偏重于财政、赋税、会计、统计。重庆的交大恢复财务管理系后,增加了经济、财务方面的课程,同时,会计、统计方面的课程也占一定比例。其课程设置标准有三个:一是研究有关经济知识与经济制度;二是讲授财政学术;三是学习有关财政管理技术,以使学生四年内修毕经济、会计、统计三大科目。

重庆交大财务管理系一年级课程和运输管理系相同;二年级设 9 门课程,计 40 学分;三

---

① 《送达:教育部——赍呈本校职教员学生数等报告简表》。上交档:LS2-147。

年级设9门课程，计42学分；四年级设13门课程，计46学分。财务管理系1943年各年级课程见表5－12：

表5－12　财务管理系1943年课程表

课程名称	每学期学分数								课程学分数	每周授课时数	备注
	第一学期	第二学期	第三学期	第四学期	第五学期	第六学期	第七学期	第八学期			
铁道财政			3	3					6	3	本系一年级课程与运输管理系一年级相同，故本表中作省略
银行与货币			2	2					4	3	
高等会计			3	2					5	4	
成本会计			3	0					3	4	
高等成本会计			0	3					3	4	
铁道组织与管理			1	1					2	2	
铁道业务			3	3					6	4	
经济学与制度			3	3					6	4	
统计学			2	2					4	3	
高等银行学					3	3			6	4	
国际贸易					2	2			4	3	
会计制度					3	3			6	4	
政府会计					2	2			4	3	
银行会计					2	0			2	3	
审计学					3	3			6	3	
铁道运价					3	3			6	4	
公路管理					3	3			6	4	
商法					0	2			2	3	
财务会计问题							3	3	6	4	
论文							3	3	6	0	
政府财政							2	2	4	3	
铁道会计							3	3	6	4	
金融管理							2	2	4	3	
空运管理							2	2	4	3	
电政管理							3	0	3	4	
邮政管理							0	3	3	4	
行政学							0	2	2	3	
共计			20	19	21	21	18	20	119		

(二) 教师

由于经费、师资及生源等问题,财务管理系一度并在运输管理系内,由沈奏廷兼任系主任,教师也由运输管理系教师兼任。

八、工业管理系

工业管理系是交通大学1943年在重庆创办的一个新专业。当时正处于抗战后期,"工业建国"呼声甚高,不少工业企业界人士深感我国工矿企业"组织散漫,效率低落,缺乏管理方法,无以形成大规模生产的格局;同时认识到工业中工程技术人才与管理人才实有相辅相成的作用"。[①] 交大教务长李熙谋更认为振兴工业,交大"责无旁贷",[②]积极推动创立工业管理系,并自兼系主任,辟划经营,苦心扶持,至抗战结束,交大工管系已经初具规模。

(一) 课程设置

教务长李熙谋和管理系教授沈立人参照麻省理工的工业管理学院的标准,注意针对当时中国各大学所办工业管理系偏重于单纯讲授管理知识的局限,在课程设置方面加强基本工程知识的教学,使管理与工业紧密结合,以期提高工业管理人才的素质。

教务长兼工业管理系主任李熙谋

大体上讲,一年级有数理化、国文、外语等基础课程,与工学院没有分别。二、三年级开始工程与管理学科并进,有应用力学、材料力学、机械原理、热机学、工具机、电机等工程类课程,也有初等会计、成本会计、工业会计、统计学、经济学原理、财政学、货币银行、企业组织与理财、工业生产、市场学、生产效率等管理类课程。四年级着重专题讨论,设有工业专题、劳资问题、运输专题等较深专题,促使学生运用各种工业知识与技术分析解决实际问题。由于课程杂且深,学生刚接触时往往有"南辕北辙"之感,然而仔细分析,又会觉得软硬调和,不像纯粹工科般枯燥无味。

① 《交通大学民三七级纪念刊》。上交档。

② 《交大概况》,国立交通大学迈社出版社,第26页。

（二）教师

工业管理系创办之初，由教务长李熙谋兼系主任。1945年春，李熙谋因公务繁忙，改由祝百英担任系主任。虽说“教务长是这系的保姆，对于教授的罗致，是煞费苦心的”，[①]但相比较运输管理、财务管理两系，工业管理系的教师很少。主要原因，是当时中国国内能够讲授该系课程的专业人士太少。重庆时期，工业管理系的专任教师有李熙谋、沈立人、祝百英等人。

（三）学生

1942年管理系初建时只有运输管理一个专业，一个年级，学生52名，其中女生8名（全校女生13名），是全校女生最多的专业。随着财务管理、工业管理等系的成立，学校管理学科的学生人数增长迅速，但由于建系较晚，至1945年抗战胜利，管理学科三个系尚没有毕业生。

管理学各系同学多能团结一致，埋头苦读，并能于课余，从事各项课外活动。主要活动有：①成立财政学会交大分会。该会成立于1943年，以提倡学术研究为宗旨；②开设财政学会图书室。搜集课内课外参考书，定时开放，以补课本之不足；③办壁报。定期办《交大财务》，作为该系学生写作园地，内容有关金融、经济、会计、财政，并请学者或教授撰稿。

九、电信研究所[②]

（一）成立电信研究所

交通大学于1942年8月在重庆九龙坡国立交通大学本部成立，共设电机、机械、航空、土木和管理5个学系。其中电机系有电力、电讯两学门，是全校规模最大的一个系，有学生163人，占当时在校学生总数的33.3%。然而，电机系与其他系皆属大学本科教育，交大还没有研究生教育。但当时国际上电讯技术由于吸收了电子学、无线电学等学科的新发现和新发明而有许多新的突破，发展极为迅速。抗日战争的军事通信及后方的经济建设都迫切需要大批懂得高新通信技术并有独立研究开发能力的高级电信人才。本科教育难胜此任，研究生教育势在必行。其时，重庆交大的正、副教授大都是刚从欧美各国留学归来的年轻学者，其中有些人就是专攻电机工程甚至电信技术的，他们带回了当时世界电讯科技发展的新技术、新知识，交大如招收研究生，他们是研究生导师的合适人选。1943年初，交通大学将筹设电讯研究所列入计划。为了得到政府电信管理机关与工厂、企业的支持，以获得经费和

① 《交大概况》，国立交通大学迈社，第28页。

② 本节内容主要参考史贵全著《中国高等近代工程教育研究》中相关章节，上海交通大学出版社2004年版。

设备,校长吴保丰向交通部电信总局、中央广播事业管理处、中央电工器材厂、中央无线电器材厂等单位提出合作培养电信专业研究生的意向,很快得到这些单位的赞同,学校随即呈请教育部成立电信研究所。

电信研究所主任张钟俊

1943 年 7 月 20 日,教育部"高 36325 号"令准予交通大学电信研究所备案。电信研究所宣告成立,电机系教授张钟俊任主任。研究所的名称,根据 1934 年颁布的《大学研究院暂行组织规程》第三条规定"各研究所依其本科所设各系分若干部,称某研究所某部",教育部批为"工科研究所电信学部",但在交通大学内部及社会上当时都习惯称其为电信研究所。到了 1946 年 12 月,教育部修订了 1934 年《规程》,大学研究机构"依学系名称为某某研究所"。这样,"电信研究所"之称便名正言顺了。

电信研究所原定成立当年开始招收研究生,但因时间仓促,筹备尚不完善,1943 年下半年仍作为筹备期,没有招生,至 1944 年夏季正式招生。

(二) 培养目标及课程

1. 培养目标及培养方案

1943 年研究所筹备报告中,提出该所培养目标是"为配合时代之需要,养成有独立研究性之电工专才",1948 年 9 月具体化为"给大学电机系毕业生以二年电信工程学理上之训练,俾得有独立研究之能力"。

交大电信所在筹备期间就参照国外大学研究院课程,结合国内电工界的需要,拟订了一个培养方案,全部课程(当时称作"学程")分两年四学期完成,见表 5-13、表 5-14 所示:

表 5-13 电信学部课程

课　程	学分	修习学期数	总学分
磁电学(Electricity and Magnetism)	3	1	3
电磁波及天线(Wave Propagation and Electroacoustics)	3	1	3
电声学(Electroacoustics)	3	1	3
电信网络(Communication Network)	3	2	6
工程电子学(Engineering Electronics)	3	2	6

（续表）

课　　程	学分	修习学期数	总学分
近代物理(Introduction to Modern Physics)	3	2	6
无线电设计(Radio Design)	2	2	4
专题研究(Seminar)	5	4	20
论文(Thesis)	3	3	9
		总学分	60

表 5－14　电力学部课程

课　　程	学分	修习学期数	总学分
绝缘学(Electrical Insulation)	3	1	3
振动学(Mechanical Vibration)	3	1	3
电炤工程(Illumination Engineering)	3	1	3
电力网络(Power Networks)	3	2	6
工程电子学(Engineering Electronics)	3	2	6
高等交流电机(Advanced A-C Machinery)	3	2	6
电力设备设计(Design of Electric Power Apparatus)	2	2	4
专题研究(Seminar)	5	4	20
论文(Thesis)	3	3	9
		总学分	60

各课程(学程)除专题研究及论文外，均为讲授课程(共 31 学分)，占学分总数的一半。讲授课程的目的在使研究生有充分的学术基础，能正确应用和解决实际电工问题。课程由校方聘请专任及兼任教授担任讲授。专题研究及论文(共 29 学分)的范围必须与各合作机关有直接关系。研究所接受合作机关委托的专题研究，并聘定专家担任研究生的学业导师。研究所得结果除专利法所规定者外，合作机关得优先利用。

2. 课程

按教育部的统一规定，硕士研究生修业期为 2 年，交大电信所也不例外。学校规定研究生所有课程成绩以 70 分为及格。除论文外至少须修足 32 学分才能毕业，必修课 7 门共 24 学分，因此，研究生还要修习 8 个学分以上的选修课。从“毕业生成绩总册”等资料可知，课程学习主要在第一、第二学期，从第三学期开始多数研究生着手论文工作，同时修读少量课程。前三个学期每学期修读的课程平均 10 个学分左右。关于学分的计算，交大当时是这样规定的“凡每学期每周上课一小时并须二小时以上自习者，或实习二小时至三小时者为一学分”。由此推算，研究生在前3个学期每周上课约为10小时。

3. 论文及专题讨论

电信研究所研究生论文一般是从第三学期着手进行，同时仍修读一到两门课程，第四学期则完全用于论文工作。凡通过答辩的论文，其成绩皆登记为“及格”。研究生论文的选题注重学术上的开拓性、探索性，技术应用方面的先进性、实用性，见表5-15，如陈珽、陈太一、徐大林等人的论文选题即属于当时学科前沿课题。

表5-15 电信研究所研究生论文

研究生姓名	论文题目	指导教授	毕业后工作单位
严宣哲	电力线载波电话	陈 湖	上海电话公司
陈 珽	静磁电子透镜之特性在理论上探讨	张钟俊	国立贵州大学
董春光	变频器电路分析	张钟俊	台湾电信局
黄福生	介质吸收与不正常分散	陈季丹	空军总队研究室
魏凌云	无线电控制飞机之研究	张钟俊	经济部派赴美
陈太一	电子枪式磁力振荡管之分析	朱物华	广州电信局
凌铁铮	圆锥形号状天线放射之分析	徐璋本	暨南大学
易晓东	增装交通部现有西联公司调幅电传图像机为调频制之商榷	朱物华	上海电讯局
杨 渊	M导来式滤波器之瞬流计算法	朱物华	国立西北工学院
钱家治	射频功率放大器之最佳屏流角度	沈尚贤	交通部二区电信局
童世璜	月球运转对下离子层之影响	许宗岳	中央广播事业管理处
张至敏	载波电波失真之分析	沈尚贤	重庆电信局
萧而健	应用阴极射线管传递信号之商権	陈季丹	武汉电信局
金寿观	顶端加负天线之辐射电阻计算法	蔡金涛	交通部二区电信局
李嗣范	隔离环形天线之电流分布及输入点阻抗	任 朗	未定
徐大林	静电透镜电位分布计算法	徐璋本	交通部二区电信局

交大电信所筹备期间拟订的培养方案中，设有“专题研究”(Seminar)这样一个课程。这是19世纪以来在西方国家尤其是美国大学中盛行的教学方法，形成于19世纪中叶的德国，随后为美国及欧洲的研究型大学所广泛采用，是研究生教育的最普遍的教学形式之一。交大电信所的教授大多数都有在欧美接受研究生教育的经历，遂将其引入到电信所中。专题

研究贯穿于研究生整个学业过程的四个学期中，每学期5学分，共20学分。此课程正式教学后改名为“专题讨论”。1948年9月8日的《交大周刊》中《复员后电信研究所概况》一文介绍该所课程时，提到：“另有专题讨论一科，以训练研究生之了解及著述论文之能力，分别由教授朱物华……任朗氏担任之。”

（三）合作办学

合作办学是交大电信所研究生教育的一个显著特色。电信所主任张钟俊在电信所成立报告中称：交通大学采取与政府机关、企业合作方式培养研究生，“动机在求工程机关与学术界打成一片，充分发挥合作精神”。① 具体来说，合作办学的动因可归结为以下两点。

其一，在于解决当时办学所面临的经费和设备问题。在重庆时期，交通大学特别是其电机系拥有堪称国内一流的教师队伍，但因战时环境，经费与物资设备均告奇缺，所以创办研究所的首要条件是确定经费来源。因此，交通大学校长与各合作机关负责人商洽草拟的合作办法几乎均与经费有关：

> （1）每一合作机关认定或保送研究生四名（视需要时再行增加但不超过8名）担任其薪津（比照助教待遇）及来研究所单程旅费。
>
> （2）研究生之专题研究及论文得由各合作机关指定，但须经研究部之同意。研究应用之材料及特制器材须由合作机关供给或担负其费用。
>
> ……
>
> （5）各合作机关补助研究部经常费（除资送研究生所需费用外），每月每机关各1万元（视需要时再增加但不超过2万元）。②

其二，试图打破大学封闭的办学模式，以求高层次人才培养与社会的生产和科研紧密结合并促进大学研究成果服务社会。张钟俊在研究所成立报告中说：“查电工机关与学术界之密切合作，在国内尚属创举。反观美国之麻省理工学院在电工方面与奇异西屋、培耳诸电器公司设立合作学程（Cooperative Course）垂30年。今日该公司与麻工均得驰誉全球，其得助于合作学程良非浅鲜。”③张钟俊说交大电信所打算“各学程由校方聘请专任及兼任教授担任讲授。为求与合作机关保持密切联系起见，专题研究及论文（共29学分）之范围以与各合作机关有直接关系者为限。研究部得接受合作机关委托之专题分配研究工作，并聘定专家担

① 张钟俊：《工科研究所电信学部成立报告》（1943年）。《交通大学校史资料选编》第2卷，第392－393页。
② 张钟俊：《工科研究所电信学部成立报告》（1943年）。《交通大学校史资料选编》第2卷，第393页。
③ 张钟俊：《工科研究所电信学部成立报告》（1943年）。《交通大学校史资料选编》第2卷，第389－393页。

任各别研究生之学业导师。研究所得结果除专利法所规定者外,合作机关得优先尽量利用之”。[①]

在张仲俊的主持下,合作办学的主要目标基本实现:合作单位及社会有关机构给予电信所经费和设备上的资助,电信所向它们输送当时稀缺的人力资源——电信工程专业硕士。

交大电信所开办之后,除领得教育部指定设备补助费外,未曾向交通大学校方领得设备费,一切设备及图书几乎全赖合作机关及社会有关单位资助,其中电信总局资助最多。该局还在电信研究所设立了奖学金。凡经入学考试被录取的研究生,可按照考试成绩,递补该项奖学金名额。由于研究生人数较少,几乎人人均可享受到奖学金。如 1948 年,在校研究生 12 名,除其中兼任交通大学讲师及助教各一人外,其余 10 人均获电信总局奖学金。该项奖学金再加上教育部提供的生活补助费,电信所研究生的待遇即与大学助教相当。[②] 这在当时其他大学的研究所中是少有的,它对于吸引优秀生源并保障其完成学业起了重要作用。

交大电信所对合作单位及社会有关机构的贡献主要是输送毕业硕士生为其服务。研究所还规定研究生论文选题要结合合作机关之实际需要、研究成果由合作机关优先利用、研究生暑期赴合作单位实习等以回馈合作单位。从部分研究生的论文题目上看,这些规定都得以实现。比如《增装交通部现有西联公司调幅电传图像机为调频制之商榷》(1947 届硕士毕业生易晓东论文),《电力线载波电话》(1946 届毕业生严宣哲论文),《顶端加负天线之辐射电阻计算法》(1948 届毕业生金寿观论文)等论文,就有明显的工程实际背景和实用价值。[③]

(四) 办学成就

民国政府时期按教育部规程设立的研究所,其主要职能是培养研究生。交大电信所的办学成就也主要表现为研究生的培养。1944—1949 年,电信所共招考录取硕士研究生 36 人。10 年间,交大电信研究所完成两年学业而毕业的研究生有 29 人(其他 7 人中途退学、出国留学或就业),29 人中获得硕士学位者至少有 19 人。最后两届毕业生即 1950 年和 1951 年的毕业生因新中国废止实行国民政府制定的学位授予法,而新的学位法尚未颁行,故而未获学位。[④]

国民政府时期,教育部对硕士学位授予制定了一套较严格的程序,规定在学两年中如所学课程全部及格,而撰写的论文经所在学校研究生成绩审查委员会口试合格、复经教育部学

---

① 张钟俊:《工科研究所电信学部成立报告》(1943 年)。《交通大学校史资料选编》第 2 卷,第392 页。
② 《复员后电信研究所概况》。《交大周刊》1948 年 9 月 8 日。
③ 《复员后电信研究所概况》。《交大周刊》1948 年 9 月 8 日。
④ 史贵全:《中国近代高等工程教育研究》,上海交通大学出版社 2004 年版,第 148 页。

术评议会聘请专家复查及格后，方可授予硕士学位。交大电信所历年毕业研究生，凡经交通大学校方口试及格的论文，均能在教育部学术评议会通过，获得硕士学位。从1935年4月国民政府教育部颁布《学位授予法》到1949年的14年间，中国授予硕士学位共232名，其中授予工学硕士学位者有39名。从1939年始，全国高校工科研究所达到了10个，此后到1945年一直维持在10—13个之间，至1947年达到了17个。即以10个研究所计，每所平均培养的工学硕士学位获得者还不到4名；而交大电信所从1944年至1949年的六年中所培养的硕士学位获得者，有案可查的就有19名。可以说，交大电信所培养工学硕士在数量和效率方面堪称全国第一，而且其质量亦属上乘，"故交通部电信总局或其他机关，对于该所毕业生均乐于任用，其叙级与国外研究院毕业生者相同"。[①]

电信所培养的研究生在中华人民共和国成立后大多成为电信部门、计算机、自动化和系统工程等新兴技术部门及高教界知名的专家、学者。如：夏培肃，中国科学院计算技术研究所研究员，1991年当选为中国科学院院士，中国计算机科学技术的奠基人之一；20世纪50年代，完成了中国第一台电子计算机的运算器和控制器的设计，编写了中国第一本电子计算机原理讲义，设计研制成功了中国第一台通用电子数字计算机107计算机。陈珽，华中理工大学教授，曾任国务院学位委员会学科评议组成员，中国系统工程学会第一、二届副理事长。陈太一，中国工程院院士，曾任西安军事电讯工程学院教授、南京通信工程学院副院长、中国通信学会常务理事。龙文澄，曾任中国科技大学研究生院教授，主持并负责研制的"伪随机码控制系统"获1985年国家科技进步三等奖。童世璜，曾任中国科学院自动化所研究员，在领导兰州炼油厂等单位进行的工业计算机综合试点工作中作出了重要贡献。万百五，西安交通大学教授，有多项成果分别获国家教委、电子机械工业部科技进步一、二等奖。李嗣范，东南大学教授。杨渊，北京邮电大学教授。蒋大宗，中国生物医学工程主要创始人之一，西安交通大学教授，美国电气与电子工程师协会终身会员。

---

① 《复员后电信研究所概况》。《交大周刊》1948年9月8日。

第六章
校园生活与政治活动

第一节　师生生活

一、师生艰难生活

交大在小龙坎属草创时期，师生借屋而居，场地狭小，凡实验、体育锻炼均需仰借邻近的重庆大学及中央大学的场地设施。九龙坡校区距重庆市区大约20公里，远离闹市，环境优美，在烽火连天的战争年代也算是个安静的读书场所。但是，与其他内迁院校一样，校舍简陋，图书、仪器稀缺，生活艰苦。尽管如此，正如分校主任徐名材所言："渝校创始万分简陋，第勤俭朴，实为母校五十三年来之传统精神，希望能世世永保，不为环境所潜移。"①师生们凭着坚忍不拔、共赴国难的意志，抗战必胜的信念，因陋就简，创造条件，在荒郊土坡上培育人才。

九龙坡泛指川贵公路在重庆过长江的货运渡口旁的一大片地方，那里有汽车渡轮，附近还有九龙坡飞机场，常有运输机起落停留。交通大学建在山坡顶上一个叫黄桷坪的小村庄

---

① 徐名材：《母校五十三周年校庆纪念感言》。

九龙坡长江

里，临近长江。校区面积约300余亩。在起伏的山坡上，依地势修建了教室、教职员工宿舍、学生宿舍、食堂等。因为是山地，多数房屋需先开平山坡再建，挖土之外，还要开石；运动场和大小道路的修建也是如此。学校景象如下文所描述：

> 垂直于公路开筑一条大道，东边为两排教室，西边为礼堂。大道末端（北面）从东到西一排学生宿舍。第一宿舍南边和东边为大小学生食堂，小食堂前有路通往后山教师职工宿舍和女生宿舍。公路南边山上，也有教师职工宿舍。有两个篮球场，一在礼堂东面，各大道面对教室；另一在礼堂南边，位于公路南侧。礼堂为丁字形建筑，前面相当于丁字的一横为办公室所在；后面相当于丁字的一钩是礼堂会场，后面有“舞台”和几间工作室。[①]

---

① 佚名：《我记忆中的交大重庆总校》。西安交通大学：《校友之声》2009年3月，第26页。

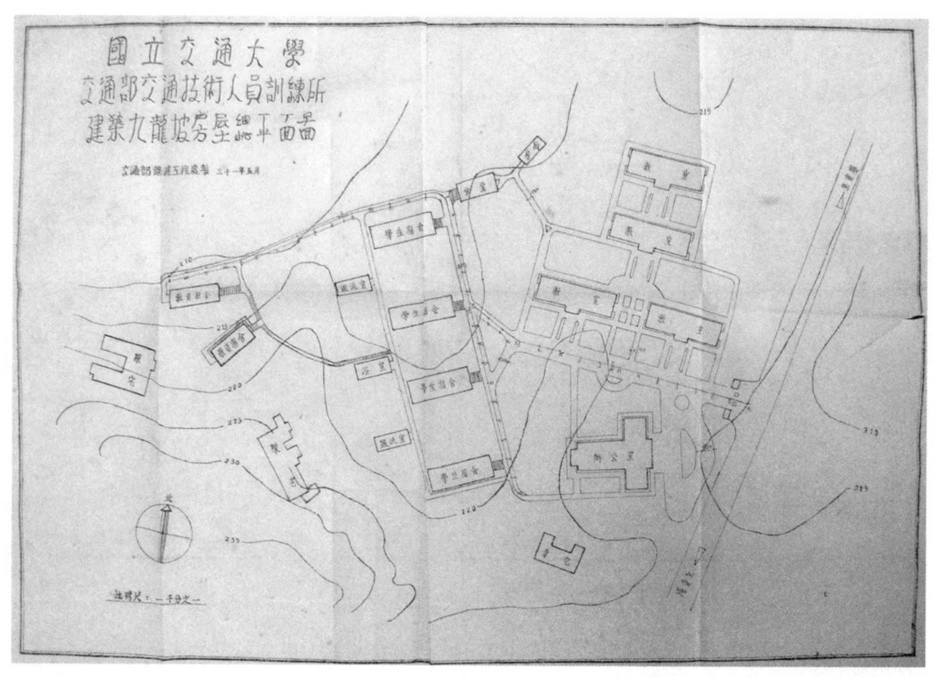

国立交通大学平面图(重庆九龙坡,1943年)

九龙坡校园没有围墙,校内设施简陋,一俟下雨,即遍地泥泞,举步维艰。校园之内只有礼堂是砖瓦结构的建筑,其余教室宿舍都是竹木结构的简易棚屋,夏热冬寒,难蔽风雨。木头为框架,竹篾编成篱笆,抹上泥巴、刷上白粉就是墙,用土坯垒起或用木料钉成简单木架,搭上木板,便是桌凳。校舍总是在持续建设中,勉强适应学生上课需要。1944年秋,学校为入学新生特别扎了三个大席棚做教室,两个系新生共一个席棚合班上课,教室里可以听到临近席棚里老师讲课的声音。[①]

学生住在篱笆墙抹白灰的七幢兵营式宿舍里。新生宿舍是几十人一大间,双人床摆得很密,中间过道只能容一个人通过。室内喧闹拥挤,空气混浊。高年级学生才可以住到有间隔的像小房间的宿舍里去。床铺是分上、下铺的双层床,躺在上铺,可以从瓦缝里看到外面的天空。仅有的少量桌椅供放置脸盆及招待来客之用,缺少专供自习用的桌椅。学生们各出新裁,有人找块画图板挂在床端,垫以衣被做书桌,然后深叹“今天行之觉甚适意,因而看书亦觉定

① 崔峰:《忆重庆九龙坡生活》。《金秋情——交通大学1948届工业管理系同学纪念册》,第91页。

重庆九龙坡文治堂

心”；[①]有睡上铺者，用绳索吊木板悬挂在屋梁下当作书桌，两腿下垂，高坐铺上，伏板自习，偶一欠身就摇摇摆摆，好像演杂技一样，然而熟能生巧，倒也没有发生什么事故。[②]

食堂是学校办的，学生膳食委员会派人轮流监督。轮值的学生跟着炊事员到集市买菜，晚上睡在粮库里防止偷盗。买菜的地方很远，要走到九龙坡镇或山另一边的庙外。粮库是荒郊外的一座小屋，夜里老鼠成群闹翻天。“校舍四周，有不少地方种了庄稼，有的是学校种的，如西红柿，补充伙食用的。还有一个贮水池，贮存山上流下和天上落下的水，以供饮食之用。”[③]全校学生在一个大食堂用餐，八个人一方桌，没有凳子，都站着吃饭。这种情形被同学们形容为“饥肠辘辘野蔬香，日进三餐立桌旁”。由于菜量限额、饭量紧凑，食量小的学生大受桌友欢迎，容易找到组合，吃饭细嚼慢咽这时便成了招致挨饿的弱点。平日伙食为两干一稀，难见荤腥，菜里看不见油星儿。每月末有一餐分量充足的鱼肉供应，于是学生们常怀“月末解馋打牙祭”[④]之想。不过，学生们也有改善伙食的机会，那就是碰到老师请他们到家里吃饭的

① 胡文经:《足迹与心路》,香港华泰出版社 2005 年版,第 91 页。

② 申士标:《记忆里的浪花——交大在重庆琐闻十二则》。《上海交通大学通讯》1986 年 2 月,第 10 页。

③ 佚名:《我记忆中的交大重庆总校》。《校友之声》2009 年 3 月,第 26 页。

④ 魏文川:《九龙坡的生活》。《金秋情——交通大学 1948 届工业管理系同学纪念册》,第 92 页。

日子。重庆岁月,虽然生活清苦单调,但是师生接触较多,上至校长吴保丰,下至一般教师,自家的餐桌上时有三五个学生客人。一遇到师长请客,学生们便以风卷残云之势,将饭桌上的菜肴一扫而光。于是吴保丰把这帮客人笑称作"蝗虫"。

九龙坡校园里缺水,吃用的水是从山下远处一担担挑来的。师生用水很节约,浅浅的一盆水洗完脸后还留在盆里,以备洗手之用。校园里长期没有盥洗室,洗脸、刷牙都到学校旁离公路不远的水池凑合解决。[①] 至于洗澡,夏天到野外稻田旁水池里,用脸盆或小竹筒舀水往身上冲洗。冬天冷得洗不了,很多人都长了虱子,生疥癣、脓溃者也不在少数。后来青年会组织人烧热水,用木桶盛水,每半桶几毛钱,学生们拿到空教室里去冲洗。虽则如此,囊中羞涩的学生们还是负担不起,每月能洗上一次就算不错了。[②] 有的学生索性风雅一回,发动双腿,到十余里之外的南温泉享用免费天然浴,冬天势在必行。

由于处在抗战时期,很多来自沦陷区的学生与家庭失去联系,几乎完全没有经济来源,学费全免,生活靠教育部发放的贷金维持。抗战后期物价恶性上涨,贷金跟不上物价,生活相当困难。住的有了,吃的好坏也有了,衣服多少能

重庆九龙坡校舍

① 陈一存:《从九龙坡到徐家汇》。《金秋情——交通大学1948届工业管理系同学纪念册》,第97页。

② 崔峰:《忆重庆九龙坡生活》。《金秋情——交通大学1948届工业管理系同学纪念册》,第91页。

应付，行有两条腿，但书刊、纸张、笔墨、日用品往往就没处着落。学生们开动脑筋，笔记本买不起，将用过的一面翻过来，再用一次。书，是代代相传的，上届学生用过的，留给下届；由于"书缘"，离校后相遇而结为至交的为数不少。[①] 桐油灯曾经是当时的照明工具。国难期间，物资奇缺，办学经费很少，校舍不足，机构压缩，人员精简，连教师工资都不能保证，但学校却节俭各种费用，省下钱来购买灯油，发给愿开夜车的学生，要多少给多少，只要努力学习就好，学校因此得到"学习为纲，其他砍光"之名。[②] 校中房舍依山而建，学生晚上端上小油灯（小碗里倒些桐油）去上晚自习。山路难行，一不小心就会滑倒，桐油沾了一身。学校也曾发柴油点灯，灯烟很大，学生们美其名曰紫烟烛。九龙坡上房舍简陋，饮食粗鄙，长灯相伴，而师生精神不堕。一日，一宿舍的竹条泥巴墙中突然钻出一人头来，原来，隔壁学生玩耍中一头撞破了陋壁，于是乎脑袋穿墙而入。学生们哄笑着将校内种种强差人意之处汇总，谑曰：此乃久吃八宝饭、日焚紫烟烛、修道成仙而练就的"遁墙术"。

九龙坡是个小镇，只有三四十户人家。在那里买不到报纸，听不到广播，看不到电影。因为离城较远，有警报可以不进防空洞，没有昆明、重庆等市区跑警报的慌乱紧张局面。因为战事阻隔，大部分学生常年住校，寒暑假也不能回家，宿舍、课堂、餐厅，三点一线，终年如此。学校附近有一条小街，有若干茶馆、邮局、文具店，还有小饭店与茶馆，是学生调剂生活的两个重要去处。前者"打牙祭"，一碗"浆"锅面；后者沱茶一杯，四人桥牌围坐，夏日炎炎，一泡就是半天。老校友诗作中即有"弈棋、打牌、看书报，饥肠辘辘始知返"[③]之句。学校离重庆市区较远，虽有汽车、轮船可以通行，学生们由于经济原因主要还是仰仗步行，也就极少前去。校门附近通往市区的公路上，常有军车、货车经过，有些学生便往马路上一站，搭过路顺风车。但有一次，一个学生搭车返校，到校门口时从车上跳下来，结果意外摔伤致死，全校为之震惊。

教师们的住宿同样简陋。在小龙坎时，教授只有一间十一二平方米的宿室，室内有一桌、一椅、一凳、一竹架和一中人床便很拥挤了。张钟俊的房间窗户朝西，正好对着相距仅两米的大厨房，以至于室内光线很暗，厨房里的油烟味一天三次飘入室内。他风趣地说："我是最先享受到饭菜的香味，太幸福了。"[④]九龙坡时期，教师住宅有唐平村和南洋村两处，教师大多住在校内，如张钟俊、季文美、王达时、张思侯等住在唐平村，徐人寿住在南洋村。学校为

---

① 梁炤升：《独有所钟》。《老交大的故事》，第 369 页。

② 申士标：《记忆里的浪花——交大在重庆琐闻十二则》。《上海交通大学通讯》1986 年 2 月，第 11 页。

③ 魏文川：《坐茶馆》。《金秋情——交通大学 1948 届工业管理系同学纪念册》，第 111 页。

④ 曹鹤荪：《终身难忘——怀念张钟俊兄》。《上海交通大学通讯》1998 年 1 月，第 56 页。

教授们盖的简易小“洋屋”三五成片，样子倒也别致，不过，透风漏雨，实际条件比起学生宿舍也好不了多少。由于学校发展迅速，即便如此简陋的教师宿舍也甚为紧张，不足分配。1943 年，商船专科学校并入，教师人数大增，当即兴建住宅 6 幢。除 1 外籍教师，其余入住者皆为有 3 个以上子女的教师。教师生活也很简单，平时文娱活动很少，偶尔打几次桥牌，偶尔约几个人同去游览南温泉，偶尔进城去购物。

然而，生活虽然艰苦，校园里师生关系却愈觉密切，教师们简陋的小屋中不时有学生来访，老师、师母殷勤接待，愉快交谈。校长吴保丰体型较胖，学生戏说校长“腹似如来，心似观音”，和他在一起，亲如家人父子，一起吃饭，那是不用客气的。[①]这一时期，师生同学之间更充溢着团结互助和友爱。学生多数没有经济来源，生活困窘，却不惮相互接济，笑称“穷帮穷”。再有校友鼎力相助、沪平唐三院师生互助，这些都是战争年代支撑师生努力向学的最切实的物质支援与弥足珍贵的精神支柱。

虽然战事犹酣，师生们对国家命运、个人前途都抱有乐观的态度，对抗战

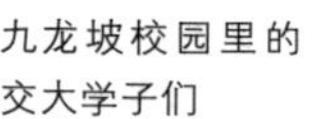
九龙坡校园里的交大学子们

① 魏凌云:《杂忆九龙坡》。《老交大的故事》,江苏文艺出版社 1998 年版,第 383 页。

抱有必胜的信念，对未来充满信心。出自这样一种爱国之心，师生千里流亡，历尽艰险，九死如饴。土木系教授康时清是南洋公学时期的毕业生，后留学英国，曾被选为英国皇家科技学院院士，1928 年交大复设土木科时来校任教。汪伪接管交大后，康时清不愿接受聘书，毅然退出从教十余年的母校。他变卖自己的住房，筹集了一笔路费，不顾体弱有病，携带全家老小，跋山涉水，风雨兼程，半年后终于到达九龙坡，在交通大学本部任教。像康时清这样不畏艰险奔赴重庆的，还有钟伟成、熊大惠、沈奏廷、吴清友等教师。学校许多教师是刚从海外归来的留学生或知识分子，在当时的情况下，从条件优裕的国外回到战火纷飞的祖国，本身就需要极大的勇气与意志。回忆起这段生活，航空系教授曹鹤荪说抗战时期师生生活是清苦的，但心情是愉快的。[①] 小龙坎时，校舍是借用交通部技术人员训练所的房屋，“人在屋檐下”，学生们不但不低头，反而昂首阔步，精神饱满。九龙坡黄桷坪地方偏僻，师生们却笑谓此地“九龙盘踞，唯我独尊”，是个学习好场所。这种乐观情绪，推动大家在艰苦的条件下把学校办得很有朝气。

二、学生辗转求学

在上海法租界的交通大学被汪伪接管前后，许多学生选择离开学校。九龙坡改成交大本部后，更让沪上学生看到了去内地的可能性，有条件的背起行囊，穿过日伪封锁线，纷纷奔赴西南大后方。有零散的，有只身独往者，有三五结伴而行者，有举家西迁者。有的学生为了躲避日伪军的搜查，离沪时请皮鞋匠把鞋后跟挖空，将学校签发的证件和成绩单藏在里面。有的由于缺少路费，几个月的艰难旅途，每天只靠几个烤山芋维持生命。

1943 届校友许国志

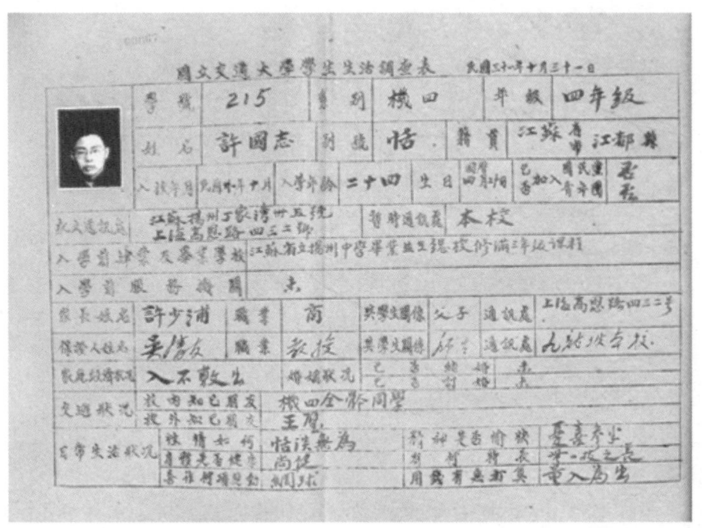

國立交通大學學生生活調查表
學號 215　系別 機四　年級 四年級
姓名 許國志　別號 怙　籍貫 江蘇省 江都縣
入學年齡 二十四
暫時通訊處 本校
入學前服務機關 未
家長姓名 許少浦　職業 商　與學生關係 父子　通訊處 上海高恩路四三二號
職業 教授　通訊處 九龍坡本校
家庭經濟狀況 入不敷出
婚姻狀況 已否結婚 未　已否訂婚 未
交遊狀況 校內知己朋友 機四全體同學
日常生活狀況 性情如何 恬淡無為　身體是否健康 尚健　喜作何種運動 網球

1943 届校友、中国工程院院士许国志曾作诗一首，描述了当年他奔赴重庆途中的一段艰难行程：

崎岖七日似登天，几见骷髅倚道边。

---

① 曹鹤荪：《母校航空系十年（1942—1952）回忆》。《交大校友》（1987），西安交通大学出版社 1988 年版，第 93 页。

小店鸡鸣凉共被,酒家虎咽饱加鞭。
南来北往多商贾,东云(运)西输半帛烟。
堪笑书生身瘦弱,行囊尤得假人肩。[①]

交通大学的学生中还有不少是不远千里到大后方来投考的。这些不足20岁的年轻学生,从日本统治区辗转逃到后方,背井离乡,不知何日能回归故乡,他们却义无反顾踏上征程。途中漂泊流浪,短的几个月,长者经年。1945年考取重庆交大电信管理系的校友胡文经,从1944年6月离开家乡到内地投考大学,一路走走停停,兼打零工维持生活,次年5月方到重庆。他回忆说:"到重庆时已不仅钱无几文,且经几十天日晒雨淋,干干湿湿,身上衣服已破烂……真形同乞丐。"[②]

对于师生的千里跋涉,学校以及校友会给以了极大的支持与帮助。学校方面做出了一系列的措施:如沪唐平三院互通,学生可以就便选择入读学校;对于内迁师生,学校尽量提供旅费。校友会方面,则利用当时交通大学校友遍布大后方交通机关的便利条件,对于母校师生内迁,莫不事先联络准备,倾尽协助之能事:在各地车站、旅社张贴联络方法,给西去的学生提供免费车票,还发给一定的旅费。1945届校友黄召生曾辗转上海、平越、重庆三地,千里流亡,两度奔波,他的求学经历较集中地反映了这一特殊时期学校及校友会对青年学子的帮助。太平洋战争爆发后,上海租界中的学生们预感到南京汪伪政府接管交大势所必然,许多人倾向流亡内地。黄召生与同学严德荣、裘纯坚相约同行。他1942年3月14日离沪,29日抵金华,投宿于上海流亡学生招待所,招待所免费供餐。虽然吃住不发愁,接下去怎么办?众多同学心中无底。黄召生回忆道:

未满3天,交大校友会委托3位老校友赵曾钰、胡瑞祥电信特派员及浙赣铁路局局长金士宣,约见到达金华的交大师生……称:已拨出经费,资助现到金华的交大师生车旅费,直赴重庆交大继续任教或续学,但也可以转学贵州平越唐山交大……师生共9人伴行,首批离开金华。我们清明上火车,享受免票,金士宣局长亲临送行,感激至深。次日车抵终点鹰潭,身为车务段长的交大校友已迎候站台……达广东韶关。赴校友会联系,已早有准备,专为我们加挂特卧,直送衡阳……

1942年夏,获知重庆交大航空工程系创立,开二年级班,招收转系生。我与高

① 许国志:《此生难得是人和》。《逝波集》,第262页。
② 胡文经:《足迹与心路》,香港华泰出版社2005年版,第91页。

恩溥、倪荣富申请转学，幸蒙批准，并汇来车旅费，并为唐山交大校部放行。我们3人便又走上“征程”。先到贵阳，又得校友会的照顾，可免费搭乘资源委员会的便车……车抵重庆，直往小龙坎重庆交大……[1]

在学校及广大校友的大力资助下，交大有将近100名师生穿越多个省份，突破日伪封锁线，克服重重苦难，经过数月的艰苦跋涉和辗转劳顿，终于到达了重庆交大。

三、以校友为榜样

抗战时期，条件艰苦，而交通大学仍然可以源源不断地培养出高质量的学生。有校友认为，当时很多极有成就的校友对在校学生们起到了推动作用。[2]重庆时期，交大校友于母校之贡献，远非捐赠、资助等物质方面的帮助可以概括。校友们更以其在各自行业上的成就给在校学子们树立起榜样，成为学生们具体可学、可以追求的目标。当时的学生们都知道茅以升院长是交大自开办以来大学4年总平均分为96分的第一人，钱学森博士在国外遐迩闻名，还有

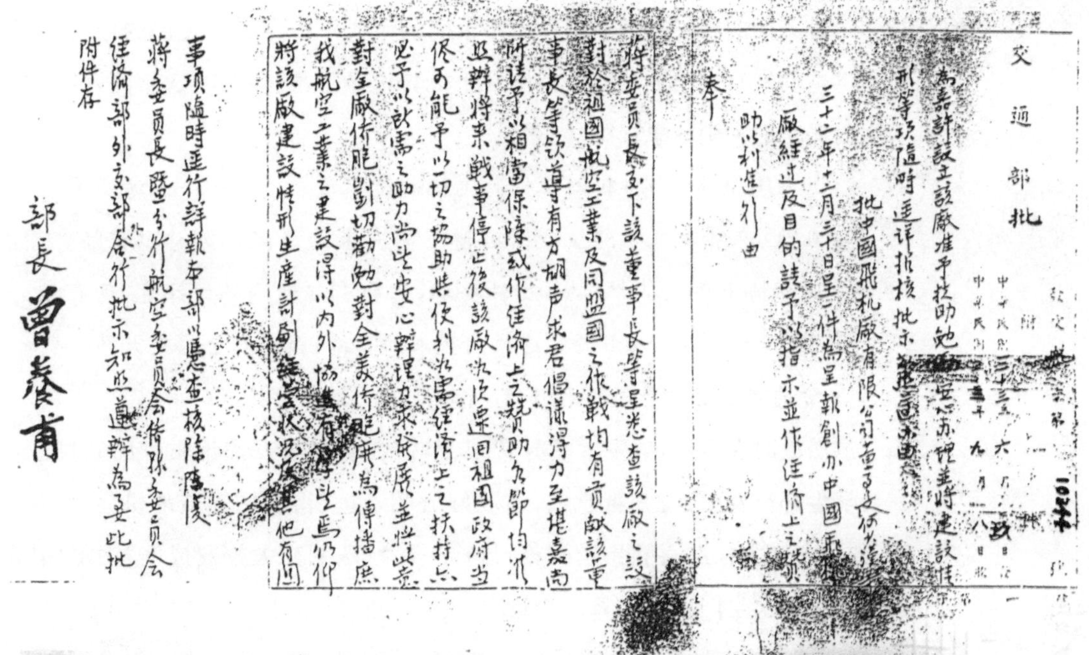

交通部批

為嘉許該主該廠准予扶助勉[illegible]安心办理並將建設情形等項隨時逕詳報核批示[illegible]

批中國飛机廠有限公司董事長何[illegible]

三十二年十二月三十日呈一件為呈報創办中國飛机廠經過及目的請予以指示並作經濟上之贊助以利進行由

奉

蔣委員長交下該董事長等呈悉查該廠之設對於祖國航空工業及同盟國之作戰均有貢獻該董事長等欽尊有方胡声求君倡議得力至堪嘉尚所請予以相當保障或作經濟上之贊助各節均於必辦將來戰事停止後該廠決定遷回祖國政府当亦可能予以一切之協助共便利此需經濟上之扶持亦必予以所需之助力尚望安心辦理力求發展並將對全廠僑胞剴切勸勉對全美僑胞廣為傳播庶我航空工業之建設得以內外協[illegible]有[illegible]焉仍仰將該廠建設情形生產計劃[illegible]其他有關事項隨時逕行詳報本部以憑查核除陳蔣委員長暨分行航空委員會僑務委員會經濟部外交部合行批示知照遵辦為要此批

附件存

部長 曾養甫

1944年国民政府交通部对飞机厂的嘉奖令

① 黄召生：《三地交大读书回忆》。西交档。

② 胡定：《回忆和展望》。《交大校友》(1991)，西安交通大学出版社1992年版，第214页。

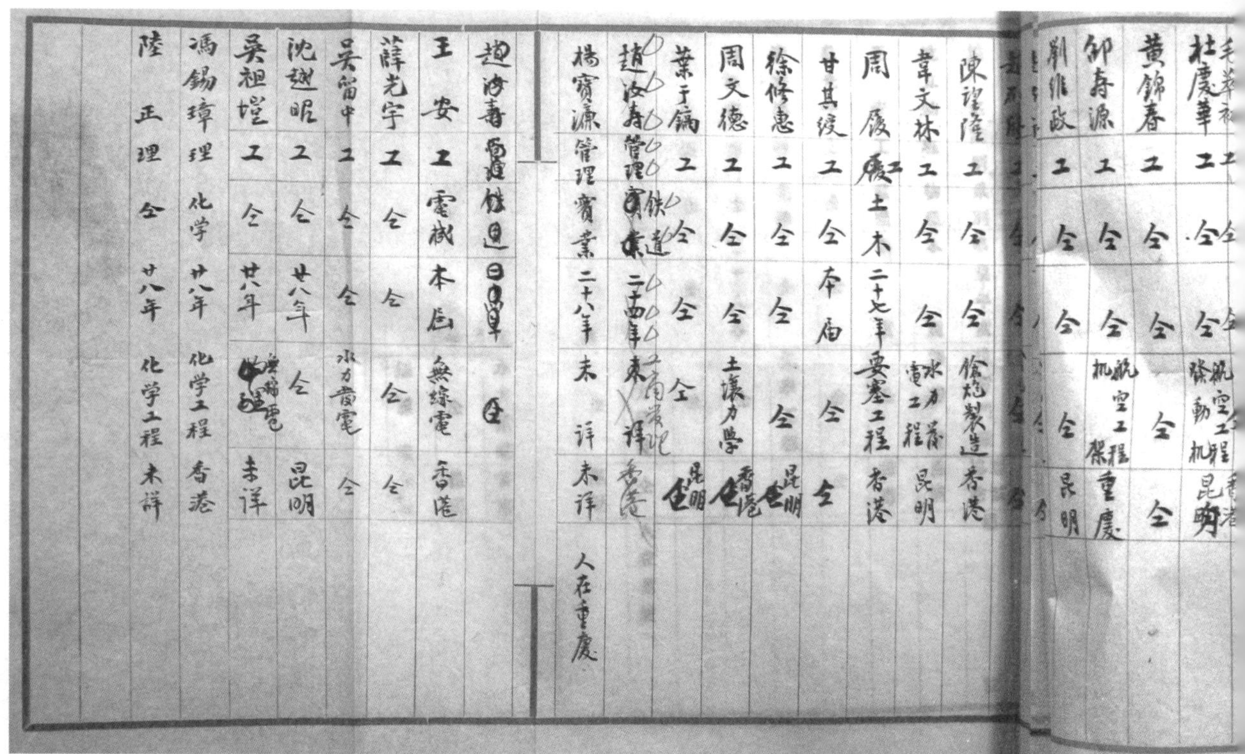

1940年交大各届毕业生投考清华留美公费生文件

很多每日见面的师长都曾在国外取得很高的荣誉……交大校友们的佳绩成了激励学生们发奋学习的动力。校友申士标曾记录下发生在1943年间,令交大人大为振奋的一则往事:

> 抗日战争时期,我国唯一的飞机制造厂设在美国……上海交大毕业生、麻省理工学院航空工程博士胡声求为总经理兼总工程师。那时胡博士年仅二十五岁,出任要职,立即引起新闻界的注意,负有声誉的《大公报》,在社论栏连载胡声求的事迹,轰动社会。交大学生纷纷询问曾留学美国的老师,打听胡博士的详细情况。①

虽然战时在重庆,学生生活异常艰苦,但在著名校友杰出贡献的鼓舞下,在校学生都奋发图强,刻苦学习,争取好成绩,以获得出国深造的机会。1944年,数百名交大校友喜获出国资格,这样一次特殊的交大校友成绩"大汇展",更是令在校学生们备受鼓舞。交通大学自开办之初,即有选送学生出国之传统,交大校友中有留学背景的不在少数。抗战时期,国民政府进行了一系列的

① 申士标:《记忆里的浪花——交大在重庆琐闻十二则》。《上海交通大学通讯》1986年2月,第10页。

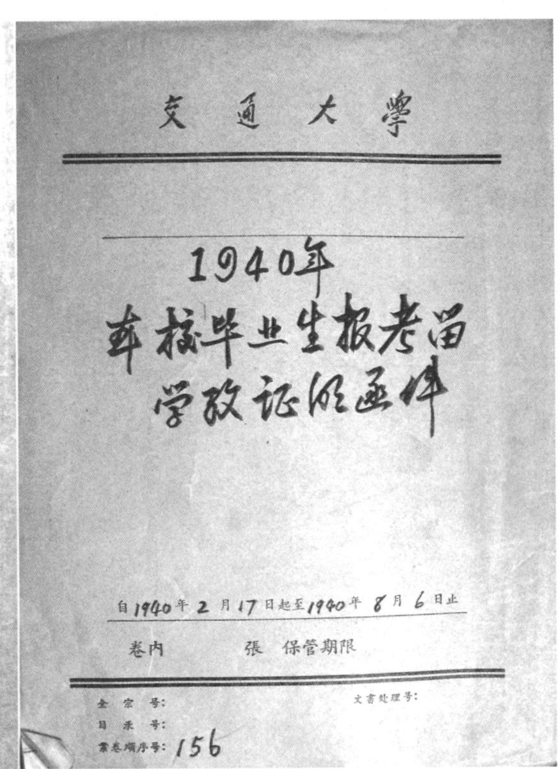
交通大學

1940年
本校毕业生报考留学攷证明函件

自1940年2月17日起至1940年8月6日止

卷内　　张　保管期限

全宗号：
目录号：
案卷顺序号：156

文书处理号：

留学甄选及选拔考试，其中包括1942年英国文化委员会提供留学奖学金的选拔考试，1943年英国文化协会及工业协会提供研究及实习名额的选拔考试，1943年的第六届清华留美公费考试、首届自费留学考试，1944年的选派出国考试等。交大校友纷纷应试，入选者甚众。1940届电机系校友王安即在这一时期致函学校，呈述自毕业后，在校任助教一年，并又至桂林中央无线电器材厂服务，所具资格符合出国进修条件，要求学校保送教育部甄选公费赴英实习，并于1944年以第二名的成绩通过公费选拔。及至1944年秋，交大有校友近400人得以赴北美、西欧各国讲学、考察、留学后实习，人数之多为当时各校所仅有。交大举校欢腾，决定在九龙坡校园为这批校友举行欢送会。当日，校门前两侧跨公路各布置一座松柏牌坊，上书欢送字样。校园内张灯结彩，盛况空前。校外车水马龙，行人驻足。无论师生，无论老少，人人欢欣鼓舞，精神振奋。1945年的一天，重庆各报报道：美国麻省理工学院机械系主任写信给国民政府教育部，3名中国留学生荣获该院机械系研究生论文前3名，经教育部查定，其中就有朱城(第一名)等两名为上海交大毕业生。[①]

就这样,交大校友们以自己的成绩昭告后辈学子们,美好的将来不是可望而不可及的目标。以校友为榜样,以学校为骄傲,这些无声的向导,促使在校学生们积极上进。战争的残酷,物质的贫乏,丝毫不能阻挡交大学子向理想迈进的步伐。

第二节 政治活动

一、学生从军抗日

抗日战争时期,交通大学学生出于爱国热忱,响应重庆国民政府的抗战政策,积极从军,在校内掀起从军热潮。

1941 年底太平洋战争爆发后,英美盟军对日宣战,采取"在中国武装和训练中国军队的办法",在昆明设立步兵学校、炮兵学校和空降兵等各种训练班,培训中国下级军官和士兵。来华盟军日益增多,需要大批军事翻译人员,社会上招募人员的质量数量都不能满足需要。1943 年初,重庆政府军事委员会颁发《专科以上学校学生充任译员办法》,征调学生从军担任盟军译员。办法规定:为同盟国军事联络之需要,经本会外事局与战地服务团会商,由教育部令选专科以上男生应征,一经征调均保留其学籍。大学四年级第一学期后被征调,服务成绩可作第二学期学分准予毕业,但须服务二年后发给证书。征调学生先受训,后分配,并具体规定津贴、待遇等。[②] 3 月,交通大学即有 26 名学生应征,其中机械系航空组陈时雄等 17 名进入中训团译训班受训。[③] 1943 年 10 月,教育部下令从几所高校四年级中征调学生当美军译员。重庆的交通大学分得名额 50 个。学生出于抗日救国热忱纷纷响应,四年级学生几乎全体报名,以至于要求免去期末大考,学校对以"征调与免试两事尚在教育部斟酌办理中,本校未奉部令以前各生应安心学业"。[④] 截至 1943 年 10 月底,重庆交通大学应征从军担任译员的学生,包括上半年的 26 人在内总计 71 人,全部为四年级学生,其中,机械系学生最多,计 50 名;财务系 1 名,运输系 12 名,电机系 8 名。[⑤]

---

① 申士标:《记忆里的浪花——交大在重庆琐闻十二则》。《上海交通大学通讯》1986 年 2 月,第 10 页。

②《军事委员会征调各专科以上学校学生充任译员办法》(1943 年 1 月)。上交档:LS1 - 205。

③《吴保丰代校长致函军事委员会外事局》(1943 年 4 月 5 日)。上交档:LS1 - 245。

④《交通大学校史资料选编》第 2 卷,第 398 页。

⑤《卅二年度第一学期应征译员学生名单》(1943 年 10 月)。上交档:LS1 - 317。

1944年秋，日军大举进攻桂黔，严重威胁陪都重庆。10月10日，国民政府军事委员会发表《告全国青年书》，提出“一寸山河一寸血，十万青年十万军”等口号，发动“知识青年从军”。10月24日，蒋介石发表《告知识青年从军书》，“号召有志节、有血性的知识青年，一致奋起，志愿从军”。第二天，中央大学校长顾毓琇、交通大学校长吴保丰、复旦大学校长章益等24所大学校长联名致电蒋介石，并表示要恪尽职责，指导青年踊跃应征，以雪国耻。① 知识青年从军运动成为国统区人人关注的焦点。很快交通大学成立从军征兵委员会，开展从军动员。至11月24日，交大报名从军学生已达102人，其中四年级学生40人，占当时全部四年级学生数的四分之一。1945年初，日军攻占贵州独山，贵阳危在旦夕，平越唐山交大被迫停课。莘莘学子怀着对日寇的无比愤慨，认为鬼子打来了，横竖书读不成了，不如弃学从军杀敌。于是在重庆的中央大学、重庆大学，昆明的西南联大等校相继出现前所未有的参军热潮。② 交通大学九龙坡校园里也很不平静，学生无心向学，毕业班更加动荡。这时，陆海空三军及随军英文翻译齐来招募。海军招收赴英美培训人员，准备借舰参战，造船及轮机专业有不少同学报名；空军及航空委员会成都机校高级机械班分别招收领航员与学员；陆军招青年军；招懂英文的随军翻译，不分系科。这些高校征兵办法，优待毕业班学生，承认他们的毕业资格；加之学校也有西迁之说，随校西行，对毕业班更无意义，高年级学生于是应者云集。这样，1945年学校只有毕业生20余人在校。③ 至1945年2月，交通大学学生参加青年志愿军45人，政工人员5人，女政工人员1人，海军81人，空军高级机械班17人，空军飞行及领航12人，译员16人，总数达177人，占1944年度在校生的13.21%。④ 交大从军学生素质优良，得到各征调单位的赞誉。如1945年3月，航空委员会就致函学校：“在贵校招收之新生学科成绩均甚优良，并能遵守纪律，实为不可多得，足见贵校训练有素。”⑤

为从军学生今后的学业及发展着想，1943年11月学校教务会决议对有关从军学生所在系科年级的重要课程加以调整，凡主要必修课每周课时尽量增加，非主要课程即停开。造船系及轮机科学生从军者甚众，该系叶在馥教授于是致函教务处，对于从军学生在从军前必须补完课程、从军后回校应读课程及年限、依照军人优待办法可免读而承认的学分等三方面提出具体建议，还希望学生对所学课程能详记主要原理，上缴指定的习题。学校方面更是关怀

---

①《大学二十四校长倡导青年从军》。《中央日报》1944年10月25日。

② 侯德础：《略论抗战后期的知识青年从军运动》。《一九四〇年代的中国》(上卷)，社会科学文献出版社2009年版，第122页。

③《三十三学年第一学期国立交通大学毕业生数报告简表》。上交档：LS2-147。

④《上海交通大学纪事(1896—2005)》(上卷)，第352页。

⑤《上海交通大学纪事(1896—2005)》(上卷)，第351页。

备至,征兵工作结束,旋即成立从军同学服务委员会,专门管理从军学生的学习情况、学籍等,对从军学生的管理事务未有懈怠。1945 年 8 月抗日战争胜利后,从军学生先后复员回校,除应届毕业生按规定直接毕业外,有的返校补读若干学分后毕业。参加过远征军的学生张泽仁、方熊、吴振东、黄贻诚、林雄超、林家铿、裘有安等,还发起成立了以张泽仁、方熊为负责人的"交大从军返校同学会",以便妥善解决从军学生返校后的学籍等各项事务。

从军学生离校后,仍与学校保持联系。1945 年 4 月 8 日校庆,就有机械系从军学生杨大雄代表 1944 届从军同学致电吴保丰校长,祝贺校庆 49 周年,并祝全体师长同学健康。昆明译员陈诉闻等 16 名交大从军学生也致函祝贺。学校方面也随时关注从军学生的消息。1945 年 4 月中旬,有传言海军学生兵乘坐的运输船被德国潜艇击沉,许多学生兵不幸遇难。校长吴保丰立即致函海军总司令部:"经闻本校第三批海军从军同学在船上失事,请将详情回复。"未果,又致信海军官兵选派委员会问询。几经周折,证明为虚惊一场,交大从军同学服务委员会随即贴出布告,向广大师生通报平安消息,并请同学们转告各位投效海军同学的家属。[①]

杨大雄烈士

杨大雄是交通大学从军学生中牺牲在抗日战场上的烈士。杨大雄 1921 年 10 月 26 日出生于上海市。1940 年秋,考入租界中的交通大学机械系,由于品学兼优,历任班长。太平洋战争爆发后日寇进入租界,1942 年春,杨大雄与好友离开上海奔赴重庆九龙坡交通大学。他取道浙江、安徽、江西、湖南、河南,闯过数道敌伪封锁线,忍饥挨饿,亲历日军暴行造成的苦难。1943 年 11 月,升入大学四年级不久的杨大雄,响应政府号召应征译员。他在国民党第 79 军担任美军翻译官,先后参加了抗击日本侵略军的多次战斗。1945 年 6 月 21 日,杨大雄在柳州前线与日军遭遇,奋勇杀敌,壮烈牺牲。为国捐躯时,他年仅 25 岁。1948 年 6 月 21 日——杨大雄牺牲 3 周年之际,交通大学徐汇校园里举行了杨大雄烈士追悼大会暨烈士纪念碑揭幕仪式。交通大学国文教授王蘧常曾为杨大雄授过课,他亲笔为杨大雄纪念碑题写碑文,诗曰:"君志

---

① 荣正通:《峥嵘岁月 真情永隽——抗战后期交大学子投效海军轶事》。《上海交大报》2009 年 3 月 9 日。

拿青云，君节挺劲竹。君骨虽已灰，君气立山岳。”铿锵诗句，是对杨大雄烈士崇高品格的生动写照。1997 年 1 月 22 日，上海市人民政府追认杨大雄为革命烈士。

二、中共地下党员活动

1940 年交大在重庆建立分校，从此交大就分上海（沪校）、重庆（渝校）两地办学。两地学校的各种抗日救亡斗争都是在党的领导下进行的，但是由于环境不同，形势不同，两地抗日民主运动所采取的方式也不同。这一时期，沪校重建了中共党组织，队伍逐渐扩大。同一时期，渝校却没有中共党的组织，党不进行直接、公开的活动。这是因为渝校地处重庆，而重庆作为国民政府的陪都，是国民党力量集中地，政治控制特别严格。1940 年底，交通大学分校创建时，重庆这个抗战大后方政治气氛颇为紧张，1941 年 1 月即发生了震惊中外的“皖南事变”，国民党发动了第二次反共高潮。国民党八中全会作出关于“加强学校训导工作，以期青年思想均能导入三民主义正轨”的决议。1941 年 10 月，国民党中央又发布了加强学校训导工作机密指示，由教育部转发各校切实执行。交通大学校方也加强了管理学生的训导处，并颁布学生团体、出版、集会规则限制学生活动。1943 年秋国民党交大区党部正式成立，三青团组织也相继成立，并控制了交大学生会组织。在重庆交大校园里国民党、三青团、训导处三位一体钳制着学生和教师的思想和行动。

抗日战争时期是国共两党第二次合作时期，根据当时形势，中共南方局[①]根据中共中央 1941 年 5 月 8 日指示精神，1942 年 1 月对西南党组织的工作提出“隐蔽精干，长期埋伏，积蓄力量，以待时机”的方针，指示重庆的大学里不建立中共组织。所以，重庆各学校没有党的组织，如有个别党员也是秘密的单线联系，没有垂直的直接领导，也没有发展党员和建立党组织的任务，重庆的交通大学也不例外。当时，交大校内也有中共党员和党的外围组织成员，但都是由校外转入或外校并入的，都不是在交大发展的。学校里有失掉联系的党员和党外围组织成员李嗣尧、周盼吾、吴群敢、袁嘉瑜、钱存学等。李嗣尧是 1938 年在安徽芜湖迁重庆的萃文中学加入共产党，1940 年考入重庆商船专科学校，1943 年 6 月，随商船专科并入重庆交大，他的组织关系由中共南方局川东特委重庆市江北县委领导人李晓岚单线联系。财务管理系的吴群敢是 1941 年在广东读中学时在家乡河南入党，因组织遭到破坏而失去联系。运输管理系的周盼吾是 1939 年在四川读中学时入党，1941 年皖南事变后失去联系。机

---

① 南方局：是中国共产党在抗日大后方的司令部，是共产党同国民党交涉、谈判抗日大事的代表机关。它的主要领导人是中共中央副主席周恩来。

械系的袁嘉瑜也是由外面转入交大,无法和原来的党组织联系。钱存学是1939年在上海参加党的外围组织上海"学协",1942年在上海麦伦中学入党,并参加了新四军,1943年转移去重庆时,与组织失去了联系。学校党员出现新情况:校内有党员,却无党的组织;个别党员分属原来不同的组织系统;有的党员失去组织联系,找不到垂直领导;党员活动一般是个人的行动,相互之间没有联系。这些失去党组织直接领导的地下党员们自己根据对《新华日报》《群众》杂志等报刊上的公开言论去分析判断形势,以个人身份进行活动。①

1943年,中国人民的抗日战争形势有了很大的改观。大后方的青年要求抗日的情绪日趋活跃。中共中央南方局青年工作委员会为了开展青年工作,经周恩来批准提出:由重庆《新华日报》社青年组出面,在青年学生中建立积极分子"据点",把积极分子组织起来,团结群众,投入抗日民主运动;指定刘光、朱语今等以《新华日报》青年组的名义,直接与重庆各大学的进步青年进行接触。当时决定在重庆沙坪坝的中央大学和九龙坡的交通大学首先建立"据点"。与"据点"直接联系的进步青年,作为党的"积极分子",接受青年组的指导,在各自的地区进行工作。

交通大学积极分子"据点"由熊庆生直接与《新华日报》社青年组的朱语今联系,汇报情况。钱存学、孙仲元和中央大学积极分子"据点"的党员李慕庚、时昭溥经常联系,互相交流。抗战后期,交通大学重庆部分尽管没有统一的党组织作领导,但是校内的积极分子、党员无论有否党的组织直接领导,也像上海地下党一样,或是接受组织的安排,或是根据党的"勤学、勤业、勤交友"的指示进行活动。"据点"的积极分子都是品德高尚、作风正派、学业优异的学生,对于政治形势与时局的分析,都能切中时弊并能以理服人,因而在同学中很有威信,为同学所信服。他们在各自分散的情况下,深埋在群众中,利用各种合法的组织开展适合青年学生的阅读书刊、议论时政等交友活动,以自己的言行影响、团结周围的进步青年。交大不少学生都是在"据点"积极分子的影响下,通过阅读进步书刊,接触马列主义,特别是投入实际生活、观察社会,走上革命道路的。如李家镐,他出

大学时期的李家镐

① 《民主堡垒》,第102、103页。

身于国民党官员家庭，在上海就参加了“上海学联”进行抗日救亡的斗争。1944 年，在贵州遵义浙江大学读书的李家镐在“国家兴亡，匹夫有责”的爱国热情驱动下参加了青年军。在军队中他目睹国民党军队的反动和腐败，张贴大字报进行揭发和批判，结果被捕入狱。他的狱中日记曾以《一个青年军人的日记》为题在《新华日报》连载发表。出狱后，李家镐转学进了重庆九龙坡的交通大学。此时，他向往中国共产党，追求马克思主义真理，积极靠拢组织，在“据点”积极分子的帮助下，终于在抗战胜利复员回沪后加入了中国共产党，并在斗争中成长为进步青年的杰出代表。

三、爱国民主呼声

这一时期交大的中共地下党员根据南方局的指示，以“勤学，勤业，勤交友”等形式，开展交友活动，影响、团结一些进步青年。政治上的高压，虽然在表面上暂时抑制了学生的革命活动，但是，重大的民族灾难、国民党腐朽的统治终究无法使广大学生完全沉溺于书本。在重庆的五年，交大学生在寻求救国救民的路途上，逐步认清了国民党的反动腐朽本质，通过阅读进步书刊，接触了马列主义，认识到中国共产党的伟大和正确。爱国师生关心国事，对当局危害抗战的行为起而反对，要求民主的呼声越来越高。重庆虽为国民政府所在地，对学生的思想控制甚为严格，但交大学生的民主要求仍十分强烈。通过以下几件事，可以得以印证。

（一）马寅初在九龙坡演讲

九龙坡校园经常请知名人士来校演讲。令学生记忆深刻的，莫过于 1945 年 5 月经济学家、民主人士马寅初的一次演讲。抗战期间，马寅初在重庆大学商学院任院长兼教授，着重研究中国战时经济问题。1940 年，因反对国民党政府所推行的财经政策，马寅初公开发表演讲，抨击蒋介石政权的战时经济政策，痛斥贪污，要求开征“临时财产税”，重征发国难财者的财产来充实抗日经费，矛头直指“四大家族”。1941 年底他因之被捕，并被关入了息烽集中营。马寅初的演讲犀利大胆、切中时弊，为政府当局所忌惮，却深受人们爱戴。请他来校演讲，无疑给国统区严格思想桎梏下的师生们送来了一阵民主的新风。1948 届机械系学生王锡纯曾著文描述当时的盛况：

> 九龙坡大礼堂虽简陋，可也能挤得下近千人。这一天，人头攒动，连窗户栏杆处也挤满了学生，原来是马寅初教授来校作报告。
>
> ……
>
> 掌声不绝于耳，老人中气充足，语调宏亮，情绪激动，当他声色俱厉地痛骂当局

祸国殃民时,真是又顿足又疾呼。

……

台下一片欢呼声,交大还从来没有像那天沸腾过。[①]

许多在九龙坡校园生活过的校友都提到过这次令他们耳目一新、一吐胸中郁结的演讲,更有人作诗云“喜看新华论国是,寅初演讲多启迪。”[②]

(二) 拒考“三民主义”

“三民主义”是当时国民教育部要求各级学校都必须设置的一项课程,重庆交通大学也不例外。1943年,学校通知全体学生考“三民主义”,未曾想到在不小的礼堂中,仅有一位女学生准时应试。于是考期再行通告,并强调如再不参试,将扣发公费,不许免费用三餐。航空系黄召生等学生以为不参试的人多了,可能不再追究,仍未应试。谁知仅缺他们几张考卷,结果拿不到饭票。黄召生等人找教务长据理力争,认为扣发公费不当,经系主任季文美教授出场调解,才从轻发落。[③]

(三) 集体罢考事件

1945年7月18日,学校运输管理系二年级全班学生举行了一次集体罢考的联合行动,轰动全校,震惊教育部。

事件发生的直接导因是:某教授讲授运输管理系二年级两门课,期中考试他的一门课程39人参加竟有35人不及格。该教授扬言,期终考试题目连教师也难做出。学生闻之,认为教授如此出偏题、怪题,不是治学的严谨,而是故意刁难,而且主课不及格就公费无望,意味着退学、生活无着落。7月18日,全班42名学生对其所授课程的考试“进考场,不答卷”,进行罢考。

罢考事件发生后,校长吴保丰布告全校:运输管理系二年级42名学生无故罢考,是违反纪律、侮辱师长,该级级长张君泽、杨洪益事前未制止,事后不听劝告,擅自发动集团行为,决定给予开除学籍的处分。其余40人各记大过一次。学校的严厉处分,使师生双方矛盾激化。运管系二年级学生在20日即罢考的第三天,又对铁路工程、货币银行两门课采取连续罢考。21日,学校再次布告:两门课必须重读,全体学生应立悔过书,否则作退学处理。当晚,学生包围了出偏题教授的住所,要求他离校,同时迫使运输管理系系主任离校。学生罢考事件震动了教育部。22日学校急电教育部请示办法。教育部24日复函指令:无故罢考,

① 王锡纯:《饮水思源话当年》。《交大校友》(1989),西安交通大学出版社1989年版,第74页。
② 魏文川:《九龙坡的生活》。《金秋情——交通大学1948届工业管理系同学纪念册》,第92页。
③ 黄召生:《三地交大读书回忆》。西交档。

侮辱师长，破坏校纪，应严于惩处，特派参事杨菊谭来校协助处理。

然而，学校“开除”正副级长、给全班学生“各记大过一次”的压制办法并未吓住学生们，他们一面发动全班学生凑钱给两位级长维持生活；一面建议推派代表去教育部请愿，并向各报馆分送“呼吁书”，同时组织学生到教务长李熙谋家里要饭吃，给学校施加压力。最后，教育部杨参事与学生会召集学生谈话，学校方面宣布收回开除成命，学生也表示驱逐老师是错的，愿向两位教授道歉。学校请回两位教授，给相关学生记过处分，罢考课程重读。

此后不久，1944 级运输管理系期终大考期间又发生了教师“以强行没收考卷，不许学生谢国钟参加考试”的事件，同样遭到学生的反对，赶走了教授，而学校当局没有进行干预与处理，这意味着“考试大棒”失灵。尽管集体罢考事件本身并不复杂，也没有形成波澜壮阔的声势，可是在国民党、三青团严密控制的情况下，九龙坡交大竟发生驱逐教授、连续数次集体罢考事件，不啻是对国民党桎梏青年思想的一种反抗，也打破了学校当时沉闷的政治气氛。

四、学生社团活动

1944 年以后，世界反法西斯阵线在各战场上节节取胜，中国抗日战争的形势也有了重大的转变，敌后抗日根据地得到巩固和发展，开始局部对日战争的反攻。国统区要求抗日的民主运动日益高涨，爱国民主人士公开在重庆、昆明等地开展抗日民主活动。在举国抗日热潮的影响下，九龙坡交大校园关心政治、议论时局的风气渐浓，“今天社”“创社”等进步学生社团应运而生。

（一）“今天社”

重庆交通大学的进步学生袁嘉瑜、张攸民、方熊等酝酿组织学生社团以求增进联系，加强团结和进步。为此，三人向南方局青年组汇报，得到了明确的支持。地下党员李嗣尧根据学生的愿望和要求，又向中共重庆市委市中区委领导人李晓岚汇报。中共上级组织批准同意李嗣尧参加筹建社团。于是，张攸民、李嗣尧、方熊、杨王漉、邓述珍、徐天伦、张明炯、薛缇等着手筹组，于 1945 年初宣布正式成立群众性的学生文艺团体“今天社”。李嗣尧负责起草“今天社”章程，确定以“重视现实，改造现实，从今做起，争取民主、进步”为宗旨。“今天社”刻制社章，并正式向学校训导处课外活动组登记注册。

“今天社”成立后，凡是筹备发起人都为正式社员。其中的积极分子在社员中又秘密组织了马列主义讨论会，学习毛泽东的《新民主主义论》，座谈《新华日报》《群众》周刊上的文章，讨论国内外的局势。“今天社”对外公开创办了以宣传抗日、民主、进步思想为主要内容的《今天》壁报；举办形势讨论，纪念高尔基文艺座谈会，发表支持浙江大学抗议活动的“呼吁书”;开辟场地作为“今天社”的阅览室,供社员和进步学生阅读马列主义书籍和进步报刊,并利用课余时间公开开放。

这些活动是在“学术自由”“丰富同学课外文化活动”等合法名义下进行的。壁报稿件照样也遵照“送审”等制度,实际上敢于旗帜鲜明地触及时弊、宣扬党的主张,以灵活巧妙的斗争策略避开学校当局、三青团的监视与阻挠。对于没有被学校课外活动组批准发表的稿件,《今天》壁报采取“开天窗”的做法,留下空白版面,以便引起更多读者的关注与思考,扩大和加深公开刊载的宣传效果。

“今天社”的成立与活动,给当时政治空气沉闷的重庆交大树起了第一面民主、进步的旗帜,活跃了校园的民主进步气氛,吸引和鼓舞了许多进步学生、地下党员、积极分子。“今天社”的各项活动,加深了学生间的相互了解,增进了同学之间、师生之间的联系与团结,争取与影响了一大批中间的学生。暂时失去与组织联系的党员吴群敢、袁嘉瑜,积极分子熊庆生以及一大批进步学生都参加了“今天社”。周盼吾等地下党员虽然没有入社,但与社员保持密切联系。在校的进步教授如郑太朴、陶大镛、吴清友、季文美、王文光,也积极支持“今天社”的活动,向“今天社”阅览室赠送进步书刊,如季文美就曾送来美国作家赛珍珠的《大地》、斯坦倍克的《愤怒的葡萄》;陶大镛、郑太朴、吴清友、王文光等教师还与“今天社”的社员座谈局势。至抗战胜利,“今天社”社员发展到 23 人。

“今天社”的活动也引起学校的注意。校长吴保丰专门找社长张攸民提出善意的劝告:希望不要发表过激的言论,不要进行过分刺激的活动,以免招来不必要的麻烦。然而在积极分子以及进步学生们的热情支持下,“今天社”的活动仍然稳步进行。

(二)“创社”

1945 年冬,在“今天社”的影响下,重庆交通大学由学生丁永康、张志平、贺彭年、唐金金、刘鹤守等发起成立“创社”,推举丁永康、张志平为正副社长。“创社”的主要活动是组织读书会、座谈会,每半月一次,纵谈校内外、国内外形势和人生道路等,内容广泛。当时会员所读的书籍有《革命人生观》《大众哲学》《政治经济学》《中国革命与中国共产党》等,对提高会员思想水平、认清纷乱的社会本质,大有裨益。这些活动方式多样,有时以春游、联欢的形式出现,很受欢迎。“创社”社员最多时有 40 人左右,他们都是学习努力、向往进步的学生。“创社”有共产党员参加,还有一批骨干,他们反对蒋介石的反动统治,反对内战,拥护共产党,能够团结学生参加学生运动。

(三)山茶社

1946 年元旦前后,由学生陶城、于锡堃、许健、陈明煌、钱存学等人,从陶城的父亲陶行知先生所办的育才学校，请来该校的实验剧团来校园演出川剧《啷个办》和秧歌剧《王大娘补缸》等节目，随后成立了“山茶社”。于锡堃当选社长。于锡堃是重庆交大航海专修科的学生，他在党的影响下，在育才学校观看歌舞后，萌发了成立一个以学习民间歌舞的形式团结广大学生，达到自我教育目的的组织。这个倡议很快得到一些进步同学的热烈响应，成立了取名“山茶社”的组织。“山茶社”象征着不愿做温室里的花朵，而要做扎根于人民之中、土生土长、火红吐艳的山茶花。“山茶社”成立后，社员到育才学校学习秧歌舞，回来后开展大家唱、大家跳活动。大家唱的歌曲不下三四十首，其内容有通过怀念显示意志和力量的，有通过揭露丑恶现实、向往美好未来的，有抗战歌曲、苏联歌曲等。大家跳主要是教跳秧歌舞和集体舞。“山茶社”的活动主要是通过歌舞、短剧、影子戏等形式在学生中进行宣传，并组织、辅导学校的文艺活动，团结广大学生。许多党员和积极分子参加其中活动，许多会员从这里坚定地走上了革命道路。

重庆的交大校园内，地下党及积极分子们在各种进步社团的活动中得到提高成长。他们积极引导关心政治、充满爱国热情的交大同学参加抗日民主斗争。而这些进步社团的活动，也促使交大学生更善于对比，勤于思考。他们中有的人就是在学习、对比的思考中追求真理，走上革命道路。机械系 1943 级的庄智宣说：

> 我们交大是工科的学生，非常注重实际，学习了《新华日报》及各种刊物常思考——中国地大物博，人口世界第一，为什么竟在短短的几年里，就被一个物资贫乏、人口不到中国四分之一的小日本占领了大半个国土？中国物产丰富，老百姓为什么这么贫穷？重庆这个抗战大后方，灯红酒绿，大学生病死却无人过问。都说抗日，对比了国民党与共产党的主张方略，对比国民党军队与八路军新四军的抗日行动，就不难看出谁是真抗日。我们看出毛泽东的方向才是真理，共产党才是民族的希望，这才促使我们走上革命的道路。①

1945 年 8 月 15 日，日本宣布无条件投降，中国大地一片欢腾，苦难的中国人民终于取得了抗日战争的胜利。交通大学两地师生以无比高兴的心情投入欢庆胜利的活动。交大重庆部分师生当晚得知胜利消息，个个奔走相告，爆竹齐鸣，热泪盈眶，学生们敲着洗脸盆，欣喜若狂。在吴保丰校长带领下，奔出校外，结队参加游行，欢呼抗战胜利。“忽闻日寇报投降，喜泪横流润浸裳。山上喧腾游火炬，破书漫卷下川江。”这首交大电机系 1946 届学生崔季周仿照杜甫《闻官军收河南河北》的诗，道出了此时师生们的心情。交大上海学校的师生们，同

---

①《民主堡垒》，第 112 页。

样以欢欣鼓舞的心情迎接胜利。离开美丽的徐家汇校园,寄人篱下八年,现在终于可以回校上课了。原理学院院长裘维裕教授第一个赶回徐家汇校园,留沪的师生们亦纷纷回校,投入清理、搬运等回校准备工作。

八年抗战是一个特殊的年代,在日军侵华的浩劫中,交大失去了校园,遭受到从未有过的损失和煎熬。然而,沪渝两地交大师生在民族危难之际,体谅时艰,自强不息,无论是在沪借地求存,还是在渝异地办学,都经受住了最艰难的考验。在设备简陋、环境恶劣、经费短绌、生活困苦的条件下,师生努力向学,共同发扬和继承了交通大学的优良传统。抗战胜利,满怀希望的交大师生重整旗鼓,开始准备返回上海徐家汇校园,迎接学校和国家的新生。

（1945—1949）

抗战胜利后的交通大学

第七章
重返上海徐家汇校园

第一节　渝沪师生会合复校

一、渝校师生复员上海

1945 年 8 月 15 日，日本宣布无条件投降。20 日，吴保丰校长在重庆交大渝校召开复员工作会议，研究收复徐家汇校园和复员（单位从战时状态转入和平，返回原地，简称复员）上海等事项。会议决议，即刻开始复员工作，并责成总务处、会计室共同编制复员预算。会议同时决定，本年度新生招生工作继续进行。

9 月下旬，教育部召开全国教育善后复员会议，正式布置复员工作。9 月 29 日，学校召开第二次复员工作会议，决定成立校复员委员会，由校长吴保丰任主席，李熙谋、柴志明、张锡荣等 9 人任委员。会议讨论了搬迁途径，决定以水路为主，计划利用假期，争取两个月时间完成；搬迁顺序以高年级到低年级为序，分批搬迁。1945 年内，学校接连还召开了 4 次复员工作会议，具体落实渝校师生复员上海工作。

复员上海遇到的最大困难是交通问题，返沪的车票、船票均一票难求。

交通大学作为工科学校，长期以来与工业部门保持着良好的关系，学校的造船工程系与船运公司有着密切的联系，但是，交大 2 000 多名师生复员搬迁的交通问题依然困难重重。

抗战前，国营招商局是国内最大的船运公司。战争爆发后，招商局的大部分船只已被日军占有、破坏或炸毁，仅剩下6艘江轮寄泊于重庆的唐家沱，每艘载重4 500吨左右。

1944年，抗战胜利在望，国民政府拨款6.2亿法币，紧急整修这6艘江轮。当时，交大的造船工程系副主任辛一心同时兼任招商局船务处副处长兼机器厂厂长，主持6艘江轮的修复工作。1945年9月，辛一心联系到刚刚修竣的“江建”号轮船，于是，学校决定让造船系的教师和三、四年级学生约50人乘“江建”轮先回上海。这批师生离开重庆，沿长江东下，10月初即抵达上海，成为首批重庆复员上海的师生，让“渝沪各校莫不惊羡不止”。[①] 复员路上，生活非常艰苦。据1947届校友何志刚回忆：

> 全部同学睡在四周通气的双层甲板间，用自带的被单挂起来避风雨，每日三餐是自备的干粮。那时可没有方便面，只能用馒头和窝窝头充饥。船过三峡不久，就在城陵矶滩头搁浅。一连数日，粮断水尽，不得已只能把亲友托带的四川榨菜和云南大头菜打开。馒头早已硬得咬不动，只能用冷水泡着吃，同学们称为“原子弹”。[②]

第二批复员的三、四年级师生140人，搭乘“鸿达”号轮船于10月24日启程，11月初到上海。第三批复员的主要是教职员、家属和部分二年级学生。由于交通工具极度紧张，经校方与师生多方努力，才通过海军军部借来没有动力的旧军舰“法库”号，由小火轮拖行。340多人11月离渝，12月中旬抵沪。第四批复员，原是安排一、二年级学生，并在1946年1月联系到一艘“永利”号轮船，但是拖延到2月中旬，仅二年级师生450余人得以成行。经过半个月航行，抵达上海。3月15日，第五批一年级及部分二年级师生870人，只能改走陆路，沿重庆、成都、宝鸡、开封，乘汽车、火车，经过1个多月艰难跋涉，4月中旬抵达上海。至此，渝校师生已基本回到上海。最后一批是教职员家属150余人，于1946年8月5日带着大批图书、教学设备、文件、账册等，搭乘“国庆”轮，拖着两艘木船离开九龙坡。途中一艘木船不幸沉没，致使50箱公物及59件职工私人物品全部沉入江底。最后一批复员人员在8月底终于抵达上海。至此，重庆交大2 000多名师生员工和家属，花了近一年的时间，分六批陆续回到上海，复员的速度据说属“全国之冠”。

复员用的时间虽然与原有计划相差很大，但是，在学校的复员小结中仍然庆幸地写道：“能于最短期间完成职事，亦始料所不及也。”[③]可见，当时遇到的困难常常出乎人们的预料。

---

① 《本校复员接收经过》。上交档：LS1－314。

② 吴善勤、盛振邦：《从船舶到海洋工程》，上海交通大学出版社2005年版，第17页。

③ 《本校复员接收经过》。上交档：LS1－314。

二、收复保护徐家汇校园

学校召开第一次复员工作会议后，即成立了校产接收委员会，重庆交大本部教务长李熙谋为委员会主任，裘维裕、周铭等6人为委员。1945年9月1日，李熙谋乘飞机抵沪，着手接收工作。

李熙谋抵达上海后，添聘了陈石英、赵曾珏、赵祖康、钟兆琳为校产接收委员，联络教育部主持接收京沪两区文化机关的特派员蒋复聪，共同展开了交通大学徐家汇校园和交通大学沪校的收复、接收工作。9月20日，李熙谋会同蒋复聪及裘维裕、陈石英、周铭与教师代表李泰云等，来到交大徐家汇校园商谈接收事宜，指定裘维裕为教育部代表，陈石英为交大代表。不料，下午国民党94军43师的三个团突然强行进驻交大徐家汇校园。10月14日，25军44师的一个团也驻进了校园，所有房屋均被占用，“接收”工作无从进行。经过交涉，军队才将容闳堂内的201、205两间房屋腾出，让接收委员会使用。

9月21日，李熙谋会同教育部蒋复聪和裘维裕及教师代表沈三多赴中华学艺社开展接收沪校工作。整个沪校接收工作历时半个月。其间，学校特地成立了“反伪离校职员会”，陈石英任主席，为1942年汪伪接办时离校的40余

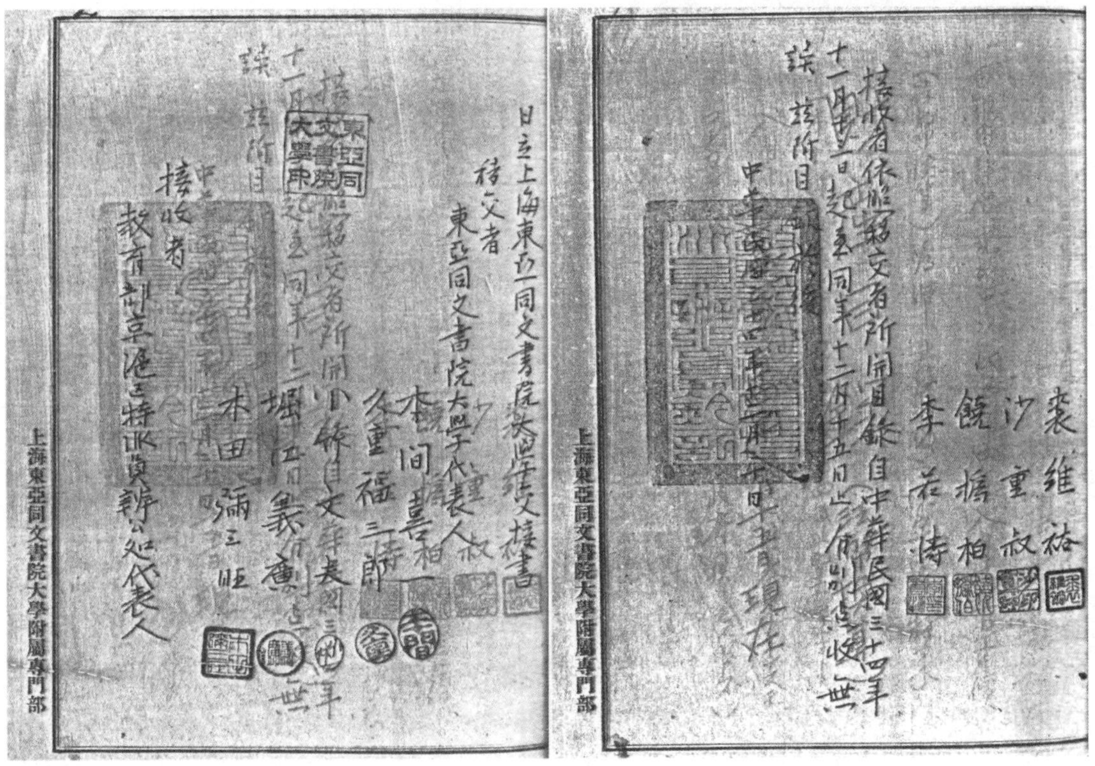
上海東亞同文書院大學附屬專門部

上海東亞同文書院大學附屬專門部

学校收回交通大学徐家汇校园的交接书

名教职员办理了回聘手续。交通大学徐家汇校园收复工作也于12月20日,以学校校产接收委员裘维裕代表教育部京沪区特派员办公处与日本东亚同文书院大学签订《交接书》而告段落。

接收工作原本至此可以结束,却因为"国军之借驻校舍,几达一年,故接收工作,直至民国三十五年(1946年)十月始告结束"。[①] 由此产生校园维护工作,为此,学校专门成立了以裘维裕为主任的校产保管委员会。在当年的《接收上海交大之日志》(简称《日志》)中记载:国民党94军属部、25军属部、新6军属部先后进驻。这些军队进进出出长达一年。他们把学生饭厅当弹药库,工程馆、体育馆作营房,铁木工厂当马厩。容闳堂、中院、图书馆等地到处住着以"抗日功臣"自居的大兵。校园内还住有教育部接收办事处、军政部军火接收员、残留的日军等。

校产保管委员会为了保护校园和保管日本同文书院移交的物件,要每日巡察,清点财物,封关空房。在裘维裕的直接领导下,工作人员仔细工作,每日记录校内发生的情况。如《日志》载:

> 10月15日,今晨校内日军残留军队内有四名带空洋油箱中置菜肴另附木材若干,步出校门往附近民家借煮食物,被工役陶永康所见报告裘保管员后……转令门口卫兵嗣后不许任何日兵带物外出,严禁之。[②]

对于校内发生的事件,保管委员会要随时处理、记录。如《日志》记载:

> 10月26日,今晨日军驻校办理兵器移交部队原住上院底层乙百多名,自晨八时起至午后二点半全部分批退尽。教育部自该批日军退出后,即由李若涛君会同工役二名往上院将全部房间封存,钉固加本部封条。[③]

然而,三天后即10月29日,国民党新6军14师42团三千多士兵,未经允许,即强行破上院封条而入。

保管委员会除看守房屋外,还要防失窃,防止乱搭建。为了拆除交通大学校门外两边搭建的棚屋,保管委员会甚至不得不通过教育部发函,敦请上海警察局督查拆除。

随着复员学生增多,经过反复交涉,国民党军队才逐步退出图书馆、上院、中院等用房。1945年11月,交大学生已经开始在校园里上课,但是,校园里仍有士兵吵吵嚷嚷,严重阻碍着复课工作。

---

① 《本校复员接收经过》。上交档:LS1-314。

② 《接收上海交大之日志》。上交档:LS1-166。

③ 《接收上海交大之日志》。上交档:LS1-166。

1946年2月，一名校工为阻止士兵任意搬运校内家具，却被他们拖到“营房”里吊打。总务长季文美前去交涉，也遭围殴，被打成重伤。在校的师生愤慨异常，当天罢课、罢教以示抗议。最后，新6军不得不出面道歉，表示要赔偿损坏，处分打人凶手，并答应限期离校。但是离校之事一拖再拖，最后，经教务长李熙谋向京沪地区受降主官交涉，军队才于1946年10月全部撤出校园。

三、渝沪师生会合上课

学校规划复员工作，以不影响学生学习为原则。在《本校复员接收经过》一文中记载：

> 各教职员亦视其职务之需要，课程之安排，决定先后。是以不待动身时，秩序井然，无争先恐后弊，且一部分员生到沪后，立可开始上课。故合计复员虽历一周年，而学生课业之间断，则不过一二个月也。

当第三批复员学生12月中旬到达上海时，“是时三四年级学生业已全部集中沪校，并均陆续上课，且一二年级学生尚全部留渝，弦歌不辍”。[①]

1945年9月中旬，先期到沪的李熙谋教务长会合在上海的裘维裕教授等，加快了对原法租界内沪校的接受工作，积极准备两地学生并校上课。9月26日，国民政府教育部发布《收复区中等以上学校甄审办法》，将沦陷区内专科以上的公立学校定为“伪学校”，一律关闭整顿。经过一个月对徐家汇校园的清理、恢复，已经开学复课的沪校学生，又被迫停课。在这样的状况下，中共地下党组织领导了反“甄审”斗争，在社会各界的同情和支持下，1945年底，教育部决定，成立“国立上海临时大学补习班”（简称临大），其四分部（又称交大分部）在交大徐家汇校园内开学上课。临大四分部以交大沪校的学生为主，另外还包括了上海雷士德工学院、南京中央大学和上海大同大学部分学生。

随着重庆渝校三、四年级学生到沪，11月8日，渝校复员的学生在文治堂举行了开学典礼。[②] 12月，沪校学生以“临大”身份与渝校学生共同坐在了同一课堂。

1946年1月6日，上海学校召开了临时教务会议。会议决定，交大的教务由陈大燮教授负责，临大的教务由裘维裕、钟兆琳两位教授负责。4月中旬，因渝校师生已基本复员上海，重庆交通大学正式宣布结束。6月，上海临大四分部补习班期满，707名学生转入国立交通大学。至此，学校的复员、接收工作告一段落。

---

① 《本校复员接收经过》。上交档：LS1－314。

② 《接收上海交大之日志》。上交档：LS1－166。

第二节　学校恢复发展与校长更替

一、恢复理、工、管

上海学校开学后,校长吴保丰将恢复和建设战后交通大学摆上了工作的重点。1946年6月20日,学校呈函教育部,要求恢复交通大学曾经建有的理、工、管三院。与此同时,全校开始制订院系恢复、建设规划。各系教师在总结历史经验的基础上,按工程教育规律和系科设置要求,规划了理、工、管各院系的恢复建设计划,其中,工科类系科计划逐步将工学院建成一个除矿冶外,"堪称国内最完善的工程教育机构",[①]将已有的化工组、水利组、纺织机械组扩建为三个系。教师的意见得到校方的支持。9月初,吴保丰赴南京,与教育部接洽恢复三院与增设化工、纺织、水利三系事宜。9月19日,恢复三院的申请获教育部批准,国立交通大学"自1946学年度起,分设三院"。[②] 之后,在学校的第二次教务会议上,吴保丰通报了教育部批准交大增设化学工程、纺织工程、水利工程三个系的申请。会议决定,三个新增系当年即招生。

为保障院系的发展,学校在争取教育部支持的同时,还争取交通部的支持。10月21日,吴保丰以校长名义,函呈交通部,希望交通部给以援助:

> (一)补助经常费用;(二)设立研究所,请部里与本校合作创办铁路研究所、公路研究所、航空研究所、电信研究所;(三)为学生实习提供便利,剩余物资、器材,尽量拨给;(四)毕业生分配过去属交通部时,统筹分发各附属机关,并有保送成绩特优者赴国外进修,拟恳部里仍然继续。[③]

1946年底,交大的在校教职员409人,本科学生达到2 769人,[④]学生规模比战时增加千人左右。在此后一年中,学校教学等各方面工作都取得进展:为增强师资力量,提高教学效果,学校增设由权威教授任教的特约(聘)讲座;恢复国文、英文会考;新建电传真和电子工程实验室;将交大工业研究所电信部升级为电信研究所;筹款兴建船模试验池;成立交大出版社;复刊《交大周刊》,创刊《交大工程》《交大电机》和《管理》等学术期刊。1947年上半年,学校还隆重召开了复员后的第一次校庆;第一届全校春季运动会和按教学计划实施了赴杭州

---

① 《工学院概况》。《交大周刊》第60期,1949年4月8日。
② 《上海交通大学纪事(1896—2005)》(上卷),第370页。
③ 《上海交通大学纪事(1896—2005)》(上卷),第371页。
④ 《上海交通大学纪事(1896—2005)》(上卷),第372-373页。

开展大地与天文测量的野外实习。校园逐步恢复了往日的蓬勃面貌。

二、校长吴保丰被迫辞职

1946年6月26日，国民党军队围攻中原解放区，由蒋介石挑动的内战全面爆发。由于国民党政府在军事上屡屡受挫，经济危机日益严重，因此在文化教育方面不断削减开支。1947年4月4日，教育部决定，让交大停办航海、轮机两个系，不准增设水利、纺织、化工三个系，并扬言要撤销开办30年的管理学院。这一切对正在不惧困难，全力恢复、建设交大的师生来说，无疑是一个沉重的打击，也引发了吴保丰校长的辞职。

吴保丰，这位参加过五四运动和"少年中国学会"的国民党中央委员，对蒋介石在抗战胜利后的独裁、内战政策并不赞同。抗战胜利后，吴保丰积极组织复员工作；组织制订院系建设规划；筹集复员建设资金，收购日本同文书院旧址土地，收购原时铁工厂；恢复、修建校园；着手成立校务委员会以及校产损失调查委员会等24个各类管理委员会，全面恢复教学秩序；推行教授治校、民主管理校务；消除渝沪两地师生间的隔阂，一心振兴交大。但是，在恢复建设学校工作的同时，他又不得不挤出一部分精力，去应付国民党政府的要求，对付"学生动向"和"运动"。仅在1946年1月份，吴保丰就三次接到教育部密电。如1月8日，教育部密电吴保丰："通报'共党'全国性学运方针：……要求密切共享学生动向。"1月21日，朱家骅密电交大，要求："对现有教职员学生工友等全部人员进行秘密清查，对于新进人员进行严格考查，如发现此等人随时将情况报部。"1月25日，教育部代电交大，要求学校对"借反对内战的"人"须为防制，勿堕奸计"。而交大校园内，师生因不满国民党的专制、内战政策，不满政局动荡、物价飞涨而产生的罢课、罢教仍然不断，抗议呼声连绵。

这一切，让在政府与学生之间疲于奔波的吴保丰，在不断发生的学生爱国运动中感受到交大学生的正义感与爱国热忱。在美商卡车撞死交大学生贾子干事件①中，他感受到的是美国律师的傲慢和蛮不讲理，看到的是学生的勇敢斗争；在护校斗争中，他感受到内战对教育事业的破坏和国民党内部的派系斗争，感受到学生的无畏与教授们的团结。

停办航海、轮机两系的命令下达后，交大师生员工激愤异常，迅速成立了护校委员会。经多次赴京交涉无效，在得到学校教授会和社会各界的支持下，5月13日，学生发起了声势浩大的赴京请愿护校运动。在中共上海市学委的领导下，护校运动取得了胜利。5月14日教育部长朱家骅被迫亲笔签署了轮机、航海两个系不停办等5项书面答复。

---

① 贾子干事件，详见本书第9章。

在这期间,吴保丰一面与教授会和学生自治会一起,为保存学校完整,支持师生护校;一面向教育部递交辞呈,以“体力不支”为由,要求辞去校长职务。1947年5月19日上午,国民政府上海市市长吴国桢、市参议会议长潘公展等到交大容闳堂召集校长吴保丰及各院院长开会,对吴施压,责问吴为什么交大学潮不断。5月20日,取得护校胜利的交大学生,接着又投入到反饥饿、反内战、反迫害运动。吴保丰仍不愿意执行镇压交大学生运动的指令。5月27日,上海市当局出动大批军警包围交通大学,寻机进校逮捕进步学生。中共地下党组织发动全体学生集体住宿体育馆,以防不测。吴保丰一边致电当局,要求军警立即撤离,一边与其他教授一起参加在体育馆的值班守夜,不让军警靠近学生。30日,在军警进校实施大逮捕前,吴保丰同意学生自治会成员周寿昌、周盼吾、丁永康搭乘他的轿车离开学校,从而与国民党当局的矛盾进一步激化。

“5·30”大逮捕后,吴保丰被蒋介石召到南京当面训斥,并责令其立即离校。在这种情况下,吴保丰被迫于1947年7月12日再次提出辞职。28日,教育部指令准吴辞去校长职。《新闻报》《申报》报道:“吴保丰担任校长6年,惨淡经营,煞费苦心,年来奔走复员尤极辛苦。此次因故坚决辞职,全校师生无不深表惋惜。”

吴保丰离开交大后,束装北上天津,到老同学王崇植负责的开滦矿务局任顾问。在津期间,他又接触到1947届学生、中共地下党员胡国定,坚定了跟共产党走的决心,决定留在天津迎接解放。

吴保丰校长被迫离开交大之后,教育部压制交大进步力量的行动并没有停止。教育部特地成立了交大整理委员会,派次长杭立武任主任,对交大进行所谓的“整理”。

7月28日,整理委员会召开第一次会议,杭立武、周仁、杨荫溥、茅以升、赵祖康、顾毓琇、周均时、赵曾珏等8人出席。在杭立武主持下,会议决定:组织校务委员会,聘请周铭、裘维裕、朱物华、李泰云、杨荫溥、陈湖、王之卓、陈振铣、季文美等9人为委员,周铭为召集人。校务委员会的任务是,执行整理委员会的决议,维持日常校务。会议还要求校务委员会限令非交大学生离校,造定师生名册,处理“不良分子”,规定整理工作于一个月内完成。后该校务委员会决议,改称临时校务委员会。

接着,整理委员会接收了吴保丰的印信、名册、公物等,完成移交工作;并对校内的各类学生组织开展审查,规定学生自治会不得对外活动等。

8月7日,整理委员会召开第五次会议。会议决议:根据教育部整理命令,分别核定“不良分子”。“不良分子”分三种:学业不良者;操行不良者;违反纪律者,其处分等级视性质之严重程度分为开除、退学、察看三种。8月23日整理委员会举行第十次会议,讨论了5月30

日淞沪警备司令部送来的要求“依法”拘办的16名学生名单。会议决议：①对曹国祥、谭西夷等12名学生给予先行退学处分；②连同新生一起，对学生进行总登记后，送部核准；③对祝百英、钟伟成的辞职予以挽留。“挽留”一词其实是外交词令。祝、钟两教授被迫离开交大。整理委员会还曾将胡国定、曹炎等另外12人列入开除名单，但受到临时校务委员会的抵制，以这些学生已毕业离校为由，未作进一步处理。[①]

8月25日，学校公布了对曹国祥、谭西夷等12名[②]参与学潮的学生以“行为不检”为名，处以退学处分后，引起学生和教师们的强烈反响。83名教授及学生自治会分别提出意见书，陈述学生的行为纯属出于爱国爱校，望免去12位同学的处分。当时正值暑假，在校学生百余人也签名具保。教授曹鹤荪、李懋观、张鸿、王之卓、邵秀林、周修齐、杨彭基、黄席棠、李泽珍、马明德等10人联名为被退学的航空系学生张志平等担保；教授会理事会、机械系47级级友会亦为被开除的12名学生陈情，请求从轻处分；教授张鸿、黄席棠为学生朱赓明具函担保；郁秉坚教授为电讯管理系学生胡庆蒸具函担保。

但师生们所有的这些正义行动却得不到教育部的同情。8月30日，杭立武致函临时校务委员会，责令委员会发布“公告”：限期12名学生于9月3日前一律离校。“公告”一出，引起临时校务委员会成员的义愤。周铭等9名委员同日贴出启事，声明临时校务委员会任期至8月29日已届满，故呈报整理委员会，委员们已自动解除职务。杭立武为了缓和局面，急忙召开了整理委员会第十五次会议，提出交大在上海的地位重要，整理工作以和平宽大为原则，工作虽然未能照计划实行，然而委员们已经尽力了，所以各教授间应共同合作，化除意见。最后，杭立武特地说明，校长人选最近已定，希望委员会工作到新校长到来。

之后，陈石英、周修齐、陈大燮、楼鸿棣等11名教授仍然坚持为杨才澄、曹国祥等学生担保“未有违反学校纪律之行动”。杭立武只得在9月15日再次召开会议，议决：对12名退学学生不再讨论，未了事项交新校长处理。

9月27日，教育部任命程孝刚为交大校长。至此，整理委员会与临时校务委员会工作结束。

三、程孝刚、王之卓先后任校长

（一）程孝刚任校长

吴保丰校长离任后，9月开学在即，在交通部次长凌鸿勋等校友的推荐下，教育部同意

① 《民主堡垒》，第184页。

② 12名学生名单：谭西夷、朱赓明、曹国祥、徐仁清、张志平、杨才澄、胡庆蒸（李蒙蔚）、裘有安、顾思孝、邢启宏、罗其森、陶城。

派交通部技监程孝刚接任交大校长一职。面对政局动荡、学潮不断,程孝刚不愿接受任命。在多方工作后,程接受了任命。接任校长后,程孝刚找到教育部部长朱家骅,当面提出要实行"学府以内,思想自由"的治校方针,并认真地说:军警不能进学校抓人,如果进学校抓人,他们前脚走,我就后脚卷铺盖。[①]

校长程孝刚
(1947 年 9 月—1948 年 7 月在任)

程孝刚(1892—1977 年),江西宜黄人,铁道机械工程专家。1917 年获美国普渡大学学士学位及硕士学位。毕业后到鲍尔温机车制造工厂实习,1918 年在纽约发起组织"中国工程学会"。学会后迁国内,成为"中国机械工程学会"的前身。1919 年回国,程历任中东、津浦、胶济、粤汉等铁路局机务工程师、段长、处长等。1923 年,任胶济铁路机车车辆科长兼青岛机务段段长期间,奋战一个月,全面接管了被日本霸占了 7 年的青岛铁路段,为中国人接收铁路管理开创了范例。1927 年,编订了我国第一部《机车制造规范》和《车辆专科标准》。1936 年,主持新建株州机车总厂。1940 年抗战期间,为打通西南国际通道,参与滇缅铁路筹建工作,任总工程师兼机务处长。1945 年抗战胜利,筹建技术研究所,任中国机械工程学会会长,交通部技监(国内铁道方面最高技术管理)。1947 年后,先后任浙江大学机械系主任、教授,交通大学校长。1948 年,当选为第一届中央研究院院士候选人。中华人民共和国成立后,1952 年任交大副校长。一级教授。1955 年,当选为第一届中国科学院学部委员。1956 年参加了全国科学发展 12 年规划会议,对我国铁路牵引动力的发展制订提出了比较全面的意见。

1947 年 9 月 27 日,交大师生召开了隆重的欢迎会。学生自治会向程孝刚敬献锦旗一面,上面写着"欢迎您来交大"。程孝刚到校后即提出了"在安定中求进步"的办学方针,并先抓了三件事:其一,针对学生生活的困难,他组织成立学生工读筹划委员会,规定工读项目,拟定章则,指示在学生为工读未能觅得长期及大量工作以前,先在本校范围内扩充工读机会,除原有按月津贴外,还可以按钟点、按件计酬。其二,10 月 19 日,制定通过了《国立交通大学教授会简章》,共 11 条(含附件),明确"本会为本校最高评议机构",提升教授会在学

① 吴振东:《政治旋涡中的程孝刚校长》。《水之源》(二),上海交通大学出版社 2001 年版,第 238 页。

校工作中的作用。其三，聘任新的训导委员会委员9人，柴志明为召集人，并在校训导委员会的第一次会议上，决定“本学期暂不实行舍监制”，宽松宿舍监管制度。同时，学校还积极推进学生课外活动，聘请了美国密西根大学教育和音乐学硕士、国立上海音乐学院教授杨嘉仁为交大课外活动组音乐指导；聘请校友、足球健将戴麟经为学校名誉足球教练；成立垒球队，聘请旅日垒球名家梁扶初任教练。程孝刚校长还批准复刊《交大周刊》，亲自出席学生自治会新旧干事交接仪式，巡视教职员伙食厨房，多方面创造民主宽松的学习、生活环境。

程孝刚担任校长时，解放战争已进入第二年，国民党反动统治败相已露，上海社会极其动荡。程校长在经费困难情况下，始终坚持交大的办学传统，努力落实他的办学宗旨即“教育真才、研究学术、宣扬文化”三大使命。①

积极调整扩充系科。在护校运动取得胜利后，学校及时将轮机专科扩建为轮机工程系，航海专科扩建为航业管理系，使得护校运动的成果落到了实处。同时，程孝刚还扩展机械工程系，增设电信管理专修科，逐步充实复员后的理、工、管三院制的学科格局。

稳定充实教师队伍。程孝刚对原有院系主管裘维裕、王之卓、汤彦颐、周同庆、梁普、钱用和、李泽珍、钟兆琳、叶在馥、张钟俊等不作变动，保持稳定。针对缺少教师的困难，他为院系增聘了一批专任教授，如林疑今、吴兴吾、周惠久、贝季瑶等6人；聘请一批兼职教授，如聂光墀、杨锡镠、黄维敬、周志诚等24人；继续开设特聘讲座，如陈清华的经济理论，严恺的海港工程，茅以升的桥梁工程等。

努力恢复实验、实习课程与校外参观实习。1948年5月13日，由工学院院长王之卓带领117名学生赴台湾，毕业参观旅行13天。1947年底，校附属工厂计划委员会召开会议，制定较为宏大的计划，宗旨是创建教学示范工厂，使工程教育与实际生产打成一片，内容包括选择国外管理新方法，研制教育用仪器、机器，形成产品，既使学生有勤工俭学的机会，又让产品创造出的价值能支援实习。计划在前日本同文书院旧址上，建厂房5 000平方米，实习工厂产品每年盈余达200亿元。计划于12月26日呈报教育部。教育部长朱家骅回复：“原有实习工厂准予恢复，可逐渐扩充，毋庸另行成立附属工厂。”虽然计划没有完全得以实施，但为程孝刚和教师们的努力留下了记载。

开展科学研究。程孝刚上任后，积极争取经费，在经费紧绌情况下，仍然尽力保证图书、设备、科研所需。1947年，学校投资各系科科研设备费达74 000万元，②其中包括木材防腐

---

① 程孝刚：《大学之使命》。《交通大学日刊》1948年4月。

②《上海交通大学纪事(1896—2005)》(上卷)，第392、394页。

12 000 万元,X 光材料试验 8 000 万元,航空学科 7 000 万元等。1948 年 2 月,学校分配各院系图书设备费 1.5 万美金。4 月 1 日,学校还举行了"关于高等教育制度"第一次座谈会,出席会议的有曹鹤荪、陈石英、周铭、钟兆琳等 20 位教授。会议着重讨论了高等教育的目标与任务,设校的政策、行政制度等问题。5 月 1 日,学校与中国电机工程师学会、中国业余无线电学会联合主办电信展览会,参展单位 20 多家,参观人员 3.5 万人次。[①]

程孝刚校长实施的诸多措施,受到师生们的普遍好感和热情拥护。一段时期,全校学生能安心读书,学校教学秩序日益趋于正常,各项校务有所发展。程孝刚对此,显得十分欣慰,4 月 8 日,在 52 周年校庆大会上,他对师生们说:"交大最近是力求安定,在安定中求进步。虽然经费是异常的缺绌,但仍尽量在各种困难下恢复旧观,在课程与设备方面多多改进。"

但是,由于南京国民党当局推行内战、依靠美国的政策不变,必然激起国统区内的人民群众特别是学校师生波澜壮阔的爱国民主浪潮。1948 年 5 月 4 日晚,全市 120 余所学校、1 万 5 千名学生汇聚交大,在交大大操场举行盛大晚会。会议通电全国反对美国扶植日本。5 月 22 日,上海学联组织 100 多所大中学的 1 万 5 千人,在交大广场举行纪念"五二〇"血案暨上海学联成立一周年大会。6 月 3 日,交大学生自治会特邀社会各界专家、民主人士、工业家等参加"反美扶日问题座谈会",不断推进由上海发起的,波及全国各地的反美扶日运动。

作为这两场活动主会场的交大校长程孝刚,对学生运动给予了同情和支持。6 月 1 日,程孝刚在《大公报》上发表文章,并与其他高校校长、教授联名上书美国总统杜鲁门,反对美国扶植日本。但是,6 月 2 日,教育部密令程孝刚,称上海学生在交大举办的"纪念'五二〇'晚会",呼反动口号,"系共匪有计划之行动",要求学校对违法学生严查,"重要分子一律开除"。对此,交大复函教育部称:晚会系上海各校联合举行,交大学生参加不多,主持人员并非本校人员,并特别说明,当时交大总务长等均到场巡视,不认识会议主席等。4 日,上海学联决定举行全市性示威大游行。上海市市长吴国桢得到消息后,立即召开各大学校长会议,要求各校"取缔学生的不法活动"。会上,吴国桢当众责问程孝刚:"交大学生整天唱解放歌,跳秧歌舞,把校园搞得像是赤色租界",程答以"学府以内,思想自由"的办学方针是经朱家骅部长同意的。吴国桢又以孔子的"道之以政,齐之以刑"责令程对学生严加管教,程孝刚却以孔子的"导之以德,齐之以礼"回敬,使得这位曾任国民党中宣部部长、口才极佳的吴市长竟然一时语塞,无言应对。[②] 为应付当局和保护学生,程孝刚承受着巨大的压力:执行当局镇压

① 《上海交通大学纪事(1896—2005)》(上卷),第 392、394 页。

② 吴振东:《政治漩涡中的程孝刚校长》。《水之源》(二),第 239 页。

学生运动的指令，为这位正直的校长所不能；支持学生运动，保护进步学生，为政府当局所不容。他只能竭力同当局周旋，保护学生正义的爱国行动，连续两次拒绝了上海市特刑庭进校拘捕学生自治会干事的要求。为此，上海市市长吴国桢多次向其责问，并通过报刊多次发表恐吓性讲话，指责交大校方。

除了以上的政治压力之外，更令程孝刚焦头烂额的是内战中短缺的办学经费。1947 年，学校每月得到的“经常费”只占学校实际经费的 1/3。如此巨大的缺口，致使学校连买粉笔的用费也产生困难。程孝刚在现实中体会到，一心打内战的国民党政府不可能给交大带来一个安定的环境，自己提出的“在安定中求进步”的办学方针没有实现的可能。

于是，接任交大校长之职还不到一年的程孝刚于 1948 年 6 月的一天早晨，在布告栏里贴出了一张宣布自己辞去交大校长职务的布告。对程校长的辞职，全校师生盛情挽留。学生自治会向他再次赠送了一面锦旗，旗上写着：“我们不愿意您离开交大”。

（二）王之卓任校长

1948 年 6 月 23 日，行政院批准程孝刚辞职，派黎照寰接任。但是，黎照寰以体弱多病为由，坚决不就交大校长。7 月 15 日，教育部改任学校工学院院长王之卓代理校长。

校长王之卓
（1948 年 7 月—1949 年 5 月在任）

王之卓（1909—2002），河北丰润县人。1928 年他的文章《What should a young man strive for during his life?》入选世界书局出版的《全国中学生英文成绩》一书。同年，从南通中学考入交大土木系。1932 年，大学毕业时成绩为年级第一。1934 年考取庚款公费留学英国伦敦大学帝国学院，1935 年 1 月获该学院特许工程师文凭。同年 8 月转入德国柏林工科大学测量学院，在著名教授 O·拉赫曼（O·lacmann）的指导下攻读航空摄影测量博士学位，1937 年成为中国第一个获得博士学位的航测学者。回国后，曾任中山大学、同济大学教授，中国地理研究所研究员，国防部测量局二处处长等职。抗战胜利后，回到母校任教授、工学院院长、代理校长、校长等职。中华人民共和国成立后，任武汉测绘科技大学校长、名誉校长。1980 年当选为中国科学院学部委员。

1948 年 7 月 20 日，学校在容闳堂举行王之卓代校长就职典礼暨交接仪式。教育部、学校秘书长、教务长、各系主任20余人出席。王之卓在答谢中表示要“把交大的优良传统与光荣争取回来”。[①]

在1948年7月的新生训练大会上，王之卓对自己的办学宗旨作了进一步阐述。他要求学生“一方面精专，一方面还要顾到广博”，成为“以理为基础、工为应用的高质量的研究人才、工程人才、教育人才”。[②]

8月19日，王之卓召开了第一次校务会议。会上，王之卓就学校面临的问题作了说明：教育部每月下拨的“经常费”仅占学校水电费的1/4，编制与经费的矛盾十分突出。王之卓要求大家“于万分艰苦中求其进步”。[③] 10月7日，教育部正式下文，任命王之卓为交通大学校长。王之卓任校长直至上海解放。

为了改进课程及推动学术研究，1948年10月22日，王之卓召开会议，邀请多名教授广泛交换意见。针对实际情况，与会者达成9点共识：①招生应特别注重国文、英文，提高其程度；②各系课程力求简化，注重基础学科，对于社会科学也不应忽视；③图书杂志应作有计划购买，并与中央研究院加强联络，换阅新书；④谋取与其他机构合作，从事各种实业方面的研究；⑤提倡研究风气，鼓励后进；⑥请政府续办公费留学；⑦酌情增加图书馆开放时间；⑧增设或恢复研究所，如电机、土木、机械、航空、经济、数理化等研究所；⑨注意承接国防科学委员会委托的研究任务。[④]

王之卓年富力强，富有理想，对母校满怀拳拳之心。他就任伊始，当局对交大的压迫仍然不断，教务长、总务长、训导长等亦纷纷辞职；理学院院长也因家庭负担太重，及精力不济而辞职。王之卓一面给予理解，一面积极活动，新聘曹鹤荪任教务长，王文瀚任训导长，陈本端任总务长，王达时任工学院院长兼土木工程系主任，周同庆任理学院院长，管理学院院长一职原由程孝刚兼任，现在只能由王之卓自己挑起，并对各系主任也作了充实。[⑤]

学校广招师资，聘回了被“整理”出校的祝百英教授；增聘了财务系教授刘絜敖，副教授汪旭庄、陈启连，运输系教授沈奏廷、土木系教授钱钟毅、机械系副教授范元弼等6位正副教授，特别是还聘到了辞去南京中央大学校长职、避于上海的吴有训担任交大教授。1948年11月，王之卓亲自主持并通过了《交大聘任委员会简章》，核准公布了《本校教师休假进修办

---

① 《上海交通大学纪事(1896—2005)》(上卷)，第399页。

② 校长训词。《交大周刊》第37期，1948年10月13日。

③ 《上海交通大学纪事(1896—2005)》(上卷)，第400页。

④ 《上海交通大学纪事(1896—2005)》(上卷)，第405页。

⑤ 《上海交通大学纪事(1896—2005)》(上卷)，第402页。

法》。为了解除教师的后顾之忧，10 月 20 日交大子弟小学成立；1949 年 3 月 17 日，学校同意创办文治中学。

王之卓重视体育卫生工作，召开体育委员会会议，决定一、二年级恢复体育课（必修）；开展体育竞赛活动，全年按“季”安排篮球、足球、越野、田径、排球、网球、垒球、游泳等运动项目及国术、乒乓球比赛；安排学生每年体检一次。

此外，学校还通过了修正后的国文、英文会课“简则”6 条；从宽下拨经费，充实图书杂志；完成了原校长吴保丰曾计划增设的理化、机械、电机、航空、土木等研究所和恢复经济研究所规划的申报工作，其详细规划和预算均已呈送教育部；恢复了停止 1 年多的普通化学实验课。

1948 年秋，蒋介石政府为挽救败局，加紧横征暴敛，物价直线上升，学校经费进一步锐减。1948 年 8 月—1949 年 5 月，王之卓为了学校的生存，每月跑教育部要经费。1948 年底，学校经费几近枯竭，师生生活陷于绝境，王之卓联合上海各高校的校院长上书教育部，联合晋京请愿。1949 年初，王之卓与上海其他 7 所高校校院长以集体请辞相抗议，但经费问题仍得不到解决。

王之卓在 1949 年 4 月 8 日《今年的校庆》一文写道：“我们缕述这几年校庆的经过，真是不胜其沉痛之感。虽然如此，我们仍是怀着无限的兴奋，来迎接今年的校庆，因为我们瞻望前途，已看到和平的曙光，使我们产生出一种新的希望。”[①]王之卓写这篇文章的时候，正是国民党政府全面崩溃前夕，对人民的爱国民主运动采取血腥镇压最激烈的时段。但是他看到了曙光，他千方百计的保护学校，保护学生。当国民党宪兵进校抓人时，他以校长的身份同宪兵、警察周旋，在国民党政府逃离上海、威逼交大等高校校长迁校时，他与广大师生一起开展护校运动，呼吁各高校共同联防，禁止驻军。当局威逼校长同去台湾时，王之卓四处躲藏，终于坚持下来，把一所完整的交大亲手交还给了人民。

抗战胜利至 1949 年 5 月，时间不长，时局却复杂，学校办学亦艰难，交大先后更换了三任校长。但是，在这个过程中，秉承着实业救国理想的交大师生继续发扬交大的爱国主义精神，反对内战，争取民主和平；坚持交大的优良传统，认真恢复教学、发展学科，努力办学，为国家的新生、民族的复兴培养了一批知识扎实、爱国爱民的优秀人才。

---

① 王之卓：《今年的校庆》。《交大周刊》第 60 期，1949 年 4 月 8 日。

第三节 机构、校园与经费

一、行政机构设置

抗战胜利后,学校的行政组织系统比战前有了较大的发展。以1936年为例,行政上设教务长、总务长、训导长,统管学校教务部、事务部、注册部、图书馆、体育馆等。校长主持校务会议和教务会议,统一决策全校工作。抗战胜利后,学校原则上仍执行战前的《交通大学组织规程》。按《规程》第二十五条规定:"本大学教职员由校长聘任或委用。"因此,校长仍掌管全校的人事和财政权。行政管理上,学校设教务长、训导长、总务长,分别主管全校教务、训育、总务日常工作。很多工作实权下放到院、系。机关部门主要分别在教务长、训导长、总务长领导下办理具体事务。校长主持校务会议,讨论、决策、指挥全校的教学和行政工作。参加校务会议的成员,有教务长、训导长、总务长、各院院长、秘书及会计主任。但在实际管理中,上级主管教育部对学校并未放松管理,例如1946年8月28日,鉴于复员后工务工作繁重,学校呈请教育部批准本校在总务处下恢复工务组,但教育部当日复电未予照准。又如,1947年,进步教授钟伟成、祝百英、郑太朴等被解聘,也非校长本意,而是教育部作主。

复员后,校内行政管理有所发展。1946年2月17日成立了由全体教授、副教授参加的教授会,协助管理学校。教授会选举陈石英、裘维裕、陈大燮、钟兆琳、王达时、祝百英、潘承梁7位教授担任理事。教授会宗旨是:增进同仁福利,协助学校发展;理事会下设教职员聘任委员会、学校经济稽核委员会、福利委员会等,参与学校管理。1947年10月19日通过的《国立交通大学教授会简章》,共11条(含附则),不仅保留了原先的精神,在内容上更为具体。《简章》规定:凡本校专任教授、副教授均为本会会员;教授会设理事会,由理事7人组成;理事任期以一学年为期,可连选连任;教授会为本校最高评议机构;会员大会于每学期开始及期末各举行一次;教授会下设各委员会,其中福利委员会代表7人,经济稽核委员会代表3人,校务会议代表7人,基金委员会代表3人。[①] 与教授会相应,学校还成立了讲师助教会和职员励进会。

学校还根据工作需要先后成立了各种委员会,贯彻、协调、推进学校工作,包括复员工作委员会、校产接收委员会、复员经费支付委员会、校产损失调查委员会、水电煤气委员会、训

---

① 《上海交通大学纪事(1896—2005)》(上卷),第386页。

导委员会、校修建委员会、房屋调整委员会、校地产整理委员会、复员旅费审核委员会、年度招生委员会、图书委员会、研究生学业审查委员会、出版委员会、法规委员会、体育行政顾问委员会、校奖学金委员会、奖学金基金保管委员会等24个委员会，其召集人分别为校长、教务长、总务长和著名教授。1946年4月29日，学校校务委员会成立，吴保丰为召集人，聘李熙谋、柴志明、季文美、陈石英、裘维裕、周铭、钟伟成、钱用和、陈大燮、陈湖、吴保丰为委员。

学校努力推进民主制度建设。1948年11月，工学院落实《大学法》中院务会议组织法，民主选举教授代表，参加院务会议。同时，学校还起草了《交通大学教务行政人员选举办法草案》。《草案》规定："①本校教务行政人员选举采用直接普选办法。②本校教务行政人员包括教务长、各院长及各系科主任。③选举人限为本校教授及副教授。……⑥选举时，采用不记名投票法投票，程序另订之。⑦候选人资格规定如下：……"[①]只是，当时形势变化快，"应变"斗争突起，此项工作未能落实。

这一时期，交大担任行政负责人的教务长、总务长、训导长、院长、系主任以及各种管理委员会负责人，均由从事教学的教授担任。

二、校园修复与发展

抗战胜利后，刚收复的交通大学徐家汇校园又被国民党军队强占驻扎，对于徐家汇校园的损害，无疑是雪上加霜。重庆交大复员的第一、第二批学生于10月初、11月初抵沪到校时，却无法入住，只能暂时住在校外宿舍。直至1945年11月4日，裘维裕才拿到校内图书馆的门锁钥匙。学生们只能把写有"国立交通大学学生临时宿舍"的牌子挂在图书馆的门框上。[②] 早期到校的师生，可以看到"校内各处，除西边铁丝网外，各处均已用木板或铁丝木架钉塞，使闲人不得四处进出矣"。[③] 在不断交涉与斗争下，国民党军队于1946年7月全部撤离，校园的修复工作才得以迅速展开。1946年4月，学校签下2 000张课桌椅合同，计2 120万元；签订《改造新南院宿舍为教工住宅工程合同》，计7 050万元；6月，签约《哲生馆修建工程合同》，计2.09亿元。之后，容闳堂、工程馆、上院、中院等的修建工程，也逐步排入工程计划。

同时，随着复员学生的迅速增加，宿舍越来越紧张。1946年4月，学生人数已近3 000人，徐家汇校园里原本容纳1 000名学生的宿舍用房，已经不堪重负。因此，上海本地的学生大多数成为走读生，不少外省市的学生只能租校外宿舍。即使这样，图书馆、上院、中院等非

---

① 《交通大学校史资料选编》第2卷，第657页。

② 《接受上海交大日志》。上交档：LS1-166。

③ 《接受上海交大日志》。上交档：LS1-166。

宿舍用房,也被用来作临时宿舍,甚至容闳堂总办公厅的三楼,亦被辟为青年教师的临时住房[①]。

建造学生和教工宿舍,成为学校迫在眉睫的大事。1946 年 2 月,学校向有关部门提出将东亚同文书院旧址作为对交大的赔偿。4 月,苏浙皖敌伪产业处理局函复交大,案准估价让售虹桥路 100 号同文书院旧址。接着,根据中央信托局地产处评估,交大以 10.14 亿元购得同文书院旧址,共计土地 140.619 亩,平房 4 幢。学校原计划在此建造学生宿舍和教工住房,但由于经费非常有限,

学生第二宿舍

学生宿舍——电信斋

① 蒋大中:《交大电机系自抗日战争胜利到迁校后这一段发展变迁的历史追忆》。《校友之友》第 2 期,2010 年。

用于修复旧的教室、实验室已经用去不少，因此只能先在执信西斋西边新建学生宿舍一幢，外形与执信西斋相似，扇形的两层砖木结构，面积 2 111 平方米，名为第二宿舍。同时，复员后的第二次校务会议决议，发动校友捐建新生宿舍。经过同学会的努力和上海电信局校友的活动，上海电信局同仁捐赠 8 亿元，帮助建造学生宿舍一幢，用于解决电信系科学生的住宿困难。该宿舍建于第二宿舍南面，造型也类似执信西斋，建筑面积 2 200 平方米，命名为“电信斋”，后名第六宿舍、女生宿舍。两幢学生新宿舍的建成大大缓解了学生的住宿困难。但是原计划在东亚同文书院旧址上建造的学生宿舍和教工住宅，一直到上海解放也未能实现。

1946 年，交大校园内工程馆西边还新建了哲生馆（后改名科学馆），体育场西边新建了新文治堂（又名大礼堂）。哲生馆是用复员费的节约资金所建，建筑面积 2 162 平方米。哲生馆的建造为学校数、理、化理科学科的建设创造了新的发展空间。新文治堂的资金和建造都是由校友们捐赠和负责的。1946 年 3 月，交大同学会鉴于原文治堂“颓旧窄隘”，仅能容纳 500 人，由校友茅以升、王之卓、赵祖康等发起，决定借 50 周年校庆之际，动员校友捐建新文治堂。同学会召开理事会，成立筹建委员会，推王绳善为主任委员，袁丕烈为总干事。筹建委员会成立 88 个劝募分队，劝募目标 30 亿元。当年 10 月，筹建文治堂委

哲生馆（后改名科学馆）

新文治堂奠基

员会已募集到经费1亿余元。之后,内战越打越激烈,募款越来越困难。但是经过校友们不懈努力,1947年2月新文治堂奠基,至1949年终于正式落成。新文治堂建筑面积2 913平方米,座位1 800多个,迄今完好。

在修复校园的建设中,学校还十分重视校园的绿化建设。1947年,学校在举办51周年校庆纪念活动时,特地发出号召,号召各年级捐种纪念树一棵,每棵30万元。同学会立即响应:民三级陈璋代表同学捐植树款30万元;民七级汪禧成等捐款37万元;民八级陈辅屏代表同学捐植树款60万元;民十一级武立侯代表同学捐60万元……,台湾民廿三级也汇来植树款30万元。各级校友捐款踊跃,直至民三十四级,共收到捐款10 805万元。管理学院院长钟伟成还特地借捐赠"级树"会发表演讲,宣讲植树与学校发展的关系。当年,学校共植树1 000余棵,花木1万余株。之后,1948年校庆,校友继续捐款植树750余棵,初步绿化了校园。

三、恢复图书馆

抗战胜利后,图书馆一度被迫作为临时学生宿舍。学校只能在图书馆二楼辟出一角作为临时图书室,配合教学工作。

1946年6月,在复员后的第一次校务会议上,学校成立了图书委员会。但是一直到1947年8月学生临时宿舍迁出图书馆,图书馆才得以完全恢复。

9月,校图书委员会召开会议,决议:修正并通过教职员、学生借书规则;增添、修补馆内残缺设备；重新颁发师、生阅览证；禁止馆内住人；历年借出的图书，馆内派员至各院系会同查点核对。年底，图书馆主任章景曾在图书委员会上报告了图书馆工作的基本情况：图书馆有中文书籍53 387册，西文书籍36 444册；中文杂志790种，西文杂志730种，共计1 520种；地图85幅；中文报纸10种，西文报纸4种，共计14种；订购的新书400册，已到120册，订购期刊95种，已到58种；图书馆机构，设主任办公室、书库、借书处、杂志室、研究室、教员阅览室、参考室、编目室、藏书室、阅报室及学生阅览室。为了更好地为师生服务，会议决定每周周日至周五研究室和杂志室增加开放时间，晚上6：00—10：00继续开放，并派人分别管理。

这一时期的三位校长都十分重视图书馆的恢复和建设，首先从经费上给予支持。例如，1948年10月27日学校召开第六次行政会议，研究教育部补助经费的使用问题时，会议决定要充实图书、杂志，"并且要求从宽拨款"。在随后的第二次校务会议上，在物价暴涨、学校各类经费都极为困难时，会议仍然决定从教育部下拨的3 000美金中，拿出部分资金充实图书设备。

学校还积极向校外争取图书及有关设备。1945年10月，裘维裕代表教育部京沪区特派员办公处接收了同文书院存放在虹口校舍的图书1 033册。1946年1月，校务委员裘维裕致函给上海敌产处理局，请拨同文书院校产给交大，其中包括图书、打字机等设备器材。学校还通过留美交大同学会征集图书，1948年获得首批捐书500册。

在各方支持中，交大图书馆的恢复和建设得到了一定的进展。到1949年5月上海解放时，图书馆已有中西文图书约10万册，新购期刊130余种。

四、经费困难与社会资助

交通大学办学经费依靠国家拨款。1946年下半年以后，国民党政府把80%的经费用于打内战，于是物价飞涨，交大的办学经费陷入极大的困难。

1946年8月21日，吴保丰校长致函教育部并报送1946年8—12月追加预算表，要求每月追加经费6 250万元。函述：

> 1945年渝校仅9个系，3个专业，1个研究所，共13个单位，1 600学生，每月经费250万元。现自8月份起，复员后，理、工、管3院恢复，班级由原来的39个增加到88个，学生增加到3 410人。原在渝校定的每月250万元经费明显不敷应用。加上，物价飞涨，沪地物价远高内地。故请追加每月经费6 250万元，8—12月5个月经费应追加3.12亿元。[①]

---

① 《上海交通大学纪事(1896—2005)》(上卷)，第369页。

之后,教育部只核准年度追加经费 8 971 万元,不到申请经费的 1/3。

1948 年 2 月 17 日,程孝刚校长发布通告:“本月经费定仅 1.5 亿元,而 1 月份水电煤即需 4 亿元,2 月份将增至 6 倍,3 月份薪津恐成问题。时值中小学开学之际,教职员子女教育费自行解决。因学校财力有限,概不借支。”[①]

国统区通货恶性膨胀,至 1947 年上半年,货币发行额已比战前增加一万多倍,物价上升六万倍,职工的生活指数只比战前增加六七千倍。一百元“法币”,1937 年能买两头牛,到 1947 年就只能买一颗煤球了。1947 年 5 月,上海、南京的学生发起了抢救教育危机运动,喊出了“向炮口要饭吃”的口号。1948 年 8 月 19 日,国民政府实行“币制改革”,即用金圆券 1 元代替原来用的法币 300 万元。祝百英教授在《币制改革的成功条件》演讲中对此作了揭露:这是一个天大的骗局。[②] 事实证明,仅过 3 个月,物价又超过了“币制改革”时的 40 倍以上。之后物价如脱缰野马似的猛涨。1949 年 5 月 21 日,上海市场的粳米价每石达金圆券 4.5 亿元。

而在国统区内的交通大学,其办学经费则成为十分严重的问题。这问题不但表现在教育部的拨款与学校的实际需要和预算相差甚远,如 1946 年申请每月追加经费 6 250 万元,实际批准每月 1 794 万元。而且,表现在即使批准,并增加了补贴,也跟不上飞涨的物价。例如 1948 年 9 月批准增加预算经费 85 亿元/月,而实际上学校上月的电费已经涨至百亿元。

面对巨大的经费困难,学校在努力争取教育部财政补贴的同时,亦积极向社会筹资。长期以来,交大一直以优良的学风、良好的声誉,服务、联络着铁道部、交通部的各部门及工厂、企业和社会,形成了多种形式筹资办学的渠道,为贫困学生助学,为重大项目筹资。在这段困难的时期中,社会各方再次向交大伸出援助之手。尤其是 1946、1947 年,社会对交通大学的捐助非常踊跃。例如:

1946 年 5—9 月捐助“复校基金”的,不但有交通部公路总局、浦徐铁路局、浙赣路局、招商局、电信总局、邮政储金汇业局等单位,还有偏远内地的滇越铁路局、天水铁路局、川滇铁路公司、粤汉路局、陇海路局等单位,以及川陕公路管理局同仁、迪化张谦等个人。此项捐赠,金额高的如交通部公路总局 2 000 万元,低的亦有 150 万元,平均 500 万元。个人 50—100 万元。

捐赠奖学金的,有茂福申新总公司、上海新安电机厂、上海证券交易所、资源委员会、蕴初资产管理委员会、中国通商银行、交通部招商局、中国运输学会、上海轮船商业同业会、中

---

① 《上海交通大学纪事(1896—2005)》(上卷),第 392 页。

② 祝百英:《币制改革的成功条件》。《交大周刊》第 34 期,1948 年 9 月 8 日。

国经济建设协会和教育部“林森”“安良”“中正”奖、上海市统一奖学金等单位，以及梁士诒先生、袁母赵郎如女士、黄伯樵、萨镇冰等个人。捐赠每年都有。各种奖的奖励人数，除上海市统一奖学金名额为350名外，一般为5—26人不等。人均奖学金金额按年份各不相同：1946年间，设奖人均额度约在2 000—20 000元，1947年约10万—50万元/人，1948年约20万—200万元/人。

捐助优秀学生及清寒学生的，多为地方省、县政府，如四川、安徽、宁夏、贵州、湖南、河北等各省教育厅，合江、纂江、岳池、偃师、资中、万县、江北等县政府，还有世界学生服务社中国分社、上海鱼市场第一冷藏厂、周丹沈太夫人、校友茅以升、董奏肤等。补助的名额各省市县不同，1—20人不等，平均为5人。人均补助金额按年份各不相同：1946年4 000元/人，1947年约在5万—10万/人。

捐助专项的，如经济部资源委员会为工矿技术特设的补助专题研究和奖学金；中央航空公司补助学校办民航专业100万元；上海电信局捐建电信斋学生宿舍；交大校友会捐建新文治堂等。

交大友聲

中華民國三十七年八月七日　第二卷第三四期

新文治堂籌建專號

國立交通大學上海同學會交大友聲社發行

訂閱及投稿函件請寄上海(〇)九江路五十號一〇四室

卅六年一月新文治堂奠基典禮時留影

交通大學上海同學會三十七年年會留影卅七年一月攝於新文治堂前

交大同学会出版的《交大友声》

以上所列的是部分捐款，不包括如校友赵曾珏捐赠著作、孙师白捐赠硫酸等，以及许多工厂、部门捐赠飞机、机床、纺织机、电讯设备等实物和实验设备。

这么多省市、部门、企业、公司、个人，克己俭省，捐款支持交大发展，是值得交大永远铭记的。尤其是校友，正如茅以升指出的：交大校友对母校实是“平时协助发展，咸认应尽之责。而遇非常事变，更能群力以赴，如救身家急”；“远如军阀时期之摧残，近如抗战播迁之颠沛，皆能于存亡之关头，发挥力量，挽狂澜于既倒。不顾不危，可大可久”。[①]

① 茅以升：《南洋与北洋》。《交大周刊》第2期，1947年4月18日。

第八章
教学与院系设置

第一节　教学情况

一、坚持培养高质量人才

抗战胜利，交大师生热切期盼国家开展“大规模工业建设”以“迎头赶上欧美工业”，[①]期盼学校能安定办学，学生能安心读书。可是，事与愿违，战后时局动荡，校长更迭频繁。然而即便如此，交大的校长和广大教师“欲赶上欧美工业，必先迎头赶上欧美之工业教育”[②]的信念没有动摇。他们坚持培养高质量人才的宗旨，积极探索国内外工业教育的理念和方法。

这一时期，先后担任校长的有吴保丰、程孝刚、王之卓三人。虽然，他们在办学宗旨、办学方法上各有侧重：吴保丰校长奉行工程与管理并重，工、管结合，强调“基本训练，切实注意学生能力”。[③] 程孝刚校长则认为大学有三层使命：教育真才，研究学术，宣扬文化，奉行“学府以内，思想自由”，强调学校要发展学术，更要提高精神文化。[④] 王之卓校长则认为“本校分

---

① 李熙谋：《建设工业教育以配合工业建设》。《交大学报》1945 年 9 月。

② 李熙谋：《建设工业教育以配合工业建设》。《交大学报》1945 年 9 月。

③ 上海交通大学校志编纂委员会：《上海交通大学志（1896—1996）》，上海交通大学出版社 1996 年版，第 327 页。

④ 周川：《中国近现代高等教育人物辞典》，福建教育出版社 2012 年版，第 601 页。

理、工、管理三学院。理学院着重原理，工学院着重原理的应用，管理学院着重科学化的管理。三位一体是一组很好的配合”，[①]强调教学上要“注意实际而施以严格训练”，而学生要“一方面精专，一方面还要顾到广博”。但是，三位校长在加强学校理工结合、工管结合、文理结合，完善学校理、工、管三院体系，完善工程教育，坚持培养“以理为基础，工为应用的高质量的研究人才、工程人才、教育人才”[②]的目标上，是一脉相承的。这一培养目标与学校20世纪30年代提出的“研究高深学术，养成交通建设专才”相比，有了较大发展。

这段时期，交大的不少教师对大学的办学理念和学校如何培养高质量人才也发表了有益的见解。

理学院院长周同庆在53周年校庆时，撰文提出交大要进一步加强理、工结合，其“目的在培植富有创造性、开辟性，具有宽广基础的工程师”。他提议学校开展“差别训练”，指明“此与英国之优等毕业生制度相似矣”。[③] 管理学院院长钟伟成借梁士诒竞赛奖评选，就大学的教育方针和全面培养人才撰文指出：

> 教育为立国之本，大学教育尤为创造建国力量之主动因素。我国大学教育自清末废科举兴学校以来，已有五六十年之历史，教育方针与学制章则，顾其缺点乃复甚多，而其最大者厥有四点：(一)课程编制过分着重专业技能，而对于现代国民所应具之基本常识反异常薄弱，以致对于世界趋势、国际关系、本国情形、社会问题，以及一切物情事理，不能有正确之认识与判断。(二)为功课之过分繁重……则殊嫌不能发展其自动研究与创造发明之能力。(三)为学生考积，仅凭规定学科之考试分数，此种方法……但对于博闻强记明事达理，具有特殊能力之领袖人才，每难为学校师长所发现，从而不克施以适当之训导，以成全才或竟促之误入歧途贻害社会。(四)为学生缺乏社会服务之认识……或则虽肯为社会服务，但抱有英雄与功利思想，乃多违反真理，与群众利益之举动，均不足以言民主国家之国民。[④]

文中，还针对弊端提出了四方面的改革措施。

土木工程系教授王龙甫发表专文指出，对人才培养、办学制度的检讨，还应包括直接抄袭的美国大学制度和课程。[⑤] 财务管理系教师林霖在专文中指出，交大财务管理系培养的人

---

① 《交通大学校史》(1896—1949)，第495、390页。

② 《校长训词》。《交大周刊》第37期，1948年10月13日。

③ 周同庆：《祝交大五十三周年校庆并谈理学院》。《交通大学校史资料选编》第2卷，第698页。

④ 钟伟成：《梁士治先生竞赛奖金之观感》。《交大周刊》第3期，1947年4月22日。

⑤ 王龙甫：《大学教育的展望》。《交大周刊》第60期，1949年4月8日。

才不仅要“从事于生产银行,事业之活动,而应多从事于政治经济范围之活动”。①

校内活跃的教育思想、方法的探讨还引来了校友的参与。校友赵曾珏教授从学校与社会关系的角度,提出:“窃谓大学之使命非仅为作育人才,而同时对社会,至少对于当地社会,亦应发挥其辅导与合作之作用。”②茅以升则针对南洋与北洋为什么能做到“通才辈出,不为技术一隅所困”的探讨,提出五点见解,其中第一点是“求学致用,为国服务之精神则始终如一”;第二点是“两校以工科著称,而于文法方面,始终未偿偏废”。③

1949 年 4 月,交大教授在参与高等教育理论研究活动中,对于高等教育的培养目标及其任务,以及与社会配合等问题,发表了书面意见,其中强调“大学教育应与建设计划配合,负责改进社会”,“大学应着重通才,专科着重专才,研究院通而后专。不论大学、专科、研究院,尤应注意人格之培养”,“设院设系不宜作硬性规定,应随时代进步之需要增减”④等。

交通大学把培养高质量人才作为办学宗旨,保证了学校办学方向的正确和教育措施的实施。

二、制订、完善规章制度

随着复员后,办学规模的扩大和情况的变化,学校在继承老交大规章制度的同时,注意及时根据新情况修订、制订规章制度。

1946 年 9 月 7 日,学校召开复员后第二次校务会议。会上,吴保丰提出要“另设法规委员会,拟定各部门一切规章”。这一时期,针对教师工作、行政管理、学生学习和学籍,学校修订和制订的比较重要的规章制度有 20 多种。

有关教师工作方面的有:1946 年制订的《助教工作规定》《教授出国进修办法》,1947 年制订的《人事管理条例》《国立交通大学教授会简章》,1948 年制订的《聘任委员会简章》《本校教授休假进修办法》《教务工作章则》《交通大学教务行政人员选举办法草案》等。

新制订的规章制度针对性强,及时解决了许多新问题,维护了正常的教学秩序,调动了教师的积极性。例如:为保证和提高教学质量,针对教师少、助教工作不规范等,学校特别制订“学校各级主管人员不得兼任其他职务”,“加强助教考核”和“教授每周上课钟点以八学分⑤至十学分为限” 等条例规则,其中《助教工作规定》明确:

---

① 林霖:《蜕变中的财务管理系》。《交大周刊》第 7 期,1947 年 5 月 31 日。
② 《交通大学校史资料选编》第 2 卷,第 515 页。
③ 茅以升:《南洋与北洋》。《交大周刊》第 2 期,1947 年 4 月 18 日。
④ 《交通大学校史资料汇编》第 2 卷,第 646 页。
⑤ 学分:1 学分等于 1 节课。

①指导学生实验及实习;②批阅设计及制图图卷;③批阅习题及报告;④其他教务事项。助教工作的考核,每周至少以10学分为原则,其计算方法如下:①实验实习有报告批阅者,每3小时作2学分,无报告者作1学分;②设计或制图随班上课需批阅图卷者,每3小时作1学分半,不随班上课作1学分;③批阅习题每学程每组20人至40人,每周授课时数在3小时以上者作2学分,3小时以下者作1学分。

1948年11月2日,校务会通过《聘任委员会简章》,规定聘任委员会以校长、教务长、各院院长及教授会代表6人组成,任期一年,连选得连任;明确教师职称升等步骤:①由升等人或系主任填具申请书,由院长、教务长开会作初步审查,用不具名方式表达之。②初审合格者,其著作一项由校长送专家审查。③经过以上审查,合格者由教务长提出,本会作最后决定。[①] 另外,简章还规定:"学校新聘教员,则由各系、科、所主任填具推荐书,经院长、教务长复核后提出,由聘任委员会审定。"[②]

1948年通过的《本校教授休假进修办法》有14条,其中明确"凡在本校专任教授连续服务七年以上者,得有离校考察或研究一年之机会";"教授休假期间仍领原薪津";"教授在进修期满时,应就考察研究结果详具报告"。[③] 教授出国进修是交大的传统,是提高教师质量的措施之一,在新修订的《教授出国进修办法》中还规定:公派出国进修教授,出国期间工薪按七成支付等条例。

有关学校管理方面的规章有:《交通大学研究所暂行规程》《国立交通大学财产物品购置、变卖及工程营销处理办法》《国立交通大学校内营业团体管理规则》《国立交通大学应变委员会章程》《国立交通大学农场章程》《交通大学同学会章程》等。这些规章制度,有的正是针对学校复员恢复时学校管理中出现的财产处理、工程招标、校内餐饮经营等情况而制订的,对稳定学校建设非常及时。

在学生学籍管理方面,针对战后复员迁移,学生转院转系、停学、复学、退学等频繁发生的新情况,为保证提高教学质量,学校特制订了《国立交通大学重习、留级、停学、休学、退学规则》。规则分补考、重习、停学、休学、退学以及考试舞弊的处理等共15条。

修订的《国立交通大学学籍规则草案》分招生及入学、转院转系、考试、缺席、学程、学分及成绩、补考留级停学、休学复学、退学、毕业、附则等,共10章78条。如"第一章招生及入学",规定大学本科和专修科均可招收转校学生;"第二章转院转系",规定二、三年级学生可以转院转系,但"以一次为限";"第三章考试",规定"本大学各学科考试分毕业考试、学期考

---

① 《交通大学校史》(1896—1949),第440页。

② 《交通大学校史》(1896—1949),第440页。

③ 《交通大学校史》(1896—1949),第440页。

试和月考三种”,“凡平时积分不满40分者,由教师通知注册组扣除该生该学程学期考试”。新的规则进一步严格了教学要求,如新增的第52条:“留级生之该学年其他及格学习成绩,凡在70分以上者得予承认,其不满70分者,不计成绩,应令重读。”另有第50条、54条、57条条款,都是针对补考、留级、停学而新增加的。

修订的《国立交通大学学生奖惩规则》规定操行成绩记分标准,奖惩条例,并根据奖惩情况决定操行分数的增减等,共14条。

有关学生管理的还有《申请转院转系办法》《国立交通大学训导规章》《国立交通大学学生团体出版规则》《国立交通大学学生集合规则》等。

有关研究生教学的制度有《学位授予法》《电信研究所研究生计算成绩及修学期限暂行办法》等。

1947年,为提高交大学生中、英文水平,学校特地恢复了因战乱停止举办的课外国语、英语演讲竞赛,制订了《国立交通大学国语演讲竞赛规则》。规则规定“每学期得举行全校国语演讲竞赛一次”,“凡本校学生均得参加”。规则共12条,对演讲时间长短、宣讲者先后次序排列、记分方法、奖品分配等,都作了明确规定。1948年10月,教务会议修正并通过了《国文英文会考简则》6条,规定每学年举行国文、英文会考各一次。

新制订和修订的规章制度加速了学校战后教学秩序的整顿和恢复,保持和发扬了交大的优良传统,促进了学校教学质量的全面提高。

三、教师潜心教学

教师队伍是学校教学的基础。复员后,交通大学渝沪两地的教师,人数各占一半,汇合起来组成了一支数量相对不足但质量较高的队伍。留在上海的原沪校教师,多数是20世纪20、30年代已经执教于交大,并且经历了八年租界办学后留守下来的,如裘维裕、陈石英、钟兆琳、周铭等。他们有丰富的高等工程教育经验,其中多数是留学归国的早期交大毕业生。重庆复员回沪的教师,大多数也是交大毕业生,是20世纪30年代的毕业生,许多人与沪校教师有着“师生”渊源关系。他们多数是在抗战爆发后,从欧美留学归来,是奔赴国难的年轻学者,许多人曾经担任过或兼任过实业部门的工作,年富力强,带回来欧美各国现代的先进学科知识,授课内容新颖、专深。

然而,在复员初期,因国民政府对沦陷区师生的歧视政策,一度使得沪、渝两部分教师之间造成隔阂。但是在两地教师办好学校、筹划迎头赶上欧美工业的共同愿望的基础上,在吴保丰、裘维裕等教师的说服帮助下,经过一段时间的磨合,终于消除了隔阂,共同承担起了恢复和建设母校的繁重教学任务。

抗战胜利后，交大的学生数量增加较快，而教师数量则维持在 280—290 人之间，师生之比大体在 1∶10，与战前的 1∶4 的师生比差距很大。而当时与交大学生数量相差不多的相似学校的教师数量在 600—1 000 人，相比之下交大的教师数量明显较少。为此，学校一再向教育部申请增加教师编制。1946 年，教育部终于核准增加 18 个编制，但也是只给编制，不给经费。这样，到 1947 年，由于各种因素，全校教师非但没有增加，反而减少了 10 名。直至 1949 年 4 月，交大的教师总数仅为 286 名。交大教师虽然在数量上不足，但是在 286 名教师中，教授、副教授有 167 人，占教师人数的 60%，不但高于国内一般高校，也远高于学校 1936 年的 37%。

为了减轻教师的负担，提高教学质量，学校特地聘请了一部分兼职教授。1947 年 4 月，在学校公布的教师名单中有兼职教授 29 人。如教育部政务次长、中央大学校长顾毓琇也被聘为交大的兼职教授。他每周六乘火车从南京来上海交大，所开的选修课“运算微积分”是当时的前沿课程。[①] 当年在校学习的江泽民也选修了这门课。同时，学校还增设了“讲座”教授。如 1946 年 11 月，学校同意中央信托局出资在管理学院设“讲座”一席，聘请沈奏廷任“讲座”教授一年。1947 年 2 月，由交通部电信总局出资在电信研究所内设“讲座”教授，为研究生授课。1948 年 1 月，上海港务局、公用局、工务局在交大土木、水利系设“讲座”教授，请黄河水利委员会简任技正严恺担任。同年，中国通商银行总行在财务管理系设“讲座”教授，聘国内经济理论权威陈清华教授担任。桥梁工程学权威茅以升，1948 年也曾担任本校特设的“讲座”教授。

江泽民在校期间用的英文原版《高等数学》教材

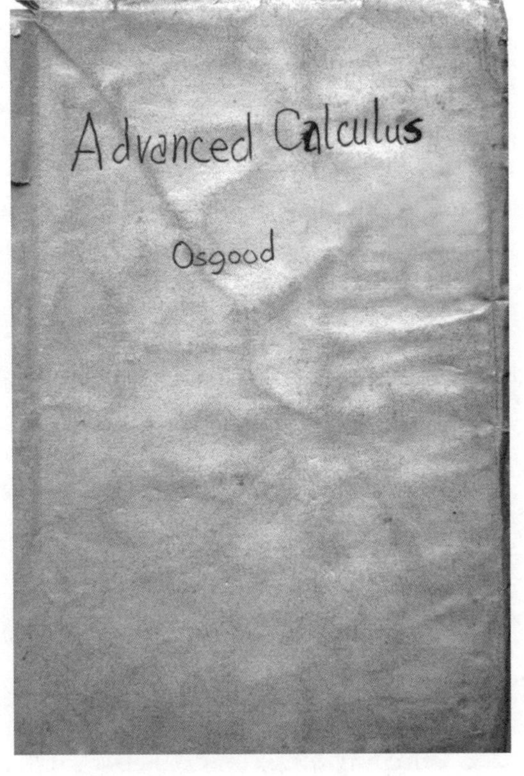

与师资短缺同样困难的是教师的生活每况愈下，逐步陷入贫困的状况。困难时，交大的教师单靠本校的工资已难以养家糊口，只得四处兼职、兼课。身为理学院院长的裘维裕，家庭负担

① 蒋大宗：《交大电机系自抗战胜利到迁校后这一段发展变迁的历史追忆》。《交大之声》第 2 期，2010 年。

较重，每月工资不足维持生计，只得外出兼任江南造纸厂厂长。但是到1948年，裘院长的身体越来越差，在经济与身体的双重压力下，6月，他辞去了院长职务。航空工程系教授马明德在光华大学、大同大学、兵工学校和商船学校兼课。为维持生计，他讲授的课程多达八九门，每周最多达30学时。[①] 1948年底，钟兆琳教授将自己住房靠姚主教路(今天平路)一边的墙上凿了一个"大窗口"，开"烟纸店"以补贴家用。临近过年，本想"开市大吉"，不幸，小店却在初一遭窃，钟教授一气之下，将店内余物全部分送给了前来看热闹的小孩，关店大吉。[②]

生活困顿的交大教师向国民党当局展开了多次抗争。1948年11月12日，交大教授会在《大公报》上发布《教授会为时事告国人书》，称：

> (一)战后世人向往和平，结果战云又布，实与和平目标背道而驰。政治是为谋人类的生存，科学是为谋文化的进步，现在均向相反方面而去；(二)政府改革币制失败，决策的人应负严重责任，经济命脉乃由少数人把持，人民已处水深火热之中；(三)物价飞涨，公教人员工薪低下，改币初期，我们月收入可买五六担米。现在仅两个月，只能买一担。一般平民生存更难。局势危急，不能坐视，望全国同胞共鉴。[③]

艰难的生活并没有让交大的教师退却，相反，如教师们所言，"一种积极向上、精益求精的精神一直伴随着我们"。[④]世界科学技术的快速发展，雷达技术、无线电技术、空气动力学、水动力学、原子能、化学工程等科技前沿的每一步进展，都激励着交大教师以恢复和超越20世纪30年代交大的学术水平和办学成就为己任，努力拼搏。

各院系教师满怀信心地投入到规划系科的建设中。恢复三院后，工学院在建设原有的土木工程、机械工程、电机工程、航空工程、造船工程、工业管理6个系的基础上，增设了化学工程、水利工程、纺织工程三系，并将轮机专修科扩建成轮机工程系，电信专修科扩建为电信管理与电信技术专修科，从而形成10个系、2个电信专修科的规模。教师自称："除矿冶外，本院无所不备，堪称国内最完善之工程教育机构。"[⑤]理学院恢复后，设数学、物理、化学三个系，其重点是修复、扩充实验室，更新和编写新的教材。管理学院恢复后，一面积极改进课程、充实图书设备，一面在学校支持下，除恢复车务实验室、电信实验室、会计统计实验室外，还拟新建交通器材模型标本室、商品标本室，创建经济研究室和交通教育函授部；同时，在学

① 盛懿等编著：《三个世纪的跨越》，上海交通大学出版社2006年版，第207页。

② 申生：《钟兆琳轶事》。《老交大的故事》，第212页。

③《教授会为时事告国人事书》。《大公报》1948年11月12日。

④ 蒋大宗：《交大电机系自抗战胜利到迁校后这一段发展变迁的历史追忆》。《交大之声》第2期，2010年。

⑤《工学院概况》。《交大周刊》第60期，1949年4月8日。

校支持下，新建了航业管理系，将1945年增设的电讯管理系更名为电信工程管理系。这样减去划归工学院的工业管理系，再加上已有的运输管理系、财务管理系，管理学院形成4个系的规模。对于学校恢复、完善系科的工作，校友们也热情支持。1947年5月，在哲生馆授钥典礼上，黎照寰代表立法院院长孙科在致词中提出："希望诸位师长校友在吴校长领导下，订一个五十年计划，逐步完成所理想的工程学府。"

根据欧美大学的新发展，交大教授们继续注意及时修订、调整教学计划，更新教材。物理原来用的是弗兰克编著的教材，1947年，麻省理工学院的教学改用了西尔斯编写的新版物理教材，物理系研究后及时作了更换。《应用力学》《材料力学》等教材，重新选用了铁木辛科的。机械工程系则在教学计划调整中，增加了"公文程式""成本会计""工业管理"等管理类课目。在教学方法上，工学院根据国外电化教育的发展，进口了工程教学片，将工程馆的12教室改装成可以放有声电影、幻灯的电化教室。航空系在教学计划中则抓住"数学"与"力学"两条线，加强基础课程：在数学课程中，增设"工程数学"；在应用力学中增强了"哥氏加速度"与"分析力学"等内容，并拓展教材内容，如空气动力学从理论流体到黏性流体、从不可压缩到可压缩、从亚音速到超音速、从二维流动到三维流动，飞机结构也从桁架到薄膜结构；自编《流体力学》《机械设计》《应用力学》等教材。该系1948级校友顾诵芬院士谈到："学校的严格工程训练和教给的解决工程问题的处理方法，给了我以后进行飞机设计的基础。至于飞机设计方法要归功于学校所教的各种机械设计课，当然最终还是得益于杨彭基先生教的毕业设计。"①

电信研究所的课程设置，仍追踪美国哈佛大学及麻省理工大学研究院的电信课程和国际先进技术。研究所与中国电机工程学会上海分会联合成立的图书室，拥有反映当时电信技术最新成就的书刊二百余种。张钟俊、朱物华、沈尚贤等教授从国外回来不久，一直紧跟国际上的最新技术，他们采用自编教材、讲义的形式，随时将前沿科技知识引进到教学之中。他们开设的电信网络、伺服机构原理、电视学、超短波、电路分析、载波电话、运算微积分等课程，都是当时国内最早开设的前沿课程。张钟俊的伺服机构原理开创了中国自动控制学科；朱物华的《电视机原理与知识》是我国这一学科的第一部教科书。1947届研究生夏培肃院士说："当时的交大聚集了一大批刚从欧美留学归来的年轻学者，他们带回了世界科技发展的新知识、新技术，教学内容既深又新。"②对此深有体会的交大1949届研究生楼海日回忆

① 叶取源主编：《上海交通大学院士风采录》，上海交通大学出版社2000年版，第287页。

②《上海交通大学院士风采录》，第227页。

说,进中国邮电电信研究所不久,最让所里那些从国外回来的专家惊讶的是,交大毕业生对快速发展的国际电信业前沿技术的了解和掌握的程度。[①]

教师们在吸收国外先进教学理论时,依旧不忘结合本国本校的实际情况。1947 年造船工程系对教学计划作了一次重大修改。[②] 新的教学计划与 1943 年侧重造船的教学计划的主要区别是:造船与轮机并重。这主要是吸取了美国一些高校的先进方法,更结合了中国造船工业的发展和学生就业的实际。正如造船工程系教师指出:“盖造船与轮机犹如人身之躯壳与内脏,两者俱不可缺也。”[③]为此,造船门增设了不少轮机方面的课程,原本仅在两个学期修读 6 周学时的轮机学大意,扩充为船用汽锅学、船用汽旋机、船用内燃机、船用蒸汽机、船用副机以及燃料及润滑 6 门课程,共 18 个周学时,与轮机门相差无几。又如,钟兆琳教授在介绍“中国电气化展望”时,明确指出:“我国之需要与外国不同,我们应配合国情作灵活之运用。”季文美教授在翻译选用铁木辛科的《材料力学》过程中,根据教学和实际情况,发现初版译本中有多处错误,因此,在“增订版弁言”第一条即写明:“本书初版系 Timoshenko(铁木辛科)著 strengh of materials 上册之释本,于 1947 年 9 月出版。用作交大航空系课本后,陆续发现错误 30 余处,曾于次年 7 月即发勘误表。第二次用作课本,竟又发现错误 10 余处,本版均已一一加以更正。此种书籍,无论校对如何审慎,非经多次用作课本,罣漏疏误,迨无法完全避免。”[④]

《材料力学》教材

在教学上,教授们仍然坚持着老交大“要求严”的教学传统。1948 届校友蔡睟盎是蔡元培的女儿,她回忆当年的学习状况时说:“我曾

① 2003 年 7 月北京采访,上海交通大学校史室资料。
② 《从船舶与海洋工程》,第 19 页。
③ 《交大工程》创刊号,1947 年 4 月。
④ 季文美编译:《材料力学》(增订本),龙门联合书局 1950 年版,第 1 页。

屡次因患病及遇战乱而辍学，17 岁时毕业于一所法国天主教会所设的女子中学，抱病投考交通大学，侥幸被录取为物理系第二名。我十分珍惜这一得之不易的学习机会，也自知基础薄弱，必须加倍努力，才不至于遭淘汰之命运。一年级的功课十分繁重，往往一次发下 50 道计算题，限期交卷；平时日以继夜，寒暑不辍，还常感力不从心。"①1949 届电机系校友汪耕院士也谈到："但是学习的压力也特别大。当时交大实行的是淘汰制，不合格的学生都要退学。这使得学习上的竞争更加激烈……考试的题目出自教科书上的，就算是送分的；不少题目必须要找一些课外读物作参考，否则就无法答出试卷中的难题。"②

交大教师在教学上以严格著称，"但是，那时的师生关系十分融洽"。③ 1949 届研究生张安铭回忆说，有一次，他在校园里遇到了导师张钟俊。导师在问了他近期所做论文的进度后，还关心地问起他最近的生活怎样，他回答了三个字"有点紧"。听后，张教授立即给他写了一张纸条，介绍他到中国中学去兼课。这件小事还真地帮助他解决了生活上的大问题。1949 届校友赵国藩院士也谈到，他在大三时，听徐芝纶教授讲授结构学。课余，徐教授曾指导他将听课学习的心得写成一篇论文，并亲自斟字酌句地修改后推荐给《交大土木》期刊。论文被录用发表，使他很受鼓舞，坚定了他追求知识、探索真理的兴趣与志向。④

交大教师的努力，不但使得学校的教学、实验向前迈了一步；艰苦的条件，严谨的治学，也使得交大教师队伍的质量大为提高。这一时期，先后在交大任教的教师(包括兼职)中，吴有训、程孝刚分别于 1948 年当选为国民政府中央研究院院士和院士候选人；中华人民共和国成立后，吴有训、程孝刚、张钟俊、朱物华、周同庆、周惠久、苏元复、严恺、顾翼东、屠善澄、庄逢甘、曹楚生、吴文俊、徐光宪、黄宏嘉、蔡金涛、张煦、陈学俊等先后当选为中国科学院或中国工程院院士。

四、学生刻苦求学

抗战胜利后，由于国民党坚持独裁、内战政策，致使通货膨胀，学费上涨。1945 年 11 月，上海私立大中学校的学费已经增加到胜利前的 7 倍。到 1946 年春，学费还在继续上涨，新学期收费标准为中学 2 万元，大学 3 万—4. 5 万元，如此高的学费大大超出了一般家庭的承受能力。

---

① 蔡睟盎：《在党的教育下，从埋头读书的学生成长为共产党员》。《水之源》，第 129 页。

② 叶取源主编：《上海交通大学校友院士风采录》(第二卷)，上海交通大学出版社 2000 年版，第 325 页。

③ 2003 年 7 月北京采访，上海交通大学校史室资料。

④《上海交通大学校友院士风采录》(第二卷)，第 295 页。

交通大学一直是一所能为家境清寒的学生提供较高的公费生比例和奖学金的国立大学。复员以后,教育部规定只有30%的学生可以享受全公费,30%的享受半公费。1946年10月,上海市学生救济委员会的统计表明,交大的清寒学生人数约占总数的40%。[①] 1947年教育部进一步规定,只有青年军复员生和边疆生等才能申请全额公费。这样,交大的许多家境清寒的学生因为得不到公费资助,生活进一步困难。后来,一些学生即使申请到了公费,公费标准也极低,一天的菜金(包括油盐)只相当于两根半油条,不要说保证营养,连吃饱也不够。为了继续学业,交大的学生有的更加刻苦地学习,争取奖学金以支撑学业;有的则不辞辛苦地到外面的中学、职校、夜校兼课,以聊补生活。许多学生的体质大大下降,肺病患者增加。1947年4月22日《交大周刊》记载,"本校同学中患有肺病者约四百余人",约占学生总数的13.9%。当年,社会上流传着一种说法,在交大读书是"一年级买蜡烛(开夜车),二年级买眼镜(近视),三年级买痰盂(肺病),四年级买棺材(垂死)"。[②]

面对高涨的学费和通货膨胀,交大师生奋起发动和参与了一系列的罢课罢教、反饥饿、反内战、抢救教育危机等斗争。交大学生自治会也把帮助学生克服经济困难作为一项中心工作。自治会组织积极分子担任膳团管理干部,

学生组织义卖活动

① 《上海交通大学纪事(1896—2005)》上卷,第371页。
② 申士标:《记忆里的浪花》。《老交大的故事》,第215页。

定期对校内商品进行物价评价会；征得校方同意，用提供房屋和免收水电费等优惠，在校园里开办了合作社、饭店、理发室等生活设施；甚至成立学生自办食堂，组织大型义卖会等等。学校则积极改进公费审核制度，适当照顾清贫学生；成立学生工读委员会为学生创造工读机会和条件，帮助学生克服经济困难。

在学校和学生的共同努力下，师生生活虽然困难，但是校内的学习空气并未减弱，学生勤奋读书，上课、实验、实习正常进行，教学秩序得到坚持。1949 届校友孙均院士谈到，当年就是在这样的情况下，自己做题千道，攻读了很多理论著作，如“铁木辛科（Timoshenko）的《高等材料力学》《弹性理论》《板壳力学》《结构稳定》《结构振动》；太沙基（Terzaghi）的《理论土力学》，还有蔡方荫的《普通结构力学》等，为自己的学习打下了基础”。[①] 与此同时，学生的课外活动十分活跃。如演讲活动仅 1947 年 4 月就有 4 次之多：11 日，美国玛利克勒博士在体育馆讲《二十世纪美国教育》；14 日，航海公会李云良讲《发展中国之航运》；21 日，印度驻华大使梅农博士演讲；22 日，美国 G Catini 教授在体育馆演讲等。1947 年 9 月，上海市大专以上学校国语竞赛，交大获亚军。在 1948 年 1 月上海专科以上院校球类联赛中，交大获足球联赛冠军、男篮联赛大学组冠军和垒球联赛亚军。

交大毕业学生的质量继续受到社会的认可。1945 年，航空委员会在致学校的信函中称：“在贵校招收之新生学科成绩均甚优良，并能遵守纪律，实为不可多得。”[②]1948 年 4 月，“教育部转来美国麻省理工学院 Den Hartog 教授的盛赞本校学生函，谓在该校最近高等力学考试获前 3 名的中国学生中，2 名（朱城、董道仪）系本校机械系毕业的同学”。[③] 在 1948 年 9 月的《交大周刊》中，电机系以《电机毕业同学，应考成绩优异》为题，报道了在当年的上海电力电话公司招考学习工程师中，笔试、口试及格应考者情况：电力公司录取交大学生 9 名，占录取人数的 75%；电话公司录取 8 名，占录取总数的 80%。文章一面指出“此次国内外大学毕业生应试者甚多”；一面还说，交大还有十余名成绩列甲等者因已就业未曾赴试，“否则可大获全胜”。

如何处理好爱国与读书的关系是这一时期摆在交大广大学子面前的现实问题。1946 年，《交大周刊》第一期《土木系零星》一文中，记有该系对个人理想的一个调查，其结果是：除一人想当总统、一人想当交通部部长、一人想当校长外，其余约 80% 的人想当工程师，从事工程技术工作；2% 的人想经商；剩余的人还没有考虑。这个调查有一定的代表性，即交大多

---

① 《上海交通大学校友院士风采录》，第 252 页。

② 《上海交通大学纪事（1896—2005）》上卷，第 352 页。

③ 《上海交通大学纪事（1896—2005）》上卷，第 394 页。

数学生想从事工程技术性工作。交大理工科的学生,课程多、考试严、学业重,这样就产生了一个矛盾:参加爱国民主活动,势必占去许多时间,影响到专业的学习。因此,读书与爱国的关系处理,对绝大部分交大学生来说,成为两难选择。化学系1945年入校的校友何祚庥院士谈到,居里夫人是化学系同学十分崇拜的偶像。1947年前后,当"反饥饿,反内战,反迫害"的学生运动席卷黄浦江两岸时,学生中曾就是献身革命,还是走"居里夫人的道路"献身科学的问题进行了热烈的争论。何祚庥说,最后多数同学认为:读书不忘救国,在血与火的现实生活中,要想走居里夫人所走的科学救国的道路是行不通的,于是,大多数同学,都选择了革命,选择了新中国。[①] 读书不忘救国,救国不忘读书。为了处理好两者之间的关系,交大绝大多数学生在每次爱国行动后,都加倍补习功课,有的调整学习方法,有的组成学习互助小组,尽力把运动对学习的影响减到最小。

交大的一些学生运动领袖、骨干,多数是在这方面处理得比较好的学生。他们以优异的学习成绩和热忱的服务精神,赢得了广大学生的尊敬。《上海交通大学纪事》中记录有"1947年5月27日,四川綦江县政府汇来该籍优秀学生周盼吾、吴永桢二人补助费5万元"。其中的周盼吾,就是学生自治会主席。又如学生自治会副主席周寿昌是化学系三年级班长,考试成绩经常第一,被老师称赞为:"从来也没见过这样优秀的学生。""知行社"社长曹炎读书注重基础,善于独立思考,在一年级学微积分时,曾提出过一种新的方法可以简化计算程序,解答过去不易计算的20多类题目,为此,学校特地为他报请了教育部的嘉奖。学生自治会中的党团小组负责人胡国定,1947年毕业后,到南开大学教书,曾任副校长、博士生导师。同届校友张公伟(后改名余力),是护校运动现场总指挥,解放后留学苏联,回国后在中国矿业大学任教,也是博士生导师。他们既是学生中的先进分子,毕业后又在学术上都作出了突出贡献。

1945—1948年,在校本科生人数为:1945年1 712人,1946年2 769人,1947年2 991人,1948年2 687人。毕业生人数是:1945年269人,1946年207人,1947年493人,1948年848人。

这一时期的学生,经过交大严谨的学习和爱国、民主运动浪潮的洗礼,涌现出一大批拥护共产党、拥护新中国、在解放战争时期的第二条战线上和在解放后的社会主义新中国经济建设和改革开放中作出卓越贡献的人才。他们追求真理,坚持真理,立志救国,同时又拥有扎实的文化基础知识、严谨的治学态度、务实的实践能力。毕业后,他们当中当选为中国科学院、中国工程院两院院士的有陈太一等约25人。

---

① 蒋秀明主编:《水之源》,上海交通大学出版社1997年版,第47页。

第二节　坚持办学传统

一、从严招生

抗战胜利后，全国青年求学热情高涨，交大招生人数逐年增加。1947 年，录取新生 516 人。1948 年，录取新生 593 人。学校继续实施 1940 年争回的招生自主权，招生工作仍由学校自行办理，秉承传统，择优录取。

复员后，1946 年 9 月 7 日吴保丰在第二次校务会议上谈到招生工作，强调："务请各位注意维持本校以往之一贯作风。"1947 年 9 月，程孝刚继任校长。程孝刚的家乡、江西宜黄县一位有名的绅士，领着高中刚毕业的儿子，带着厚礼来到上海程孝刚家，希望程能给予照顾，被程拒绝。乡绅回到家乡后，大骂程无情无义。程孝刚听到后说："如果讲这种情义，交大就不要办下去了。"[①]王之卓接任代校长后，交大学生自治会在《交大生活》上发表社论，提出《对王代校长的期望》，希望"提高新生素质，坚持以成绩取人，不要让凭教育部或某机关公文保送而不经过考试的人入学，保持交大优良传统"。王之卓校长没有辜负学生们的期望，他认真实践了自己在校长交接仪式上讲的"把交大的优良传统和光荣争取回来"的诺言。

这一时期，学校的报考生与录取新生比例也有所上升。1946 年，全国没有统一的高考，交大的报考生与录取新生比例为 35∶1。1946 级工业管理系校友蒋励君，即后来《人民日报》记者金凤感叹："交大考题之难，称得上全国第一，至今记忆犹新。"[②]1948 年、1949 年的录取比例平均为 15∶1，同 1936 年的 10∶1 相比，有较大提高。

招生中，学校对学生除数、理、化三门课坚持高标准外，对国文和英文程度也坚持了高要求。1946 年 7 月，学校召开招生委员会会议，对国文、英文录取标准作了专门决议。9 月，招生委员会第四次会议，进一步提高了国文、英文、数学成绩的录取分数线。

复员初期，学校遇到的插班申请比较多。为保证质量，各院系提出了有针对性的加试科目，例如：1946 年 6 月，数学系教授会决议，下学年各级招考插班生 5 名，加试专门科目：二年级微积分、大学物理；三年级高等微积分、微分方程、理论力学；四年级近世代数、近世几何、复变函数论。物理系同样决议各级招收插班生 3 人，加试专门科目：二年级微积分、大学物

---

① 黄翠江：《铁道专家程孝刚轶事》。《宜黄县史资料》（第二辑），1989 年，第 99－101 页。

② 金凤：《燃烧的岁月》。《思源湖》，第 128 页。

理、力学、物理学、热学;三年级理论力学全部、大学物理、高等微积分(包括微分方程);四年级光学、电磁学、热学(包括热力学及气体运动论)等。

为了保证招生质量,对于保送生,学校也逐年提高要求。1947 年 7 月,招生委员会决议:本年接受保送生仅限青海、甘肃、云南等 3 个边远省份。1948 年 6 月,招生委员会再次决议:“本年度不招收转学生……取消以往直接接受保送生法。……如有志来校升学,可径行报名应试。”①

学校在坚持招生质量第一的条件下,对考试科目的要求,视各学院具体情况也给予一定的空间。1946 年 9 月,招生委员会决议:“考生各科成绩均佳,惟数学一科 0 分者,报考理工学院不予考虑;但报考管理学院的考生,其余科目总分满 160 分以上,国文、英文均佳,得以考虑。”②

为保证生源质量,1946 年,学校还报教育部批准举办“先修班”,招录中学生提前进修一年,打好基础。不仅如此,对于海外生源,学校也应驻吉隆坡和驻越南等国领事馆要求,寄去招生简章,满足华侨子弟的入学愿望。在录取的后续工作中,招生委员会十分重视录取新生的统计分析工作,制作《各省市被录取于本校各院系的男女学生统计表》,《全国各中学被录取于本校各学院的人数统计表》,《各学院报考人数、计划招生数、实际录取数表》,《各院系录取考生成绩最高分、最低分,及本院划定的录取最低总分表》等。从中,我们看到学校在招生中坚持宁缺毋滥的原则。如 1947 年录取的学生来自全国的 192 所中学,包括来自越南的知用中学、爪哇的公立建城中学等境外中学的考生。1947 年有考生 7 083 人,计划招生 555 人,实际录取 516 人,如除去先修班中直升的 129 人,按照录取分数线,笔试及格录取的仅 387 人。③ 一些系科未招足计划额度。

二、加强基础课

重视基础课教学是交大的传统。对数、物、化、国文和英语的教学,学校特别重视。首先在教学中,安排教学经验丰富的教授教基础课。理学院院长裘维裕,物理系主任周同庆,数学系主任汤彦颐,化学系主任潘承圻、梁普、苏元复,英语科主任李泽珍,国文科主任钱用和等教授,均亲自上基础课。

数学系汤彦颐主任开授的微分方程课要求非常严格。1947 届电机系校友陈警众回忆

---

①《上海交通大学纪事(1896—2005)》上卷,第 395 - 396 页。

②《上海交通大学纪事(1896—2005)》上卷,第 370 页。

③《交通大学校史资料选编》第 2 卷,第 599 页。

说："学生背后都叫他'汤老虎'。"化学系教授顾翼东治学严谨，他的讲学稿件每个学期都要进行修改，不断补充新内容。顾翼东强调启发、创新，他要求学生在学习中要注意五个"W"，即 How(怎样)、Why(为什么)、What(什么)，Whether(是否)及 Where(到哪里)。裘维裕、周铭是被称为交大"霸王课"的物理课奠基人，他们非常注意国际上物理教学的发展。1947 年麻省理工学院物理改用新版西尔斯编的教材，经过比较后，交大也选用了新版教材。裘维裕教学十分重视教学方法。他讲课内容虽多，听课者却不感到困难。学生回忆："裘维裕的物理课涉及数学领域之广，难以形容。无论从几何、三角、代数、解析几何、微积分、微分方程，直至矢量分析、场论、概率统计，几乎无不通晓。他将各个教学环节讲课、习题、辅导、实验、测验和考试安排得十分紧凑而巧妙合理，他的许多学生都有这种感受：无形中按照他布置的进度学习，不知不觉地紧张又愉快地步入了'科学殿堂'，大开'科学眼界'。"[①]在裘维裕的带领下，物理系培养了一批有较高教学质量的中青年教授，如赵富鑫、许国保、周同庆、黄席棠等。他们都十分重视改进教学方法，重视讲课与实验的配套。

1948 年为紧跟物理学前沿科学，周同庆教授及时开设了原子物理课程，建立原子物理实验室，开出 X 光衍射、压电效应和电子电荷测定等实验，拓宽学生的知识面。

针对因抗战时期，受经济、师资缺乏而造成学生国文根底较浅的状况，学校采取了多种措施：逐步提高入学考试水平；将一年级的国文课从每周授课 2 小时增加到 3 小时；恢复学年国文会试和口语演讲比赛；恢复管理学院二年级国文课程等措施，努力提高学生的国文水平。国文科主任钱用和还特地撰文呼吁学生重视国文课："唐前校长主校政时，躬授国学，故以前毕业者，在社会服务的声誉，不特由其专门的科学之特长，且因其国文根底之优良，而引起社会人士的敬仰。"[②]

英文科主任李泽珍根据近年来，"一般中学英文课程，喜采用高深教材，以致学生多食而不化，程度低落，发音不正，文法不通，不但作文错误百出，别字连篇，却造句亦欠顺适，会话尤形艰窘"[③]的实际状况，有针对性地开设课外进修和改进教材。1946 年暑假，学校邀请部分教师讨论后，仍选定《国立交通大学英文教本》二册(龙门出版公司印行)作为现有学生的英文教材。这本教材包括日记、论文、尺牍、小说、戏剧等文体，约 20 篇。对于管理学院学生，英文科继续开设高级英文班；对航海科开设英语会话班，同时恢复学年英文会试，加强月考，举办英语演讲竞赛等严格措施。1948 年 4 月，英文科教授进一步提出改进措施：①入学

① 王宗光主编：《老交大名师》，上海交通大学出版社 2008 年版，第 90 页。

② 钱用和：《国文课程》。《交大周刊》第 3 期，1947 年 4 月 18 日。

③ 李泽珍：《英文课程》。《交大周刊》第 3 期，1947 年 4 月 18 日。

考试标准化,并逐渐提高录取标准;②除阅读、写作之外,利用电化教学,训练学生听与讲的能力;③教材以新颖、实用、浅近、有趣等方面为主。[①] 同时,会议还拟出了供学校英语教学委员会选择的教本五种、补充读物四种。1949年1月,学校决定以全体英文教员组成教科书编辑委员会,开展新教材的编写工作。在加强基础的措施中,交大的英文教学还注意抓入学考试改革。历年各大学入学英文试题,多偏重作文。交大英文科有鉴于中学毕业生近年多已写不好作文,“往往无法交卷,弄得不是张冠李戴,文不切题,便是千篇一律,人云亦云”。[②] 因此,在1948年的入学考试中,交大特地革新了英文考试的方法与内容。考题分为七块,第一块,英译中,分AB两段,A段注重实用会话,B段侧重对说理文的理解能力;第二块,方法测验;第三块,短句造句;第四块,改变句式语法;第五块,把简单句变成复合句;第六块,加子句或从句;第七块,中译英。李泽珍认为交大英文入学考试的尝试,“是一大改革,值得大书特书”。[③]

1946年的入学考试中,国文与英文已经有相当难度,校友戴逸还记得当年的国文考试的作文题目是不带标点符号的“仁人之安宅也义人之正路也”。英文考题是翻译陶渊明的《桃花源记》。[④] 但是,1948年8月,教务会议继续提出“要进一步提高国文、英文两科入学标准”。10月,教务会议修正并通过了《国文英文会考简则》,共6条。简则主要规定:会考目的在于引起学生对国文、英文的兴趣并提高写作能力;每学年举行国文、英文会考各一次,一年级学生必须参加,未经教务处核准请假不得无故缺席,其余各级学生自由参加。会考成绩最优者给予奖金或奖品,并择优发表其作品。

改进基础课教学与“要求严”是相辅相成的。当年交大的公共基础课的考试都是全校统考,学生一般能考到六七十分就不错了。李泽珍在《英文课程》中曾写道:“一年级英文为各院系科必修课程,如不及格,即须重读,故三四年级学生尚有补修大一英文者……本年度大一英文共开十六班,补修大一英文,共开七班。”[⑤]可见当年学生仅想要通过英文考试一关也是非常困难的。

严格的教学取得了较好的成果。交大的学生在上海市高校英语竞赛中为学校争光,学生的国文水平也得到了社会的认可。[⑥] 1949年交大国文会考第一名,物理系学生汤毓骏的

---

① 《上海交通大学纪事(1896—2005)》上卷,第394页。

② 李泽珍:《大学考生的英文程度》。《交大周刊》第35期,1948年9月29日。

③ “英文课文编纂会议第一次会议”。《交大周刊》第51期,1949年1月19日。

④ 《三个世纪的跨越》,第208页。

⑤ 李泽珍:《英文课程》。《交大周刊》第3期,1947年4月18日。

⑥ 《从船舶到海洋工程》,第25页。

考卷已经成为一个典范。会考的作文题目是《生于忧患死于安乐说》。汤毓骏的作文不但直面现实，立意高远，博引经典，文采斐然，而且卷面清洁，小楷清秀，令人赞叹。这一时期，在基础课教师的努力下，交大基础厚的教学传统得到传承，为学生进一步的学习、发展打下了扎实的基础。

三、恢复实验与实习

（一）实验教学

抗战胜利后，各院系为适应建设需要，继承交大传统，在教学计划中大大加强了实验教学。例如机械工程系1947年的实验教学安排有：物理、化学、机工、材料、电工、机械工程等6门实验课，共17学分的课程。与该系1943年安排的工业化学、热工、材料和电工4门实验课，共6学分的课程相比，有较大加强。

抗战中各实验室设备损失很大，为此，物理、化学实验室和各院系的专业实验室的恢复建设成为实验教学工作中的重点之一。这其中，最为紧急的是承担一、二年级物理实验与化学实验课的实验室的恢复。1946年9月，校务会议专门讨论了这个问题。因为参加这两项实验的学生将达2 000人，而学校仅有100人的设备，所以“问题极为严重”。[①]

1. 物理实验室建设

物理实验除仪器、设备缺口大之外，实验室面积也大大不够。于是，学校千方百计地安排资金，对上院原一年级物理实验室进行扩建，终于在1947年8月建成。这样普通物理实验室可以同时开8个实验，供8组学生在8个星期内轮流进行实验。理工科一年级的物理实验课已经恢复到每星期一次。[②]

在学校积极争取支持下，物理系还得到了教育部两次拨发的物理仪器设备十余箱，获得教育部购置图书仪器专款1.5万元美金中的1 500元美金，以及交通部贴补学校用于添购仪器的10亿元中的1亿3千万元。这样到1949年4月，物理系可以安排的物理实验课已经有23项之多：断续光测频器原理、水柱成滴之过程、空气流产生之压差、虹吸泉、回旋仪维持之单轨车、质心偏居对于运动之影响、转动中之烛焰、热膨胀、误差曲线之实验证明、灵焰、焰压显示声波仪、红外线、针孔照相机、光谱之投射、紫外线、雷磁演示实验5种、大热电流产生、宇宙线测录器、X射线、气体导电、光电管、超声波之运用、虹之形成等。

---

① 《上海交通大学纪事(1896—2005)》上卷，第370页。

② 《物理系动态》。《交大周刊》第12期，1948年1月30日。

化学实验室

2. 化学实验室建设

化学实验室的恢复更为艰辛。复员初,当年由徐名材等教师抢迁至租界的白金器件等贵重物品和仪器、药品只可供少数学生实验。“1947 年添设化工系,实验消耗加重,仪器、药品之消耗巨多于添置,有时药品、试剂告匮。化学系三四年级学生竟有自购药品勉强支持者”。[①] 经过化学系主任潘承圻、梁普的努力,到 1948 年 4 月,也仅在中院二楼恢复了分析化学、有机化学、物理化学及工业分析化学实验室。而普通化学实验室因修复费用巨大,单单水管工程即需经费二三百亿元,所以一直无法推进。直到 1948 年 9 月,经过反复申请,在学校获得教育部的增加经费后,学校才拨出 150 亿元用于普通化学实验室水管工程费。[②] 1948 年 11 月工程竣工。工学院一年级各班的普通化学实验正式开课,暂定每两周学生可轮到实验一次。

这一时期,物理、化学实验虽然得到了初步恢复,但是维持还相当艰难,尤其是化学实验课程,因其消耗品、药品多。《交大周刊》曾报道:1948 年底,化学系用教育部下拨的美金向美国沙群公司订购了药品 500 美元,仪器 300 美元,“此为该系复员后第一次向外作订购,较之战前每年均需订购仪器药品

① 《化工实验室扩充》。《交大周刊》第 57 期,1949 年 3 月 16 日。
② 《化学系之新瞻望》。《交大周刊》第 31 期,1948 年 9 月 8 日。

1万—2万美金,实不可同日而语”。[①]

3. 各专业实验室建设

各专业实验室的损失也非常严重。如机械工程试验室内的锅炉、汽轮机、发电机、各式电表、电钥板等全遭破坏。各院系虽然也得到教育部拨发的物资,得到学校分配的一定的经费支持,但是,各专业实验室的恢复、建设依然艰难。例如工程馆馆内的机械工程实验室内水、电管线均遭破坏。机械工程系为恢复该实验室整整努力了两年。由于最先计划恢复实验室成原状的预算较大,未被批准。为此,机械工程系重改图纸,将四英寸线管由双程改为单程,将原来需要的五百尺水管减至三百六十尺。程孝刚校长亲自视察后,才于1947年12月批准1亿五千万元预算。没有想到,1948年1月物价大幅上涨,程校长只得追加3千万元。1月15日招标后,费用又升到2亿元,只得再追加,才使得此项工程开工。参与修复工作的蒋淡安教授叹息道:“复员之初,四吋水管每尺只二千元,现在是一百万,时间只隔两年,而变化却如此之大。”[②]

机械实验室

① 《第二次教务会议》。《交大周刊》第2期,1947年4月18日。

② 蒋淡安:《机械工程实验室新猷》。《交大周刊》第15期,1948年2月20日。

专业实验室建设中,各系还向社会和校友寻求帮助。校友和有关部门也积极给予支持。空军供应总处赠喷射式增压机、喷射式汽化器及各式仪表;批准捐赠飞机5架和发动机12台;航空委员会空军第八大队捐零式22型飞机一架;京沪区铁路局捐赠机车一台;中国纺织建设公司捐赠织布机一台,该机为日本野上式自动织布机株式会社制造;国际社会捐赠的药品器械27种。另外,还有交通部下属的各路局、公路管理局和校友捐赠的复校基金等。电信研究所新建的电传真实验室和电子工程实验室的建设,得到了交通部电信局和中央广播事业管理处的不断支持,仅1947年,电信研究所即得到了两次追加设备补助费:第一次1 050万元,第二次1 400万元,致使该项经费达到3 850万元;研究补助费也从2万元增至10万元,后又增至40万元。

电信实验室的恢复建设做得比较好。实验室的仪器设备有过几次补充。第一次是从军队转过来的,接受日军的战利品,有飞机上用的无线定向仪和几套未知的军用设备,无法使用。第二次补充最大,主要靠校友帮助。因为朱物华、张钟俊等教授与当时的上海电信局副局长孙洪钧是校友。他们向孙提出,

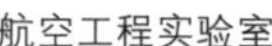
航空工程实验室

希望电信局能调拨一些多余器材。孙洪钧同意：让他们从真如仓库中的一批美军剩余物资堆里选取。于是朱物华、张钟俊教授带着几位青年教师来到真如仓库，发现这里面全是美军使用的还可利用的通讯器材。当年参与工作的教师蒋大宗回忆说：

> 寻宝工作很辛苦，箱子重，还要对照美军器材编号，将配套的器材找出来。这样前后去了五六次，每次一早，雇了大卡车，请了搬运工和学生，爬上爬下，翻来翻去，到傍晚，大致能搬回十来箱器材。这些设备，使得实验室现代化的程度达到了四十年代中期。
>
> 这些设备把电信电话、自动电话、电工原理的基本实验向前推进了一步，实验课程内容开始有了一个很大的变化：真茹的设备来后，实验室自制了电子管电压表用来做谐振实验。[①]

朱物华教授还开出了“高级电信实验”课，即利用几只电表将未知的电路图测绘出来。在这个实验课中，学生们把过去军队转来的、电路复杂的日军仪表、仪器电路图测绘了出来。学生反映，这门课对学生能力的培养效果很大。

利用这些器材，1948 年 5 月，学校还和中国业余无线电协会、上海技术协会共同举办了一个电信展览会，参展单位 20 多家。交大参展的是各式新型电子管一套及各种精密仪器、各种无线电设备表演，甚至船用雷达。学校为展览会特制的光电计数器，测得参观人数 35 000 余名。

电信实验室还有一次较大的补充是在 1949 年解放前夕，来了一批联合国教科文组织的器材，有 16 寸的电影放映机、多套万用表、电子管电压表、信号发生器。蒋大宗指出：“这些设备让基础无线电实验室进入到 40 年代中期水平……而 500 W 的发射机、500 介质加热机等使研究所的研究工作接近了国际水平。”[②]

在全校师生的努力下，学校的实验设备条件得到了较快的恢复和发展，还新建了土壤实验室、电传真、电子工程等实验室 25 个。

（二）实习教学

实习教学与实验教学一样，受到交大各院系的重视。抗战胜利后，许多院系在教学计划中增加了实习的课时和学分。例如机械工程系，1947 年的实习课程安排有：工厂、测量、木

---

① 蒋大宗：《交大电机系自抗战胜利到迁校后这一段发展变迁的历史追忆》。《交大之声》第 2 期，2010 年。

② 蒋大宗：《交大电机系自抗战胜利到迁校后这一段发展变迁的历史追忆》。《交大之声》第 2 期，2010 年。

电信展览会上的电话机展台

电信展览会上的无线电器材展台

工、金工实习等4门，共10学分的课程，较之抗战时的1943年安排的实习：工厂、汽车和汽车驾驶实习3门，共3学分课程，有较大加强。又如土木工程系的测量实习，大小实习达57个。[①]

为了加强实习，铁木工厂和金工厂的恢复和建设成为实习教学中的重点工作。

1. 铁木工厂

在整顿恢复教学中，铸工、锻工、木工等实习为机、电工程学生的必修课。为尽快恢复实习，学校限于人力、物力、经费，只能先在铁木工厂厂房内的木工厂设置钳工桌，让学生开始用手工设计、制作木模；之后陆续装配了锯木机、刨木机及车床。在锻工厂，先配备了手拉风炉数具，让学生开始学习筑炉，同时积极募捐到砧锥及其他设备、工具。铸工厂的砂坑被日军用水泥填没，只得重新凿开，补充新石碳砂，添置砂箱、木模。化铁炉则暂时用一小号三节炉，以应急需，让学生的实习基本可行。1946年4月，经过师生齐心协力，一边实习，一边完善，两年后，铁木工厂方恢复到原有的面貌。

铁木工厂的车床间

① 交通大学测量课程教员合编：《测量实习》，龙门联合书局1951年版。

金工厂的金工实验室

2. 金工厂

在恢复铁木实习工厂的同时,学校于1946年6月以中标方式,向苏浙皖敌伪产业处和经济部京沪区特派员公署,购得"原时铁工厂"一座,供学生金工实习之用。经过建设的金工厂,已有钳作台20台,新式及旧式车床20部、各式钻床8部、万能铣床2部、旧式铣床2部、垂直铣床1部、万能磨床1部、双头磨床1部、砂磨机1部、冲床2部,其中一些机器还附有仪表量度器及自动装置,精密度可至万分之一寸,运用方便,工厂已经可以自行制造产品。

铁木工厂和金工厂的恢复,基本上解决了大批学生的工厂实习教学环节。

3. 社会实习

与实验课程、工厂实习课程相配套的还有下厂、下企业的社会实习、参观。各院系及学生对此也十分重视。例如1946年7月,土木工程系学生40余人,"由教授杨培琫、陈本端带领,赴杭州西湖灵隐寺山峰地区进行大地测量、天文测量实习,令学生欢欣不已,因为该类实习因设备不齐,已有两年未能举行"。[①] 1947年2月,机械系系务会决议"(一)四年级学生暂在本埠参观,每两周一次。(二)请胡嵩嵒(工业门)、柴志明(机车门)、黄叔培(自动车门)三先生分别负责,

① 《上海交通大学纪事(1896—2005)》(上卷),第368页。

拟定各门参观程序”。①

工业管理系为加强学生对企业的了解，在四年级新开设了工厂研究一课，由周省言、李瑞麟两教授负责接洽参观各大工厂。参观的工厂有新光内衣厂、沙利文糖果厂、中国植物油料厂、中国农业机械公司及梅林食品厂等，“各同学对此课程，甚感兴趣”。②

恢复毕业旅行是进一步扩大学生视野、增加实地经验的措施。1948 年 5 月，学校成立卅七届毕业生指导委员会，委员会决议：

> 举行毕业旅行，分赴各地参观各项工程建设之措施及设备，俾资观摩而增实地识验。经决定赴各地参观人数及领导教员姓名列名：台湾：二百五十名，由柴志明先生率领；南京：二百五十名，由黄宗瑜先生率领；杭州：二百四十名，由季文美先生率领；无锡：六十名（学生自领）；苏州：二十名（学生自领）。按本校往例，学生参观川资均需自理，为减轻学生负担起见，经函请路局签发京、杭等处往返免费乘车证，并由柴志明先生往招商局接洽赴台湾轮船免费事云。③

1948 年，毕业旅行实习的交大学生在台湾大学教学楼前合影

---

① 《机械系系务会》。《交大周刊》第 3 期，1947 年 4 月 22 日。

② 《各系简讯》。《交大周刊》第 12 期，1948 年 1 月 30 日。

③ 《工学院动态》。《交大周刊》第 23 期，1948 年 5 月 14 日。

这一时期,学校不但投入了资金、物力和人力,恢复充实了实验课、工厂实习课和社会实习,而且对实验、实习报告的完成,仍坚持着“严要求”。1947 年 4 月,学校第二次教务会议针对实验报告还特地作出决议:“各种实验报告、设计绘图及末次习题等,请规定至迟须于学期考试前缴入,逾期概不补收,俾教员得迅速填报成绩案。”[①]《交大周刊》还报道:“各类课教授教导认真,批阅报告更为严谨,闻学生所缴报告,因小节之误,而遭退回者颇多云。”[②]

四、重视体育与卫生

抗战胜利后,交大的课外体育运动也得到了较大的恢复。战争时期,因生活贫困、条件简陋、学业繁重,交大学生的体质大大下降。1947 年 4 月,学生中患有肺结核病的人数比例约达 13.9%。[③] 为此,先后持校的三位校长都积极采取措施,如 1946 年 11 月,在吴保丰校长主持下,成立了体育行政顾问委员会;1947 年 4 月,学校举办了复员后的第一届全校运动会。程孝刚校长对于提倡的体育事项,有求必应。他个人出资设奖,鼓励校内年级与年级之间开展篮球、足球等各种联赛活动,大力推动学生喜闻乐见的运动项目;为学校足球、篮球等运动队聘请名师,如足坛耆宿戴麟径、篮球国手李震中等。在大家努力下,交大足球、篮球重回霸主地位。王之卓校长为体育工作也专门召集会议,就“加强体育组织,普及体育运动”为目标,特地推行“季度锦标制”运动,促进体育锻炼。[④]

1947 年交大运动会上的撑杆跳比赛

交大课外体育运动的恢复发展,得到了校友的大力支持。从 1946 年到上海解放,交大校园里举办的各类体育活动和赛事从未间断。在这些活动和赛事中,常常能看到校友和社会热心人士的影子,他们慷慨为交大的多种体育活动捐赠。如抗战胜利后的第一届全校运动会,李雅谷、李象耕两位先生各捐募四百万元充

① “第二次教务会议”。《交大周刊》第 2 期,1947 年 4 月 18 日。
② 《物理系动态》。《交大周刊》第 12 期,1948 年 1 月 30 日。
③ 《本校学生体格检查即将进行》。《交大周刊》第 5 期,1947 年 5 月 6 日。
④ 《加强体育组织,普及体育运动》。《交大周刊》第 36 期,1948 年 10 月 6 日。

垒球比赛

作运动费用。1948年,校内开展的级际之间的联赛,奖杯也是各方所捐:孝刚杯(足球)、孝刚杯(篮球)程孝刚捐;昭诚杯(足球)徐昭诚捐;準臣杯(田径)王準臣捐;立侯杯(游泳)武立侯捐;新通杯(男篮)新通公司捐;谢康杯(网球个人锦标)徐谢康捐;瑞流杯(排球)张瑞流金捐;轮渡杯(羽毛球)市轮渡公司捐;甲子杯(棒球)甲子级校友捐;电信杯(越野)电信总局上海公司捐;吴澍杯(女排)吴澍捐。[①]

1948年5月,交大足球获得上海市高校校际赛冠军后,校友纷纷提议,让足球队第二次远征京杭。袁丕烈为此特地筹集经费1亿五千万元。[②] 另外,还有李雅谷为南洋垒球队成立捐款100万元,资助复员后的第一次足球队赴南京与中央大学等比赛。虞顺懋为棒球队捐款5 000万元等。

校友和社会人士的热忱资助,不但让困于经费的交大体育竞赛活动得以开展,足球、篮球双双重振雄风,而且他们对校内的运动会、球类竞赛等活动的直接参与也影响和激励着交大学子。如1948年1月,在交大足球将与震旦争夺总冠军之际,足坛宿将、交大校友申国权、周家骐等给球队发函勉励,并赠锦旗一面,预祝母校足球"大振鹰扬之势,以为侪辈之光"。决赛当天,拉着"交通

① 《体育委员会常务委员会会议记录》。《交大周刊》第22期,1948年5月14日。

② 袁丕烈:《足球队赴京杭收支报告》。《交大周刊》第25期,1948年5月28日。

大学老足球啦啦队”横幅的“到场助威的老校友约近30位，年龄多近半百，每人都能拉开喉咙喊叫，未失当年南洋时代之风度，令人异常感奋”。[①] 1948年5月22日举办的第二届全校运动会上，许多前来观战助阵的校友们直接参加表演赛。其中原校队足球门将周家骐的铅球投掷，成绩达到10.20米，压倒了本届和上一届的在校学生的铅球冠军成绩，成为新闻。

体育新闻报道继续在宣传和吸引学生热爱体育运动方面起着积极的作用。如校报记者“芝嵒”在以章回小说形式连载的《球国春秋》中写到，国人对徐家汇镇的印象转变，形象地宣传了交大足球的光荣历史：“四十年前一般人对该镇的印象，只是浓厚的宗教色彩而已，到了后来，一提起徐家汇梵皇渡，人们脑府里就涌起老南洋和圣约翰足球会赛的镜头。”而其对本校夺得足球大学组总锦标决赛中最后射门的描写与冠军奖杯一样，一起留在了许多交大人的脑海中。文中写道：“未几震旦得一必中空门机会，敌锋射来，阿斗过门不入。经此奇险，吾队倾师反攻，何增禁地叩门，门将一扑落空，郑镜彤赶到，从容地将灵魂儿送进了是非之门，一时四周展开了疯狂镜头，爆竹与鼓乐一片，手套与帽子齐飞，笔难尽述。”

原图书馆门前的护校河

交大在田径方面也有了较大的进步。1947年5月，在沪江大学举行的全市大专田径运动会上，学校获得三项冠军：110米高栏、400米中栏及跳高冠军；跳高郑镜彤以1.63米之破上届纪录。1948年6月上海市第二届大专学生运动会上，学校王南村在1 500米长跑赛中以4分36秒5破上届上海市4分49秒纪录，在5 000米赛中以17分43秒8再破市上届纪录；刘振中获800米赛第一名。

---

① 《球场花絮》。《交大周刊》第6期，1947年5月17日。

交大在恢复体育课和推进体育锻炼的同时，还加紧恢复学校的卫生预防工作。学校不但投入经费修建校舍、房屋、实验室，清整道路，为厕所、食堂加装纱门、纱窗，动员校友捐赠2 000余株“级树”，绿化校园；而且，还对被战乱和难民潮污染的、对全校师生卫生形成严重威胁的护校河进行了改造，“在经费万分支绌之下，仍筹拨巨款，商请本市工务局协同填塞”，[①]改善了学校卫生环境。

校卫生组通过筹建化验室，充实设备，加强与市卫生机构合作，积极开展防疫工作。他们邀请市防痨协会、市红十字会、中山医院及卫生局派员来校协助卫生组对师生进行体格检查；邀请红十字会协助，为学校师生普注预防针；组织参加市防痨联合委员会义卖预防痨病（肺病）纪念章等活动，认真加强学校的卫生预防工作。到1948年，交大的新生体检已经十分便捷，“本市华山路肺病中心疗养院，应本校之请，特于9月30日，拍X光流动组来校检查新生肺部”，“平均每人仅需一分钟”。[②]与此同时，学校还从清洁、纪律、守时、俭朴入手，对养成学生个人卫生习惯作出规定，提高了学生个人卫生与学校环境卫生水平。[③]

疗养室

① 《本校周围污沟将逐步设法填塞》。《交大周刊》第5期，1947年5月6日。

② 《新生体检十分便利》。《交大周刊》第36期，1948年10月6日。

③ 《上海交通大学纪事(1896—2005)》上卷，第369页。

至1948年底,学校卫生组每日的门诊平均量达百余人;防疫工作,每年春季施种牛痘,夏季注射防疫针,秋季普遍举行体格检查。这一年,师生和员工家属参加体检的有2 800余人次(内有学生1 800多人),查出的肺病患者比例已降至4.5%之下。学校对于患重病的学生,还提供救济,使其得到及时治疗。

五、开展学术活动

(一) 学会与社团

抗战胜利后,交大校内各专业、行业的学会、协会纷纷恢复开展活动。鉴于历史原因或业务需要,社会上许多学会也加强了与交大的联络,或挂靠,或以交大的院系为活动基地。如中国机械工程学会上海分会、中国电机工程师学会上海分会、中国财政学会、中国运输学会、中国业余无线电协会、中国技术学会等。还有个别地区的行业学会把学术刊物的编辑、出版任务委托给交大的教师,如1947年4月,西北矿业界出资邀请交大教授祝百英担任主编,编辑出版《工矿建设》月刊;[①]同样情况的还有《无线电》杂志等。

交大校园内的学会为群众性学术团体。这些学会,有的以教师为主,会长常由校院长、系主任和著名教授担任,机构与全国和地区性学会有隶属关系,是其分会;有的以学生为主,会长常由学生担任,这样的学会基本带有学生社团的性质。学会开展的学术活动,主要为组织学术讲座、出版学术刊物、举办展览会、协助会员搞好实习、参观等。抗战胜利后,交大校园内的各类学会约有十多个,创办学术期刊十多种。它们与学生社团一起,在战后动荡的困境中,支撑起交大校园内的学术活动。

各种学会的学术活动很有成绩。如1946年10月复员不久,交大土木工程学会即出版了学术期刊《交大土木》第四期。1946年8月和11月,交大航空模型制研会两次参加了上海市的航模公开表演,接着还参加了第一、第二届全国性比赛。到1949年4月,交大航空模型制研会保持了6项全国纪录。[②]

中国电机工程师学会于1947年1月举办年会。这次年会总会场设在上海交大,各地的分会在各自所在地设分会场,会议同时举行。上海与各地之间的联络工作由交通大学业余无线电协会承担。学校业余无线电协会拥有200瓦特发射机一架,电波远及美国、南美、澳洲等地。联络工作得到学校多次表扬。

---

① "工矿建设月刊征集稿件"。《交大周刊》第3期,1947年4月22日。

② 《关于航空模型研制会》。《交大周刊》第60期,1949年4月8日。

管理学院于1947年4月在《交大周刊》上发布公告“中国财政学会交大分会自本期改组以来，积极展开会务，倡导学术研究，并加强师生间联系，本期之活动侧重于学术演讲、时事座谈及出版期刊，现正筹备举办大规模之师生联谊会”；同月，工业管理系发起成立中国工业管理学会。针对物价波动，1948年2月，中国财政学会交大分会特地成立统计研究会，编制了《上海市民生活费用指数表》，在《交大周刊》上从第13期起按期公布，便于上海市民及时了解当时的经济形势。

抗战胜利后校园里新建立的协会、学会还有：交大造船工程学会、交大化学学会、交大电信管理学会、交大纺织工程学会，交大水利工程学会、交大社会科学读书会、财务管理学会等，加上原有的中国机械工程学会上海分会交大机械工程学会、中国运输学会交大分会、中国财政学会交大分会、中国工业管理学会交大工业管理学会、中国业余无线电学会交大协会，以及交大航空工程学会、交大轮机工程学会、交大航海机械学会、交大社会科学研究社等，约有19个各类学术性学会。

其中部分以学生为主的学会，其成立受到系主任的积极倡导。化学系主任梁普、水利系主任徐芝纶、纺织系主任陈维稷、造船系主任叶在馥等都给予学会成立以热心的关怀和指导，所以学会的活动大多受到教师的支持。这类学会的组成和功能相差不多。例如交大化学学会，以化学、化工两系学生为基本会员，学会宗旨：联络化学、化工两系同学情感，发挥互助精神，砥砺学行，谋学生福利，为全体同学服务。学会经两系学生普选后，选出干事15人。第一次干事会制定了学会的组织机构：在全体大会顾问下设干事会，干事会下设（正、副）会长。第一届会长为史霄雯。学会为求改进会务起见，特请教务长周铭、院长裘维裕等担任顾问。

学校的学会一般与全国性、地区性学会联络密切。如1948年1月18日在本校恭绰馆举办的中国机械工程学会上海分会成立会上，中国机械工程学会总会会长程孝刚等50余人出席了大会。上海分会主要成员多为交大教授，其临时会所办公地点就设于交大校内恭绰（工程）馆内。1948年10月，该分会出版学术期刊的编辑部地址同样设置在交大校内。又如中国电机工程师学会上海分会与交大合办的图书馆也设于交大哲生馆二楼，1947年4月26日正式对外开放。

这一时期，从数量上讲，学生社团发展非常快，从抗战胜利初期的不到10个，到1947年已经达到近80个。

1947年4月,《交大周刊》公布了《本校学生社团调查》,[①]从中可以看出这个时期的社团组织种类多、规模大。社团中,有按系科、学术专业建立的,如航空工程、机械工程等约10个;有按同学、校友建会的,如清华中学同学会、南洋模范同学会等,约20个;有按同乡建会的,如宁波同乡会、山东同乡会,约20个;有按兴趣爱好建会的,如交大合唱团、南馨平剧社、交大国乐研究社等,约6—7个;有按经历建会的,如交大从军返校同学会、新宿舍同学会等;有按年级建会的,如三九社、四〇社等;较多的是按志趣建立的,约30个。社团规模也大小不一,有400人、300人和100多人的,但多数为20—30人左右。

社团的办团"宗旨"多种多样:研究学术,联络感情;即知即行;学习互助;出版通讯、研究、联络;演讲、服务;电影、音乐欣赏、绘画;平剧演唱、提高;国乐研究;民族歌舞;联络乡谊;工作自助等。

交大学生社团内多数设有学术股,负责举办学术讲座,出版学术刊物,开办英语会话班、音乐、人文戏曲班;组织工厂参观、学习互助;出版壁报、简报等。学生社团活动成为学校学术活动的一个组成部分。

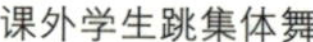

课外学生跳集体舞

① 《本校学生社团调查》。《交大周刊》第4期、第5期,1947年5月。

学校管乐队在新文治堂前的合影

学校内的学生社团，由训导处领导下的课外活动组负责管理。

抗战胜利后，时局动荡、前途迷茫、生活艰辛，在繁重的学业下，能有这么多的社团、学会蓬勃发展，其原因之一，是在中共党组织领导下，有一批活跃的进步社团在起带头作用。这些社团多是政治观点相近、志趣爱好相同的同学自愿结合组织起来的。社团内经常进行学习、讨论，开展自我教育，也通过形式活泼的集体娱乐活动，寓教育于文化。许多党员、积极分子参加这类社团，常被民主选为负责人。这样这些社团就形成了以进步力量为骨干，团结广大学生、培养积极分子的重要阵地，成为学生自治会联系广大同学的纽带和推进社团活动的依靠力量。交大的多数学生社团除了开展学术活动之外，还在地下党组织领导下，结合国际、国内形势积极参与到反对内战的爱国民主运动之中。学生社团的爱国民主行动受到了国民党当局的严厉控制和打压。1948 年暑假后，为免遭镇压，交大党总支决定转变工作和活动方式，将工作重点从社团转入到以班级、年级为形式的合法"级会"中。这样社团数量相应减少，1949 年 4 月的社团登记表明，学校有社团、级会、学会、系会、同乡会等 50 余个。[①]

1945 级校友卢燕当年在校演出《雷雨》的剧照

社团、学会组织的讲演、办班、办报、演艺、歌舞、下乡、

① 《一年来训导工作概况》。《交大周刊》第 60 期，1949 年 4 月 8 日。

夜校和当年蓬勃开展的学生爱国运动以及走与工农相结合的道路，培养和锻炼了一批学生的才干。曾任创社社长的贺彭年谈到自己之所以能在改革开放初期成功创办上海航空公司的原因时说："在母校学习的岁月里，交大严谨的办学传统，不但给学生打下了坚实的科学理论基础，而且培养了扎实的学风与工作作风；交大校园的革命热流像一个熔炉，不但激发了广大学生的爱国热忱，锻炼了大批学生的组织、活动能力，而且帮助学生树立了正确的政治方向和培养了基本的政治素质，这些使我终生受益匪浅。"①

（二）各类演讲

邀请名人、学者来校演讲是交大的传统。抗战胜利后，广大师生的建国热情与对国家前途的忧虑，使得这一阶段的演讲活动也十分活跃。就演讲内容讲，学术性方面的演讲依然为主，但政治、经济等社会科学方面的内容明显增加；就组织渠道讲，有以学校、院系为主的，也有以学会、社团为主的。

学校曾先后邀请了留美博士钱学森、留法博士钱三强、美籍顾问卡内、美国洛克斯培教授、印度驻华大使梅农博士、美国教授 G. Catlm 等来校为同学们作演讲。其中 1947 年 8 月钱学森演讲的《怎样研究工程科学和研究些什么》和 1948 年 7 月钱三强来校演讲的《原子能漫谈》以及 1949 年 3 月国家资源委员会总工程师、校友张光斗来校演讲的《中国水力发电事业》等，在学生中留下了深远影响。

院系和学会是演讲活动的主要组织单位。院系领导经常直接参与演讲，例如电机系主任钟兆琳讲《中国工业之前途》《中国电气化之展望》；化工系主任潘承圻讲《造纸工业》；苏元复教授讲《工业制氧》；工学院院长王达时讲《美国的工程教育及中国留学生在美国近况》；理学院院长裘维裕讲《灯的物理》、周同庆讲《光的世界》；水利系主任徐芝纶讲《流量较正法与流量分配法》；机械系陈大燮教授讲《新气体循环》等。有的形成系列讲座，例如工业管理系的工业化定期学术讲座第一讲由程孝刚校长于 1948 年 1 月开讲；第二讲由庄智焕主任于 5 月 20 日讲《中国的工业化问题》，第三、四讲改成专题讨论会，一直坚持到 12 月 8 日，前后近一年。

讲演活动并不局限于校内，一些知名教授还应邀到兄弟单位去演讲。1947 年 5 月 4 日，物理系周同庆教授受中国物理学会上海分会及上海市科学馆之邀，到中央研究院大礼堂作《光的世界》演讲。前去听讲的学生写道："周讲时并有各种表演，用以辅助说明理论。各种表演精彩非常，其利用水波解释光波各定律尤为别出心裁，听众见此，掌声雷动。其他各色光、偏极光、近视

---

① 贺彭年：《母校给了我力量》。《水之源》(一)，上海交通大学出版社 1997 年版，第 195 页。

眼、远视眼等表演亦多为学校课本上所叙述而平常无机会目睹者,见此利益不少。"[①]一周后,裘维裕院长同样受邀在中央研究院大礼堂作《灯的物理》演讲。第二年,1948年4月25日裘院长再次受邀前往,作了第二次讲演。

运输学会是较为活跃的学会,仅1948年上半年学会就举办了6次演讲:1月,中国油轮公司总经理王炳南博士讲《我国的油轮运输》,并设奖举办《论铁路国有民有之利弊》论文比赛;3月,国营招商局副总经理胡时渊讲《中国航权问题与航业政策之研究》、沈立人教授讲《通货膨胀时期的会计与管理问题》;5月,中央银行经济研究室副处长方善桂博士讲《货币政策的将来》、中央航空公司副总经理查阜西讲《中国民航之现状及前途》;6月,江南铁路公司副总经理肖卫国讲《工矿运输事业国营民营问题》等。其他如机械工程学会、工业管理学会、纺织工程学会、化学学会、财政学会等各类学会都不甘落后。

还有一种学术讲座同样受到同学们的欢迎。如电信研究所主要针对研究生作的一些学术讲座:国际电台的总工程师钱尚平讲的《大功率发射机中的寄生振荡问题》,从事金属研究的吴学蔺讲的《金属研究中的电子显微镜等前沿仪器》,石油地质勘探专家翁文灏讲的《物理勘探中需要的电子仪器》,空军中的气象专家讲的《气象中所需的电子设备》等。这些讲座吸引了高年级的学生,讲座"很热闹,学术气氛很浓"。[②]

院系、学会邀请的演讲侧重学术,但是在时局动荡之中,许多演讲或多或少都会涉及政治、经济和社会问题。例如工业管理学会邀请祝百英讲的《金圆券》《金融改革案》,财政学会邀请沈立人讲的《通货膨胀时期的会计与管理问题》,运输学会邀请查阜西讲的《中国民航之现状及前途》,青年会邀请吴耀宗博士讲的《大时代中青年修养》、沈体兰讲《国际现势》、陈白尘讲《中国话剧的形式问题》等,都与时局、国家、民生相关。

学生自治会则较多地根据学生关心的时事热点,邀请民主人士来校作演讲。1947年5月,正是教育部停办交大航海、轮机两科,交大师生奋起护校之际,自治会邀请航海公会李云良先生来校作《发展中国之航业》演讲,五四节邀请王绍鏊、梁秋水、田汉等人士来校的讲演和"反饥饿,反迫害,反内战"运动中,邀请来校的民主人士马叙伦、邓初民、施复亮、李平心、胡子婴等的讲演,其内容都是矛头直指政府破坏教育、压制民主、挑动内战的。

听过这一时期演讲的1948届校友何文(吉菊秋)曾写到:"交大的生活是丰富的,社会名流在交大作演讲,很受我们学生的欢迎,使我们受到了难得的课外教育。1945年至1948年,来

---

① 《本校教授周同庆博士在中央研究院演讲》。《交大周刊》第5期,1947年5月6日。

② 蒋大宗:《交大电机系自抗战胜利后迁校的历史追忆》。《交大之声》第2期,2010年。

交大作过讲演的名流有好几十位,茅盾谈访苏观感,陈白尘讲文艺创作中的形象思维,胡子婴讲金融资本转向香港的暗流,胡风歌颂鲁迅战斗精神……都使我们增长了不少知识。”[①]何文重点记述了给他印象最深、冲击最大的马寅初、C君和文幼章三位名人的演讲。他回忆文幼章讲的主题是反对国民党进行内战,演讲生动有力,像一把火,让他看到“大洋彼岸支持中国人民革命运动的国际友人的正义之火”。文幼章牧师出身,当过蒋介石的顾问,因同情中国人民革命,而与蒋决裂。何文说:“从此,我的思想开始进入一种新境界。”他听了文幼章博士的讲演后,因参加爱国运动被国民党逮捕,出狱后加入了民主青年联合会,后来又参加了中国共产党。

(三) 出版期刊

1945年9月3日,渝校国立交通大学出版委员会编辑的《交大学报》创刊号出版。在《发刊词》中吴保丰校长特地提出要求,希望广大教师能继续将“研求所得,发表论述,公诸同好,互相研讨,俾学理因切磋而益明,事业因互助而尤宏”。

1946年7月9日,复员后的学校出版委员会成立。钟伟成为召集人,成员有李熙谋、裘维裕、杨荫溥、钱用和、柴志明、曹鹤荪、李炳华、邵秀林、张钟俊、王达时、龚清浩。至1947年4月,有鉴于校内各类刊物出版趋于繁荣,学校决定成立交通大学出版社,吴保丰校长任社长,祝百英教授任总编辑。出版委员会和出版社的成立,进一步推进了学校学术研究的发展。

1945年9月—1949年3月,交大的有关院、系、学会,除创办了《交大学报》外,还出版了《交大工程》(工学院主办)、《交大电机》(中国电机工程师学会交大分会主办)、《交大造船》(交大造船工程学会主办)、《交大机械》(交大机械工程学会主办)、《交大轮机》(交大轮机工程学会主办)、《电机通讯》(电机系与电联社合编)、《工业管理通讯》(工业管理系工业管理学会主编),共8种学术期刊;协助相关单位创办有《工矿建设》《机械世界》《汽车世界》,加上已有的《交大土木》(土木系主办)、《管理》(交大管理学院主办)、《交大友声》(交大上海同学会主办),在短短3年中,交大校园内出版了14种期刊。

期刊上发表的论文、文章的内容非常广泛,不但涉及工程教育、管理科学、科学理论、金融、军事,而且涉及当年国内工矿企业的前沿技术及国外新技术、新理念。例如:

1. 军工方面

有杨龙生撰写的《炮位测定仪之设计及其制造》,王之卓撰写的《雷达大三角测量》,宫明的《原子战争中的潜艇》,柴志明的《二次大战中德国蒸汽机车的新发展》,万绍祖的《英国未来国立航空研究计划之初步方案》等。

---

① 何文:《回忆三位名人在交大的讲演》。《水之源》,上海交通大学出版社1997年版,第139-143页。

2. 管理方面

有曾世荣撰写的《由心理学及社会学的观点应该认识之人事问题》，邹宗伊撰写的《国际货币基金与我国》，张明炯译的《经济学教材改革刍议》，杨锡山的《成长中的人造纤维》，钟伟成的《现代管理发展方向与管理者责任》，庄智焕的《我国金融制度之改进与经济建设》等。

3. 理工方面

有周文德撰写的《四力矩定理》，陈珽的《静磁电子透镜之特性在理论上之探讨》，杨尚灼的《铝铜合金历久变硬之新理论》，俞调梅的《曲梁之切应力》，王达时的《复杂桁架之图介法》，曹鹤荪的《Induced Drag Due to Mutual Interferenceof Lifting Systems》，万绍祖的《德国研究高速气流所用之方案设备及结果》，周祖同的《热敏电阻之特性与应用》，张钟俊、魏凌云的《无线电操纵飞机原理之猜度》，黄叔培的《超竞赛跑自动车引擎所增之功率》，张相译的《联合蒸汽机》，聂平的《风力发电机》等。

这一时期，交大的学术活动较抗战时期大为活跃，发表的论文约130余篇，数量显著增加，学术研究所涉及的层面和层次也有较大的提高。

第三节　院系所设置

复员上海后，交通大学院、系、科、所较之抗战时期有了扩充。1945年增设的电讯管理系，复员后更名为电信工程管理系；1946年6月，把重庆的工业管理系与上海的实业管理系合并为工业管理工程系；恢复理、工、管三院后，接着恢复了纺织工程系，增设了化学工程系，并将土木工程系中的水利组独立为水利工程系。1947年，在全校师生的护校斗争之后，轮机、航海两个专修科得到了保存；轮机专修科扩充为轮机工程系，航海专修科扩充为航业管理系。同年，学校还将电信专修科改名为电信工程专科，并增设了电信管理专修科，附设于电信管理系内。在恢复建设中，原来沪校设有的中国文学系和外国文学系未能恢复，仅保留了国文科和英文科。这样，交通大学基本恢复和完善了“以理为基础，以工为实用，加以科学管理”[①]的三院制，共设有18个系、2个专修科、2个科(国文、英文)、1个研究所、1个体育组和39个实验室、3个工厂、7个工场，此外还设有两个先修班。学校的建设应对着当时国家建设和科学技术发展的需要，进一步完善了学科设置上的布局。

1949年1月时的交通大学行政组织系统见下图。[②]

① 《交大周刊》第37期，1948年10月13日。

② 《交通大学校史》(1896—1949)，第450页。

交通大学行政组织系统图(1949年1月)

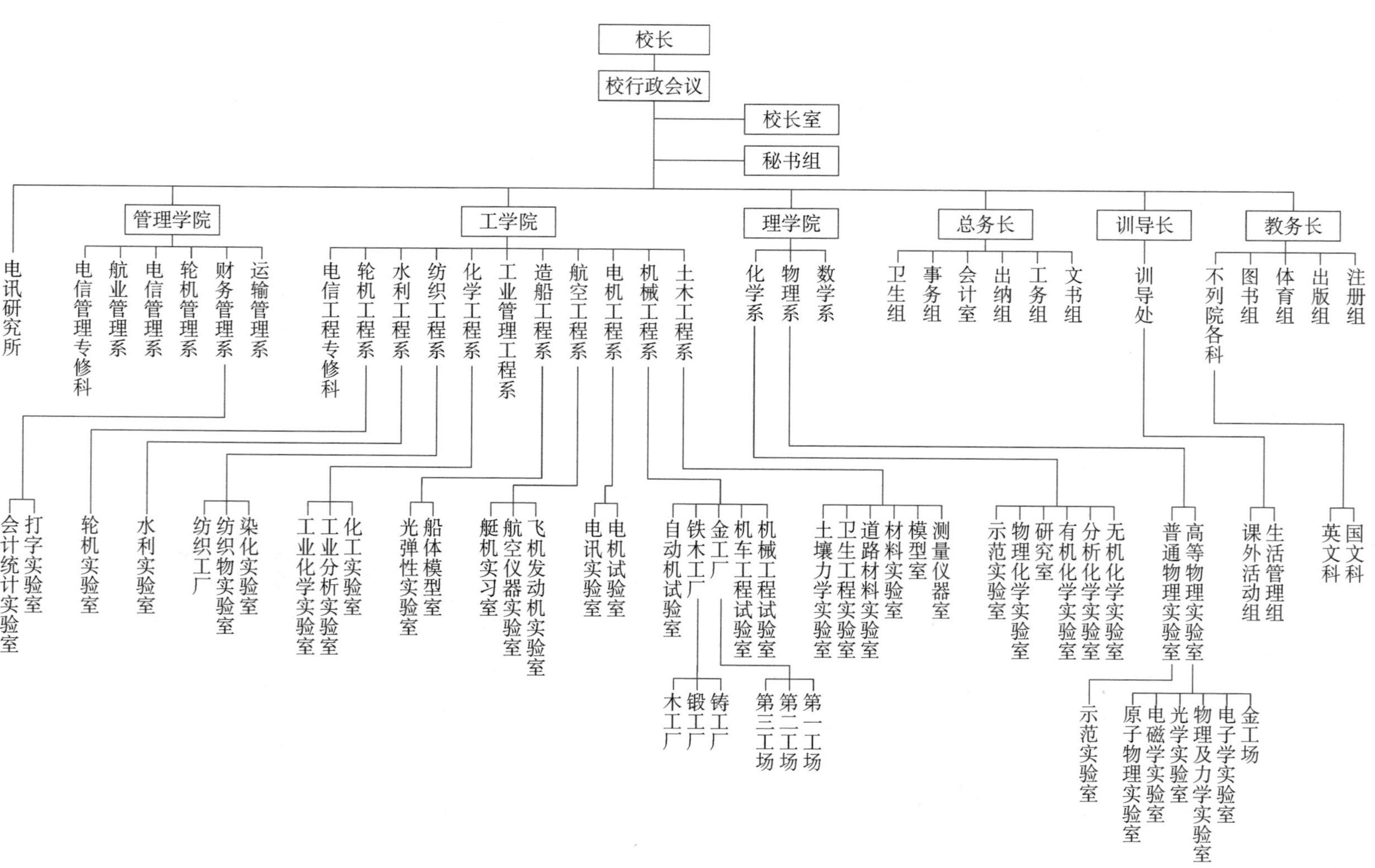

一、理学院

1946年9月19日，经教育部同意，交大理学院恢复，理学院院长一职仍由裘维裕担任。

理学院成立后，裘维裕即率全院教师于容闳堂举行谈话会。会上，裘维裕明确"奉教育部令，恢复理学院，数、理、化三系侧重应用，故本院各系课程与其他各院有关之课程，须修正一致"。[①] 会议决定修订数、理、化三系各级课程，并请周铭、潘承圻拟出物理、化学实验仪器需购的项目清单。之后，裘维裕不顾年老有病，时局动荡，经费困难，亲临亲为，增聘教授，增订课程，筹建哲生馆(科学馆)，增添设备，努力恢复理学院的优良教学传统。1948年6月，由于对国民党政府的不满，他以身体不佳和要培养青年为由，辞去院长一职。经他推荐，物理系主任周同庆接任理学院院长。

理学院院长周同庆

周同庆(1907—1989)，江苏昆山人。1929年毕业于清华大学物理系，受业于叶企孙。1932年获美国普林斯顿大学哲学博士。曾任中央大学教授，交通大学教授、物理系主任、理学院院长。中华人民共和国成立后，历任上海市第一、二届物理学会理事长，第三届全国人大代表，1952年调入复旦大学任教授。专长光谱学及气体放电光谱学。1940年运用声波技术研究测量长江深度、距离，研制出"磁伸缩式高频声波自动纪录回声测深仪"。1955年主持研制成功国内第一只X光管。当年被选为中国科学院学部委员。

抗战胜利后，理学院的办学宗旨明确为"必须培植：①研究人才；②工程人才；③教育人才"；对于理科、工科二者之间的关系，明确为"理为基础，工为应用"。[②]对于理学院的办学方针，周同庆说："理学院之方针，在交大有其传统的配合部分，自亦有其独立部分。我们对于工学院学生的基本科学训练，一直是以全副精力和浓厚兴趣去担负的，并且愿意随时和工学院有关各系共同商讨，以改进理工教育之基础为目标。至于独立部分的方针，自在纯粹科学之促进，及科学人才之培植。"[③]

复员后，理学院一方面为适应新添置的化工、纺织、轮机等专业学科的发展，增加开设一些新课和选修课，以改进理工教育基础；另一方面，自身加强理学学科建设，培养科学人才，为战后整个交大的教学和学生培养奠定了基础。

---

① 《上海交通大学纪事(1896—2005)》上卷，第371页。

② 1948年周同庆在新生欢迎会上发言。《交大周刊》第37期，1948年10月13日。

③ 《祝交大五十三周年校庆并谈理学院》。《交大周刊》第64期，1949年4月8日。

表 8-1 为 1946—1948 年度理学院毕业生人数统计。

表 8-1 1946—1948 年交通大学理学院毕业生统计表

系别 / 人数 / 届别	数学系	物理系	化学系
1946	1	3	6
1947	1	6	16
1948	4	6	33

(一) 数学系

1. 课程设置

这一时期,数学系的培养目标进一步明确为“除了一方面培养数学编译人员和研究人才外,特别着重于培养理工高等学校的数学师资和从事高级研究人员”。[①] 为此,数学系将教学计划分为两个阶段:第一个阶段,训练学生树立正确的观点和基本方法,以掌握数学(以分析代数几何为主)和物理方面(以力学为主)的基本知识;第二阶段,视学生志趣和能力的不同,分别设纯粹数学或工程物理或应用数学方面的课程,以便学生选择走工程数学或纯粹数学的道路。[②] 黄定在《数学系概况》中写道:“近年来每年级均列有选修课目二种至四种,轮流开班,俾有志之士,得略窥数学基本部门之原理,以为他日精进钻研之阶梯。”[③]

数学专业一年级设有:微积分及立体解析几何,每周共 6 学时。二年级必修课设:微分方程、高等微积分;选修课设:方程式论、行列式论、概率论等,每周 9 学时。三年级设:射影几何、近世代数、实函数论、复函数论;选修课设:矢量张量论等;每周 15 学时。四年级设:微分几何、数论、群论,及选修课、形势几何学(拓扑学)、变分法等,每周 13 学时。

对全校学生的基础数学的教学是数学系的基本任务。2/3 的师资对外系学生开设课程:微积分、微分方程、理财数学、工程数学、高等工程数学及大学数学等,共 24 个班级 1 200 名学生的教学任务。数学系教师对这些基本科目的教学“虽也不必以学院风味为准则,但亦望力求安于心而信于世”。[④] 结合大规模教学,他们改进教学和教材,特地合编《微积分》和《微分方程》等教材,并对全校一、二年级年级学生实行统一“月考”。统一“月考”对教师掌握大面积教学进度和了解学生学习情况,有较好效果。

表 8-2 是数学系学生 1945—1949 年课程表,基本反映了该系的课程设置。

① 《交通大学民三七级毕业同学纪念刊》1948 年 6 月。
② 《交通大学民三七级毕业同学纪念刊》1948 年 6 月。
③ 黄定:《数学系概况》。《交大周刊》第 21 期,1948 年 4 月 31 日。
④ 黄定:《数学系概况》。《交大周刊》第 21 期,1948 年 4 月 31 日。

表 8－2　数学系学生 1945—1949 年课程表

学号______姓名______性别______入校年岁______籍贯______省______县______市　　　学院__理__学系数学学　副系______

第一学年（民国　年至　年）一年级					
学程号码	学程名称	第一学期		第二学期	
		学分	成绩	学分	成绩
	国文	2		2	
	英文	3		3	
	中国通史	2		2	
	微积分	4		4	
	物理讲授	3		3	
	物理试验	1		1	
	化学讲授	3		3	
	化学试验	1		1	
	立体解析几何	3		3	
总　计		22		22	
平均成绩	学期				
	学年				
操行成绩					
学分累计		22		44	
附注：					

第二学年（民国　年至　年）二年级					
学程号码	学程名称	第一学期		第二学期	
		学分	成绩	学分	成绩
	德文	3		3	
	微分方程	2		2	
	高等微积分	4		4	
	物理	3		3	
	理论力学	3		3	
	经济学	2		2	
	近世代数	3		3	
	物理试验	1		1	
	方程式论	3			
	行列式论			3	
总　计		24		24	
平均成绩	学期				
	学年				
操行成绩					
学分累计		68		92	
附注：					

第三学年（民国　年至　年）三年级					
学程号码	学程名称	第一学期		第二学期	
		学分	成绩	学分	成绩
	科学德文	2		2	
	近世代数	3		3	
	复数函数论	3		3	
	数论	2		2	
	射影几何	3		3	
	电磁学	3		3	
	群论	2		2	
总　计		18		18	
平均成绩	学期				
	学年				
操行成绩					
学分累计		120		138	
附注：					

第四学年（　年至　年）四年级					
学程号码	学程名称	第一学期		第二学期	
		学分	成绩	学分	成绩
	论文				
	微分几何	3		3	
	实函数论	3		3	
	线性积合代数	3		3	
	拓扑学	2		2	
总　计		11		11	
平均成绩	学期				
	学年				
操行成绩					
学分累计		149		160	
毕业总平均					

2. 教师

复员后,学校聘汤彦颐教授担任数学系主任。1948 年 8 月,改由张鸿教授担任。

复员初,数学系因胡敦复等教授离去,力量有所减弱。渝沪两地合并后,数学系有正副教授 9 人。系主任汤彦颐素以严格闻名,学生称赞:“且汤主任关于培植数学人才,素具计划,并为谋树立研究空气起见,订购战后新出版之数学书籍多种,现已陆续到校,是以本系渐赶蓬勃进展之途焉。”[①]教师队伍经补充后,正、副教授人数速达 14 人。之后,师资人数变化不大,人数在 20—24 人之间浮动,正、副教授稳定在 12 人左右。如 1947 年,郑太朴离校,孙泽瀛出国进修,新聘张镇谦。

这一时期先后在数学系任教的教师有汤彦颐、张鸿、郑太朴、孙泽瀛、雷垣、朱公谨、周翰澜、张镇谦、武崇林、莫叶、黄正中、徐桂芳、黄定、唐济楫、陆庆乐、颜家驹、吴文俊、蔡福林、吕学礼、刘国庸、邵济煦、龚晨、李立柔、陆慧英。其中,教授 9 人,副教授 5 人,讲师 2 人,助教 8 人。

该系部分教授前面已有介绍,根据所掌握的资料,其他教授情况如下:

数学系主任张鸿

张鸿(1907—1968),字之鸿,江西新建人。1933 年毕业于武汉大学数学系,1934 年留学日本,于东北帝国大学研究院毕业。1937 年回国,先后任武汉大学讲师,中山大学、中央工业专科教授,交通大学教授、系主任。中华人民共和国成立后,历任交大校务委员会委员、系主任、理学院院长、副教务长、华东教育部高教处副秘书主任。1959 年任西安交通大学副校长。曾将老交大的教学传统概括为“门槛高,基础厚,要求严”,得到交大人共识。

孙泽瀛,(1911—1981),字哲英,四川闻江人。浙江大学毕业,留学日本东北帝国大学,理学士及大学研究院毕业。回国后,先后任四川大学、重庆大学、国立交通大学教授。1950 年后,曾主持筹建华东师范大学数学系,并为首任系主任。

雷垣,(1912—2002),江苏松江人。大同大学理学士,留学美国密歇根大学数学系,获哲学博士。回国后,先后任大同大学、淡江大学、震旦大学、暨南大

① 《交通大学民三七级毕业同学纪念刊》1948 年 6 月。

学、交通大学教授。1950年后，曾任华东师范大学、安徽师范大学等校教授。

张镇谦（1901—1985年），浙江嘉兴人。1927年获法国格勒诺布尔大学国家数学硕士学位。回国后，先后任中央大学、广西大学、暨南大学、大同大学、交通大学教授，中央大学、广西大学数学系主任。1935年与人共同发起创建中国数学学会，任学会秘书。1950年后，任上海法学院、华东财经分院教授。

周翰澜，1896年生，浙江湖州南浔人。北京大学数学系毕业，先后任浦东中学教务长，上海光华大学、国立北平大学教授，交通大学教授、校长秘书等职。

3. 学生

数学、物理两系学生少，但他们联合成立数理学会，积极开展课外学术活动，组织的讲座也并不比工科系少。这一时期，数学系的招生要比抗战时期的3—5名有较大增幅。如1947年7月计划招生30人，实际录取25名，但是到1951年毕业时，学生因转系、退学、留级等原因，只留有9人。1948年6月数学系在校学生34人，其中：一年级18人，二年级8人，三年级3人，四年级5人。

（二）物理系

1. 课程设置

抗战胜利后，物理系的教育宗旨为“期在养成科学创造人才，以应工业文化之需求；灌输基本科学知识，以供高等教育之师资；及与工学院发生联系，增高工程教育之效率”；[①]培养目标为“除了中等以上学校的物理师资外，更应以培养工业生产的研究人才和技术改进人才为重”；[②]培养方法为“所有教材，均本多年之经验，搜集精华，加以融化。凡有新颖之学理，随时增授，以资广博。施教方法除平时试验外，尤注重习题。务使学生对所选学科有彻底之了解”。[③] 因此，物理系一年级课程与数学系、化学系基本相同，有国文、英文、物理、物理实验、化学、化学实验、微积分、中国通史。二年级课程设置上较抗战时多一些基础理论，有德文、微分方程、高等微积分、物理、物理试验、理论力学、经济学、高等物理试验、精密量度与图解法。三年级开始设物理学专业课程，有科学德文，高等物理试验（一）、（二）、（三），热力学，光学，电磁学，投影几何，电子射电原理。四年级课程有高等物理试验（四）、（五），理论物理，近世物理，电磁学，向量与张量，原子核及宇宙线，以及研究论文。

物理系教师与数学系教师一样，除教授本系学生课程外，还要为全校院系学生开设普通

① 《交通大学民三七级毕业同学纪念刊》1948年6月。
② 《交通大学民三七级毕业同学纪念刊》1948年6月。
③ 《交通大学民三七级毕业同学纪念刊》1948年6月。

物理课。

抗日战争时,由于师生的尽力保护,物理系的设备损失较少。战后,因学生人数的大幅度增加和国民政府的内战政策,使得学院始终处在物资不足的状态下运行。尤其是补充专业图书杂志和面向全校一、二年级的普通物理实验课程的建设困难重重。为此,物理系在系主任的带领下,"以持久之精神,最经济之方法,向增进设备之目标迈进",[①]建成了普通物理实验室、示范实验室、物性学及热学实验室、电磁学实验室、光学实验室、原子物理实验室、真空实验室、电池室、暗室和小型金工厂等。实验室建设的完备,为科学研究和与工学院各系改进理工教育创造了基础。

表 8-3 是物理系学生 1945—1949 年课程表,它基本反映了该系的课程设置。

2. 教师

抗战胜利后,周同庆担任物理系系主任,1948 年 8 月,周同庆任理学院院长,系主任改由黄席棠担任。

复员后,渝沪两校物理系教师整合后,形成约 36 人的队伍。队伍继承性较好,其中正副教授 17 人左右是抗战时期的。物理系教师力量雄厚,但仍力邀名师来系任教。1948 年 12 月,中央研究院院士吴有训辞去国立中央大学校长职,由美国考察回国后,避于上海陪其夫人治病,校长王之卓与吴的高足周同庆一起登门,特邀其来交大担任物理系教授,吴有训欣然同意。19 日,王校长特在公馆内设茶会欢迎。这样,交大物理系的教授达到了 10 名。

这一时期先后在物理系任教的教师有裘维裕、周同庆、张宗蠡、黄席棠、王子昌、许国保、赵富鑫、周铭、吴有训、殷大钧、李整式、郑昌时、郑一善、任有恒、赵贻镜、杨景才、沈德滋、杨龙生、黄志诚、阮名成、孙沩、蔡驹、姚启铎、汪玉芝、殷大敏、钱玄、卞祖芬、胡永畅、方俊鑫、许槑、刘导丰、蔡彬珍、黄德昭、胡法光、王永良、张祖绅、潘耀鲁、黎立学、虞承高、屠善洁、陈宏毅、董金渊、刘国桢。其中,教授 10 人,副教授 9 人,讲师 4 人,助教 20 人。

该系部分教授前面已有介绍,根据所掌握的资料,其他教授情况如下:

黄席棠(1913—1972),江西九江人。1936 年毕业于交通大学物理系,后入清华研究院学习;1937 年赴德国 George-August 大学深造,从事地球物理、气象物理、理论物理和数学方面学习研究。1940 年发表了对橡胶弹性的各种参数测定的论文,为田野地震研究提供了简

---

① 周同庆:《祝交大五十三周年校庆并谈理学院》。《交大周刊》第 60 期,1949 年 4 月 8 日。

表 8－3　物理系学生 1945—1949 年课程表

学号＿＿＿＿姓名＿＿＿＿性别＿＿＿＿入校年岁＿＿＿＿籍贯＿＿＿＿省＿＿＿＿县＿＿＿＿市　　　　学院＿理＿学系物理＿＿学　副系＿＿＿＿

第一学年(民国　年至　年)一年级					
学程号码	学程名称	第一学期		第二学期	
		学分	成绩	学分	成绩
	国文	2		2	
	英文	3		3	
	中国通史	2		2	
	微积分	4		4	
	物理讲授	3		3	
	物理试验	1		1	
	化学讲授	3		3	
	化学试验	1		1	
总　计		19		19	
平均成绩	学期				
	学年				
操行成绩					
学分累计		22		44	
附注：					

第二学年(民国　年至　年)二年级					
学程号码	学程名称	第一学期		第二学期	
		学分	成绩	学分	成绩
	德文	3		3	
	微分方程	2		2	
	高等微积分	4		4	
	物理讲授	3		3	
	物理试验	1		2	
	理论力学	3		3	
	精密量度与图解法	1		1	
	经济学	2		2	
	高等物理试验(一)			2	
总　计		19		22	
平均成绩	学期				
	学年				
操行成绩					
学分累计		62		83	
附注：					

第三学年(民国　年至　年)三年级					
学程号码	学程名称	第一学期		第二学期	
		学分	成绩	学分	成绩
	科学德文	2		2	
	高等物理试验(二)	2		2	
	高等物理试验(三)	2			
	热力学	3		3	
	光学	3		3	
	实验学	3		3	
	投影几何	1		1	
	电子射电原理	3		3	
	高等物理试验(四)			2	
总　计		19		19	
平均成绩	学期				
	学年				
操行成绩					
学分累计		102		120	
附注：					

第四学年(　年至　年)四年级					
学程号码	学程名称	第一学期		第二学期	
		学分	成绩	学分	成绩
	论文				
	高等物理试验(五)	2			
	高等物理试验(六)	2		2	
	理论物理	3		3	
	近世物理	4		4	
	电磁学	3		3	
	原子核及宇宙线	3		3	
总　计		17		15	
平均成绩	学期				
	学年				
操行成绩					
学分累计		137		152	
毕业总平均					
附注：					

物理系主任黄席棠

易方法。1941年获数理博士学位回国。1943年先后在同济大学、交通大学任教授,1945年后任交大物理系教授、系主任,代理理学院院长。1952年调厦门大学任物理系主任。

张宗蠡,1903年生,字少墨,江苏宿迁县人。东南大学理学士,获法国巴黎大学理科硕士,法国国家科学博士。回国后,先后任北京大学教授,四川大学教授兼数理、物理系主任,理学研究所所长,交通大学教授等职。

王子昌(1913—1978),浙江义乌人。浙江大学理学士,留学德国哥廷根大学(格丁根大学)获博士学位。回国后,先后任北平研究院物理研究所副研究员,资源委员会矿产勘测工程师,暨南大学、同济大学、交通大学教授等职。

殷大钧(1907—1992),浙江嘉兴人。1933年毕业于清华大学物理系。1948年获美国加州大学物理研究院硕士学位。回国后,任交通大学教授。

吴有训(1897—1977),字正之,江西高安人。1920年毕业于南京高等师范学校。1921年赴美国芝加哥大学随康普顿教授从事物理学研究,1926年获博士学位。回国后,筹办江西大学。1937年任南京大学物理系主任,后任清华大学教授、物理系系主任、理学院院长,西南联合大学教授、联大理学院院长,1945年任中央大学校长,另任中国物理学会理事长、中央研究院评议员等职。获德国自然科学院院士。1948年12月—1951年2月任交通大学教授。1949年5月后,历任交通大学校务委员会主任委员,华东文化教育委员会副主任兼华东教育部部长、中国科学院副院长、中国科协副主席等职。1955年当选为中国科学院学部委员。

3. 学生

抗战胜利后,物理系的招生人数有较大增幅。但该系学生的淘汰率也很高。1947年,计划招30名,实际录取26名,这一级学生到毕业时只剩6名。数学、物理两系同学联合成立数理学会,随着学生的增加,学生学术交流加强。该学会曾协助学校邀请钱学森、钱三强等名家来校讲"原子能漫谈"等新兴学科,受到全校学生的欢迎。

（三）化学系

1. 课程设置

复员后，化学系明确培养目标为："培养化学研究及技术人才。"[①]此阶段，学生增加较多，而两地的教师相加仅18、19人，与战前30多人的师资相比差距较大。为了保证学生培养质量，该系把调整课程、增聘教师和恢复化学实验室作为工作重点。

在课程设置上，一、二年级着重于基本学科，设有数学、物理、普通化学、有机化学、定性分析、定量分析、科学德文等；三年级以理论化学与化工原理并重，有理论化学、化工原理、高等有机化学、工业化学等；四年级分为理论化学与应用化学两门，设有高等物理化学、生物化学、胶质化学、工业分析、高等无机化学、电化学、油脂、印染化学、造纸学等。经过努力，恢复和建设的实验室有分析化学、物理化学、有机化学、无机化学、化工、生物学、普通化学等。

表8-4是化学系学生1945年—1949年课程表，它基本反映了这一时期该系的课程设置。

2. 教师

复员后，化学系主任由潘承圻教授担任。1947年秋，梁普教授继任系主任。几个月后，梁辞职，系务由裘维裕院长暂兼。裘维裕兼任化学系主任后，增聘兼任教授陈维稷、关实之、郭宗福、孟繁森。1948年4月，学校聘得化学界知名人士苏元复担任化学、化工两系系主任。

抗战中，沪校化学系教师流失较大。复员后，整合两地化学系教师，形成拥有正副教授6人的18人左右的队伍。化学系在恢复建设中，困难重重，短短三年多，系主任换了四位。但是在院长和系主任努力下，师资队伍不断壮大，至1949年初，已形成拥有正副教授12人、兼职教授6人，共30人的教师队伍。

这一时期，先后在化学系任教的教师有潘承圻、梁普、李懋观、刘馥英、璩定一、苏元复、张大煜、恽魁宏、顾翼东、吴宗忠、关实之、陈维稷、裴鉴、郭宗福、戴济、徐宗骏、陈世聪、李盘生、蒋孙毅、张润痒、沈博渊、梅斌夫、黄乃明、孟繁森、徐光宪、王汝霖、杨祖贻、路瑷华、朱嘉孙、周载华、顾卓民、徐蓉裳、陆正、顾其威、李道纯。

该系部分教授前面已有介绍，根据所掌握的资料，其他教授情况如下：

---

① 《交通大学民三七级毕业同学纪念刊》1948年6月。

表 8-4 化学系学生 1945—1949 年课程表

学号______ 姓名______ 性别______ 入校年岁______ 籍贯______ 省______ 县______ 市______ 学院 理 学系化学学 副系______

第一学年(民国 年至 年)一年级					
学程号码	学程名称	第一学期		第二学期	
		学分	成绩	学分	成绩
	国文	2		2	
	英文	3		3	
	微积分	4		4	
	物理讲授	3		3	
	物理试验	1		1	
	化学讲授	3		3	
	化学试验	1		1	
	中国通史	2		2	
	中国历史	0		0	
	中国地理	0		0	
	总理遗训	0		0	
	总裁训言	0		0	
	军训学	0		0	
	抗战史	0		0	
总计		19		19	
平均成绩	学期				
	学年				
操行成绩					
学分累计		19		38	
附注：					

第二学年(民国 年至 年)二年级					
学程号码	学程名称	第一学期		第二学期	
		学分	成绩	学分	成绩
	德文	3		3	
	微分方程	2		2	
	物理讲授	3		3	
	物理试验	1		1	
	定性分析讲授	2			
	分析化学试验	1			
	有机化学讲授	3		3	
	经济学	2		2	
	投影几何	1		2	
	有机化学试验	1		1	
	高等机械学			1	
	定量分析	1		2	
	定量分析试验	1			
总计		21		20	
平均成绩	学期				
	学年				
操行成绩					
学分累计		58		78	
附注：					

第三学年(民国 年至 年)三年级					
学程号码	学程名称	第一学期		第二学期	
		学分	成绩	学分	成绩
	科学德文	3		3	
	高等定量分析	1		1	
	定量分析试验	2		1	
	理论化学讲授	4			
	物化试验	1		1	
	工化原理	4		4	
	工业化学	3		3	
	高等有机化学			2	
	高等物理化学			4	
	工化计算法			2	
总计		18		21	
平均成绩	学期				
	学年				
操行成绩					
学分累计		96		117	
附注：					

第四学年(年至 年)四年级					
学程号码	学程名称	第一学期		第二学期	
		学分	成绩	学分	成绩
	论文				
	有机分析	1			
	有机分析试验	1			
	高等无机化学	2		2	
	高等理论化学	2			
	电工学	3		3	
	电机试验	1		1	
	工业化学试验	1		1	
	塑胶体	2			
	纤维化学	2			
	玻璃吹制	1			
	染料学	2			
	热力学			2	
	工业分析			1	
	工业分析试验			2	
	化工机械试验			1	
总计		18		13	
平均成绩	学期				
	学年				
操行成绩					
学分累计		135		145	
毕业总平均					

潘承圻，1894年生，江苏吴县人。留学美国获美国麻省理工学院化学工程学士，美国梅恩大学化学工程硕士。回国后，先后任炼油、电化等厂化学技师、工程师、厂长，及浙江大学教授，交通大学化学系教授、系主任。

梁普，1911年生，字晋章，广东南海人。清华大学理学士，美国士丹佛大学硕士、哲学博士。毕业后曾任士丹佛大学、伊利诺大学研究院化学部助教，德国拜耳科学研究院化学部研究员。回国后，先后任上海某化工厂厂长、研究部主任，圣约翰大学教授，交通大学化学系教授、系主任。

苏元复（1910—1991），浙江海宁人。1933年毕业于浙江大学，1937年获英国曼彻斯特大学工业硕士。回国后，先后任工厂研究员，浙大教授，交大教授、化学及化工系主任。1952年后任华东化工学院教授、副教务长、副院长，中国化工学会副理事长，国际溶剂萃取委员会委员；第五、六届全国政协委员，第三届人大代表。1980年当选为中国科学院院士。1985年任世界银行国家教委贷款办中方专家组组长。

化学系主任苏元复

李懋观（1907—1971），江苏武进人。1931年毕业于南京中央大学，1938年获德国波恩大学化学哲学博士学位。回国后，先后任四川大学教授，国立中央技术专科学校皮革科主任，同济大学、交通大学教授。1952年后，任同济大学、南京药学院教授。

刘馥英（1912—2001），浙江奉化人。女。1936年毕业于浙江大学，1939年获德国柏林大学硕士和敏斯脱大学化学哲学博士学位。回国后，先后任重庆大学、交通大学教授。1952年后，历任华东化工学院石油化工系、有机化学系系主任。1979年当选为民盟中央委员。

璩定一，1913年生，字以行，江苏吴县人。1935年获交通大学理学士，1940年获美国伯明翰大学石油工程硕士、美国俄克拉何马大学化学硕士。回国后，先后任军政部某兵工分厂工程师、美国纽约贸易公司兵工组化学工程师、交通大学教授。1952年后，历任华东化工学院化工机械系主任、化工机械研究所名誉所长、国际压力容器理事会亚太区委员。

张大煜（1906—1989），江苏江阴人。1929年毕业于清华大学，留学德国德累斯顿大学，开始胶体与表面化学研究。获博士学位。1933年回国后，先后任清华大学、西南联大教授和化学系主任，交通大学教授。1949年初赴解放区，任大连工学院教授、化学系主任,后任大连化学物理研究所所长,感光化学所顾问及学术委主任。20世纪50年代,筹建我国第一个石油煤炭研究基地,开拓了我国物理化学很多领域,是我国催化科学的主要奠基人,对“两弹一星”、合成氨流程生产都做出过重大贡献。1955年当选为中国科学院学部委员。

关实之(1897—1990),曾用名桐华。北京人。1919年获得公费赴日留学。1928年日本京都帝国大学化学系毕业。回国后,先后任上海私营中华化工研究所研究员,暨南大学、大同大学、交通大学教授。1952年赴长春,与唐敖庆等人创立东北人民大学(吉林大学前身)化学系。

裴鉴(1902—1969),四川成都人。1925年赴美国加州史丹福大学学习。1927—1931年,分别获得学士、硕士、博士学位。1931年回国后,先后任中国科学生物研究所研究员,中央大学农学院、国立药学专科学校、交通大学教授。1950年后,历任复旦大学教授、南京植物园主任和植物研究所所长。曾任中国植物学会理事长兼秘书长、江苏省植物学会理事长、中国药学会南京分会理事、《中国植物志》编委等职。

恽魁宏,江苏常州人。1937年毕业于清华大学化学系。1947年获美国威斯康辛大学化学系科学硕士学位。回国后,先后任清华大学、交通大学教授。1952年后,历任清华大学、天津大学教授,天津市化学学会第一届副理事长。

3. 学生

理学院中,化学系学生较多,1948年6月,化学系的在校学生98人,且女生占1/3左右。化学系的学生因留级、转系、退学等原因离开的比较少,如1947年化学系计划招30人,实际录取29人,毕业时还有14人。

化学工程系成立后,化学、化工两系联合成立了化学学会。该学会组织集体研习,举办学术讲演,参观工厂,郊游康乐,促进了学生上下团结。

学生何祚庥1945—1947年就读交大化学系,1980年被当选为中国科学院学部委员。

二、工学院

抗日战争时期,交大相继增设了航空、造船、工业管理等系,以及轮机、航海、电讯等专修科。复员初期,学校整合两地的系科,组成工学院,下设6个系3个专修科。6个系是:土木工程、电机工程、机械工程、航空、造船、工业管理;3个专修科是:轮机、航海、电信。工学院恢复后,1946—1949年,在工学院全体教师的努力下,学院有了更大的发展。

下图是1946年9月工学院机构图。[①]

---

① 《交通大学校史》(1896—1949),第454页。

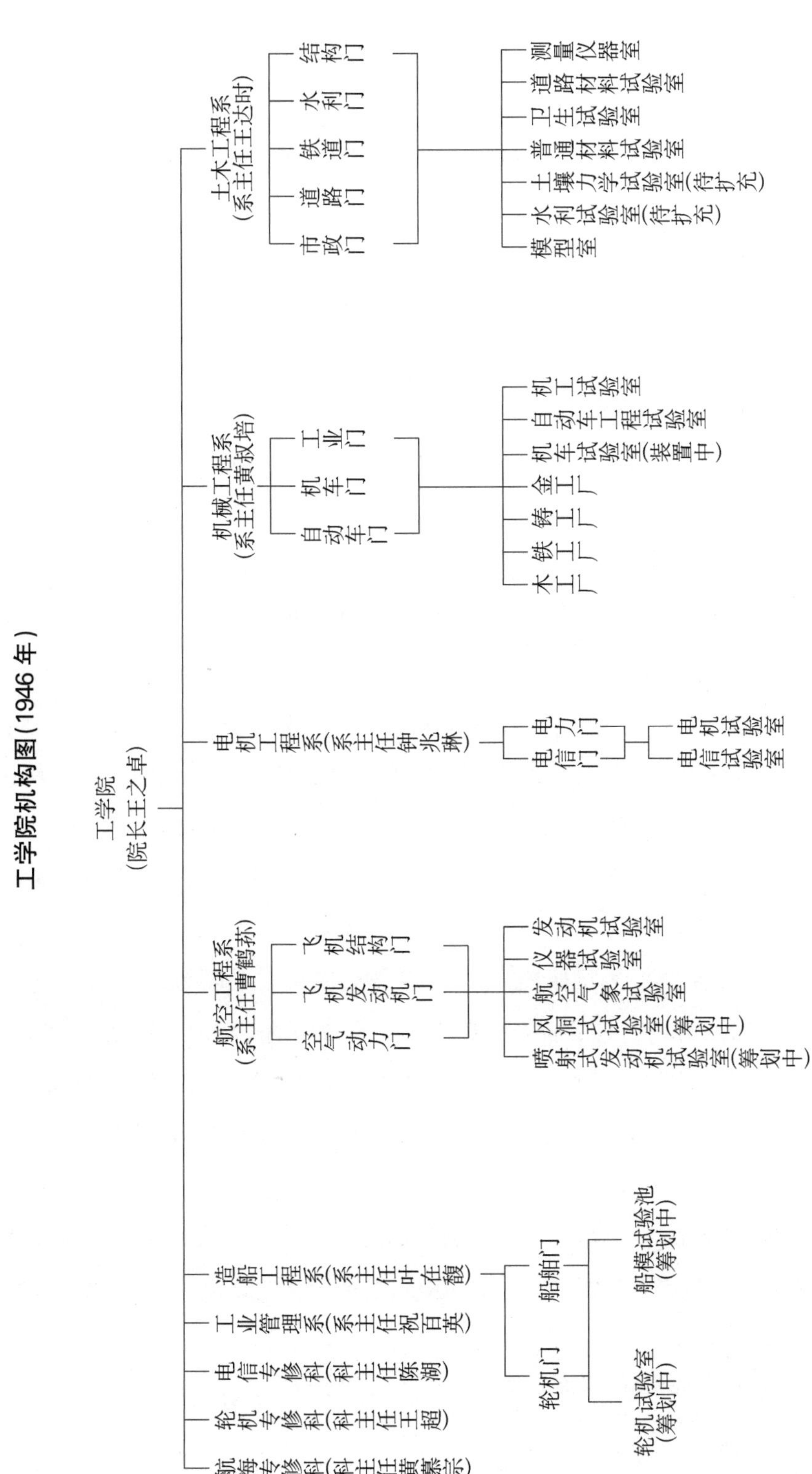
工学院机构图（1946年）
工学院（院长王之卓）
土木工程系（系主任王达时）
结构门
水利门
铁道门
道路门
市政门
测量仪器室
道路材料试验室
卫生试验室
普通材料试验室
土壤力学试验室（待扩充）
水利试验室（待扩充）
模型室
机械工程系（系主任黄叔培）
工业门
机车门
自动车门
机工试验室
自动车工程试验室
机车试验室（装置中）
金工厂
铸工厂
铁工厂
木工厂
电机工程系（系主任钟兆琳）
电力门
电信门
电机试验室
电信试验室
航空工程系（系主任曹鹤荪）
飞机结构门
飞机发动机门
空气动力门
发动机试验室
仪器试验室
航空气象试验室
风洞试验室（筹划中）
喷射式发动机试验室（筹划中）
造船工程系（系主任叶在馥）
船舶门
轮机门
船模试验池（筹划中）
轮机试验室（筹划中）
工业管理系（系主任祝百英）
电信专修科（科主任陈湖）
轮机专修科（科主任王超）
航海专修科（科主任黄慕宗）

工学院恢复后的院长一职，经人推荐，由本校1932届毕业生，1939年获得我国第一个航测学博士学位的王之卓担任；1948年7月，王之卓受命代理交大校长一职后，由土木工程系教授王达时接任。

工学院恢复后，王之卓院长在学校的支持下，将化学系下设的化工组、土木工程系下设的水利组和机械工程系兼办的纺织机械组，分别扩建为化学工程系、水利工程系和纺织工程系；学校将两地的工业管理系与实业管理系合并为工业管理系，并置于工学院下；1947年，又将轮机专修科扩建为轮机工程系，航海专修科扩建为航业管理工程系转管理学院；将电信专修科改建为电信管理与电信技术专修科。在短短的两三年里，工学院从原来的6个系3个专修科，扩建为10个系2个专修科的规模，逐步成为一个除矿冶外，“堪称国内最完善的工程教育机构”。[①]

工学院获得这样的发展非常不容易。工程系科建设需要实验室的支撑，需要大量的经费和人力。虽说各系的实验室设备战前是十分充实的，但是战争中损失大半。加之战后扩建系科，增招学生，因此保存的一部分器材根本不敷供学生实验、实习之用。

在王之卓和王达时院长的领导下，工学院不断发展，即使在1949年4月，解放战争逼近上海，学校处于“应变”之中，工学院还是拟定了下一步要做的三件事：①修订课程，“冀能实验与学理并重，以符教育工程人才之宗旨”；[②]②成立研究所，拟先成立电机、机械、土木及航空等研究所，以“谋我国应用科学之独立”；[③]③发展电影教育，已向美国订购了有声电影放映机及工程教育片，并将工程馆中的12教室改造成电影教育专用教室。可见当年，不管环境怎样，交大人总在规划将来。

1948年4月出版的《交大机械》创刊号上，工学院院长王之卓撰文谈到工学院培养的目标时说：“在学校里应该有一种准备同培养，使得离开校门的工程师，最低限度能够在这许多方面有接受学识的能力与欲望才行。”他还提出：“要达成一个机械工程师，同机械学科并重的科目就是‘管理’。”[④]这与1937年交大工学院以造就土木工程、机械工程、电机工程专门人才的宗旨相比，有继承且更为深化。

随着系科数量增加，学院建立了院务会议制度进行领导。院务会议由各系、科主任组成，院长为召集人。后来，为加强民主制度建设，参加会议的除各系、科主任外，增加了由各

① 《工学院概况》。《交大周刊》第60期，1949年4月8日。

② 《工学院概况》。《交大周刊》第60期，1949年4月8日。

③ 《工学院概况》。《交大周刊》第60期，1949年4月8日。

④ 王之卓：《机械工程师的培植》。《交大机械》创刊号，1948年4月。

系、科推选出的教授和副教授代表参加，名额为每10名教授、副教授可推选代表1人。院务会议在每星期一举行，讨论协调各系、科的教学安排和学术研究活动，以及经费、设备、毕业论文、毕业生出路等事宜。教师称院务会制："成效颇著，本学年秋春学期交替时排课开课事项，原为最纷繁足费时需者，因有该会投之设立，竟能灵活进行，是其一端。"[①]

工学院的学生数是三个学院中人数最多的，1946年9月，工学院学生人数为2 284人，1947年9月为2 063人。表8-5为1946—1948年交大工学院毕业生人数统计。

表8-5　1946—1948年交通大学工学院毕业生统计表

届别＼人数＼系别	电机	机械	土木	造船	航空	轮机	工业管理	纺织	化工	水利
1946	38	58	35	12	14	7(专)	0	0	0	0
1947	87	98	91	35	16	2(专)	36	0	0	0
1948	143	146	123	59	47	9	80	0	0	0

（一）电机工程系

1. 课程设置

复员后，电机工程系重点抓课程调整和恢复发展实验室。该系于1948年底开始，将课程调整的意见调查表分发给校友开展征求意见活动，目的是"以便从事教材之革新，务使教学达到最高效率"。[②] 调查后，电机工程系在课程设置上做了适当调整。

在课程方面，除继续加强工程及数理基本科目及工厂实习外，该系的必修课程设：直流电机、交流电机、交流电路、交直流实验、电测、蓄电池、热电学、电机设计及机械设计。电力组专修有电力厂设备、动力厂设计、输电及配电、电信工程等学科，选修有水力发电厂、电力铁道、蒸汽动力厂等课程。电信组专修有电信网络、电磁波、电视学、载波电话、滤波器、铁路号志等课程。

配合教学，实验室设两类：一类属电机实验室，一类属于电讯实验室。经过恢复建设，两类实验室下设有标准室、量度试验室、直流电机试验室、交流电机试验室、电力铁道、电动机试验室、电光试验室、无线电试验室、有线电试验室、电传图影试验室、电子试验室等。[③]

---

① 《工学院院务会》。《交大周刊》第3期，1947年4月18日。

② 《工学院院务会》。《交大周刊》第3期，1947年4月18日。

③ 《交通大学民三七级纪念刊》1948年6月。

自动车试验室

电机工程系主任
钟兆琳

电机工程系1947年各年级课程设置见表8-6。

2. 教师

抗战胜利后,电机工程系主任由钟兆琳教授担任。两地学校合并后,该系形成拥有13位正教授、4位副教授,约34人的教师队伍。教师中,从欧美留学回来的中青年教师占多数。之后,教师基本稳定在40人左右。其中助教变动较多,人数在4—5人之间浮动。

这一时期先后在电机工程系任教的教师有钟兆琳、陈湖、陈季丹、魏诗墉、沈尚贤、林海明、张钟俊、张思侯、曹凤山、毛启爽、朱物华、严晙、张煦、吴兴吾、夏少非、王宗淦、居崐、程文鑫、施彬、童子坚、刘侃、毛钧业、侯元庆、高怀蓉、王绍先、蒋大宗、王适、曹敬仁、朱大梁、屠善澄、于怡元、林劲先、乔石瑗、何金茂、林劲先、刘耀南、吴文华、张良起、钱翰元、徐俊荣、谢怀祖、徐明镇、朱正、王季梅、韩锦海、吴励坚、钱易倩、黄宏嘉、赵国南、苏彦威、张汉扬、陆维勋。其中,教授16人,副教授4人,讲师5人,助教27人。

该系部分教授前面已有介绍,根据所掌握的资料,其他教授情况如下:

朱物华(1902—1998),江苏扬州人。1923年毕业于南洋大学(交大前身)电机系,次年获美国麻省理工学院电机硕士,1926年获哈佛大学电机博士。1927年回国后,曾任广州中山大学、唐山交大、北京大学物理教授。1946年任

表 8－6　电机工程系 1947 年各年级课程设置表

年级	科目	第一学期		第二学期	
		每周时数	学分	每周时数	学分
一年级	国文	3	2	3	2
	英文	3	2	3	2
	微积分	4	4	4	4
	物理	4	4	4	4
	化学	3	3	3	3
	物理实验	3	1	3	1
	化学实验	3	1	3	1
	工厂实习	3	1	3	1
	画法几何	3	1	3	1
	机械图画	3	1	3	1
	三民主义	2	—	2	—
	体育	2	—	2	—
	军训	2	—	2	—
二年级	物理	2	2	2	2
	物理实验	$1\frac{1}{2}$	$1\frac{1}{2}$	$1\frac{1}{2}$	$1\frac{1}{2}$
	经验设计	6	2	6	2
	微分方程	3	3		
	机构学	3	3		
	工业化学	2	2		
	电工原理	2	2	3	3
	应用力学	5	5		

年级	科目	第一学期		第二学期	
		每周时数	学分	每周时数	学分
二年级	经济学			3	3
	金工实习	3	1	3	1
	材料力学			5	5
	热力工程			4	4
	平面测量	1	1		
	高等数学			3	3
	高等机械画			3	1
	机械学制图			3	1
	平面测量实习			3	1

年级	科目	第一学期				第二学期			
		电信门		电力门		电信门		电力门	
		每周时数	学分	每周时数	学分	每周时数	学分	每周时数	学分
三年级	直流电机	4	4	4	4			2	2
	直流电机试验	3	1	3	1	3	1	3	1
	交流电路	4	4	4	4				
	工程材料	3	3	3	3				
	热工学	4	4	4	4	4	4	4	4
	热工试验			3	1	3	1	3	1
	工业管理					3	3	3	3
	电池学	1	1	1	1				
	电磁测量	2	2	2	2	2	2	2	2

(续表)

年级	科目	第一学期				第二学期			
		电信门		电力门		电信门		电力门	
		每周时数	学分	每周时数	学分	每周时数	学分	每周时数	学分
三年级	电子学	2	2			2	2		
	电话工程	3	3			3	3		
	电报学	2	2						
	交流电机					4	4		
	无线电					3	3		
	水力学			3	3				
	热工试验			3	1			3	1
	电讯工程			3	3			3	3
	机械设计			3	2			3	2
	德文(选科)	3	2	3	2	3	2	3	2
四年级	交流电讯	4	4	4	4	2		2	2
	实验指导	2	2	2	2	2		2	2
	交流电机试验	3	1	3	2	3		3	2
	电话传递	4	4						
	电话试验	3	1			3	1		
	无线电工程	4	4			4	4		
	电信网络(选科)					3	3		
	无线电试验	3	1			3	1		
	无线电工程	4	4			4			
	超短波(选科)	3	3				4		
	电路解析(选科)					4	3		

年级	科目	第一学期				第二学期			
		电信门		电力门		电信门		电力门	
		每周时数	学分	每周时数	学分	每周时数	学分	每周时数	学分
四年级	电视学(选科)					3	3		
	滤波器(选科)					2	2		
	载波电话(选科)					3	3		
	电磁波(选科)	3	3			3	3		
	德文(选科)	3	2	3	2	3	2	3	2
	电机设计			5	3			5	3
	电讯工程			3	3				
	运算微积分(选科)			2	2				
	电力传送			4	4				
	热力试验			3	2				
	电讯试验							3	2
	电焊学(选科)			3	3				
	电力铁路(选科)							3	2
	水力发电机(选科)			3	3				
	电路解析(选科)							4	3
	蒸汽动力厂(选科)			3	3			3	3
	电力网(选科)							3	3
	电力厂设备			2	2			4	4

姓名________学院________学系________年级________

交通大学教授、工学院院长、副教务长。1955 年任哈尔滨工业大学教授、副校长。1962 年回交大执教，1978 年任交通大学校长，1980 年任交大顾问。1956 年被评为一级教授。1955 年当选为中国科学院学部委员。

陈季丹(1907—1984)，安徽合肥人。交大电机系毕业，英国曼彻斯特电机工程硕士。回国后，先后任建设委员会无线电台台长兼工程师，交通部国际电台工程师，湖南大学教授，武汉大学教授兼电机系主任，交通大学、西安交通大学教授等职。

林海明(1905—1972)，字镜波，江苏兴化人。1928 年毕业于交通大学电机系。1933 年获美国普渡大学硕士学位。回国后，先后任之江大学、大同大学、沪江大学、交通大学教授。1949 年后，任交通大学电工原理教研室主任等职。在电路理论方面提出“相量算子”“电激流”等新概念。

毛启爽(1907—1966)，字掌秋，江苏宝应人。1929 年交通大学电机系毕业后，留学美国哈佛大学获电信硕士。回国后，先后任上海电话公司工程师，浙江大学、交通部交通技术人员培训所、沪江大学、交通大学教授。1949 年后，历任交通大学教授，上海科学技术协会秘书长，中国电机工程学会上海分会副主席，上海科学技术大学教务长、无线电电子学系主任等职。

沈尚贤(1909—1993)，浙江嘉兴人。1931 年浙江大学电机系毕业后，留学德国柏林高工电机系，曾任德国西门子德律风根公司实习工程师。回国后，先后任浙江大学电机系教授、欧亚航空公司无线电工程师，中央无线电器材厂昆明厂工程师兼工务课长、交通大学教授等职。

张煦(1913—2015)，江苏无锡人。1934 年毕业于交通大学电机系。1937 年和 1940 年分别获美国哈佛大学科学硕士和博士学位。回国后，先后任重庆交通部技训所电信室主任、交通大学教授，兼金陵大学、同济大学、大同大学教授。中华人民共和国成立后，历任交通大学教授，成都电讯工程学院教授，上海交通大学电子工程系主任、名誉系主任，国家重点学科“通信与电子系统”和国家重点实验室“光纤区域通讯网”学术带头人，上海通信学会名誉理事长。1980 年当选为中国科学院学部委员。

魏诗墉，1898 年生，字崇如，江苏金坛人。毕业于交通大学，先后任英商久胜洋行工程师，德商西门子电机工程师，建设委员会无线电管理处、厦门电台台长兼工程师，教育部特设上海临大补习班工科专任教授，交通大学教授等职。

夏少非，1910 年生，字时常，江苏奉贤(今属上海)人。比利时卢文大学电机科毕业。回国后，先后任云南大学、浙江大学、交通大学教授等职。

张思侯，1913 年生，字钦观，浙江宁波人。交通大学毕业，留学美国哈佛大学研究院。回国后，先后任清华大学助教，暨南大学讲师，交通大学副教授、教授，交通部交通科技人员培训所教授。

王宗淦,1914 年生,浙江湖州人。1935 年毕业于交通大学电机工程系,1938 年获美国麻省理工学院硕士学位。回国后,先后任北洋大学、北京大学、清华大学、交通大学教授。

居崑(1897—1970),江苏松江(今属上海)人。1921 年获交通大学工学学士。留校后历任讲师、副教授、教授。长期从事电机实验室教学及实验室建设工作,曾任交通大学电机实验室主任等职。

3. 学生

电机工程系学生几乎占全校的 1/6。1947 年 4 月,电机系在校学生 539 人,其中一年级学生 98 人、二年级学生 167 人、三年级学生 193 人、四年级学生 91 人。1948 年、1949 年入学学生各 150 余人,分三班上课,两班为电力组,一班为电讯组。鉴于交大电机工程系的声誉,报考学生常为各系之冠,录取标准高。全系各级大部分班级,各自组有社团,相继创刊了《交大电机》《电机通讯》等刊物。

学生中 1946 届研究生陈太一、陈敬熊,1947 届夏培肃,1948 届本科生胡仁宇,1949 届汪耕,均先后当选为中国科学院或中国工程院院士。1947 届葛守仁,为美国国家工程院院士,1998 年当选为中国科学院外籍院士。毕业于该系 1947 届的江泽民校友,曾任中国共产党中央委员会总书记、中华人民共和国主席、中国共产党中央军事委员会主席。

(二) 机械工程系

1. 课程设置

抗战胜利后,机械工程系的培养目标为“培养及训练完善之机械工程师,以应国内建设之需要”。[①] 同时,对机械工程师应具备的基础知识,大家有了新的认识。工学院院长王之卓在 1948 年 4 月出版的《交大机械》上撰文指出:“机械工程是工程方面最基础的学科,它同工业生产的关系,比起其他工程来,尤其来得密切。……因而工程师全面顾到的,是要包括学理的应用、效率的生产,一直到有效的分配。”[②]因此,对一个机械工程师来说,与机械学科并重的科目就是“管理”。根据上述教育思想和培养目标,机械系一、二年级的课程着重数理化及一般工程的基本学科,同时加入机械工程的初步学识,三年级的课程注重机械工程基础学科,四年级分为几个专门化,多设选修课程并加入了工业管理、成本会计等管理类课程。

复员后,因机械工程系为工学院各系所开的基本课程多,且抗战后,机械系实验室中体

---

① 《交通大学民三七毕业同学纪念刊》1948 年 6 月。

② 王之卓:《机械工程师的培植》。《交大机械》创刊号,1948 年 4 月。

积庞大之锅炉汽轮机及发电机等无法搬运，实验设备损失惨重，故恢复建设任务十分繁重。在系主任领导下，全系在恢复实验室的同时，还修订了各年级的课程与试验课程。1947 年 2 月 4 日，系务会决定四年学生本埠实习参观两月一次。1948 年 3 月 2 日系务会决定，分设机械设计、实习工厂、热力工程、及试验室 4 个委员会，研究改善系内各科门课程间的联系；将四年级的分门从工业门、机车门、自动门三种，改为机车门、自动车门、制造门、动力门 4 门，让学生的所学更加切合实际。

机械工程系 1947 年各年级课程设置见表 8－7。

2. 教师

抗战胜利后，系主任仍由陈大燮教授担任。1947 年 4 月改由黄叔培教授继任。

机械工程系主任黄叔培

复员初，渝沪两校机械系教师合并，形成一支拥有教授 16 人、副教授 9 人，及讲师助教共约 38 人左右的队伍。正、副教授中，欧美留学归来的中青年教师占多数。之后，教师队伍中正、副教授人数基本稳定，青年助教增加、变动较大，1947 年 13 人，1948 年 25 人，形成一支约 45 人的教师队伍。

这一时期先后在机械工程系任教的教师有黄叔培、陈大燮、陈熹、柴志明、张有生、蔡有常、周修齐、陈石英、胡嵩嵒、钱迺桢、殷文友、杨尚灼、沈三多、李泰云、金悫、梁士超、贝季瑶、朱麟五、聂光墀、吴良弼、吴金堤，陈学俊、江仲仁、楼鸿棣、刘昉、姚祖训、张寰镜、张烨、贾存鉴、蒋汝舟、瞿钰、杨亚孚、吴克敏、胡汉章。陈元亨、严灏景、吴甯高、朱城、赖启文、周鹤、胡亚庄、张志诚、温铭新、乐兑谦、张志明、汪孟乐、金精、薛世茂、俞宗瑞、金忠谋、张元善、夏禹昌、秦林森、蒋淡安、李国富、程迺晋、李学方、林万骥、杨德兴、孟庆华、张攸民、吕铭新、朱之坚、张靖涛、吴本廉、邵寿源、任能容、庄毓璟、郭乾荣。其中，教授 21 人（包括兼职），副教授 8 人，讲师 4 人，助教 35 人。

该系部分教授前面已有介绍，根据所掌握的资料，其他教授情况如下：

蔡有常（1892—1990），江苏无锡人。1917 年毕业于北洋大学冶金系。留学美国匹兹堡卡内基大学机械系，曾任美国伊利诺钢铁厂及美国钢管厂工程师。回国后，先后任浙江公立工业专门学校机械科主任、教授及公务处主任，大同大学、交通大学教授。1949 年后，任交大教授、制图教研室主任等职。

表 8-7 机械工程系 1947 年各年级课程设置表

年级	科目	第一学期		第二学期		年级	科目	第一学期		第二学期		年级	科目	第一学期		第二学期	
		每周时数	学分	每周时数	学分			每周时数	学分	每周时数	学分			每周时数	学分	每周时数	学分
一年级	国文	3	2	3	2	二年级	机构学	4	3			三年级	工具机	2	2	2	2
	英文	3	2	3	2		机构制图			3	1		工程材料	3	2		
	微积分	4	4	4	4		动力机械设备			2	2		电工学	3	3	3	3
	物理	3	3	3	3		经验设计	3	1	3	1		水力学	3	2		
	化学	3	3	3	3		电工大意			2	2		机工试验	3	2	3	2
	物理实验	3	1	3	1		经济学	3	2				电工试验	3	2	3	2
	化学实验	3	1	3	1		测量学	1	1				材料试验			3	1
	工厂实习	3	1	3	1		测量实习	3	1				金工实习	3	1	3	1
	算法几何	3	1	3	1		木工实习	6	2				德文(选科)	3	2	3	2
	机械画	3	1	3	1		金工实习			6	2	四年级 机车门	公文程式	1	1		
	三民主义	2	—	2	—		工程化学	1	1	1	1		铁路机械工程	3	3	3	3
	体育	2	—	2	—		化学分析	3	1				机车及车辆设计	6	2	6	2
二年级	军训	2	—	2	—		高等机械画	3	1				铁路号志			3	2
	微分方程	3	3				德文(选科)	3	2	3	2		运输管理			3	2
	高等数学			3	3	三年级	热力工程	4	4	4	4		机械制造	3	2	3	3
	物　理	3	3	3	3		机械设计	3	3	3	3		机工试验	3	2	3	2
	应用力学	5	5				机械设计制图	6	2	6	2		动力厂	3	3		
	材料力学			5	5		内燃机			3	3		成本会计	3	2		

________姓名________学院________学系________年级________

（续表）

年级	科目		第一学期		第二学期	
			每周时数	学分	每周时数	学分
四年级	机车门	工业管理			3	2
		论文	1	1	1	1
		汽轮机（选科）			3	2
		提土机（选科）	3	2		
		自动车工程（选科）			3	2
		机车工程（选科）			3	2
		金相学（选科）			3	2
		纺织机械（选科）			3	2
	自动车门	公文程式	1	1		
		自动车引擎	3	3	3	3
		自动车电学	2	2		
		自动车保养			2	2
		自动车保养实习			3	1
		自动车设计	6	2	6	2
		车	2	2	2	2
		动力厂	3	3		
		自动车实习	3	2	3	2
		机械工程试验	3	2	3	2
四年级	自动车门	成本会计	3	2		
		工业管理			3	2
		论文	1	1	1	1
		车身设计（选科）			3	1
		金相学（选科）			3	2
		机械制造（选科）	3	3		
		机车工程（选科）			3	2
	工业门	动力厂	3	3	3	3
		动力厂设计（甲组）	6	2	6	2
		机械制造	3	3	3	3
		机工试验	3	2	3	2
		工具制造			3	3
		电力厂	3	3		
		成本会计	3	2		
		制造厂设计	1	1	1	1
		制造厂设计（乙组）				
		制造厂制图	3	2	3	2

________姓名________学院________学系________年级________

李泰云(1896—1981),江苏无锡人。国立北洋大学毕业。留学美国,曾任美国伊利诺钢铁厂工程师。回国后,先后任新业工厂厂长、经济部苏浙皖区交通部门委员、浙江公立工业专门学校教授、交通大学教授。

殷文友,1900年生,江苏无锡人。1924年本校机械工程学士,1925年美国康奈尔大学硕士,1926年哈佛大学工程科学硕士。曾任美国吼斯飞机厂飞机设计工程师。回国后,先后任浙江大学、清华大学、西南联合大学、交通大学教授。

金悫(1899—1983),安徽滁县人。1923年毕业于本校机械系。1926年获美国康奈尔大学机械工程硕士。回国后,先后任北洋工学院教授,安徽大学理工学院教授、物理系主任,交通大学教授。1949年后,历任交通大学基础部主任、工程力学系主任,上海力学学会副理事长等职。

胡嵩嵒,1892年生,字筠笙,安徽歙县人。本校机械工程学士,美国普渡大学机械工程硕士。曾任美国波士顿Sturtevant见习工程师。回国后,历任交通大学教授、中国机械工程学会上海分会副会长等职。

钱迺桢,1900年生,江苏宜兴人。本校机械工程学士,美国密西根大学工程硕士。回国后,先后任之江大学、中国纺织染织工程学院、上海工业专科学校、交通大学教授等职。

杨尚灼(1908—1980),江西高安人。本校机械工程学士,美国理海大学冶金工程硕士、冶金工程博士。曾任美国理海大学研究院奖学金研究员。回国后,先后任云南钢铁厂工程师兼制铁厂工程师,云南大学教授、矿冶系主任,交通大学教授等职。

梁士超(1888—1972),字继善,广东海南人。本校机械工程学士,英国伯明翰大学毕业。回国后,先后任汉冶萍公司工程师,江西煤矿公司工程师,之江大学、沪江大学、大同大学教授,上海工业专科学校教务长,交通大学教授等职。

周修齐,1905年生,广东汕头人。1927年同济大学毕业,留学德国柏林工业大学机械系。曾任柏林AEG厂工程师。回国后,先后任资源委员会中央机器厂工程师、恒顺机器厂总工程师、交通大学教授。1949年后,任交通大学教授、焊接教研室主任等职。

贝季瑶(1914—2004),江苏苏州人。1935年毕业于交通大学机械系。1938年获美国麻省理工学院机械工程硕士学位。回国后,先后任资源委员会中央机械厂工程师、第五分厂厂长、上海机器厂厂长、交通大学教授。1949年后,历任交通大学教授、上海机械工程学会副理事长等职。

聂光墀(1904—1969),湖南衡山人。1928年毕业于交通大学。1929年受交通部派往美国进修汽轮机技术。回国后,先后任重庆豫丰机器厂总工程师、汉口大王庙电厂厂长,浙江大学、大同大学、交通大学教授等职。

陈学俊，1919年生，安徽滁县人。1939年毕业于中央大学。1946年获美国普渡大学硕士。回国后，先后任中央工业试验所热工试验室主任兼交通大学教授。1949年后，历任交通大学教授、动力机械系副主任，西安交通大学动力系主任，工程热物理所所长，多相流国家重点实验室主任，中国工程热物理学会理事长。1980年当选为中国科学院学部委员。1996年当选第三世界科学院院士。

吴良弼（1900—1997），浙江平湖人。本校机械工程学士，先后任津浦铁路浦镇机械厂工程师，交通大学副教授、教授，主持内燃机实习课。

吴金堤（1908—1984年），浙江永嘉人。1931年毕业于上海劳动大学机械系，先后任交通大学助教、讲师、副教授，国立北洋工学院、英士大学教授，交通大学教授、金工厂主任，南洋工学院总务长等职。

3. 学生

机械工程系学生较多，1947年4月，在校学生458人，全部为男生，其中一年级62人、二年级133人、三年级158人、四年级105人。1948年在校学生406人，1949年4月为303人。

机械系有机械工程学会，学生参加学术活动和各种社团活动十分活跃。

学生中1946届李天和，1975年被评为美国工程院院士，2000年当选中国工程院外籍院士；1949届陈先霖，1995年当选为中国工程院院士。

（三）土木工程系

1. 课程设置

土木工程系在教育宗旨上仍然贯彻“培养各项土木工程建设人才”的目标，但在培养方法上加强了实验和实习。如土木工程系教授王之卓说：“培养一个青年工程师……一半靠学校，一半要靠事业机关和社会。”[①]

与抗战时的课程设置有所区别的是战后的课程更贴近建设需要。抗战中，土木工程系学至四年级时分铁道工程、构造工程、市政工程、道路工程4门培养；战后，“为配合实际需要，各项课程逐渐增加，四年级分结构、铁路、道路、市政、水利等五组”。[②]

土木工程系素以严格著称，尤其对于实地研习及报告等教学环节特别注重。战后，该系充实完善了已有的测量仪器室、道路材料试验室、普通材料试验室、卫生工程试验室、桥梁号

① 王之卓：《机械工程师的培植》。《交大机械》创刊号，1948年4月。

② 《工学院概况》。《交大周刊》第60期，1949年4月8日。

学生野外测量实习

志模型室,创建了水力试验室、土壤力学试验室和水利工程实验室,“各试验室之仪器设备,战时损失甚微,再经积极充实,并得联总教育器材充实后,在国内可称设备最完善之一系”。①

1948年1月30日,根据上海市政府港务整理复员会为造就海港工程专门人才,拟在交大添设有关海港工程方面的课程,由校友赵曾珏召集学校及市濬浦局、公用局、工务局4单位共同商讨决定,自下学期起,土木系四年级水利组内添设海港计划及专题讨论两课;濬浦、公用、工务三局承担全部经费,包括“讲座”1人,助教1人,学生参观、学生奖学金及设备项目。

土木工程系1947年各年级课程设置见表8-8。

2. 教师

1945年复员上海后,土木工程系系主任由王达时教授担任。1947年冬,王达时赴美,陈本端接任系主任一职,同时兼任水利工程系系主任。1948年7月,总务长蔡泽因借用期满,回交通部后,陈本端被调任总务长。王之卓受命代校长后,王达时教授接工学院院长职,同时兼任陈本端调任总务长后空出的土木工程系主任一职。

学生很为土木工程系教师自豪,在《交通大学民三七级纪念刊》中介绍:“本系现有教授尽为土木工程方面及教育界知名学者。”还特别介绍:“康时清先生主持材料试验室垂二十年,经验丰富,为国内机关代办之试验不下百十次。纪增爵先生之平面测量学教材丰富,王之卓先生之航空测量及特约讲座、严恺先生之海港工程,均为国内权威,阵容之壮,堪称一时无两。”

复员初,土木系教师约28人,其中教授13人,副教授2人,讲师2人,助教11人。之后,正副教授略有增加,相对稳定,流动人数在2—4人之间。青年助教人员变化较大,进出人数约在6—7人。

---

①《工学院概况》。《交大周刊》第60期,1949年4月8日。

表 8-8 土木工程系 1947 年各年级课程设置表

年级	科目	第一学期 每周时数	第一学期 学分	第二学期 每周时数	第二学期 学分
一年级	国文	3	2	3	2
	英文	3	2	3	2
	微积分	4	4	4	4
	物理	4	4	4	4
	化学	3	3	3	3
	物理实验	3	1	3	1
	化学实验	3	1	3	1
	工厂实习	3	1	3	1
	画法几何	6	2		
	机械画			6	2
	三民主义	2		2	—
	体育	2	—	2	—
	军训	2	—	2	—
二年级	应用力学	5	5		
	微分方程	3	3		
	地质学	2	2		
	经济学	3	2		
	物理	2	2	2	2
	物理实验	$1\frac{1}{2}$	$1\frac{1}{2}$	$1\frac{1}{2}$	$1\frac{1}{2}$
	平面测量	2	2	2	2
	平面测量实习	6	2	6	2
	材料力学			5	5
	最小二乘方			2	2

年级	科目	第一学期 每周时数	第一学期 学分	第二学期 每周时数	第二学期 学分
二年级	热工学			3	3
	机构学	3	3		
	水力学			4	3
	水力试验			3	1
三年级	应用天文学	3	2		
	道路工程	3	3		
	工程材料	3	2		
	电工学	3	3		
	水文学	3	2		
	河工学	3	3		
	钢筋混凝土	3	3		
	机工试验	3	1		
	结构学	3	3	3	3
	结构计划			6	2
	钢筋混凝土计划			6	2
	铁路工程			3	3
	给水工程			3	3
	房屋建筑			3	2
	大地测量			3	2
	大地测量实习				1
	材料试验			3	1
	电工试验			3	1

年级		科目	第一学期 每周时数	第一学期 学分	第二学期 每周时数	第二学期 学分
四年级	共同课程	结构计划(下)	6	2		
		圬工及基础	4	4		
		污水工程	3	2		
		土壤力学	3	3	3	3
		航空测量(选科)	3	3		
		公文程式			1	1
		契约范围及估价			2	2
	结构门	高等结构学	3	3	3	3
		高等结构计划			6	2
		高等材料力学	3	3		
		弹性力学			3	3
		桥梁工程			2	2
		建筑学(选科)	3	3		
		钢桥计划	6	6		
		专题讨论	2	2		
		论文				2
	铁路门	钢桥计划	6	2		
		铁路定线	4	4		
		铁路号志	3	3		
		养路工程	2	2		
		铁路运输			2	2
		铁路计划			3	1
		隧道工程			2	2

________姓名________学院________学系________年级________

（续表）

年级	科目		第一学期		第二学期		年级	科目		第一学期		第二学期	
			每周时数	学分	每周时数	学分				每周时数	学分	每周时数	学分
四年级	铁路门	车场及车站			2	2	四年级	市政门	给水处理	2	2		
		专题讨论	2	2					卫生工程计划	6	2	6	2
		论文				2			都市计划	3	2		
	道路门	钢桥计划	6	2					污水及给水分析			6	2
		高等道路工程	2	2					高等道路工程	2	2	2	2
		道路计划			3	1			道路材料试验	6	2		
		道路材料试验	6	2					污水处理			3	2
		道路管理			3	2			专题讨论	2	2		
		行车视察及管制			3	3			论文				2
		都市计划	3	2									
		专题讨论	2	2									
		论文				2							
	水利门	运河工程	3	2									
		高等水力学	3	3									
		海港工程			3	3							
		水工试验			3	1							
		水力发电工程	3	3									
		水利计划	3	1									
		专题讨论	2	2									
		论文				2							

________姓名________学院________学系________年级________

这一时期先后在土木工程系任教的教师有王达时、王之卓、康时清、杨钦、陈本端、刘光文、杨培琫、叶家俊、潘承梁、徐芝纶、王龙甫、张有龄、俞调梅、谢光华、周惠久、钱钟毅、谢世澂、周文德、纪增爵、薛鸿达、龚雨雷、陈我军、陈世栢、姚佐周、徐萃英、徐同生、薛楠时、赵则俨、詹道江、李青岳、邓志堃、周永源、钱家顺、祝慕高、曹善华、谢旭华、佘家骅、李震熹、王承树、徐邕生、王引生、周石安、陈道周、黄德璹、王荫槐、曹楚生。其中，教授17人，副教授3人，讲师2人，助教26人。

该系部分教授前面已有介绍，根据所掌握的资料，其他教授情况如下：

陈本端，1906年生，天津人。1929年唐山交大土木系毕业。1938年获美国密歇根大学土木工程硕士。回国后，先后任中山大学、重庆大学教授，交通部技正、公路总局工程总处副处长。1945年后，历任交通大学教授、土木系主任、总务长。1949年后，先后任交通大学教授、同济大学教授及道路与桥梁系主任等职。

土木工程系主任、总务长陈本端

杨钦（1911—1991），字敏元，广东大埔人。1936年获浙江大学工学士，1938年获美国密歇根大学硕士。曾任伊利诺大学研究所副研究员。回国后，先后任浙江大学副教授，复旦大学教授，卫生署技正，交通大学教授。1949年后，历任交通大学土木系主任、同济大学副校长等职。

刘光文（1910—1998），浙江杭州人。1933年清华大学工学士。留学美国，获美国俄亥俄大学水利工程硕士。回国后，先后任扬子江水利委员会工程师，广西大学、中央大学、复旦大学、重庆大学、交通大学、河海大学教授等职。

王龙甫（1906—2002），江苏青浦（今属上海）人。1931年交大土木工程学院毕业。1938年获美国康奈尔大学土木工程硕士、博士学位。回国后，先后任上海大昌建筑公司工程师，湖南大学、中山大学、西南联合大学、清华大学、交通大学教授等职。

张有龄（1909—2007），浙江吴兴人。1932年清华大学学士，1937年美国曼彻斯特大学硕士、博士。回国后，先后任国立西南联大工学院、重庆大学教授，四川大学教授兼土木水利工程系主任,国民政府经济部中央水试验所技正,交通大学教授等职。1949 年后,历任重工业部基建局副处长、机械工业部设计研究总院高级工程师等职。

周惠久(1909—1999),辽宁沈阳人。1931 年交通大学唐院毕业,1938 年获美国密歇根大学和伊利诺大学硕士。专攻工程材料及材料试验。1938 年回国后,先后任西南联合大学、重庆大学、中央大学、交通大学教授。1956 年后,历任西安交通大学教授、副校长、校务委员会主任、学术委员会名誉主任,中国机械工程学会副理事长,陕西省科协副主任等职。1980 年当选为中国科学院学部委员。

俞调梅(1911—1999),浙江湖州人。1934 年交大土木工程学院毕业。1938 年英国伦敦帝国大学工学院研究院硕士。回国后,先后任中山大学教授兼土木系主任、交通大学教授。1949 年后,历任交通大学、复旦大学教授,同济大学教授、地下建筑与工程系主任、名誉主任,中国土木工程学会土力学与地基基础工程学会副理事长等职。

谢光华(1910—1987),福建闽侯人。1934 年获清华大学工学士。1936 年获美国康奈尔大学硕士。曾任美国伊利诺大学区自来水厂实习工程师。回国后,先后任焦作工学院、西北工学院、交通大学教授。1949 年后,历任交通大学图书馆馆长,同济大学教授、卫生工程系主任、城市建设系主任,九三学社中央委员会常委等职。

谢世澂,1910 年生,湖南醴陵人。交通大学唐院土木工程学士,美国密歇根大学土木工程硕士。回国后,先后任粤汉铁路株韶段工程师,暹罗(今泰国)国家米业公司顾问工程师,交通大学副教授、教授等职。

3. 学生

抗战胜利前夕,土木工程系已扩招学生。1947 年 4 月,全系在校学生 440 人,其中一年级 81 人、二年级 116 人、三年级 141 人、四年级 102 人(结构门 15 人、铁路门 34 人、道路门 8 人、市政门 32 人、水利门 13 人)。

土木系学生,大部分班级各组有社团。社团学术组经常组织参观、实习、竞赛、办刊物等活动。

这段时间就读在该系的学生,毕业后当选为中国科学院或中国工程院院士的有 1947 届校友周镜,1948 届曹楚生、冯叔瑜,1949 届赵国藩、孙钧等 5 人。

(四) 造船工程系

1. 课程设置

1947 年,造船工程系的培养目标改为:“培养造船及轮机两项专门人才。”之所以确定这样的培养目标，一方面是国际上一些先进的国家已将造船工程的课程定为造船与轮机并重；另一方面是 1947 年，教育部要将轮机专科划出交大，从而引发了一场护校运动，大家进一步认为“盖造船与轮机犹如人身之躯壳与内脏，两者俱不可缺也”。[①] 为此，造船工程系“仿美国麻省理工学院先例，于造船系内成立轮机门”，[②]对培养目标、教学计划做了重大修改。

学生上船实习

1947 年的教学计划与 1943 年教学计划的主要区别，不仅在于高年级划分造船与轮机两个专门化，还在于造船门自身也大大增设了不少轮机方面的课程。原本仅在两个学期修读 6 学时的轮机学大意，扩充为船用汽锅学、船用汽旋机等 6 门课程，共 18 个周学时，与轮机门几乎没有区别，只是在设计课程方面前者为造船设计，后者为轮机设计。这样的课程设置还与扩大学生毕业后就业范围有关。教学计划中将船艺及驾驶大意与机舱管理两门课程列入两个门学生的必修课。这样，学生毕业后，既能适应工厂、企业从事造船或轮机方面工作，也可以到航运部门担任管理，还可以上船担任驾驶或管轮的职务。

造船工程系 1947 年课程设置见表 8－9。

2. 教师

抗战胜利后，造船工程系系主任仍由叶在馥担任。复员初，造船系教师约 8 人，其中教授 4 人，助教 4 人。之后，学生扩招，造船工程系积极增聘新教授，1947 年，全系教授人数达 8 人。

学生称赞：“本系所聘教授确属精选，系主任叶在馥先生从事航业垂四十年，系造船界先进，教授有辛一心、杨人杰、王公衡、陈宗惠、赵国华、龚应曾等先生，或为学理权威，或为实际专家。”[③]

---

① 王之卓：《轮机系的使命》。《交大轮机》创刊号，1948 年 4 月。

② 王之卓：《轮机系的使命》。《交大轮机》创刊号，1948 年 4 月。

③《交通大学民三七级毕业同学纪念刊》1948 年 6 月。

表 8-9 造船工程系 1947 年各年级课程设置表

年级	科目	第一学期 每周时数	第一学期 学分	第二学期 每周时数	第二学期 学分
一年级	国文	3	2	3	2
	英文	3	2	3	2
	微积分	4	4	4	4
	物理	4	4	4	4
	化学	3	3	3	3
	物理实验	3	1	3	1
	化学实验	3	1	3	1
	工厂实习	3	1	3	1
	画法几何	3	1	3	1
	机械画	3	1	3	1
	三民主义	2	—	2	—
	体育	2	—	2	—
	军训	2	—	2	—
二年级	物理	2	2	2	2
	微分方程	3	3		
	应用力学	5	4		
	机构学	3	2		
	船体结构	3	2		
	经济学	3	2		
	高等机械画	3	1		
	工厂实习	3	1	3	1
	物理实验	$1\frac{1}{2}$	$1\frac{1}{2}$	$1\frac{1}{2}$	$1\frac{1}{2}$
	材料力学			5	4
	热力学			4	4
	造船原理			3	3
	船体计算及制图(一)			5	2

年级	科目	第一学期 船舶门 每周时数	第一学期 船舶门 学分	第一学期 轮机门 每周时数	第一学期 轮机门 学分	第二学期 船舶门 每周时数	第二学期 船舶门 学分	第二学期 轮机门 每周时数	第二学期 轮机门 学分
三年级	船体计算及制图(二)	6	2						
	高等材料力学	3	3	3	3				
	材料试验	3	1	3	1				
	机械设计	3	3	3	3				
	船用汽锅学	3	2	3	2				
	电工学	3	3	3	3	3	1	3	1
	电工试验	3	1	3	1	3	1	3	1
	造船原理	3	3			3	1		
	造船设计					6	2		
	实用造船学					3	2		
	船用汽旋机					3	3	3	3

______姓名______学院______学系______年级______

（续表）

年级	科　目		第一学期				第二学期			
			船舶门		轮机门		船舶门		轮机门	
			每周时数	学分	每周时数	学分	每周时数	学分	每周时数	学分
三年级	工程材料						3	2	3	2
	水力试验						3	1	3	1
	船用内燃机						3	3	3	3
	机械试验		3	1	3	1	3	1	3	1
	造船工程				4	3	4	3	4	3
	机械设计制图				6	2			6	2
	船用蒸汽机		3	3	3	3	3	3		
四年级	必修科	船用副机	3	3	3	3				
		机动力学	3	3	3	3			2	
		造船原理	3	3						
		实用造船学	3	3						
		造船设计	6	2			6	2		
		流体动力学					4	3		
		特种船舰					4	3		
		船艺及驾驶大意					3	2	3	2
		工业管理					3	3	3	2
		金相学	3	2						
		燃料及润滑油	3	2	3	2				
		机舱管理	3	2	3	2	3	2	3	2
		机战设计			6	2			6	2
		机战实验			3	1			3	1
		论文			—	2			—	2

________姓名________学院________学系________年级________

这一时期在造船系先后任教的教师有叶在馥、杨仁杰、辛一心、陈宗惠、赵国华、王公衡、龚应曾、杨俊生、卢孝棣、严似松、林镜清、吴镇、龚茂恒、吴秀恒。其中,教授8人,助教6人。

该系部分教授前面已有介绍,根据所掌握的资料,其他教授情况如下:

杨俊生(1890—1982),江苏淮安人。1919年毕业于日本东京帝国大学造船工学科。回国后,创建大中华造船机器厂。先后任同济大学、交通大学造船系教授等职。1949年后,历任中华造船厂厂长兼总工程师,上海造船学院副院长,上海交通大学造船系主任,中国造船工程学会副理事长,全国工商联常委,第一、二、三届全国人大代表。

陈宗惠,1906年生,广东饶平人。本校机械系毕业,英国利物浦大学造船工程硕士。曾在英国勃朗葛船厂实习。回国后,先后任香港九龙造船厂工程师,民生机器厂考工科主任,招商局正工程师,中山大学、交通大学教授等职。

赵国华(1912—1980),江苏崇明(今属上海市)人。1933年军政部兵工专门学校毕业。曾获英国曼彻斯特研究院和美国密歇根大学硕士。回国后,先后任中山大学、西北工学院、交通大学教授。1952年后,历任哈尔滨军事工程学院教授、机械原理教研室主任等职。

3. 学生

造船工程系的学生基本每届一个班,约30人左右。该系1943年所招学生,因战事需要,不少人被选派到美国深造,故1944年报考人数特别多,招了60余人。1947年4月,全系在校学生178人,其中一年级48人、二年级33人、三年级67人、四年级30人。

该系有造船工程学会。学生参与《交大造船》学术期刊创刊等工作。

学生中,1948届校友许学彦,1993年当选为中国科学院院士;1949届校友黄旭华,1994年当选为中国工程院院士。

(五) 航空工程系

1. 课程设置

抗战中,航空系的教育宗旨是“航空救国”。胜利后,该系将教育任务调整为:为中国“航空事业播下种子,在国内外生根发芽、开花、结果”。[①]

在系主任曹鹤荪的主持下,交大航空工程系的课程设置、教材内容和教学要求呈现四个特点:加强基础、更新内容、一专多能、严格要求。在加强基础方面,抓数学与力学两条线。

① 《交通大学民三七级毕业同学纪念刊》1948年6月。

以数学为例，交大工科一般二年级安排两学期每周 2 小时的微分方程，航空系改为每周 3 小时，一学期讲完。授课时间减少，但要求提高，加强了偏微分方程的内容，在压缩出来的课时中，增设了工程数学课程，内容包括矢量、矩阵、复变函数的保角变换、拉氏变换等。在应用力学课程中，大大削减了与物理重复的部分，增强了哥氏加速度与分析力学的内容，应用拉格朗日方程导出运动方程，与微分方程这门课程衔接起来。

航空工程系的专业课程始于三年级，到四年级，分为飞机结构、飞机发动机及空气动力三门。针对航空技术不断发展的特点，注意教学内容不断更新。如空气动力学课程及时将黏性流体、可压缩、超音速、三维等理论引入。同样，在飞机结构、航空发动机课程方面也是如此。合适的教材很少，教师便自编教材。1945—1949 年，曹鹤荪编写了《流体力学》，马明德翻译了《机械设计》；季文美翻译了铁木辛科的《材料力学》，编写了《应用力学》等。

1945 年冬，航空工程系复员上海时风洞等设备因运输困难，无法运回。在曹鹤荪系主任主持下，航空工程系重建实验室，获赠飞机 3 架、航空发动机数台，建立发动机实验室、仪器试验室和航空气象试验室，并画出了全部风洞实验室图纸，规划建造风洞实验室、喷射发动机实验室和高空气象观测试验室等。1947 年，陈列在交大地坪上的飞机和发动机试验的轰鸣声，使航空工程系声誉大震。

航空工程系 1947 年各年级课程设置见表 8 - 10：

2. 教师

战时，航空系系主任为曹鹤荪教授。1944 年春，曹鹤荪出国考察，由季文美教授担任系主任。1945 年抗战胜利后曹鹤荪回国，仍任系主任。

复员初，航空系教师有 10 人左右，其中教授 6 人，助教 5 人。之后，根据规模扩大的需要，航空工程系积极增聘专、兼职教授 3 人，形成 14 人的教师队伍。队伍规模一直保持到 1949 年 6 月。其中助教人员变化较大，但数量基本保持在 5 人左右。

这一时期在航空系先后任教的教师有曹鹤荪、季文美、许玉赞、杨彭基、马明德、姜长英、王宏基、岳劼毅、李炳焕、庄逢甘、陆天瑜、贾日升、何庆芝、吴耀祖、万绍祖、杨庆雄、吴文昌、赵里仁、王学让、卢邦直、陈士橹、崔振源。其中，教授 9 人，助教 13 人。

该系教授大部分前面已有介绍，根据掌握的资料，补充介绍：

王宏基（1912—1996），字剑虹，江苏吴江人。1933 年交大电机系毕业。1934 年留学意大利那波利大学、都灵皇家最高多科性工学院攻读航空工程。1937 年回国，先后任成都空军机械学校教官、浙江大学、西南联合大学教授，交通大学航空工程系教授、系主任等职。

表 8 - 10 航空工程系 1947 年各年级课程设置表

年级	科目	第一学期		第二学期		年级	科目	第一学期		第二学期	
		每周时数	学分	每周时数	学分			每周时数	学分	每周时数	学分
一年级	国文	3	2	3	2	二年级	工业化学	2	2		
	英文	3	2	3	2		工业化学实验	3	1		
	微积分	4	4	4	4		机构学	3	3		
	物理	4	4	4	4		机构学制图			3	1
	化学	3	3	3	3		经济学	3	2		
	物理实验	3	1	3	1		热力工程			4	4
	化学实验	3	1	3	1		航空工程			4	3
	工厂实习	3	1	3	1		高等机械画	3	1		
	画法几何	3	1	3	1		工厂实习(木工)	3	1		
	机械画	3	1	3	1	三年级	飞机材料	3	3		
	三民主义	2	—	2	—		材料试验	3	1		
	体育	2	—	2	—		机械设计	3	3		
	军训	2	—	2	—		机械设计制图	3	1		
二年级	物理实验	$1\frac{1}{2}$	$1\frac{1}{2}$	$1\frac{1}{2}$	$1\frac{1}{2}$		电工学	3	3	3	3
	应用力学	5	5				电工实验	3	1	3	1
	材料力学			5	5		内燃机	4	4		
	微分方程	3	3				应用空气动力学	3	3	3	3
	工程数学			3	3		飞机修护学			3	3

________姓名________学院________学系________年级________

（续表）

年级	科目		第一学期		第二学期	
			每周时数	学分	每周时数	学分
三年级	飞机结构学				3	3
	航空发动机学				3	3
	飞机实习				3	1
	发动机实习				3	1
	流体力学		4	4		
	工厂实习(金工)		3	1		
	机工试验				3	1
	飞机性能设计				6	4
四年级	必修学程	航空仪器	2	2		
		飞机结构学	3	3		
		航空发动机学	3	3		
		工业管理			3	3
		航空仪表实习			3	1
		风洞实习	3	1	3	1
		飞机实习	3	1		
		发动机实习	3	1		
		论文			0	2

年级	科目			第一学期		第二学期	
				每周时数	学分	每周时数	学分
四年级	选修学程	飞机结构设计	结构门必修	6	4		
		航空发动机设计	发动机门必修	6	4		
		理论空气动力学	空气动力门必修	3	3	3	3
		高等结构学	结构门必修	3	3		
		弹性力学	结构门必修			3	3
		振动力学	发动机门必修	3	3		
		航空法					
		航站工程		2	2		
		外弹道学					
		航行学		2	2		
		航空无线电		3	3		
		无线电实习		3	1		
		飞行力学	空气动力门必修	3	3		
		航空气象学		2	2		
		金相学	发动机门必修	3	3		
		螺旋桨	空气动力门必修			2	2
		螺旋桨设计				3	1

________姓名________学院________学系________年级________

1950年后,先后参与筹建华东航空学院、西安航空学院、西北工业大学,毕生致力航空工程教育。

3. 学生

航空工程是国家支持发展的学科,学生较多。1947年4月全系在校生203人,其中一年级55人、二年级77人、三年级51人、四年级20人。

航空系学生组有“航空工程学会”“交大航空模型研制会”等学术团体。

这一时期就读该系的学生中,1946届校友庄逢甘于1980年当选为中国科学院学部委员。

(六)轮机工程系

1. 课程设置

1947年5月,轮机专修科扩充并经教育部核准改为轮机工程系,学制四年。

轮机工程系原定目标是“培养轮机管理人才”,1948年改为“在船上及船厂服务之工程人员”。这一修改反映了轮机工程系在初创过程中,对就业面、专业面的认识的变化。

轮机工程系的主要课程除数学、物理、热力学、应用力学、材料力学、机构学、水力学等与一般工程各系无差别外,其余有船用汽锅学、轮机工程(包括往复机、汽旋机、内燃机与辅机)、轮机管理、轮机设计、汽锅设计、轮船实习、船厂实习、造船工程及电工等,均为其专门课程。另外有驾驶(船舶)大意、船艺大意等。

轮机工程系学程为学科三年,轮船及船厂实习各半年,合计四年。学生实习后正式毕业时,除学校授予毕业文凭外,同时可获得交通部颁发的甲种二管船员证;再经三年,即可晋升至甲种轮机长。

轮机工程系1947年三年课程设置见表8-11。

2. 教师

1947年轮机专修科扩建为轮机工程系,王超任系主任。王超教授热爱专业,扩系后,积极拓展专业面。王超指出“试从观世界大势,任何国家国运之隆替,莫不因海权之兴衰消长”;所以中国轮机人才培养必须赶上去,“不迎头赶上不足与列强并驾齐驱”。①

轮机系成立后,有教授3人,讲师1人。1948年,陈荫耕教授离开学校,增聘一助教;1949年初,再增聘一副教授,教师人数达6人。该系教师较少,部分课程由造船工程系教师兼助。

① 王超:《国立交通大学轮机系概况》。《交通大学校史资料选编》第2卷,西安交通大学出版社1986年版,第567页。

表 8－11　轮机工程系 1947 年各年级课程设置表

年级	科目	第一学期		第二学期		年级	科目	第一学期		第二学期	
		每周时数	学分	每周时数	学分			每周时数	学分	每周时数	学分
一年级	国文	3	2	3	2	二年级	微分方程	4	4		
	英文	3	2	3	2		应用力学	4	3		
	数学(解析几何微积分)	5	4	5	4		热力机学	3	2	3	2
	物理	4	3	4	3		船舶汽锅学	3	3	3	3
	化学	3	2	3	2		轮机学(往复模)	4	4	4	4
	工厂实习	3	1	3	1		经验设计			3	2
	画法几何	3	1	3	1		机构学	3	2		
	机械画	3	1	3	1		电机学	3	2	3	2
	三民主义	2	—	2	—		工场实习	3	1	3	1
	体育	2	—	2	—		造船工程学	3	2	3	2
	军训	2	—	2	—		材料力学			4	3
三年级	船舶汽旋机	3	3	3	3	四年级	轮船实习	半年			
	轮机内燃机	3	3	3	3		船厂实习	半年			
	辅机	3	3	—	—						
	船舶汽锅设计及制图	3	2	—	—						
	机舱管理	3	2	6	3						
	水力学	4	3	—	—						
	驾驶学大意	3	2	—	—						
	船艺学大意	—	—	3	2						
	工场实习	3	1	3	1						
	船政法规	—	—	2	1						
	船舶轮机汽锅检查章程	—	—	—	—						

________姓名________学院________学系________年级________

这一时期在轮机专修科和工程系先后任教的教师有：王超、张令法、陈荫耕、黄慕宗、何瑞龙、官贤、郭可评。其中，教授 4 人，讲师 2 人，助教 1 人。

该系部分教授前面有介绍，根据所掌握的材料，其他教授情况如下：

张令法，1898 年生，字秉惠，浙江鄞县人。1917 年毕业于北京工业专门学校。1926 年毕业于英国格拉斯哥大学机械系。回国后，先后任沪宁、沪杭、津浦铁路工程师，吴淞、重庆商船学校、交通大学教授，招商局总轮机长。1949 年后，历任上海人民轮船公司、北京海运总局总轮机长,大连海运学院教授等职。

陈荫耕,1909年生,字穀田,福建林森人。马尾海军学校轮机科毕业,英国格林皇家海军大学轮机科毕业。回国后,先后任海军江南造船所技术员、海军第一工厂设计股长、海军上海工厂正工程师、交通大学教授等职。

3. 学生

轮机工程系因其前身为专修科,学生多已毕业,在校学生少。该系学生与造船系学生联合活动,并自己组织航海机械学会推进课外学习。1947年4月,全科在校学生26人,其中二年级14人、三年级10人、四年级2人;当年招生35人。

(七)工业管理系

1. 课程设置

复员后,学校将渝沪两地的工业管理系与实业管理系合并,仍称工业管理系,至1949年更名为工业管理工程系。两系合并后充实了课程内容,例如增加了画法几何、机械画、机构学、资源分配、业务公文、采购学、工程经济、工厂运输、法规契约等课程,形成以工程类课目与经济管理类课目互相结合而成的体系。在恢复三院的过程中,学校将该系设置于工学院,明确教育宗旨为"培养生产机构中掌握生产技术的管理人才",[①]"经历年研讨改进,务求工程与管理学程,两者兼顾,旨在经学习者能切实了解工程之内容,俾从事工业管理时,不仅热谙市场,并认识生产制造过程,以及有关之各项工程问题;并注重时间及动作之实践"。[②] 在改进中,工业管理系的课程、教材逐步趋于完善。在系科建设中,较为困难的是实验室建设。为克服实验室所需仪器设备费用甚巨、一时难以设立的困难,系里改为放映"时间与动作研究影片",并配合到普通工厂实习。1948年1月14日,为加强对中国企业的研究,王之卓召开该系座谈会。会议认为,培养工业管理人才应重质量、提高教学质量、加强毕业班论文指导,并决定开设工厂研究课,增加工厂实地参观,开展学术讲演等。

工业管理系一年级的课程与工学院的系科没有区别,二、三年级开始工程与管理学科并进,四年级侧重专题研究与论文。

工业管理系1947年各年级课程设置见表8-12。

① 《交通大学民三七级毕业同学纪念刊》1948年6月。

② 《工学院概况》。《交大周刊》,第60期,1949年4月8日。

表 8-12 工业管理系 1947 年各年级课程设置表

年级	科目	第一学期		第二学期	
		每周时数	学分	每周时数	学分
一年级	国文	3	2	3	2
	英文	3	2	3	2
	微积分	4	4	4	4
	物理	4	4	4	4
	化学	3	3	3	3
	物理实验	3	1	3	1
	化学实验	3	1	3	1
	工厂实习	3	1	3	1
	画法几何	3	1	3	1
	机械画	3	3	3	3
	经济学(包括财政学)	3	3	3	3
	三民主义	2		2	
	体育	2		2	
	军训	2		2	
二年级	微分方程	3	3		
	应用力学	5	5		
	材料力学			5	5
	水力学			3	2
	工程材料	3	3		
	机构学	3	3		
	工业管理	3	3	3	3
	统计学	2	2	2	2
	会计学	3	3	3	3
	资源分配			3	2
	业务公文	3	2	3	2
	采购学			3	3
	工厂实习	3	1	3	1
	物理	2	2	2	2
	物理实验	$1\frac{1}{2}$	$1\frac{1}{2}$	$1\frac{1}{2}$	$1\frac{1}{2}$
三年级	热力机	3	2		
	电工原理	3	3	3	3
	电工实验	3	1	3	1
	机械设计	2	2	2	2
	生产效率	3	3		
	工厂设计			3	3
	计划学管理	3	3		
	货币金融	3	3	3	3
	成本会计	3	3	3	3
	企业组织			2	2
	工程经济			3	3
	人事管理			3	3
四年级	企业管理	3	3		
	行政管理			3	3
	公司理财	3	3		
	法规契约			3	3
	会计制度	3	3		
	财务管理			3	3
	销售学	2	2	2	2
	工厂运输	2	2		
	论文	2	1	2	1
	专题研究	3	3	3	3

________姓名________学院________学系________年级________

2. 教师

复员后，祝百英教授任系主任。1947年秋，祝百英辞职，系主任一职空缺，至1948年2月始聘得庄智焕教授担任系主任。

工业管理系主任祝百英

工业管理系主任庄智焕

复员后，重庆工业管理系与上海校的实业管理系合并，组成有6位教授、2位副教授、1位讲师和3位助教的教师队伍。之后，工业管理系又努力增聘了三位兼职教授，使师资力量大为增强。

学生自豪地写道："当初本系最感困难者，厥为教授之不易聘请，经五年来不断之努力，现已聘有专门教授多人。基本课程方面，经各教授之研究改进，亦已大致奠立完善之基础。"[①]杨锡山教授称"工管系进展惊人"，"仅仅一年，已能邀得专家教授，排出足与美国各大学之有同系者所排任何系统之课程媲美而无愧。……查工管系即在工业先进国家，亦属创设不久，而本校之本系，且为首创"。[②] 系主任祝百英对学生爱国运动给予同情、支持，即使护校运动后，被迫离开交大，他仍然多次受邀来校作学术报告，对国民党的内战方针、政策给予抨击。庄智焕对于促进中国工业化人才培养、训练方面，有独到见地，上任后，积极推进学术活动，开设系列讲座，展开对中国工业化问题的专题讨论，颇受学生欢迎。

这一时期先后在工管理系任教的教师有祝百英、沈立人、姚庆三、周省言、杨锡山、李兆

① 《交通大学民三七级毕业同学纪念刊》1948年6月。

② 《交大周刊》第3期，1947年4月22日。

萱、庄智焕、唐祖绍、陈伯康、袁家麟、夏宗辉、周赞明、李瑞麟、蔡鸿盛、张寿慈、吴仲义、许业澄、吴季玄、张礼镇、张树声、王则茂、骆鼎昌。其中，教授9人，副教授2人，讲师1人，助教9人。

该系部分教授前面已有介绍，根据所掌握的材料，其他教授情况如下：

庄智焕(1900—1978)，浙江鄞县人。1920年毕业于交大电机系，后留学法国巴黎高等电气学校，获无线电工程师学位。1925年回国，任黄埔军校电讯教官，历任汉口无线电信局局长、国民政府无线电台台长、交通部高等参事。1940年后曾任经济部企业司司长，交通大学教授、系主任等职。

姚庆三(1911—1989)，浙江鄞县人。1929年复旦大学毕业，后毕业于法国巴黎大学政法经济系。回国后，先后任复旦大学教授、行政院复兴委员会经济专门委会委员、上海银行副经理、中国银行协会助理、交通大学教授等职。

杨锡山(1916—2006)，江苏宝山人。1937年获金陵大学学士学位，1944年获美国宾夕法尼亚大学沃顿学院工业管理硕士学位。回国后，先后任四明银行稽核处长、交通大学教授。1949年后，历任四明银行副总经理、上海投资信托公司副总经理、上海交通大学管理学院院长、中国行为科学学会会长、上海行为学会理事长。

周省言，1919年3月生，1942年毕业于美国康奈尔大学机械管理系。曾任美国班笛克斯航空制造公司工程师、上海诚孚铁工厂厂长、交通大学工管系教授。中华人民共和国成立后，曾任一机部安装总公司工程师兼工程处主任等职。参加并主持长春第一汽车制造厂、洛阳拖拉机厂等机电设备安装工程。担任《中国大百科全书·机械工程管理》副主编、中国机械工程学会管理学会副理事长、中国行为学会副理事长。

李兆萱(1906—2007)，江苏南通人。1918年就读于南通女子师范，1924年考进北京大学，1926年转入南京国立中央大学。1933年赴美密歇根大学经济研究所，获会计学硕士学位。回国后，先后任中山大学、复旦大学、交通大学教授。1949年受聘于台湾大学。是中国第一个拿到会计师执照(CPA)的人。

3. 学生

工业管理系在全国仅西北工学院与交大设有，因此毕业生有需求，除1948届学生因并校原因，分成三个班组(分电机、机械、土木)外，一般设一个班，招30—40人。1947年4月，全系在校学生为248人，其中一年级49人、二年级74人、三年级90人、四年级35人。

工管系学生，组有“工业管理学会”。两位系主任对学生课外学术、社会活动积极支持。在工业管理系学生中形成较浓的钻研学术风气。

(八)纺织工程系

1. 课程设置

纺织工程系创办于1934年。当年设备较为齐全,有毛织机数架,实习工厂包括纺与织两个部门。日军入侵,原有设备损失殆尽,该系被迫停办,仅存的一个纺织机械组留在机械工程系内。

抗战胜利后,机械工程系将纺织机械组扩展为纺织工程系。1946年9月,教育部批准,增设化工、纺织、水利三个系,学校当年即以纺织工程科目招收本科生30名。纺织工程系培养目标是培养"保全与运转棉纺织工程的高级技术人员"。

纺织工程系的课程设置以机械与化学为基础,侧重纺与织、染化工和纺织机械。一年级课程为基础知识,注重数、理、化原理的讲授,并讲授较浅的工程知识,为三四年级做准备;二、三年级兼顾机械系与化学系课程,侧重基础知识与专业基础;四年级按染化工程、纺织工艺及纺织机械制造工程分组讲授。

表8-13是纺织工程系学生1946—1950年的课程表,它基本反映了该系的课程设置。

2. 教师

1946年,系务工作仍由机械工程系黄叔培兼管并兼系主任。直至1948年,学校聘得中国纺织建设公司所属厂厂长、总工程师陈维稷来校任纺织工程系系主任,纺织系的建设步伐大大加快。

早期纺织系的教学都由机械系教师兼任。陈维稷上任后,增聘教师,厘清课程,充实设备,形成正、副教授、助教各1人的专职教师队伍。之后,又增聘了6位兼职教授。这6位兼职的教授"均系纺织界名工程师"。①

1948年中国纺织建设公司开始资助该系添置设备。1949年该公司再次捐赠了一台野上式自动织布机及附件全套;另外,该公司还捐赠了各种大牵伸模型和标准图表等多种。同年,该系落实了三年级学生到中纺第一、二、三十六纺织厂,第一印染厂,以及第一棉纺厂等处实习。

这一时期在纺织工程系先后任教的教师有陈维稷、夏福元、苏延宾、曹树澄、薛昭明、李辛凯、郭坤荣等。其中,教授5人(包括兼职),副教授1人,助教1人。

---

① 《工学院概况》。《交大周刊》(五十三周年校庆特刊)第60期。

表 8－13　纺织工程系学生 1946—1950 年课程表

学号＿＿＿＿姓名＿＿＿＿性别＿＿＿＿入校年岁＿＿＿＿籍贯＿＿＿＿省＿＿＿＿县＿＿＿＿市　　学院＿工＿学系＿纺织工程＿副系＿＿

第一学年(民国　年至　年)一年级		第一学期		第二学期	
学程号码	学程名称	学分	成绩	学分	成绩
	国文	2		2	
	英文	2		2	
	三民主义	0		0	
	普通体育	0		0	
	微积分	4		4	
	物理讲授	4		4	
	物理试验	1		1	
	化学讲授	3		3	
	化学试验	1		1	
	投影几何	1		1	
	机械画	1		1	
总　计		19		19	
平均成绩	学期				
	学年				
操行成绩					
学分累计		18		36	
附注：					

第二学年(民国　年至　年)二年级		第一学期		第二学期	
学程号码	学程名称	学分	成绩	学分	成绩
	初级德文	2		2	
	微分方程	3			
	物理讲授	3		3	
	物理试验	1		1	
	经济学	2			
	应用力学	5			
	机械学	3			
	经验设计	1		1	
	工程化学	2			
	工业分析	1			
	图案画	1		1	
	高等数学			3	
	铸工实习			1	
	材料力学			5	
	机械制图			1	
	动力机械设备			2	
	电工大意			2	
总　计		24		22	
平均成绩	学期				
	学年				
操行成绩					
学分累计		60		82	
附注：					

第三学年(　年至　年)三年级		第一学期		第二学期	
学程号码	学程名称	学分	成绩	学分	成绩
	热工学	3			
	电工学	3		3	
	棉纺学	3		3	
	棉纺实习	1		1	
	机织学	2		3	
	织物组合	2		2	
	纤维学	2			
	染色学	3			
	染色实习	1		1	
	毛纺学	2		2	
	机织实习	1		1	
	日文	2			
	体育	0			
	高级德文	2			
	毛织物分析			1	
	有机化学			3	
	金工实习			1	
总　计		27		21	
平均成绩	学期				
	学年				
操行成绩					
学分累计		109		130	
附注：					

第四学年(　　年至　年)四年级		第一学期		第二学期	
学程号码	学程名称	学分	成绩	学分	成绩
	纺织机械	2			
	棉纺学	3			
	机织学	2			
	纺织物试验	2			
	纹织	2			
	工厂管理	2			
	日文	2			
	政治课程	2		3	
	成本会计			2	
	棉纺织工场设计			2	
	棉纺织工场管理			2	
	纺织厂实习			5	
	原棉学			2	
	体育			0	
总　计		17		16	
平均成绩	学期				
	学年				
操行成绩					
学分累计		147		163	
毕业总平均					
附注：					

纺织工程系主任
陈维稷

陈维稷(1902—1984),安徽青阳县人。1925—1928年在英国利蕴大学学习、德国实习。1930年回国后,参加抗日救亡运动,主持出版《天下日报》和秘密刊物《起来》。历任上海暨南大学、复旦大学教授,南通学院教授兼教务长,交通大学教授、系主任。1949年6月,任交大校务委员会常委、纺织工程系主任。1949—1982年任中华人民共和国纺织工业部副部长。

夏福元,1911年生。英国里治大学纺织系毕业。回国后,先后任中央工业试验所、纺织实验厂厂长,中国纺织建设公司第十七厂副厂长,交通大学教授等职。

黄延宾,1909年生。美国北卡罗林那大学纺织学院毕业。回国后,先后任中央研究院工业研究所研究员、重庆裕华布厂工程师、上海纺织工业专校教授、中国纺织建设公司工程师、交通大学教授。

曹树澄,1901年生。美国 New Bedford 大学毕业。回国后,先后任南通学院教授、上海纺织工业专校教授、永安纺织厂工程师、交通大学教授。

薛昭明,1913年生,留学英国波尔顿学院纺织系毕业。回国后,先后任南通学院、中国纺织工学院教授、中国纺织建设公司工程师、交通大学教授。

3. 学生

纺织工程系1946年开始招生,每年均招生约30名。1949年4月,全系在校学生为78人,共三个年级。在系主任的推动下,1948年秋,学生成立了交大纺织工程学会,推进课余学习、生活。其中,开展原棉种植试验的植棉农场成为全校同学关注的一大亮点。

(九) 化学工程系

1. 课程设置

化学工程系于1946年9月经教育部批准成立,明确目标是,为国家工业化学事业培养,掌握化工工程基本知识和技能的高级技术人员[①]。经几任系主任和教师努力,化工工程系课程设置基本稳定,一、二年级与化学系基本一致,三、四年级以化学与机械课目为基础,着重于化学原理、化工计算、工业化学以及化工机械诸学程。

---

① 《交通大学民三七级毕业同学纪念刊》,1948年6月。

在各方支持下，该系建成化学工程实验室，该实验室下设6个实验组室：工业分析实验室：配有各式黏度计各种油类性质测量仪器、气体分析仪器、比色仪，各式比重计、及气体热量器等设备。过滤工程试验室：配有连续过滤机、各种过滤机、离心机、超速离心机，及浮沫选矿机等化工过滤，设备堪称完备。高压气体反应试验室：高压气体压缩机（最后压缩度可达1千大气压），与压缩机连接的高压气体反应接触器能受750大气压，温度可至400℃以上，为国内所罕有者。锅炉间：设锅炉、水塔、给水泵。蒸发蒸馏干燥工程试验室：配有真空双效蒸发器、蒸馏锅、分级蒸馏塔、真空干燥器及真空馏锅等。研磨捣碎机械工程试验室：配有各式磨捣研机件。该系还计划修复原有的电镀及电解设备，成立电化工程实验、油脂及油漆工厂。

化学工程试验室

表8-14是化学工程系学生1947—1951年课程表，它基本反映情况了该系的课程设置。

2. 教师

1946年化学工程系初建，系务工作由化学系兼办，早期教学工作由机械系与化学系教师兼任。潘承圻、梁普先后兼任该系主任。1948年4月，苏元复任专职系主任，形成正教授1人、助教3人的教师专职队伍。但该系部分课程教学仍由化学系、机械系教师协助。

表 8-14 化学工程系学生 1947—1951 年课程表

学号＿＿＿＿姓名＿＿＿＿性别＿＿＿＿入校年岁＿＿＿＿籍贯＿＿＿＿省＿＿＿＿县＿＿＿＿市　　　学院　工　学系　化学工程　副系　设计组

第一学年(民国　年至　年)一年级		第一学期		第二学期	
学程号码	学程名称	学分	成绩	学分	成绩
	国文	2		2	
	英文	2		2	
	三民主义	0		0	
	中国通史	2		2	
	体育	0		0	
	微积分	4		4	
	物理	3		3	
	物理试验	1		1	
	化学	3		3	
	化学试验	1		1	
	投影几何	1		1	
	机械画	1		1	
总　计		20		20	
平均成绩	学期				
	学年				
操行成绩					
学分累计		20		40	
附注：					

第二学年(民国　年至　年)二年级		第一学期		第二学期	
学程号码	学程名称	学分	成绩	学分	成绩
	微分方程	2		2	
	物　理	3		3	
	物理试验	1		1	
	定性分析讲授	2			
	定性分析试验	2			
	有机化学	3		3	
	有机化学试验	2		2	
	经济学	2			
	应用力学	5			
	无机定量分析			1	
	无机定量分析试验			2	
	材料力学			4	
总　计		22		18	
平均成绩	学期				
	学年				
操行成绩					
学分累计		62		80	
附注：					

第三学年(　年至　年)三年级		第一学期		第二学期	
学程号码	学程名称	学分	成绩	学分	成绩
	政治课程	2		3	
	无机定量分析	1			
	无机定量分析试验	2			
	物理化学	4		4	
	物理化学实验	1		1.5	
	热机学	3			
	工业化学	3		3	
	电工原理			7	
	工业分析讲授	1		1	
	工业分析试验	1		1.5	
	有机单元法	2			
	化工原理			4	
	化工计算			2	
	热机实验			1	
总　计		20		28	
平均成绩	学期				
	学年				
操行成绩					
学分累计		100		128	
附注：					

第四学年(　年至　年)四年级		第一学期		第二学期	
学程号码	学程名称	学分	成绩	学分	成绩
	政治讲座	3		3	
	化工原理	12		10	
	化工实验	4			
	化工材料	4			
	化工机械设计	3		5	
	化工机械设计制图	3		3	
	专题讨论			2	
	化工热力学				
	金工实习				
	机工实习				
	电工实习				
	工场实习				
总　计		29		23	
平均成绩	学期				
	学年				
操行成绩					
学分累计		157		173	
毕业总平均					
附注：					

这一时期在化学工程系任教的教师有苏元复、杨文治、王有槐、江建权。

3. 学生

1946年化学工程系成立，当年招生，录取26人，至1949年4月全系有在校学生54人，无毕业生。1948年5月，该系学生与化学系学生联合组成“交大化学学会”，推进了学生的课余学习。

（十）水利工程系

1. 课程设置

水利工程系原为土木工程系的水利组，1946年独立成系。水利工程系的任务是为国家水利事业培养“掌握水利工程方面的基本知识和技能的高级水利技术人员”。

该系课程一、二年级与土木工程系相一致，以基础为主；三、四年级侧重水利工程方面基本知识和技能。

该系实验课程所需实验室主要借用学校及土木工程系实验室；与专业密切的水力试验室，经工学院与该系努力，已初具规模。

表8－15是水利工程系学生1946—1950年课程表，它基本反映了该系的课程设置情况。

2. 教师

水利工程系成立初期，由土木工程系主任王达时、陈本端兼任系主任；教学工作由土木系教师兼任。1948年9月，学校聘徐芝纶教授任专职系主任。

徐芝纶到任后，积极聘请名师，逐步形成有“均为国内水利界权威”[①]的教授5人、讲师、助教各2人组成的专职队伍。完备的师资队伍保证了水利工程系的教学。

这一时期在水利工程系先后任教的教师有徐芝纶、张有龄、严恺、刘光文、谢家泽、吴永镇、詹道江、王承树、黄文鍠。

该系部分教授前面已有介绍，根据掌握的资料，其他教授情况如下：

徐芝纶（1911—1999），江苏江都县人。历任浙江大学、中央大学、中央工业学校教授。1946年任交通大学教授、水利工程系系主任，大同大学、大厦大学、之江大学教授。1952年后，历任华东水利学院教授、教务长、副院长。著有的《工程力学教程》《理论力学》《弹性理论》被国内高校广泛采用。1980年当选为中国科学院学部委员。

水利工程系主任徐芝纶

① 《交通大学民三七级纪念刊》1948年6月。

表 8－15 水利工程系学生 1946—1950 年课程表

学号______ 姓名______ 性别______ 入校年岁______ 籍贯______省______县______市　　　　学院 工 学系 水利工程 副系 设计组

第一学年(民国 年至 年)一年级					
学程号码	学程名称	第一学期		第二学期	
		学分	成绩	学分	成绩
	国文	2		2	
	英文	2		2	
	三民主义	0		0	
	普通体育	0		0	
	物理讲授			4	
	物理试验	1		1	
	化学讲授	3		3	
	化学试验	1			
	投影几何	1		1	
	机械画	1		1	
	物理(一上)讲授			4	
总计		11		18	
平均成绩	学期				
	学年				
操行成绩					
学分累计		16		20	
附注：					

第二学年(民国 年至 年)二年级					
学程号码	学程名称	第一学期		第二学期	
		学分	成绩	学分	成绩
	物理讲授	3		3	
	物理试验	1		1	
	平面测量讲授	2		2	
	平面测量实习	2		2	
	地质学	3			
	机构学	2			
	微积分	4		4	
	最小二乘方			2	
	热机学			3	
	经济学			2	
总计		17		19	
平均成绩	学期				
	学年				
操行成绩					
学分累计		45		64	
附注：					

第三学年(民国 年至 年)三年级					
学程号码	学程名称	第一学期		第二学期	
		学分	成绩	学分	成绩
	路线测量讲授	3			
	路线测量实习	1			
	应用天文	2			
	电工学	3		3	
	应用力学	5			
	微分方程	3			
	水力学	4			
	大地测量			2	
	大地测量实习			1	
	高等水力学			3	
	电机试验			1	
	水文学			3	
	材料力学			5	
	应用数学分析			3	
总计		21		21	
平均成绩	学期				
	学年				
操行成绩					
学分累计		85		106	
附注：					

第四学年(年至 年)四年级					
学程号码	学程名称	第一学期		第二学期	
		学分	成绩	学分	成绩
	运河工程	3			
	海港工程	3			
	闸工学	3			
	水力工学	3			
	结构学	3		3	
	水力工程	1			
	钢筋混凝土	3			
	工程材料	2			
	政治课程	2		3	
	水工试验			1.5	
	水工结构设计			3	
	农田水利工程			4	
	钢骨混凝土设计			3	
	基础工程			3	
总计		23		20.5	
平均成绩	学期				
	学年				
操行成绩					
学分累计		129		149.5	
毕业总平均					
附注：					

严恺(1912—2006),福建闽侯人。1933年毕业于交通大学唐山工学院。1938年获荷兰德尔夫特科技大学土木工程师学位。回国后,先后任云南农田水利贷款委员会工程师,黄河水利委员会技正,河南大学水利系教授、系主任,中央大学、交通大学教授,上海市公用局总工程师。1949年后,任塘沽港建委会委员,华东水利学院(后河海大学)建院委员会副主任、副院长、院长、名誉校长,南京水利科学院名誉院长,中国水利学会、海洋学会名誉理事长等职。1955年当选为中国科学院学部委员,1995年当选为中国工程院院士。

谢家泽(1911—1993),湖南新邵县人。1934年毕业于清华大学,1938年获德国柏林工科大学凭证工程师学位。1940年回国后,先后任中央大学、交通大学教授。1949年后,历任交通大学、南京大学教授,水利部水文局局长,水利水电科学研究院副院长,中国水利学会第三届副理事长,全国第二至第七届政协委员等职。

3. 学生

1946年该系成立,当年录取34人。至1949年4月,全系在校学生66人,无毕业生。

1949年2月,在系主任徐芝纶的关心和指导下,该系成立了"水利工程学会",推进学生课外活动。

三、管理学院

1946年,交大恢复管理学院,下属的系科除已有的运输管理系、财务管理系外,1945年应交通部电信总局需求,新设的电讯管理系更名为电信工程管理系;而战前原属管理学院的实业管理系,则与渝校的工业管理系合并改属工学院。1947年学校将原航海专修科改为航业管理系,划归管理学院。1948年学院又应电信总局的委托,增办了电信管理专修科。

恢复后的管理学院由钟伟成任院长。《交大周刊》第三期,赤水在《管理学院人才济济》一文中写道:"管理学院自钟院长重长院务以来,积极改进,并延揽管理专家担任教授,本学期新聘教授计有陈树曦(授铁路号志应用),张家谦(经济学人事管理),铁景远(公路运输安全),朱啸谷(国际贸易),程开骝、陈锡(铁路理财),王雅文(公路工程与汽车结构)等多位。"周刊第四期上,学生以《钟院长长院以来的管理学院》为题,盛赞"院务发展,一日千里,同学出路,供不应求"。更重要的是钟院长在学校里倡导新思想、新观念。在钟院长的倡导下,管理学院的教授活跃在学校的各类学术活动中,并时有抨击时弊,支持爱国的言行。1947年护校斗争后,钟院长被迫辞职,管理学院院长一职,先后由程孝刚校长和王之卓校长兼任,具体院务由郁仁充教授协助处理。

在教育宗旨上,管理学院明确为"研究各种管理学术,培养各种管理专才,以适应国家经济建设的需要",[①]较抗战前的"本院为造就各项管理人才而设"有较大发展。

学院的教学方针是:"对于国文、英文、数学、经济学、会计等基本课目,则采取积极灌输与严格训练方法,着重于教员方面之详细解释与严密督促,以明达熟练为目的,对于专门课目则采取指导研究,启发讨论之办法,以专精切实为目的。"[②]

管理学院的实习主要靠社会参观与到工厂、企业实习。"然本院教授和学生并不以此而减笃学勤研之精神,各系课程皆景经研究改进,内容丰富,一切实用"。[③] 全院课程安排主要分为五大类:各系专门课程、社会科学基本课程、治学必需基本课程(国文、外文)、有关的工程课程、近代科学管理课程。

表 8 - 16 是 1946—1948 年交大管理学院毕业生人数统计。

表 8 - 16 1946—1948 年交通大学管理学院毕业生统计表

届别 \ 人数 \ 系别	运输管理	财务管理	电信管理	航业管理
1946	12(铁道管理)	13	0	0
1947	40	40	0	4(专)
1948	67	65	12(专)	26(专)

(一) 运输管理系

1. 课程设置

在创办重庆交大时,学校将铁路、航空、水运及公路的管理皆包涵在该系内,称运输管理系。战后,沪校铁道管理系并入该系。

该系课程设置的原则是:"以有关运输管理与实务之专门学术为对象,分别为铁路、公路、水运及民运、航空四大部分,而仍以铁路管理之研究为重心,再以铁路管理学术之原理而引伸、增益。"[④]

运输管理系在战前有车务实验室、会计统计实验室、电报实验室等。战后,这些实验室恢复缓慢,学生寒暑假大部前往各铁路局、轮船公司、航空公司实习。

---

① 上交档:文书档案 543 - 5 - 49。

② 《交通大学校史资料选编》第 2 卷,第 511 页。

③ 《交通大学校史资料选编》第 2 卷,第 576 页。

④ 《交通大学校史资料选编》第 2 卷,第 550 页。

课程按基本课目、专门基本课目、专门课目、选修课目四大类编制。第一类有国文、英文、数学、经济学、会计学、统计学、组织学等；第二类有铁路、公路、水道、航空各种运输原理；第三类有运输的客货业务、运价管理、行车管理、终点及车场管理，机场及航路管理、公路管理、港埠管理、远洋船舶管理、铁路理财及会计等；第四类有劳工问题、人事管理、材料管理、总务管理、及各类商业经济课目。该系于三四年级再分铁路、公路、航空、水道四门。

表8-17是运输管理学生1945—1949年课程表，它基本反映该系的课程设置。

2. 教师

复员后，运输管理系系主任为黄宗瑜教授。在钟伟成院长和系主任的积极活动下，该系正式聘有的12位正副教授之外，还聘请了约16位兼职教授，大大地充实了该系的师资力量。

这一时期在运输管理系先后任教的教师有黄宗瑜、周仁、张震、郁仁充、严砺平、周凤图、张宗谦、龚清浩、钟伟成、沈奏廷、王同文、曾世荣、徐宗蔚、朱啸谷、陈树曦、陈锡、钱景渊、刘之光、冯建维、朱曾杰、吴乙甲、潘家振、郑惠祥、梁在平、肖立坤、周健民、王思立、顾家骥、褚保聪、王文瀚、李竹、杨媞姝、陈鸿荃、赵伯豪、张新康、周谨、陈湖、孙启霞。其中，教授26人，副教授5人，助教8人。

部分教授前面已有介绍，根据所掌握材料，其他教授情况如下：

黄宗瑜，1915年生，字伯鲁，江西南昌人。交大铁路管理学士，毕业后前往美国实习研究铁路运输管理。回国后，先后任交通大学助教、讲师，暨南大学讲师，广西大学兼任教授，京沪杭甬铁路研究所专员，浙赣铁路理事会营运处长，交通大学教授兼运输管理系主任等职。

周仁(1910—1966)，字力行，浙江萧山人。1936年交大财务管理系毕业，1939年留学美国西北大学，获工商管理硕士。回国后，先后任重庆民生公司会计处专员、重庆上海三北公司会计主任。曾任大华大学、交通大学、上海财经学校教授。

运输管理系主任
黄宗瑜

表 8－17 运输管理系学生 1945—1949 年课程表

学号＿＿＿姓名＿＿＿性别＿＿＿入校年岁＿＿＿籍贯＿＿＿省＿＿＿县＿＿＿市 学院 管理 学系 运输管理系 副系＿＿＿

第一学年(民国 年至 年)一年级		第一学期		第二学期	
学程号码	学程名称	学分	成绩	学分	成绩
	国文	2		3	
	英文	3		3	
	会计学	3		3	
	经济学	3		3	
	大学数学	3		3	
	物理讲授	2		2	
	物理试验	1		1	
	运输大意	2		2	
	经济地理	2		2	
	运输原理			2	
	中国历史	0		0	
	中国地理	0		0	
	总理遗训	0		0	
	总裁言论	0		0	
	军训学科	0		0	
	抗战史料	0		0	
总计		21		24	
平均成绩					
操行成绩					
学分累计					
附注：					

第二学年(民国 年至 年)二年级		第一学期		第二学期	
学程号码	学程名称	学分	成绩	学分	成绩
	国文	2		2	
	英文	2		2	
	交通史	2			
	社会学	2			
	航空运输	2		2	
	铁道组织	2			
	理财数学	2			
	高等会计	3		3	
	货币银行	2		2	
	企业组织	2		2	
	铁道工程	2			
	心理学				
	客运			2	
	货运			3	
	机车结构			2	
总计		23		20	
平均成绩					
操行成绩					
学分累计		66		86	
附注：					

第三学年(民国 年至 年)三年级		第一学期		第二学期	
学程号码	学程名称	学分	成绩	学分	成绩
	水道运输	2		2	
	货仓及运输	2		2	
	车辆支配	2			
	铁道行车	2		2	
	铁道车场及管理	2		2	
	货运	2			
	实业管理				
	人事管理	2			
	铁道财政	2			
	成本会计	2		2	
	统计学	3		3	
	汽车工程				
	海洋保险	2		2	
	劳动问题			2	
	码头管理			2	
	船舶管理			2	
总计		23		21	
平均成绩					
操行成绩					
学分累计		109		130	
附注：					

第四学年(年至 年)四年级		第一学期		第二学期	
学程号码	学程名称	学分	成绩	学分	成绩
	论文研究				
	专题讨论	2		2	
	初级日文				
	运输讲座	2		2	
	公路运输	2		2	
	铁路运转经济	2		2	
	公路行车及管制				
	铁道会计	2		2	
	铁道号志	2			
	材料管理及采购	2		2	
	三民主义	0			
	体育	0		0	
	铁路统计			2	
	机场管理				
总计		14		14	
平均成绩					
操行成绩					
学分累计		144		158	
毕业总平均					
附注：					

张震(1916—2008),浙江海宁人。1939 年毕业于交大管理学院,1945 年获美国宾夕法尼亚大学运输经济学博士学位。回国后任交通大学教授。1949 年后,历任北京交通大学副教务长,西安交通大学教授,上海交通大学工业管理工程系主任,运输研究所所长,国务院学位委员会第一届学科评议组成员。

龚清浩(1909—2001),上海崇明人。1930 年毕业于交大管理学院,1935 年获美国伊利诺大学会计硕士,1937 年获西北大学工商管理硕士。曾任美国芝加哥赫勃罗会计师事务所助理。回国后,先后任上海东吴、复旦、光华、沪江大学、交通大学教授,上海财经学校教授兼会计统计系主任,中国会计学会副会长。主编有《会计辞典》等。

周凤图,留美博士,长期任职招商局,主持联运业务。抗战时任交通部航政司帮办。1946 年受聘任交通大学教授。著有《水路联运辑要》等。

3. 学生

运输管理系为管理学院中的大系,学生较多。1947 年 4 月,全系在校学生 287 人,其中一年级 78 人、二年级 78 人、三年级 68 人、四年级 63 人;当年新录取学生 55 人。

全系学生均为运输学会会员,与中国运输工程学会交大分会协作,成为校园内最活跃的学术团体之一。

(二) 财务管理系

1. 课程设置

抗战胜利后,财务管理系的培养目标明确为"造就国家财政及企业管理的专门财务人才",[①]较之战时财务管理系"性质上又多少是以铁道财务为主"[②]有较大发展。在新的培养目标下,课程的厘订"以理论与实务并重为准则"。在具体教学上,系主任杨荫溥提出要让学生"在勤习专门知识的时候,不要忽略了技能的训练",[③]为此要求学生在勤习应修课程外,又定下"五项最低的目标,那就是每个人要具备:'①能自由表达的国文程度,②能随意阅读的英文程度,③有熟练的技能,如书法、珠算、打字、记账技能等。同学们对于这些小节一并未丝毫疏忽,直到三年级了还得朗读国文和英文,算盘珠滴笃地敲个不停;英文打字,大家也练习得很勤'"。[④]

1947 年,学校对该系的培养目标提出了更高的要求,希望培养的学生不仅是"从事于生产银行、事业之活动,而应多从事于政治经济范围之活动"。[⑤] 由此,系里加强了会计、经济原

① 林霖《蜕变中的财务管理系》。《交大周刊》第 7 期,1947 年 5 月 31 日。

② 林霖《蜕变中的财务管理系》。《交大周刊》第 7 期,1947 年 5 月 31 日。

③ 林霖《蜕变中的财务管理系》。《交大周刊》第 7 期,1947 年 5 月 31 日。

④《交通大学民三七级纪念刊》1948 年 6 月。

⑤ 林霖:《蜕变中的财务管理系》,《交大周刊》第 7 期,1947 年 5 月 31 日。

理等主要课程的门类完备和内容充实。“对财务方面的专门课程,更不敢丝毫忽视。尤其是与财务管理最切的会计方面课程,门类完备、内容充实,以及加强经济原理方面各课程。”[①]

财务管理系课程设置包括经济类:初级经济学、高级经济问题、经济思想史等;会计类:初级会计学、高等会计学、成本会计学、政府会计、铁道会计、会计制度、审计学等;财务类:财政学、货币银行、企业组织与管理、国际贸易、国际汇总等;统计类:调级统计、高级统计学等。

表 8-18 是财务管理系学生 1945—1949 年课程表,它基本反映了这一时期该系的课程设置。

2. 教师

抗战胜利前夕,校方聘中央银行副总裁刘攻芸博士兼系主任,杨荫溥代理公务。管理学院恢复后,杨荫溥任财务系主任。

复员初,财务系有教授 6 人,副教授 2 人,助教 5 人。之后,随着招生规模的扩大,经系主任努力,1948 年,财务系已形成一支拥有教授 13 人、兼职教授 4 人、副教授 3 人、讲师助教 9 人的师资队伍。

这一时期在财务系先后任教的教师有:杨荫溥、陈振铣、李炳华、龚清浩、方瑞典、安绍芸、蒋士麒、张宗谦、周仁、陈清华、余良、李黄孝贞、刘絜敖、程开骝、陈绍元、桂世祚、郑益惠、邹宗伊、徐松麟、王文瀚、汪旭庄、陈启运、胡審微、苏挺、梅汝和、李碧英、黄连荫、吴彧、章文瑾、李竹。

财务管理系主任
杨荫溥

该系部分教授前面已有介绍,根据所掌握材料,其他教授情况如下:

杨荫溥(1898—1966),江苏无锡人。1920 年清华大学毕业,1923 年获美国芝加哥西北大学商学院硕士学位。回国后,先后任中央大学商学院教授、代院长,交通大学教授、财务管理系主任。1949 年后,历任交通大学教授,上海财经学院教授兼财政金融系主任等职。著有《中国金融论》《中国交易所论》《民国财政史》等。

---

① 林霖:《蜕变中的财务管理系》。《交大周刊》第 7 期,1947 年 5 月 31 日。

表 8－18　财务管理系学生 1945—1949 年课程表

学号______姓名______性别______入校年岁______籍贯______省______县______市______　　学院__管理__学系__财务管理__副系______

第一学年(民国　年至　年)一年级					
学程号码	学程名称	第一学期 学分	第一学期 成绩	第二学期 学分	第二学期 成绩
	国文	2		3	
	英文	3		3	
	会计学	3		3	
	经济学	3		3	
	大学数学	3		3	
	理财数学	2		2	
	经济地理	2		2	
	运输大意	2			
	运输原理			2	
	物理讲座				
	心理学				
	中国历史	0		0	
	中国地理	0			
	总理遗训	0		0	
	总裁言论	0		0	
	军训学科	0		0	
	抗战史料			0	
	经济原理				
总　计		20		21	
平均成绩	学期				
	学年				
操行成绩					
学分累计		21			
附注：					

第二学年(民国　年至　年)二年级					
学程号码	学程名称	第一学期 学分	第一学期 成绩	第二学期 学分	第二学期 成绩
	国二文	2		2	
	英二文	2		2	
	高等会计	3		3	
	统计学	3		3	
	财政学	3		3	
	货币银行	3		3	
	企业组织	2			
	商法	2		2	
	铁道管理			2	
	公司理财			2	
总　计		20		22	
平均成绩	学期				
	学年				
操行成绩					
学分累计		61		83	
附注：					

第三学年(民国　年至　年)三年级					
学程号码	学程名称	第一学期 学分	第一学期 成绩	第二学期 学分	第二学期 成绩
	公文程式	1			
	成本会计	3		3	
	高等经济	3		3	
	高等统计	3		3	
	财务报告析论	2			
	保险学	2		2	
	中国金融论	2			
	银行实务	2			
	国际贸易	3			
	珠算	1		1	
	银行会计			2	
	国际汇兑			2	
	总务管理			2	
	投资学			2	
总　计		22		20	
平均成绩	学期				
	学年				
操行成绩					
学分累计		105		125	
附注：					

第四学年(　　年至　年)四年级					
学程号码	学程名称	第一学期 学分	第一学期 成绩	第二学期 学分	第二学期 成绩
	论文				
	商用英文	2			
	经济思想史	3		3	
	人事管理				
	铁道理财	2			
	铁道会计	3		3	
	政府会计	2			
	会计问题	3			
	审计学	2		2	
	预算学	2			
	商业政策	2		2	
	银行制度	2			
	赋税论				
	三民主义	0			
	体育	0			
	打字			0	
	会计制度			2	
	计划经济			2	
	劳工问题				
总　计		23		14	
平均成绩	学期				
	学年				
操行成绩					
学分累计		148		162	
毕业总平均					
附注：					

蒋士麒(1903—1997),字嘉禾,上海市人。交通大学铁路管理科毕业。留校后,历任交通大学助教、讲师、副教授、教授。曾先后兼任光华大学、之江大学、震旦大学教授等职。

方瑞典,1909年生,安徽歙县人。巴黎政法大学毕业,巴黎大学政治学博士,法国岗城大学法学博士。回国后,先后任四川大学政治系教授、重庆大学教授兼训导长、重庆图书馆杂志署处长、交通大学教授等职。

刘絜敖(1908—1995),四川大邑人。1935年毕业于德国柏林大学经济系。回国后,先后任暨南大学、复旦大学、光华大学、交通大学教授,中央农民银行副经理,重庆、上海汇通银行经理。1949年后,历任交通大学、复旦大学、上海财经学院教授,著有《国外货币金融学说》等。

3. 学生

战后,财务系招生逐年扩大。1947年4月,全系在校学生236人,其中一年级63人、二年级64人、三年级68人、四年级41人。当年新录取学生55人。

该系学生的财政学会交大分会由各级代表组织而成,是各项课外活动的中心。分会在王思立教授指导下,编制的"上海市民生活费用指数表",影响较大。

(三) 电信管理系

1. 课程设置

1945年,应交通部电信总局要求,交大创办电信管理系,培养目标为"专门培养能充分掌握工程技术业务知识及管理科学的电信技术与管理人才"[①],"以期技术与行政,兼顾并重。不致使熟练技术者,对于行政,漠然无知,一旦充任主管,常有不能应付裕如之感"[②]。

电信管理以科学管理科目及国文、英文、经济学、会计学等基本科目为必修课,并配之以电话、电报技术及业务等课程,务使学生读毕四年学程后,对于电信管理能够"应付裕如"。

表8-19是电信管理系学生1945—1949年的课程表,它基本反映出这一时期该系的课程设置。

① 上交档:文书档案508-3-169。

② 《交大周刊》第3期,1947年4月22日。

表 8－19 电信管理系学生 1945—1949 年课程表

学号______ 姓名______ 性别______ 入校年岁______ 籍贯______省______县______市 学院 管理 学系 电信管理 副系______

第一学年(民国 年至 年)一年级		第一学期		第二学期	
学程号码	学程名称	学分	成绩	学分	成绩
	国文	2		2	
	英文				
	微积分	5		5	
	物理讲授	4		4	
	化学讲授	3		3	
	投影几何	1		1	
	机械画	1		1	
	三民主义	0		0	
	普通体育	0		0	
总计		16		16	
平均成绩	学期				
	学年				
操行成绩					
学分累计		5		18	
附注：					

第二学年(民国 年至 年)二年级		第一学期		第二学期	
学程号码	学程名称	学分	成绩	学分	成绩
	法学通论	2			
	微分方程	3			
	物理试验	1		1	
	电磁学	3			
	会计学	3		3	
	经济学	3			
	电力工程	3			
	电工学	3		3	
	电信大意	1		1	
	国文	2		2	
	微积分	4			
	声学光学			3	
	理财数学			2	
	货币银行			3	
	商业组织与理财			2	
	内燃机			2	
	物理	3			
	大一英文			2	
总计		31		24	
平均成绩	学期				
	学年				
操行成绩					
学分累计		49		73	
附注：					

第三学年(民国 年至 年)三年级		第一学期		第二学期	
学程号码	学程名称	学分	成绩	学分	成绩
	人事管理	2			
	高等会计	3			
	统计学	3		3	
	直流电机试验	1			
	蓄电池	1			
	电讯传输	2			
	电报学	3			
	线路工程	2			
	工商管理	2			
	中外电讯史	1			
	英文	2		2	
	大一英文	2			
	成本会计			3	
	电码收发			1	
	交流电机试验			1	
	电话学			3	
	无线电工程			3	
	材料管理			2	
	商法			1	
	交流电路			3	
总计		24		22	
平均成绩	学期				
	学年				
操行成绩					
学分累计		95		117	
附注：					

第四学年(民国 年至 年)四年级		第一学期		第二学期	
学程号码	学程名称	学分	成绩	学分	成绩
	论文				
	公用事业经济	2			
	国际电讯公约与业务规则	3			
	电讯会计	2			
	中外电讯概况及制度	2			
	专题讨论			1	
	电话学	2			
	无线电工程	4		4	
	无线电试验	1		1	
	财务报告分析			2	
	国内电信法规			3	
	电信业务处理			3	
	电话实验			1	
	载波电话			3	
	订价原理			2	
	电信讲座			1	
	电信传输			3	
总计		16		24	
平均成绩	学期				
	学年				
操行成绩					
学分累计		134		158	
毕业总平均					
附注：					

2. 教师

这一时期,电信管理系系主任一直由郁秉坚教授兼任。郁同时任上海电信局局长职。

电信管理系的专职教师较少,仅教授 1 人,兼职教授 1 人,助教 1 人。之后,教授与助教各增加 1 位。该系许多电信管理专业课程聘请校外专家讲授。

在电信管理系先后任教的教师有郁秉坚、吴兴吾、杨叔艺、余存竹、陈以鸿。

郁秉坚(1901—1983),江苏无锡人。1924 年毕业于本校电机工程科。1927 年获美国耶鲁大学电工学硕士,并在威斯汀豪斯电机厂、美国利物浦自动电话制造厂、德国西门子电机电信厂工程实习。回国后,历任交通大学、中央大学、暨南大学、浙江大学讲师、教授、教务长、院长。1933 年至抗战任上海电信局总工程师、局长。抗战胜利后继任局长,兼任交通大学教授、电信管理系主任。1949 年后,任上海市人民政府电信局局长。著有《电信大意》《自动电话》《自动电话的技术设计举例》《公共车辆之比较观》等。

3. 学生

1947 年 7 月,全系学生 84 人,其中一年级 28 人、二年级 30 人、三年级 26 人。

1948 年 6 月,电信管理系学生成立电管系会。它成为电管同学的课外之家。[①]

(四) 航业管理系

1. 课程设置

1947 年 5 月,学校将航海专修科扩建为航业管理系,并明确学生培养目标为"造就有志于海事之青年而培养航业全能之人才"。[②]

航业管理系学制四年,包括一年实习。学生毕业的同时由交通部发甲种二副船员证书。一年级课程为基础科目,二年级以各年级课程分为航海技术与航业管理两方面。技术方面的课程按照原航海科课程,如航海术、航海天文、船艺、海图、罗经、水道测量等;管理方面的课程有海洋运输原理、航业业务管理、远洋船舶管理、港务管理、码头管理及船舶运卸、仓库经营、码头劳工、船舶经纪及佣租契约、海洋保险、比较海商法、航业会计、经济学、航运政策等。设置这些课程,目的是为学生毕业后上船可任高级职员,入公司可管理各项业务,担负起航海业重任。

表 8 - 20 是该系学生的课程表。它基本能反映这时段该系课程的设置。

---

① 《电管之家》。《交大周刊》第 23 期,1948 年 5 月 14 日。

② 上交档:文书档案 508 - 3 - 169。

表 8－20 航业管理系学生 1945—1949 年课程表

学号______ 姓名______ 性别______ 入校年岁______ 籍贯______ 省______ 县______ 市　　　　学院 管理 学系 航业管理 学 副系______

第一学年(民国　年至　年)一年级					
学程号码	学程名称	第一学期		第二学期	
		学分	成绩	学分	成绩
	国文	2		2	
	英文	2		2	
	三民主义	0		0	
	体育	0		0	
	微积分	2		3	
	物理	3		3	
	化学	2			
	运输学	2		2	
	船艺大意	1		2	
	投影几何	1			
	机械画	1		1	
	弧三角	2		2	
	航海术	2		2	
	信号	1		1	
	应用力学			2	
总　计		21		22	
平均成绩	学期				
	学年				
操行成绩					
学分累计		21		43	
附注：					

第二学年(民国　年至　年)二年级					
学程号码	学程名称	第一学期		第二学期	
		学分	成绩	学分	成绩
	国文	2		2	
	英文	2		2	
	气象学	2		2	
	海图	2		2	
	水道运输	1		1	
	会计学	3			
	电工原理	2		2	
	造船大意	1		1	
	帆缆	1		1	
	船艺大意	2		2	
	航海天文	2		2	
	引港	3		3	
	水道测量	2		2	
	操艇	1		1	
	轮机见习			1	
	航业会计			2	
总　计		26		26	
平均成绩	学期				
	学年				
操行成绩					
学分累计		69		95	
附注：					

第三学年(　　年至　年)三年级					
学程号码	学程名称	第一学期		第二学期	
		学分	成绩	学分	成绩
	航海天文	2		2	
	码头管理	2			
	无线电学	2		2	
	轮机大意	1		1	
	船艺	3		3	
	航海天文	2		3	
	磁罗经	2		2	
	海商法	1		1	
	海上保险	1			
	天象测算			1	
	电罗经	2		2	
	实用航海术			2	
	轮船见习	1		1	
	铁道运输原理	2			
	操艇	1		1	
总　计		22		21	
平均成绩	学期				
	学年				
操行成绩					
学分累计		117		138	
附注：					

第四学年(　　)四年级					
学程号码	学程名称	第一学期		第二学期	
		学分	成绩	学分	成绩
	论文				
	人事管理	2			
	船政法规	2			
	港务管理	2			
	国际法	1			
	经济学	3		3	
	统计学	2		2	
	企业组织	2		2	
	船舶保险			2	
	国际贸易			2	
	航业业务管理			2	
	船员职务			1	
	劳动问题			2	
总　计		14		16	
平均成绩	学期				
	学年				
操行成绩					
学分累计		152		168	
毕业总平均					

2. 教师

航业管理系扩建创立后,黄慕宗教授任系主任。

该系成立初,有教授3人,助教2人,之后增加了教授和助教各1人。

这一时期在航业管理系先后任教的教师有黄慕宗、盛建勳、郭懋耒、陈嘉震,周旭曦、舒瑞蓉、郭洽铿。

黄慕宗(1894—1985),江苏崇明(今属上海市)人。1916年复旦公学毕业,1926年毕业于美国万国函授学校远洋航海科。曾任上海招商局江华轮船长,后任船务处处长。1947年任上海航政局局长、交通大学航业管理系主任。1949年后,历任上海招商局副总经理、交通部教育司工程师、上海海运局顾问。1950年曾到香港负责接管十三艘起义船舶。

盛建勳,1894年生,江苏南通人。海军军官学校毕业。先后任海军舰队军官、舰长、司令部参谋、海军学校教官,重庆商学校和交通大学教授等职。

郭懋耒,1912年生,福建闽侯人。英国格林基海军大学毕业。先后任英国海军驱逐舰二副、炮舰舰长、商船学校教授。回国后,先后任中国海军某舰大副、副舰长,交通大学教授等职。

3. 学生

1947年,航业管理系在校学生不足百人,包括三年级及一年级各一个班(二年级已归并吴淞商船学校,四年级因1943年停招,故无学生)。1944年招生的40人,途中有10多人赴美受训,至1948年毕业26人。1948年招新生30人。

本系学生以航海机械学会为主,协同运输学会,开展学生课外活动。

四、电信研究所

1. 课程设置

复员后,根据建国急需和科技发展,电信研究所在课程设置上新增电视学、超短波、天线与波导、近代物理及实验、真空技术及实验等。1947年张钟俊撰文介绍:研究所学生两年中,除论文、专题讨论外,必修课7门,共27学分;选修课5门,共12学分。必修课有:电视学、高等电信实验、电信网络、高等电工学、超短波、电磁波、无线与波导。选修课有:磁波器设计、电磁测定、近代物理及实验、载波电话、真空技术及实验。1946届校友陈太一院士谈到研究所的课程设置时说:“对研究生的课程设置,充分体现了基础好和知识面宽两方面的要求,这从现在看仍然是先进的。如数学就开了三门课,由郑曾同、郑太朴教授和另一位姓张的老教授主讲，物理还要读 Max Born 的近代物理。电磁理论也开了三门课，先后由黄席棠、朱兰成、徐璋奉教授讲课。所用的教材都是外国原版，以美国麻省理工学院的居多，紧跟当时国际电信发展的潮流。”[①]

2. 设备、图书

复员后，电信研究所教师通过校友和交通部获得大量设备，扩展了学科，带动了近代物理及实验等相应学科，并新建了实验室。

电信研究所所址在哲生馆三楼的东半部。新建的超短波试验室及电子工程试验室分别由朱物华及沈尚贤教授主持。超短波实验室，除一般实验外，特别注重雷达的研究，大部分设备都是由各方捐借而来，如雷达研究必须完成的天线系由新安电机制造厂代为制造。电子工程实验室注重研究真空状态下电子性质及应用。该室附有煤气设备，以便研究生练习吹玻璃的技术及真空管试制。1949 年实验室与华德灯泡厂洽商捐助真空设备，以求充实设施。此项研究为之后上海电子真空管研制成功做出了贡献。

图书室位于哲生馆二楼，是与中国电机工程学会上海分会合作设立的。由学校委派管理员一人，学会提供一部分图书及家具等。图书室已订有电信杂志 20 余种、最新出版的有关电信书籍 100 余册。

3. 教师

抗战胜利复员后，电信研究所所长一职仍然由张钟俊担任。研究所先后聘请的教授，有裘维裕、朱物华、沈尚贤、周同庆、陈季丹、郑太朴、史钟奇、黄席棠、陈秋平、徐璋奉、任朗、蔡金涛，以及校外专家，形成一支较强的师资队伍。教师中，张钟俊、朱物华、周同庆、蔡金涛，先后当选为中国科学院、中国工程院院士。

4. 学生

抗战胜利后，根据社会急需，1946 年研究所克服困难，招生学员 10 名，1947 年招 2 名，1948 年招 6 名。至 1949 年 9 月，研究所招生研究生四届，毕业生达 16 名。

电信研究所在这其间毕业的学生，“按教育部授给工程硕士学位者，迄今不过三十名，本校以电信一项，在短短四年中造就人材，竟占全国之半数，效率之高，于此可见”。[②]学生说：

> 迄今本校口试及格之论文，均能在教育部学术评议会通过，授予硕士学位。可

① 《上海交通大学校友院士风采录》第二卷，第 250 页。

② 《交通大学民三七级毕业同学纪念刊》，1948 年 6 月。

见本校研究设备虽极端缺乏，然以指导教授之努力，研究生之苦干，也能产生创作性之论文者，在电信学上占得一席地位。是因交通部电信总局或其他机关，对于该所毕业生均乐于任用，其叙级与国外研究院毕业生者相同。[①]

学生中，夏培肃是中国计算机科学技术的奠基人之一；陈太一是通讯系统专家，曾任南京通信工程学院副院长；陈敬熊是电磁场与微波技术专家，最先提出 Maxwell 方程的直接求解法，解决了地空导弹的关键技术。他们先后当选为中国科学院院士和中国工程院院士。

表 8-21 1946—1948 年电信研究所毕业生统计表

年份	毕业生人数	年份	毕业生人数
1946	6	1947	8
1948	2		

五、专修科

复员初，学校曾有三个专修科，其中两个是接办重庆商船专科学校后形成的轮机专修科和航海专修科，另外一个是 1945 年秋由电信总局委托本校创办的电信专修科。1947 年 5 月，学校护校成功，轮机与航海两专修科分别扩充为轮机工程系与航业管理系。这样专修科只留下电信专修科。

(一) 电信专修科

电信专修科成立于 1945 年，是受电信总局之委托而创办的，学制两年，“其目的在培植电信工程界之中级干部，以应建国期间之急需”。[②] 所以在课程设置上，配合电信业务机关的需要，学校会同电信总局上海电信局、国际电台共同商定。其内容侧重理论与实际并重，学科力求精要实用，要求学生对电信、通讯方面与有关各项学识，无所不窥，所以课程、实习甚为繁重，暑假必须到各大电信局、公司、工厂实习。

电信专修科的设备除工厂实习与工学院其他各系相同外，另有电信机械实验室，内分电话(包括长途)、电报、无线电各部分，又有电信线路实验室，内分电缆、明线，及电线测试各部分。所有器材，一部分借自电机系，大部分向电信总局借用，或由捐赠得来。但是为加强学

---

① 《复员后的电信研究所概况》。《交通大学校史资料选编》第 2 卷，第 503 页。

② 陈湖:《电信专修科复员建设概况》。《交大电机》1947 年。

生的自修能力，课程设置中，对基础课程，英文、数学、物理等安排了较多课时。电信专修科许多课程由电机系教员开设。

表8－22为电信专修科学生1945—1948年的课程表，基本可反映课程设置。

战后，电信专修科主任由电机工程系教授陈湖担任。

电信专修科有教授陈湖（主任）、汪世襄；副教授周祖同、王天一。

陈湖1912生，1935年毕业于交通大学机械系。留学德国柏林高等工业大学，在西门子电机厂实习。回国后曾任湖南大学电机系教授、代理系主任，交大教授、电信专修科主任。1949年后，曾负责兰州石油机械厂、通用机械厂、金州重型机械厂及铁道部403厂的设计工作。历任中国机械科技情报研究所高级工程师、中国机械工程学会机械设计专业顾问、中国包装技术协会理事、中国食品机械专业协会副会长。

电信工程专科共招有三个班，第一班于重庆招生15人，第二班于1946年复员后在上海招生26人。1947、1948年两班的学生相继毕业。第三班于1947年招生40人。

（二）电信管理专修科、电信技术专修科

1948年初，交通部电信总局为造就电信管理及电信技术专门人才，特建议学校设置电信管理和电信技术两个专修科。

根据电信总局要求，学校决定以电信专修科为基础，分别创建了电信技术专修科和电信管理专修科。电信技术专修科以培养电信技术专门人才为主，后又更名为电信工程专修科，仍归工学院管理，陈湖任主任；电信管理专修科以培养电信管理人才为主，归管理学院领导。

1948年1月，电信技术专修科、电信管理专修科成立的当月开始招生，招生工作仍由电信技术专修科主任陈湖办理。由电信总局所属各局、台推荐申请入学人员，学校出试题寄往各地设分考区进行考试。参加考试者约210人。考试课目为国文、英文、数学、物理。

1948年2月底，录取工作结束。电信技术专修科和电信管理专修科首届各录取新生40人。

六、国文科、英文科、体育组

抗战时期，沪校还建有中国文学系和外国文学系。渝校因新建，基础课教学由学校统管，未建立独立的教学科。抗战胜利后，因国民党政府对沪校作“伪学校”处理，使许多沪校

表 8-22 电信专修科学生 1945—1948 年课程表

学号______ 姓名______ 性别______ 入校年岁______ 籍贯______ 省______ 县______ 市______ 学院 工 学系电信专修科学 副系______

第一学年(民国　年至　年)一年级

学程号码	学程名称	第一学期 学分	第一学期 成绩	第二学期 学分	第二学期 成绩
	国文	2		2	
	英文	2		2	
	微积分	5		5	
	物理讲授	4		4	
	物理试验	1		1	
	机械画	1			
	化学讲授	3		3	
	投影几何	1		1	
	三民主义	0		0	
	普通体育	0		0	
总计		19		18	
平均成绩	学期				
	学年				
操行成绩					
学分累计		19		37	
附注：					

第二学年(民国　年至　年)二年级

学程号码	学程名称	第一学期 学分	第一学期 成绩	第二学期 学分	第二学期 成绩
	国文	2			
	英文	2			
	内燃机	3			
	内燃机实习			1	
	电机学	3			
	电工原理	4		4	
	电机试验	2		1.5	
	电话电报实习	2		1.5	
	电讯工程概要	2		2	
	无线电			3	
	无线电收发	1		1.5	
	材料管理			2	
	电话学			4	
	电报学	2			
	自动电话			2	
	电讯传输			2	
总计		23		24.5	
平均成绩	学期				
	学年				
操行成绩					
学分累计		60		84.5	
附注：					

第三学年(民国　年至　年)三年级

学程号码	学程名称	第一学期 学分	第一学期 成绩	第二学期 学分	第二学期 成绩
	电源供给	3			
	长途电话	4			
	无线电讲授	4			
	无线电实验	1			
	铸工实习	1			
	金工实习	1			
	电信机械装置与维护	3			
	电信制度行政与业务管理	2			
	电信机线装置修理实习	1			
总计		20			
平均成绩	学期				
	学年				
操行成绩					
学分累计		104.5			
附注：					

第四学年(　　)四年级

学程号码	学程名称	第一学期 学分	第一学期 成绩	第二学期 学分	第二学期 成绩
总计					
平均成绩	学期				
	学年				
操行成绩					
学分累计					
毕业总平均					

教师流失。复员后，为恢复和保持交大老传统，学校特地设立了国文科、英文科和体育组，归教务长直辖。

（一）国文科

国文教学是唐文治校长“文理相通”办学思想的特点，也是唐文治重视学生品格和人文素质教育的教育思想的特色。1925 年，凌鸿勋校长撰文指出“本校国文一科在昔注重精研，故能成绩斐然，为他校冠”。[①]

抗战胜利后，学校设立了国文科，主任为钱用和教授。

钱用和对交大国文课程的地位和教学特点有较深认识。针对抗战后学生国文根底普遍较浅的实际情况，国文科制定的课程的目标与标准是：培养看、读、写作的基本能力。

国文科通过自编《古文教材》，选讲中国文学史上重要作品，使学生了解国文的价值、体裁、作风及源流；兼授应用文，运用于实际生活；散文与韵文、论文与记叙文相间讲授，使知文章的变化，并增进欣赏国文的能力；介绍阅读作品，让学生产生研读国文的兴趣；练习各种体裁的写法，使学生思想有条理，词句能通顺。讲授的课文篇目“以经史为本，古今学术文学代表作为辅，盖欲融古今为一冶，务期于实用，亦犹唐先生体用兼备之旨舆”，[②]采用讲解与自习兼施、朗诵与默读并重的讲授方法。

由于中学国文程度下降，学生入学后，其他功课繁重，缺乏自习国文时间；再加上学生对于国文重要性认识不足，所以一年级每周 2 学时的教课时间，远远不够。有鉴于此，学校决定，逐步提高国文入学考试录取标准；制定《国文英文会考简则》6 条，规定一年级考生必须参加，[③]恢复老传统，每年举办国文会考和国语演讲比赛等，对程度差的学生，尽量给予补习机会；每周课时数从以前的 2 学时改为 3 学时。管理学院原一、二年级均有国文课的传统继续保留；并聘请老校长唐文治于周日莅临学校演讲国学，“以求学生国学之得益，人格之感化”。[④]

在时局动荡之中，交大的校内国语演说竞赛仍举办了两届。1948 年 2 月第一届国语演说竞赛，康继琴获第一名。当时学校给予的奖励是，第一名于银杯刻名留校纪念外，前三名各发五十万、四十万、三十万书券一张及信封、信纸若干。1949 年第二届国语演说竞赛沈庆诚以《钱》为题获第一名。其间交大学生还参加了上海市大专院校演讲竞赛，1946 年工管系

---

① 霍有光：《唐文治与“学生格”》。《交大春秋》，西安交通大学出版社 1996 年，第 22 页。

② 王蘧常：《本校国文课程座谈》。《交大周刊》第 60 期，1949 年 4 月 8 日。

③《上海交通大学纪事(1896—2005)》上卷，第 404 页。

④ 钱用和：《国文教学》。《交大周刊》第 3 期。

张海威获冠军,1947 年张海威获第四,1949 年沈庆诚获亚军。

从以后的交大毕业生情况调查得悉,这一时期从交大走出的学生的文字能力用人单位仍给予了较高的评价。[①]

这一时期先后在国文科任教的教师有钱用和、张振镛、王蘧常、罗君惕、陈挺生、王元汉、郑绘天、钱国荣、舒衷正、朱学盈、朱帼铎。其中教授 4 人,副教授 2 人,讲师助教 4 人。

部分教授前面有介绍,根据所掌握材料,其他教授情况如下:

钱用和,1898 生,字韵荷,江苏常熟人,女。北京国立女子高等师范毕业。曾赴欧美留学。回国后,先后任江苏省立第三女子师范校长,暨南大学、金陵女子文理学院教授,交通大学教授、国文科主任。1949 后任台湾东吴大学文科教授等职。著有《欧风美雨》《三年之影》《韵荷诗文集》《半世纪的追随》等。

罗君惕(1905—1984),江苏镇江人,蒙古族。1926 年毕业于中国公学商科。曾任英士大学、交通大学、上海美术专科学校、上海立信专科学校会计教授。1949 年后,历任华东师范大学、上海师范学院教授。著有《秦刻石碣考释》《汉文学要籍概述》《说文解字探索》等。

(二) 英文科

复员后,交大成立了英文科,负责全校学生的英文课程教学,同时兼管第二外语——德语的教学。李泽珍教授任英文科主任。

李泽珍主张"重实际而施以严格训练"。[②] 她深入教学一线,对学生的英文学习情况有较深了解,深感需要改进教材,"教材务采深入而浅出者",而"坊间英文读本多不适用"。经英文科教师讨论,决定"选《国立交通大学英文教本》一册作为统一教材。该教读本(龙门出版公司印行),内容包括日记、论文、书牍、小说、戏剧等文体,约二十篇"。[③] 同时,英文科教师在教学方法上"侧重详细而缓慢,以便学生从容领略,易于消化"。[④]

由于英文课每班人数过多,少则四五十人,多则七八十人,而英文教学,尤其需要多读多练。为此,英文科多次研讨对策。1948 年 4 月,英文科对英文招生标准、电化教学、教材改革提出了改进意见,同时拟出大学英语教本及补充读物:①《现代英文选注》,葛传椝编,竞文书局;②《现代英文选注》,谢大任、徐燕谋编注,龙门书局;③《近代英文名著选》,唐庆诒编,中华书局;④《大学新英语选注》,林汉达编,世界书局;⑤《当代英文选注》,Clarence B Day 编,

---

① 《从船舶到海洋工程》,第 25 页。

② 李泽珍:《英文课程》。《交大周刊》第 3 期,1947 年 4 月 22 日。

③ 李泽珍:《英文课程》。《交大周刊》第 3 期,1947 年 4 月 22 日。

④ 李泽珍:《英文课程》。《交大周刊》第 3 期,1947 年 4 月 22 日。

世界书局。补充读物有：①New Writing，②English Monthly，③The China Weekly Review，④Reader' S Digest，⑤Supplementary Readers。

1949 年 1 月 19 日，英文科组织了学校英文课本编纂工作会议，专门研究了自编教材的目标、方法、纲目。

英文科采取的其他措施还有：入学考试标准化，逐年提高录取标准；除阅写之外，提倡开展电化教学，训练学生听、讲能力；教材以新颖、实用、浅近、有趣及多方面为主；与国文科一样，恢复、推进英文会课和英文演讲。

因动荡局势，英文科与课外活动组只于 1948 年 2 月组织校内英语演讲竞赛一届，财务系三年级学生施养真获第一。

这一时期先后在英文科任教的教师有李泽珍、唐庆诒、邵秀琳、黄瑗玫、芮听鱼、凌鸿铭、史脱次纳、林疑今、陈素珊、顾绍熹、凌渭民、章景璆、邵秀明，杨霞华、孙振堃，其中教授 9 人，副教授 5 人。

部分教授前面已有介绍，根据所掌握的资料，其他教授情况如下：

李泽珍，1903 年生，江西九江人，女。1926 年毕业于南京金陵女子大学文科。1934 年获法国巴黎大学文科研究班博士学位，获巴黎"国际女子大学生之家"创办人奖学金。曾任上海暨南大学、交通大学教授。1949 年后，历任华东师范大学法语语言文学教授、俄语教学法研究室主任、英语教研室主任。著有《三十年来我国妇女运动》《我的巴黎回忆》等。

邵秀林（1897—1984），浙江绍兴人。女。1929 年南京金陵女子大学文理学院毕业。1936 年留学美国斯卡里特大学和密执安大学研究生院。回国后，先后任震旦大学、重庆东北大学、遵义浙江大学、交通大学、华东师范大学教授。

黄瑗玖，1915 年生，广东番禺人，女。南京大学理学士，美国纽约大学研究生院、哥伦比亚大学文学硕士。回国后，先后任国立戏剧学校教师，国立广西大学、交通大学教授。

芮听鱼，1894 年生，江苏吴县人。圣约翰大学文科毕业。先后任大同大学、交通大学教授。

凌鸿铭，1890 年生，广东番禺人。香港大学工学院教育系毕业。先后任香港中学英文教员、交通大学研究所编译组主任暨英文教授。

史脱次纳，1895 年生，德国人。曾任北洋大学、交通大学教授。

（三）体育组

体育课与体育运动的恢复与发展由体育组负责。体育组在体制上归教务长领导。陈陵任体育组主任。

先后在体育组任教的教师有陈陵、冯汉斌、胡广训、王振亚、王文瀚、胡审微、唐瑶、陈良琛、张剑水,其中副教授4人,讲师3人,助教2人。

陈陵,1908年生,湖南湘阴县人。1931年毕业于南京国立中央大学体育系,擅长田径、跳高、跨栏项目。后任交通大学副教授。1955年评为田径国家级裁判。培养出运动健将有:全能选手杨凤苍、朱全金;撑竿跳选手胡有彪、黄文益;网球全国冠军吴廷栋等。著有《田径运动训练与裁判》《滚式跳高技术之研究》《苏联田径运动技术介绍》等。

抗战胜利后的徐汇校园内,体育设施、设备、场地都被破坏殆尽,运动器材也非常少,要添置设备、修建、扩建运动场地,需要经费与时日。为此,体育组与学校一起广开渠道筹措资金设备,将保证恢复一年级体育课作为重点工作之一。

1946年11月29日,学校特地成立的体育行政顾问委员会召开第一次会议。吴保丰主持会议,会议决议顾问委员会由赵祖康、赵曾珏、李熙谋及校内教师等17人组成。会上,赵祖康当场认捐了体育器材9种。该委员会在协助学校体育委员会、体育组开展工作,动员社会和校友关心支持交大恢复体育课、活跃体育运动方面做了许多工作。

1947年4月,在顾问委员会的指导下,学校公布了《一年级体育成绩测验项目及给分标准规定》,规定男女生田径运动各项应达到的标准①。按照得分标准,每学期大考前两周,学生可以选择两项内容参加体育成绩测验。

这项制度性规定,较1945年3月17日学校公布的《国立交通大学34年度春季运动会办法》所规定的"一年级学生每人必须参加1—3项,如不参加,除体育课为不及格外,并处记过"的简单做法要科学,对各运动项目进一步进行了量化。由此,促进了学生参与体育锻炼的积极性,也促进了体育课质量的提高。1949年,训导处在《一年工作概况》中写道:"现将授课各班课程,均有一定进度,教材预先编写,俾使学生获得有系统之学习……目前任课各先生,均能循既定目标与实施原则,认真实行。学生对体育亦感兴趣,对既定课程之计划及规则均能遵守不逾。"②

恢复一年级体育课的任务得到了较好落实。1948年,学校计划将体育课列入各年级必修课。但终因经费困难,补充运动设施与扩建场地进展缓慢,而未能实现。

① 《一年级体育成绩测验项目及给分标准规定》,《交大周刊》第2期,1947年4月18日。

② 《训导处一年工作概况》,《交大周刊》第60期,1949年4月8日。

第九章
爱国民主活动

第一节　两地师生团结战斗

一、争取读书权利的斗争

1945 年 8 月 15 日，日本宣布无条件投降。在交通大学重庆渝校师生急切准备返回上海的同时，上海沦陷区内的交通大学沪校的师生已经在裘维裕教授带领下进入徐家汇校园。他们清理与整修校园，为开学作准备。

与沪校师生的良好愿望相反，国民政府于 9 月 26 日通过《收复区中等以上学校甄审办法》。该《办法》将原沦陷区内的公立专科以上学校定为“伪学校”，规定必须一律关闭。《办法》还规定，学生必须“先甄审，后补习”，经过一年的“思想训练”，交出研读蒋介石的《中国之命运》报告、论文，经过“甄审”合格后，方能继续就读。根据这个《办法》，包括交通大学沪校在内的上海六所大学被列入“伪学校”，涉及学生共 4 000 多人。

国民政府把交大沪校划为“伪学校”，激起了广大师生的义愤和困惑。沪校徐崇钦、蒋士麒等 168 位教职员工随即上书立法院院长孙科，申辩：“自国军西撤，学校险象环生，仍凛国家付托，以造成建国人才为己任，含辛茹苦，矢志不渝。”沪校主持校务的张廷金，在被国民政府司法局当作“汉奸”追究刑事责任时,在《自白书》中一再申辩:沪校留守上海,乃“奉部令”;其间“不被改组,不被接收,维持交大立教精神”,“拒绝奴化教育实施,不允敌籍员生侵入,不为敌伪作任何宣传”,周旋敌伪,保留学校命脉,为学生赴内地提供方便等。只是,以上所书均无回复。

1945 年 9 月至年底,交大沪校的党组织由中共地下党上海学委直接领导,建有党支部,有党员 25 名,吴增亮任支部书记。面对国民政府公布的甄审办法,交大地下党支部认为,甄审实际上剥夺了广大学生的读书权利,是一件事关学生切身利益的大事。对着不安的同学,交大地下党支部决定发动群众反对甄审。与此同时,上海学委将交大党支部的“人民无伪”“学生无伪”的呼声变为口号,为反“甄审”指明方向。学委决定以交大为主,开展反“甄审”斗争。交大地下党支部研究了当时的形势和广大学生的要求,决定采取三项措施发动群众:一是成立公开、合法的群众性团体——沪校学生自治会;二是组织学生上课,避免荒废学业;三是发动学生反“甄审”。

在交大地下党支部 25 名党员和广大进步学生的共同努力下,各班级推派代表,成立了学生自治会。通过竞选,化学系三年级学生周寿昌当选为交大学生自治会主席。一同入选学生自治会理事的还有胡国定、孙增闳等。

大学时期的周寿昌

周寿昌,1923 年出生于浙江湖州一个小职员家庭,9 岁丧父,1938 年随母逃难到上海。周寿昌学习刻苦,为人正直,关心时事,多才多艺。他阅读过二三百个剧本,写过剧本和剧评,演过话剧,当过导演。1943 年秋,他以第一名的成绩考取交大化学系。他可以用流利的英语答记者问,老师称赞:“从来也没见过这样优秀的学生。”在大学里,他除了学业外,还阅读了几十本哲学社会科学理论著作,试图解决宇宙观、人生观等根本问题。1945 年秋,他认识了胡国定同学。他们从数学、物理谈到人生观,谈到中国应该走什么道路等问题。在地下党和先进同学的帮助下,周寿昌对中国共产党有了认识,1946 年下半年,胡、周两人先后加入了中共党组织。

学生自治会成立后,首先借虞洽卿路(现西藏路)上的基督教慕尔堂作为教室,组织高年级同学为低年级同学补习、上课,特别是让 1945 年刚考入交大沪校的新生有了上课的地方。

对于如何反对“甄审”争取读书权利，学生自治会先在群众中展开了讨论。讨论中，部分同学对国民党还心存幻想，认为游行请愿太“过火”，应该呈文给政府当局，说明实情，据理力争，要求政府收回决定。学生自治会在地下党支部领导下，决定根据多数同学的认识，先以“合法”的形式，向政府呈文“说理”“陈情”，要求收回成命。从9月到10月，学生自治会先后给国民党特派员、交大接收委员会和教育部长多次呈文，但都是石沉大海。

呈文无用，学生自治会进一步寻求当面请愿的机会。11月4日，学生自治会得知教育部部长朱家骅到了上海，便立即派出周寿昌等学生代表向朱家骅当面请愿、陈情。然而，朱家骅竟然指责沦陷区学生受了“奴化教育”，“在伪学校读书就是承认伪政府”。朱的指责激起了代表们的义愤，大家纷纷据理反驳。朱悍然宣称：“这是政府法令，不能更改！”11月6日，交通大学联络了上海六所公立学校千余学生在交大集合后，前往上海市教育局副局长李熙谋（原交大渝校教务长）公馆请愿。李要学生到三青团团部听训。学生得到的答复是教育部的法令不能更改。11月10日，学生们再次向朱家骅请愿，朱托病不见。11日，愤怒的学生们齐集交大广场，决定公开游行抗议。游行的队伍打着“因荒废学业而请愿”的旗帜，骑着堆满理、工、医类书籍上贴了“教育部封”封条的三轮车走在大街上。学生向市民散发由周寿昌、丁仰炎起草的《告市民书》，游行队伍喊出了“我们要读书”，“人民无伪、学生无伪”的口号。这是抗战胜利后上海街头第一次出现的抗议国民政府的游行。

随着斗争的深入，为了把六校分散的群众斗争集中起来，六所学校的学生成立了“学生联合会”，以交大学生自治会主席周寿昌为负责人。

学生联合会多次组织了有社会各界人士和新闻记者参加的招待会。学生代表反对“甄审”、要求读书的发言，得到了社会广泛的同情和支持。《文汇报》《大公报》《申报》《新语》周报等报刊纷纷发表文章，支持学生的合理要求和正义斗争。英文版《字林西报》《大陆报》也发表了同情学生的报道，就连国民党办的《正言报》也发表社评，为荒废学业的学生呼吁。同一时间，南京、北平、天津等地学生的反“甄审”斗争也在广泛展开。

在广大群众和社会舆论的压力下，1945年12月中旬国民政府教育部宣布成立临时大学补习班，把“伪学校”的全部大学生纳入“临时大学”（简称“临大”）。交大沪校的学生被编入临时大学补习班“四分部”。学生们重新回到了徐家汇校园，开始和重庆交大复员到上海的学生一起上课。反“甄审”斗争取得了初步胜利。

与此同时，国民党当局为了分散南京学生中的进步力量，把沦陷区中央大学理工学院三、四年级包括王嘉猷、江泽民等100多位学生分配到上海“临大四分部”学习。其中大部分学生一到交大，又积极投入到上海的反“甄审”斗争，并站在斗争的前列。从南京中央大学转

大学时期的江泽民

来的学生中,原来就有中共地下党员。他们转到上海"临大"后,又将一些经过"清毒"运动和反"甄审"斗争考验的积极分子陆续发展入党,壮大党的力量。江泽民就是1946年4月在交大电机系就读时,经地下党员王嘉猷介绍入党的。1946年11月,他接受了一项特殊任务:掩护原南京"清毒"运动学生领袖、中共地下党员厉恩虞(陈震东)在上海隐蔽下来,直至1948年11月党组织安排厉恩虞离开上海撤退到苏北解放区。

为了加强党对学生运动的领导,中共上海市委成立了中共临时大学区委,吴增亮任书记。"临大四分部"中的交大党支部书记改由沈讴担任。

1946年2月11日,蒋介石来到上海,驻足贾尔业爱路(现东平路)9号官邸,并说什么要"会见各界","接受陈诉"等。"临大"的学生虽然已经上课,但是学籍问题仍未得到解决,有的学生认为直接向蒋介石陈情说理也许可以解决问题。党支部及时将情况向临大区委作了汇报。为了消除部分学生中存在的幻想,临大区委和各校地下党组织商议并经市学委同意,决定抓住这一机会,由学生自治会组织学生向蒋介石请愿。

2月13日晚,临大补习班全体学生列队向蒋介石官邸进发。在靠近贾尔业爱路时,请愿队伍遭到大批武装军警和警备车的阻拦,学生从路的两端封住贾尔业爱路,坚持要求面见蒋介石。国民党中央宣传部部长张道藩出面,与周寿昌等学生代表谈判。张提出,学生解散队伍后由他代呈学生要求,被周寿昌拒绝。经过长时间谈判,仍然没有结果。学生在刺骨的寒风中喊口号、唱歌,要求蒋介石"接受陈诉"。但是,伫立了一夜,学生代表和学生始终没有见到蒋介石的影子。学生们对蒋介石的幻想开始破灭。

1946年6月,"临大"补习班补习期满,国民党当局使出了最后一招,规定要补考"三民主义",必须及格才能进入国立大学,企图借此刷掉一批进步学生。为了挫败国民党的这一阴谋,根据党的指示,交大党支部发动群众,由学生自治会对"三民主义"考卷准备了一份"标准答案"发给学生。结果学生经"考试"全部合格,学生707人正式转入国立交通大学,取得了国立大学的学籍。历时10个月的反"甄审"斗争,终于以学生的胜利而结束。

二、成立统一的学生自治会

“临大”成立后，交大沪、渝校两部分学生会合于上海徐家汇的交大老校园内。但是这样校园里同时也出现了两个学生自治会。由于历史的原因，渝校学生自治会中国民党、三青团力量占主导地位。从一开始，渝校学生自治会中的一些人就和教育部的“甄审”政策一唱一和，大肆散布沪校是“伪学校”，不应该回到徐家汇校园读书。两部分学生因地域和语言差异，彼此也有隔阂：学生不但有各自的自治会，连班级、班长都分开，只有上课才合在一起。

1946 年初，校园内还有国民党驻军，随着复员学生增多，学生宿舍日趋紧张。甚至发生渝校个别学生把沪校学生的行李扔出窗外，引发激烈的冲突。面对冲突，周盼吾等渝校进步学生挺身而出，制止个别学生的错误行为，反复宣传政府有伪、人民无伪、学生无伪，两部分学生都是交大的学生，都有同等的权利住交大宿舍。同时，他提议请校方出面交涉，要求强占校内执信西斋等处的国民党新六军迁出。沪校学生自治会的周寿昌、胡国定及时联络了周盼吾与校方交涉，解决问题。在两部分进步学生的共同努力下，同学间的隔阂逐步得到消除。但是校内存在着的两个学生自治会，由于主导力量不同，给反动势力分裂学生留下了可乘之机。

1946 年春，湖南等地发生了严重的自然灾害，仅湖南省平均每天就有好几百人饿死。而国民党只顾抓壮丁，征军粮，灾区人民根本得不到救援，大批灾民开始流落到上海街头。由此，经历过复员，目睹过内地“赤地千里，饿殍盈野”情景的渝校进步学生发出了“救灾”呼声。在中共南京局青年组引导下，渝校的“今天社”“山茶社”“创社”等进步学生社团联合贴出海报，指出民不聊生的灾害是由于政府准备内战造成的，“反内战是救灾的根本”，要求渝校学生自治会开展“救灾反内战”运动。但是，在渝校学生自治会里还有另一种意见，认为灾情严重是共产党在搞内乱引起的，提出“反内乱才能拯救灾民”。两种意见争论不休，形不成统一的决议。救灾呼声进一步引发了全校学生热烈的政治辩论，两种观点激烈交锋。最后，经过全校投票，2/3 以上的学生赞成开展救灾反内战运动。在这个基础上，学生自治会召开了系科代表和社团联系会议，成立了“交大学生反内战救灾委员会”。6 月 13 日，《文汇报》报导了这一消息。圣约翰大学、大同大学、南洋模范中学等，纷纷响应。中共地下党组织积极领导了各界人民的救灾、反内战、争和平的斗争。上海 72 所学校组成了“上海市学生争取和平联合会”，把反内战、争和平斗争推向了新的高潮。在上海各界参与下，经协商推选出马叙伦等 11 人组成上海市人民和平请愿团，到南京向国民政府请愿。而在南京，国民党指使的暴徒围攻、殴打请愿团，制造了“下关惨案”。三天后，6 月 26 日，蒋介石悍然发动了全面内战。

1946 年 6 月 23 日,交大学生参加反对内战、争取和平的示威游行

随着反“甄审”斗争的胜利和各大学党员人数的增多,1946 年 9 月中共上海市学委决定撤销“临大”区委,成立国立大学区委,并将原“临大四分部”中交大支部的 50 多位党员和雷士德工学院、南京中央大学工学院等校的 15 名党员合并组成交大党总支,吴增亮任总支书记。1947 年 1 月,吴增亮调任区委委员,改由沈讴任党总支书记。自从内战打响,国民党进一步加紧了对国统区内爱国民主运动的镇压。1946 年 12 月—1947 年 5 月,中共中央连续发出了 9 份有关城市学生运动的文件指导工作。根据中央指示精神,地下党上海学委要求各校“避其烽芒,加强党内教育和群众工作”。交大党总支决定把工作重点放在推进社团发展和校内两个学生自治会的统一上。总支要求党员加入和创建学生社团,团结和关心同学,同时,根据前段斗争中涌现出来的积极分子的表现,发展了沪校学生自治会中的胡国定、周寿昌等入党。为了保证推进工作,交大党总支还在沪校学生自治会中建立了党组,胡国定、周寿昌成为自治会内党组成员。根据内战全面爆发后渝沪两部分学生中还有相当多的学生既不愿参加国民党控制的“正义大同盟”,也不敢参加进步色彩比较强烈的学生社团的现实,总支决定由地下党员钱存学组织一批积极分子,成立一个能为广大同学接受和受他们喜爱的社团——交大青年会。1946 年秋,交大青年会正式成立,它逐步成为渝、沪两部分广大同学的知心朋友和友爱之家。

大学时期的吴增亮

大学时期的沈讴

鉴于在救灾反内战等爱国斗争中，学生自治会所起作用的教训，交大党总支认为，必须争取学生自治会的领导权，成立全校统一的学生自治会组织。为了避免与反动势力的公开对立，以利于争取中间群众，党总支决定不采取竞选而采取普选的办法，先由沪校学生自治会党组成员与渝校进步社团骨干酝酿，通过党的组织和进步社团动员群众，以保证选举结果中进步势力占优势。交大党总支的基本思路是：采取系科代表大会和学生自治会理事会并存的组织体制；系科代表大会是最高权力机构，是学生自治会的常设机构；理事会、监事会由全校学生投票选举产生，系科代表是理事会、监事会的当然候选人。关于学生自治会的主要领导人选，交大党总支认为，原渝校学生自治会成员周盼吾在政治上靠拢党（当时尚不知他是失去联系的党员），为学生争取福利得力，在同学中有威信，并且与管理学院院长钟伟成教授关系较好，有利于争取学校行政方面的支持，因此，顺从民意，决定推荐周盼吾为主席候选人；原沪校学生自治会主席、共产党员周寿昌为副主席候选人。

在学生自治会选举前，党总支先在学生膳团中发动了一次反贪污斗争，揭露出三青团骨干分子吃、拿、贪、占的贪污行为，并重新选举膳团干部，由党员和积极分子担任。新的膳团干部和炊事员一起千方百计改善学生们的伙食，为自治会选举成功创造了条件。选举结果，周盼吾当选为学生自治会主席、周寿昌当选为副主席。全校统一的学生自治会成立后，交大党总支决定，原沪校学生自治会中建立的“学生自治会党团（党组）”继续工作，成员为胡国定、周寿昌、孙增闳、丁仰炎。

大学时期的周盼吾

周盼吾，1922 年生于四川綦江县一个农民家庭。在綦江县中学学习期间，他在进步教师、中共地下党员夏奇峰、李冰洁的关怀下，阅读了《大众哲学》《群众》等进步书刊。1939 年 3 月加入中国共产党，并担任綦江县中学第一个学生党支部的组织委员。1940 年暑假他和党组织失去了联系。之后于 1943 年秋，考取交大渝校运输管理系。

新的学生自治会不负众望，立即从解决广大同学学习、生活中的困难着手，做了大量工作，如解决邮件丢失、热水不保证、住宿困难、伙食差等问题；带领"知行社""工作自助同学会"等社团创办自助食堂、洗衣作坊、缝衣铺、豆浆供应站、民众夜校；举办讲座、组织互助学习组，帮助学习困难学生；依靠社团开展活动，放映廉价电影，开展大家唱、大家跳等群众性文娱活动，活跃学校的气氛。通过这些活动，提高了新的学生自治会在群众中的威信。第 45 期《交大周刊》曾报道："自治会主办之盼吾合作社，自扩大营业以来，生意日渐兴隆，尤其是片儿汤、蛋炒饭，问津者络绎不绝，晚上十点钟后，街上的馄饨摊早已收摊了，而片儿汤仍然门庭若市。"

新的学生自治会对内部机制进行了完善，设立执行委员会和监察委员会。执行委员会下设秘书、总务、学术、康乐、福利和联谊六个工作小组。这样，学生自治会为学生谋福利、求学生全面发展的方向进一步清晰，各组织机构职责明晰，大大推进了学生自治会的工作。

自治会还加强与学校的联络，及时把自治会重大活动的目的、学生的要求转达到学校和广大教师，争取校长和各院系教授对学生活动的理解与支持。

对外联络方面，自治会加强了与民主党派的联系。特别是通过曹炎等学生与被称之为"交大学生爱国运动与民主高层人士联络的桥梁"的郑太朴教授保持联系。郑是国内著名的民主党派人士，曾因坚持孙中山的新三民主义、为推翻蒋介石反动统治与邓演达等创建第三党(今中国民主党前身)，被捕并判死刑，后经宋庆龄、冯玉祥营救出狱后，继续斗争，成为国民党监控的重点对象。他虽然身处险境，仍然经常关心、指导交大的学生运动，不辞辛劳地为学生自治会募集经费，积极介绍民主人士马寅初、施复亮、张炯伯、李平心等来交大演讲，鼓舞大家的斗志。

在交大党总支和学生自治会的组织下，学生中各种社团组织，从 1945 年的不到 10 个增至近 80 个。在时局动荡、学业繁重、生活艰苦的条件下，在党组织和新的学生自治会领导下，学生社团、学会积极开展活动，蓬勃发展。如"今天社""创社""山茶社"等根据新要求，积极壮大组织，加强政治学习，发挥各自特色，新办学生图书室，创办"壁报""创报"，报道国内学生运动和校内重大事件，为学生和教师的正义斗争呼吁。"山茶社"继续发挥以民间歌舞、短剧、影子戏等文艺形式开展宣传，并创造了"大家唱、大家跳"等大众文艺，团结、鼓舞同学。与

“山茶社”一起活跃在交大宣传舞台上的“愚公社”，先后创作、演出了活报剧《四·二〇南京血案》《窃国大盗袁世凯》、哑剧《觉醒》、五幕话剧《阿Q正传》和自编自导的短剧《重庆号起义》等，其中《阿Q正传》邀请了黄祖模、谢晋等担任导演。交大青年会会员甚至发展到110多人。1948届校友屠善洁谈到，在交大青年会里，她第一次读到了《西行漫记》等许多进步书籍；与胡光孙、刘韵、刘云英等会员一起接待国际学联代表布立克曼女士，负责照顾她的生活，注意她的安全。她说这些学习和锻炼“使得我很快地走出了自我的狭小天地，进入了一个广阔的新世界”。[①] 毕业时，她们一届有10余名会员，都想方设法奔向了解放区。知行社奉行“即知即行”和“实干苦干”的“知行精神”。1947年5月“护校运动”中近3 000名交大学生晋京请愿行动的后勤工作不但是由“知行社”负责，而且整个请愿行动的组织也是由社员谭西夷操作。国民政府上海市市长吴国桢、警备司令宣铁吾一口咬定，这个负责组织队伍的人一定是“抗大出身的职业学生”，下死命令要特务学生非把他们挖出来不可。[②]

交大的进步社团成为党组织联系广大同学的重要纽带，成为学生自治会组织各种大型活动的依靠力量，是开展学生运动的支柱。从1946年9月统一的交大学生自治会诞生至上海解放，交大学生自治会一直在中共交大地下党总支领导下，利用合法地位领导学生斗争，成为交大学生爱国运动的中坚力量。

第二节　反帝抗暴与护校斗争

一、抗议美军暴行

为了帮助国民党打内战，1946年在华美军已经达到11万余人。他们视中国为殖民地，胡作非为。1945年8月—1946年7月，被美国军车轧死的中国无辜老百姓达1 000余人。1946年9月22日，上海人力车夫臧大咬子被美国海军士兵打死。事后，凶手被美军军事法庭宣判无罪。更有甚者，12月24日，北平又发生了美军士兵强奸北京大学女学生沈崇事件。美国军方仍不予惩处罪犯，愤怒的北平学生于12月30日举行了万余人参加的抗暴示威大游行。

消息传到上海，交大校园内群情激愤，文治堂门前的民主墙上贴满了大字报，呼吁学生

---

① 钱存学等:《革命的启蒙学校》。《水之源》(三)，上海交通大学出版社2002年版，第128页。

② 黄灏等:《即知即行、实干苦干的“知行社”》。《水之源》(三)，第120页。

以实际行动抗议美军暴行。校内,三青团中的反动分子不敢公开反对,在夜里偷偷贴出反对“抗暴”公然为强奸犯辩护的大字报,更加引起广大学生的愤慨。

29 日,交大学生自治会召开全体学生大会,决定:①以学生自治会的名义,联络全市学校响应北平同学的抗暴行动;②向美军提出严重抗议,要求严惩罪犯,美军必须立即退出中国;③罢课 4 天;④成立“交通大学学生抗议驻华美军暴行委员会”;⑤向社会发表《抗暴宣言》,并向受害同学沈崇发出慰问信。同日,交大女学生也召开大会,成立“国立交通大学女同学抗议美军暴行委员会”,并主动承担募捐解决活动经费的任务。31 日下午,交大、暨南、同济、复旦、上海法学院等 17 所院校的学生代表在交大举行联席会议,正式成立“上海市学生抗议美军暴行联合委员会”(简称“抗暴联”),由交大、暨大、复旦、中华工商等校组成“抗暴联”主席团。主席团当晚开会决定全市学生举行抗暴示威大游行。1947 年元旦,上海市 27 所大、中学校学生 1 万余人汇集外滩公园(今黄浦公园)前。外滩的建筑物墙上贴着一幅巨型漫画,边上刷着“美国兵,滚出去”字样。北京路外滩 2 号的美国海军总部门口的石柱、墙壁、玻璃窗上面,都贴满了英文标语:“Get away G・I!”(美国兵,滚出去!)“Down with American imperialism!”(打倒美帝国主义!)

1947 年元旦,交大抗暴请愿的队伍

下午2时，浩浩荡荡的游行队伍由交大学生领头，高举着“保卫中国独立自由”横幅和“上海市学生抗议驻华美军暴行联合会”旗帜行进。队伍在美军驻地汇中饭店前遭到军警水枪阻击。“时值严冬，穿着被水淋湿的棉袄”，学生们依然列队行进。“国民党特务挥舞着带钉子的‘中正棍’冲过来，逢人便打”，[①]但是游行队伍毅然冲破了种种阻挠，包围了美军驻地。此时，平日神气活现的美国驻军，却躲在军营里，不敢露面。美国驻沪总领事馆也紧闭大门，如临大敌。

学生的抗暴爱国运动得到社会各界的有力支持。马寅初亲自参加了元旦的抗暴大游行。交大教授郑太朴、孙泽瀛与马寅初、周谷城、张志让等共38人联名发表《正告美国政府的意见书》，揭露美国视中国为半殖民地的事实，认为中国学生的抗暴行动“按之正义与政治上之需要，均甚正确，应予声援”。[②] 延安各界于1月10日举行声援大会，周恩来、陆定一等中央领导人出席并讲话。

中国人民声势浩大的抗暴斗争，迫使美军军事法庭不得不将沈崇事件的主犯判处15年徒刑。抗暴运动使得广大同学认识到美军在中国支持蒋介石打内战的真面目，逐渐摆脱了对美国扶助中国的幻想。

二、反帝与争民主

1947年初，根据斗争形势的发展，中共中央发出多份有关学生运动的指示。1月，中共中央调整了国民党统治区地下党组织，成立了中共中央上海分局(同年5月改称中央上海局)。4月，中央上海分局书记刘晓给中央的报告中，在分析了上海学生运动情况后指出：“抗暴运动以后第二个高潮又将很快到来，辰月(即5月)份可能是这一新高潮的开始。”[③]学委传达了上海分局的精神，使得交大党的基层组织对新的群众斗争高潮的兴起有了进一步的认识和思想准备。

1947年4月，学生自治会迎来了换届改选。此次竞选，参加投票的人数超过2 000人，选出的第二届自治会委员干事20人中有11人由上届的代表蝉联。周盼吾、周寿昌的得票数依然分列于第一、第二位。第二届学生自治会执委会主席：周盼吾；监委会主席：丁永康。

在总结前阶段工作的基础上，该届执委会特地制定了《学生自治会章程》。《章程》“总则”明确写道：“本会以培养自治精神，增加同学福利，并促进德智体群四育之发展为宗旨。”

---

① 金凤：《燃烧的岁月》。《思源湖》，第130页。

② 《大公报》1947年1月5日。

③ 《文献与研究》第2期，1985年。

在第二章“组织”中,明确学生自治会会的组织系统:全体大会下设代表大会,代表大会设执行委员会、监察委员会和特种委员会,执行委员会下设有秘书、总务、学术、康乐、联谊、福利组和专门委员会。

学生自治会成立后,首先遇上了一场与美国律师和美国领事馆代表展开面对面斗争的“贾子干”突发事件。

4 月 4 日,交大数学系二年级学生贾子干为了筹划学费,到同济大学找朋友商谈开办暑期补习班事,不幸在同济大学校门口的马路上被美商德士古洋行的卡车撞死。为解决这一事件,校方连续向洋行发去两次公函,均被美方以不识中文为由退回。师生闻讯后激愤不已。学生自治会、校方和贾子干家属共同成立了“贾子干治丧善后委员会”,发表公告,对德士古洋行依法提出诉讼。在社会舆论的压力下,德士古洋行才于 4 月 13 日派一名美国律师和一名中国翻译来交大。校长吴保丰在容闳堂接待了他们,希望美方妥善解决善后事宜。美方律师却态度傲慢,声称只和死者家属谈,校方不能过问此事。双方的商谈陷入僵局,并引起美国领事馆与国民党上海市政府参与,双方的谈判改在市政府会议厅。

学生自治会在征得吴保丰校长的同意后,代表学校接手贾子干事件的善后交涉事宜。学生自治会党团和主要负责人周寿昌、胡国定等连夜研究对策,拟定赔偿条件,并确定由全校 18 个系科各派 1 名代表参加谈判,同时发动部分学生到市政府声援,作为谈判团后盾。

第二日上午,贾子干家属贾子良、交大法律顾问顾文硕、各系科代表 18 人与德士古公司总经理拉斐尔、美国领事馆代表勃朗、美籍律师白莱恩,在市政府会议室举行谈判,市长吴国桢参加。500 余名交大学生乘卡车来到市府,声援学生代表的谈判。谈判过程中,当校长吴保丰来到谈判现场时,几位美国人竟然坐着纹丝不动,学生代表强令他们起立欢迎,然后让校长坐首位,以示尊重,以雪美国人两次退还公函藐视中国校长之耻。

谈判双方展开了激烈的争论。学生代表家属一方要求赔偿治丧费、生前教育费、家属赡养费共计 38 400 万元,但美方只同意赔偿 2 000 万元,差额悬殊。谈判持续到下午,仍然没有结果。场外声援的学生们群情激愤,递了字条到谈判现场,交给了美方总经理。字条内容的大意是:我们现在不要洋行的赔偿,大家凑足这笔钱,用以赔偿洋行总经理的命作为代价,想必美国人的身价不会比中国人的高吧!随即,场外高呼:“打死美国佬,赔他二千万!”德士古洋行总经理理屈词穷,又慑于交大学生的威势,被迫答应赔偿丧葬费 5 000 万元现款,其余费用调解未成由法院判决。

“贾子干事件”喊出了“中国不是殖民地”的心声,是抗暴反帝斗争的延续,也成为 5 月高潮的前奏。

"贾子干事件"之后，党总支决定，通过自治会以开展纪念"五四"活动为突破，把反帝、反独裁斗争引向深入。"五四"前夕，学生自治会发动各进步学生社团开展一系列的以争民主、反内战、反独裁为中心的时事座谈会、学术报告会、纪念壁报和街头宣传等活动，为大型"五四"文艺晚会作准备。

5 月 4 日上午，学生自治会邀请的民盟中央常务委员吴耀宗、张炯伯等来校的演讲，拉开了此次活动的序幕。晚上 6 时半，上海市各校学生代表和交大学生共 1 000 多人聚集在交大体育馆，举行"五四"文艺晚会。知名人士田汉、胡子婴、赵景琛到会演讲。文艺界叶子、凤子、钱风、沈扬参加了晚会并朗诵《母亲的心》。晚会的节目基本上都是学生自己精心排练的，有交大学生自治会副主席周寿昌编导的活报剧《窃国大盗袁世凯》；有朱爱菊编写的女学生会演出的化装朗诵《青年之路》，展示了从王昭君到秋瑾、再到昆明"一二一惨案"死难者潘琰所走的道路；有山茶社演出的揭露国民党抓壮丁的《农村对唱》、小歌舞《王大娘要和平》，以及控诉内战、争取和平的哑剧《和平女神和战神》。上海医学院学生则演出了反内战的歌剧《茶馆小调》。由吴增亮撰写、俞宗瑞登台朗诵的诗歌《五四》，把晚会推向了高潮。晚会在《五月的鲜花》的歌声中激情结束。

这次晚会大大鼓舞了交大学生继承"五四"运动反帝、反封建、反独裁的光荣传统和爱国主义的热情。1950 届校友、地下党员许锡振后来回忆说："这次晚会以后，我们认识到不能整天埋头书本，做时代的逃兵，要继承五四的革命精神，关心国家命运，投身到爱国民主运动中去。"①

三、护校斗争

国民党发动全面内战以后，对内加紧掠夺和压迫，经济危机日趋严重。在文化教育方面，当局不断削减经费，造成许多学校的办学经费入不敷出。国民政府教育部经常扣压和削减交大的经费，教育部核准交大教职员为 423 名，却只支付 302 名的薪金；1946 年底拨给交大每月经费 2 044 万元，而学校实际开销需 6 500 万元以上。巨大的资金缺口，致使学校时时拖欠教职工的薪金，学生的学习和生活条件也日益恶化。

1946 年秋，教育部借"规范"之名下令交大停办航海、轮机两科；1947 年初又突然不准设立之前已经批准设立的水利、纺织、化工三个工程系。教育部同时放出消息，还要撤销已经开办近 30 年之久的管理学院。教育部的压制和打击，威胁到交大的生存和前途。1947 年 3

① 许锡振《交大学运给我的教育》。《水之源》(三)，第 189 页。

月,校园内揭示危机的大字报越来越多。4月初,1 000多名学生联名要求学生自治会出面发动护校运动,抵制教育部命令。

针对以上情况,交大党总支与学生自治会决定进一步发动群众,开展一场护校斗争。学生自治会召开系科代表大会,成立了由周盼吾、周寿昌、张公纬(余力)、丁永康、胡国定、丁仰炎、胡荫(胡晓槐)、谭西夷(秦亦山)等学生组成的护校委员会,以推进护校斗争。

1947年4月8日,借交大51周年校庆之机,护校委员会邀请陈石英、裘维裕、钟伟成等教授参加护校座谈会,并向参加校庆的校友征集护校签名。5月5日,校方再次向教育部交涉,仍然没有结果。护校委员会随即派出代表,与校长吴保丰同去教育部交涉,却遭到教育部部长朱家骅的斥责,拒绝了交大师生的一切请求。朱家骅扬言:交通大学系工程学院,非工程系科的需要调整,校名"交通"也要更改。朱家骅的蛮横态度,激怒了听取晋京代表汇报的全校学生。"为交大生存而斗争""全校集体到南京请愿去"的呼声响彻整个会场。校长吴保丰也同时主持召开教授会,作出支持学生请愿的决议。

5月9日晚,系科代表大会召开。会议通过了全校学生晋京请愿的决议,并提出8项要求:交大校名不容更改,交大不容歧视;院系不容分割,航海、轮机两科不容停办;纺织、水利、化工三系必须设立;学校经费必须增加;教职员工名额必须补足;要增加仪器设备和校舍;增加教授名额;增加公费名额及公费

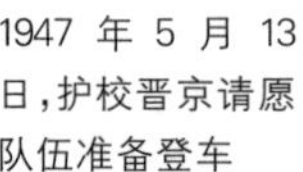
1947年5月13日,护校晋京请愿队伍准备登车

金额等。会议还提出全校罢课、晋京请愿、通电全国、召开记者会等6项行动。

国民党当局对晋京请愿活动进行了层层阻挠，然而护校斗争仍有条不紊地在推进。护校委员会设主席团统一领导，下设谈判组和主席团发言人，学生队伍设正副总指挥以及组织、宣传、通讯、联络、总务等24个小组。组织组由谭西夷编排队伍；知行社承担总务组工作；山茶社负责宣传鼓动；为防止特务破坏，以"从军返校同学会"为主组成了学生纠察队，严密保护主席团；愚公社负责交通组，设法冲破了市政府不准出租汽车给交大的禁令，租到了57辆运货卡车。

交大的护校呼声得到了社会的广泛支持。郑太朴教授联络老校长唐文治，发表了关于《全校师生团结一致共赴校难》的谈话。《文汇报》和《大公报》派出记者跟随采访。

5月13日清晨5时，全校95%以上近2 800多名学生分别登上了57辆卡车。车队避开了吴国桢市长的阻挡，直驰上海北火车站。此时的北站内外军警四处戒备，车站不卖票，也没有一列火车。2 800多名学生有序地步入了候车大厅。

11时50分左右，市长吴国桢、教育部次长田培林、国民党上海市党部主任方治、市参议会议长潘公展等赶到北站，与护校委员会主席团成员进行谈判，阻止学生赴京。谈判没有结果。

1947年5月13日，交大学生自行驾驶火车晋京请愿

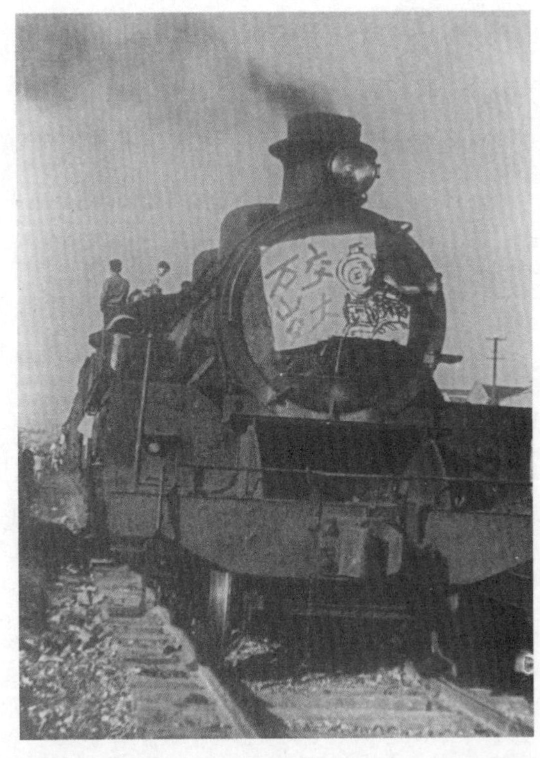

在铁路员工帮助下，学生们找到了机车车头和27节货车车皮。机械系学生傅家邦、丁仰炎，航空系学生张其树等将火车开进了站台。下午5时左右，吴国桢、潘公展、方治再次来到北站进行拦阻。他们扬言："朱部长限学生于6时半前退出月台，明晨8时上课，否则全部开除学籍……倘再有越轨行动，要依法制裁！"然而，朱家骅的一再失信和威胁进一步激起了交大学生赴京请愿的决心。

6时半，车头上贴着由穆汉祥书写的"交大万岁"、车厢上贴着"国立交通大学晋京请愿专车"红色大字横幅的列车拉响了汽笛，由交大学生自己开动的火车缓缓驶出车站，向南京方向进发。6时55分，当列车开到麦根路大扬路

口时,铁路局奉命已将前方的一段铁轨拆除,列车不得不停止前进。为此,土木系学生立即下车,把铁轨重新铺好,列车继续前进。之后,列车再次遇到了铁轨被拆除的情况。这次拆下来的铁轨也被搬走了。土木系的学生毫不气馁,将列车后面的铁轨拆下来,铺到列车的前方,列车又继续向西行进。

列车到达麦根路车站时,全副武装的青年军202师一个营的士兵已经布阵在列车两旁。小股士兵想夺车而上,阻止学生前进,学生们奋起抵御。许多当过兵的学生,力劝士兵不要干预。晚上10时45分左右,列车又继续开动。靠近真如车站时,国民党当局又将前面一大段弯道铁轨拆除,列车再次停下。

14日凌晨1时左右,朱家骅终于坐着装甲车赶到了现场。他用扩音器叫喊:"交大学生集体中断交通,已经不是学生的行为了,你们要马上回校,不然就全体开除。"对于这样的高压,学生斗志反而更加旺盛。但是当时,青年军在路口严密布阵,一场血腥的镇压已迫在眉睫。

在此关键时刻,中共上海学委副书记吴学谦、国立大学区委委员浦作骑自行车赶到了现场,秘密找到国立大学区委委员吴增亮,传达了中共上海局书记刘晓和委员钱瑛的指示:要掌握有理、有利、有节的原则,当前形势不可硬拼,宜争取及时妥善解决,胜利返校,避免敌人的血腥镇压,保护群众的积极性。根据这一精神,总支委员、学生自治会党团成员分头向党员和积极分子做说服工作。拂晓,学生代表前去和朱家骅谈判。当周盼吾、周寿昌等代表来到时,朱家骅已经借机离开,只留下吴国桢、蒋经国、宣铁吾等在场。他们把朱家骅亲笔签署的书面答复交给学生代表,内容共5条:①交大校名不更改;②轮机、航海两科不停办;③学校经费依照实际需要增加,与其他大学平等;④员工名额按班级人数照章增加;⑤如有未尽事宜,师生及校友可派代表晋京面商。主席团经过研究,认为朱家骅本人已签字同意,护校要求基本达到。当即,由周寿昌向全体学生宣读了朱家骅签署的书面答复,由周盼吾传达了主席团的意见:"这次护校已经取得基本胜利,我们回校去继续罢课,再派代表到南京谈判,直到完全胜利为止。"学生们在热烈欢呼声中回到了学校。

5月15日晚,学生自治会召开系科代表大会,选出胡国定、丁仰炎等15名代表[①]赴京谈判,教授会也派出钟伟成、季文美两位教授代表共同赴京。经过谈判,教育部确认了朱家骅签署的承诺,并当即拨付一笔经费。谈判代表在南京召开了记者招待会,介绍护校运动的宗

---

① 15名代表名单:胡国定、丁仰炎、丁奇中、张公纬、朱葆城、吴振东、张海威、罗其森、张彭宝、胡庆蒸、陶龙、奚祖纲、曹国祥、王志遂、程志远。

1947 年 5 月，交大学生赴南京谈判的 15 名代表在南京中央大学合影

旨、目的和经过，取得各界人士的理解和支持。至此，交大护校运动胜利结束。

护校运动是交大党总支遵照中共上海局“要从生活斗争中实现突破”的精神，通过学生自治会结合交大实际，抓准时机，组织领导的一场大型斗争。交大的护校运动以其规模甚大、形式特殊、斗争顽强、影响深远，成为国民党统治区爱国民主运动的重要组成部分，在交大的历史上，以至在上海和全国学生爱国民主运动的历史上也谱写了光辉的一页。交大的这场斗争，13 年后还留在了毛泽东主席的记忆中。1960 年 5 月 28 日，毛泽东主席在上海视察中国第一枚火箭（T－7M 火箭）时，当得知该火箭的主任工程师、现场讲解员潘先觉是交大毕业的学生时，立即说道：“啊，交通大学！是不是那个学生自己开火车到南京请愿的交通大学？”当得到肯定回答后，毛主席紧握潘先觉的手，赞赏之情溢于言表。[①]

① 潘先觉：《难忘的一小时》。《毛泽东在上海》，中共党史出版社 1993 年版，第 207 页。

第三节 “民主堡垒”

一、反内战反迫害

1947年5月18日,国民党政府紧急颁布了《戡乱期间维持社会秩序临时办法》(简称《戡乱法》,禁止10人以上的请愿、罢课、罢工和示威游行,并授权各地政府可采取“必要措施”和“紧急处置”办法。同日,蒋介石亲自出面,发表了“整顿学风、维护法纪”的谈话。

中共上海国立大学区委根据上海市学委的指示,结合学校形势决定:“抢救教育危机”上海赴京行动继续进行。5月19日,上海10余所国立院校学生和前来支援的私立大学学生共计7 000多人汇集北站,召开欢送代表进京大会。会后举行反饥饿、反内战大游行。交大学生的游行队伍举着由穆汉祥绘制的“向炮口要饭吃”大幅漫画,和形象地说明学生一天的伙食费只够买两根半油条的油条,走在队伍的前面。游行队伍多次受到国民党军警拦截,但都被学生冲破。

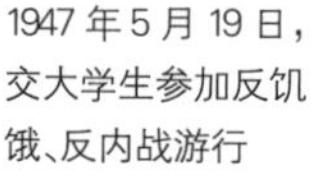

1947年5月19日,交大学生参加反饥饿、反内战游行

穆汉祥绘制的“向炮口要饭吃”漫画

5 月 20 日，京、沪、苏、杭等地学生代表 6 000 余名在南京举行“抢救教育危机”联合大游行时，在珠江路遭到国民党军警宪兵的袭击，重伤 19 人、轻伤 90 多人、被捕 28 人，酿成“五二〇”血案。

根据形势的发展，中共上海局提出在斗争口号上加上“反迫害”。交大党总支决定由学生自治会组织反饥饿、反内战、反迫害斗争。学生自治会连日邀请马叙伦、邓初民、施复亮、李平心、胡子婴等民主人士来校演讲。民主人士郑太朴与张澜、沈钧儒、郭沫若、马叙伦、马寅初、柳亚子、谭平山、许广平等 17 人于 21 日在市里举行座谈，痛斥暴行，盛赞“学生行为值得敬爱”。郑太朴还联络张志让等 28 位教授发表了书面抗议。

为揭露和控诉国民党政府镇压学生运动的罪行，自治会特地派出宣传小队，深入到市区大街小巷、中小学校开展宣传。5 月 25 日，由交大 21 名学生组成的第一宣传小队来到外滩和平女神像下（现延安东路原轮渡口）宣传。国民党军警很快赶到，将全队学生强行押上警备车带走。第二宣传队得悉第一宣传队被捕的消息后，立即出发再到外滩原处，继续第一小队的宣传任务。但是，第二宣传队 21 人也被军警带走了。当天被捕的还有同济、复旦、暨大等校的宣传队员 57 人，连同交大的 42 人，共计 99 人，全部关押在上海警备司令部。

被关押的学生斗志昂扬。交大学生邢幼青等还将当时流行歌曲《跌倒算什么》改写为《坐牢算什么》。这首歌很快在各牢房里传唱起来。后来，该歌在国民党统治区内也得到广泛流传，并成为国民党当局密令禁唱的歌曲之一。

宣传队接连被捕的消息传来，学生们情绪激动。中共上海局书记刘晓派学委副书记吴学谦来校传达指示：现在当权者内部有矛盾，警备司令部宣铁吾等人主张坚决镇压，但是市长吴国桢等人怕把上海的局面搞得太乱，责任难负，主张采取其他手段。在这种情况下，应该利用他们之间的矛盾，争取复课，救出同学，击败那些企图制造事端、趁机血腥镇压的阴谋。

根据上海局的意见，交大党总支了解：在当前形势下直接提复课，部分学生很难接受，经研究后决定，口号改为“休止罢课，救出同学”。当晚，学生自治会在上院114教室召开了系科代表大会，讨论“休止罢课、救出同学”问题。而在教室外，一场制造事端、趁机镇压学生的阴谋已经在实施。校内特务学生，先自相假装打斗，引来纠察干预，同时点燃鞭炮为信号，引校外便衣特务和打手手持棒棍朝114室扑来。徐家汇警察分局则以“维持秩序”为名，派警察进入校内。警察、便衣把“114会场”团团围住，参加系科代表会的学生们处于危急之中。在周盼吾、周寿昌、胡国定等沉着指挥下，代表们堵死了教室门窗。徐家汇警察分局局长用消防斧头劈门，也未能得逞。双方处于相持之中。

此时，纠察队员林家铿敲响了大钟告急，很快一群群高唱着“团结就是力量”的学生手挽手，对包围会场的军、警、特务队伍实行了反包围。凌晨，天色渐亮，在声势浩大、斗志昂扬的学生队伍面前，军警、特务、流氓、地痞等不得不丢下凶器溜走了。

第二天，原定全市50多所大中学校集体向市府请愿，要求无条件释放被捕学生。但是，清晨交大校门口及四周已被军警包围，一辆红色警备车架着机枪，堵在学校门口。被激怒的交大学生纷纷要求领队的学生自治会主席下令冲出去。

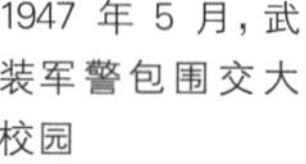

1947年5月，武装军警包围交大校园

1947 年 5 月 26 日，“114 事件”后，学生代表在交大图书馆与吴国桢（立者右二）市长谈判

在这关键时刻，党总支与学生自治会党团决定：组织同学先在校内游行；要求吴国桢市长来校了解情况，进行谈判，否则学生上街抗议，发生冲突，一切后果由市长负责。26 日上午 9 时许，吴国桢来到学校。学生自治会提出，必须先撤走军警，然后才能谈判。吴国桢下令撤走了军警。学生就此在图书馆前的草坪上席地而坐，举行会议。

学生自治会代表先让吴国桢到上院 114 教室观看现场，向吴出示了在现场留下的斧、棒等特务行凶的器具。当吴回到图书馆后，两位头缠纱布的受伤学生控诉了特务的暴行。在铁的事实面前，吴不得不表示“遗憾”和“痛心”。

经过谈判，吴国桢接受了释放在押的各校学生、严惩凶手、军警不得随意入校等 6 项要求。学生大会随即通过了休止罢课的决议。当校长吴保丰和吴国桢一起出现在图书馆阳台时，学生们纷纷要求将点鞭炮发信号和带头打人的特务学生开除。教授会表示坚决支持。最后，学校当场以“捣乱学校秩序，成绩十分低劣”为由，宣布开除这两人学籍。

5 月 26 日，国民党当局虽然释放了各校被捕的学生，许下一些承诺，但却在暗地里策划着更大的镇压行动。军警利用《戡乱法》，在交大周围密布岗哨，公开盘问进出校门的学生。从5月27日起,便衣警察在校门外先后抓捕了于锡堃、杨福生、陈明鍠、吉菊秋、顾思孝等5人,白色恐怖笼罩着学校。复旦、暨南、大同等校也不断发生捕人、打人事件。

5月30日,中共上海学委紧急通知交大党总支,敌人当晚就要进校逮捕进步学生,同时送来通过内线得到的已上"黑名单"的18人名单。此时,学校外已经被封锁。党总支决定:秘密按名单并适当扩大通知范围,竭尽一切办法实现撤退和掩护任务。化学系学生李家镐利用其父亲李熙谋的车子把有关同学送出了校门。胡国定等两次利用校长吴保丰要会见市长吴国桢的机会,分别让列入黑名单的学生自治会主席周盼吾、副主席周寿昌、监事会主席丁永康乘坐校长的汽车出校门而脱险。

除了党组织的通知外,英文教授、训导处课外活动组组长、青年会顾问、非党人士邵秀琳也冒着极大风险把捕人的消息通知了钱存学。在邬娴容等学生的掩护下,钱安全地离开了学校。

5月31日凌晨,3 000多名军警进入交大校内抓人。在学生们机智的斗争下,特务们挨门挨户的搜捕行动落空。除了前两天在校门口被捕的于锡堃、杨福生(另3人已被保释)两位学生外,当局黑名单上要抓的人一个也没有抓到。

军警撤走后,学生们要求集体去市政府抗议。当时,学生自治会主要负责人都已经撤离学校,谁来指挥?此时,电机系从军返校的学生吴振东站了出来,集合队伍,向市政府进发。一些教授也加入了学生的队伍。游行队伍刚到林森路口(现淮海中路),就遭到集结在此手舞警棍、扁担、长棍的军警和便衣的殴打,30多名学生被打伤,其中3人重伤。为了避免不必要的牺牲,吴振东指挥学生队伍返回学校。气愤的学生不愿散去,当即召开大会,增补学生自治会执、监委。大会推举吴振东为新的学生自治会主席,组成了第三届学生自治会。一些党内第二线的同志和新成长起来的积极分子接替了上来。

大学时期的吴振东

吴振东,1943年入校在电机系就读,曾下决心"一定要埋头于学业,不参与任何与学业无关的活动",[①]是一位立志要走工业

① 吴振东:《我在学运中成长》。《水之源》(一),第132页。

救国道路的爱国青年。残酷的事实让他从幻梦中觉醒，于是，他参加进步社团主持的形势报告会和读书会活动，从中受到启迪和教育，并积极参加反美抗暴运动、护校运动、“五二〇”运动等爱国学生运动。在学生运动中，他勇往直前，善于斗争，获得了学生们的信任。1948 年 6 月，吴振东郑重地向党组织递交了入党申请，并获得了批准。

军警入校捕人和毒打学生的暴行，引起教工的极大愤慨，他们决定和学生们一起为反迫害、争取民主权力而斗争。钟伟成、周铭、季文美、李泰云、王之卓等教务长、总务长、院长、教授共同草拟了抗议迫害学生的电文和宣言，决定实行罢教。接着，教授会举行记者招待会，总务长季文美报告学潮的经过和事件真相。6 月 3 日，交大老校长唐文治、张元济联合全市 10 名七旬以上高龄的社会耆宿签名致函吴国桢和宣铁吾，痛斥国民党当局镇压学生的种种不民主措施，要求尽快释放被捕学生。

大学时期的俞宗瑞

1947 年暑假结束前，交大党总支进行调整，俞宗瑞担任党总支书记。8 月，中共交大总支决定，将张公纬、谭西夷等 6 位被通缉、开除和有危险的同学转移到晋冀鲁豫边区。10 月，张公纬等 6 人乘轮船离开上海。离沪时，江泽民送张公纬到码头。张公纬等 6 人转道平津，12 月初胜利到达解放区。周寿昌、周盼吾等其他被通缉、被开除的学生，大部分都在地下党组织的安排下撤退到解放区或转移到其他工作岗位，加入到解放全中国的革命斗争中。

“五三〇”大逮捕之后的上海处于白色恐怖之下。交通大学校长吴保丰在遭到蒋介石面饬后，被迫去职离沪。教育部专门组织成立了“交大整理委员会”，由教育部次长杭立武任主任。经过暑期两个多月所谓的“整理”，钟伟成、祝百英等教授被解聘，一批进步学生被勒令退学，交大的进步力量被削弱。

面对白色恐怖，在党总支领导下，第三届学生自治会迅速成长起来。他们转变斗争方式，注重指导进步社团，总结经验，发展组织，吸收运动中涌现出来的积极分子。在此基础上，党总支和自治会党团又组织了社团联席会，参加的有创社、知行社、山茶社、今天社、青年会、从军返校同学会、交大生活社、天蓝社、电联社、愚公社、三九社、建社、联合图书馆等。社团联席会成为党组织通过学生自治会联系进步学生的纽带，在以后历次学生运动中发挥着重要作用。

1947年下半年，总支和学生自治会为争取民主权力，突破《戡乱法》的束缚，在总结红五月学生运动经验的基础上，逐步认识到党的工作要从学生最关心和社会最同情的问题上找突破口。当年12月初，上海气温骤降，街头冻尸饿殍每天数十起，每月四五百人。社会上一些慈善团体和报社发起的赈募寒衣活动，进展不快，上海市政府虽说“冬令救济”，然而行动甚少。交大党总支及时注意到救寒救饥活动，认为借助该活动可以冲破《戡乱法》，冲破大逮捕以来的阴沉气氛。经上海学委同意，决定由交大、同济、圣约翰等校共同成立“上海市学生劝募寒衣委员会”，在全市大中学校广泛发动救寒救灾活动。

交大学生自治会及时组织放映了反映社会真实现象的进步电影《一江春水向东流》。片中，一位穷家女孩卖唱时唱道：

月儿弯弯照九州，几家欢乐几家愁；

几家高楼饮美酒，几家流落在街头。

悲哀的声调唱出了人世间的凄惨不平，震撼着每个青年学生的心灵。能歌善舞的山茶社社员及时将这首插曲在全校教唱，同学们上街劝募时齐声唱着这首歌曲。12月21日，在全校90%以上的学生签名下，交大成立了“救饥救寒委员会”，师生开始了“一周劝募活动”。

12月24日晚，圣诞夜，100多名交大学生冒着严寒上街劝募演讲。25日

1948年1月17日，交大等校学生在英国领事馆前集会抗议

为全校总劝募日，1 500 多学生分为几百个劝募小组，顶着丝丝细雨，踏着泥泞的路，散向大都市的每一个角落。26 日，影剧界知名人士丁然、上官云珠、赵丹、黄宗英、舒绣文等 20 多人来到交大，连续进行了 3 天义演，筹款逾 1 亿元。28 日，交大学生与上海 80 余所大中学校，2 万多学生一起出动总劝募。历时 2 周的救饥救寒运动，共募得捐款 3. 5 亿多元，寒衣 2 万多件。接着，学生自治会又组织学生，再次深入到贫民集中的地区发放衣物。活动让学生们进一步体察到贫民饥寒交迫的生活。

救饥救寒运动成功冲破了《戡乱时期维持社会秩序临时办法》。交大参加的学生达到 90%以上，再次涌现出大批积极分子，他们分别被吸收进了各个社团。

1948 年 1 月，港英当局为修建九龙机场，大量拆毁民房，引起九龙人民反抗，港英当局派出军警镇压。全国各大报刊连篇报道血案真相。南京政府当局迫于形势提出“反英护权”。交大党总支根据中共上海学委的指示，决定掌握“反英护权”的主动权，率先发动全校学生起而抗议。17 日下午，全市学生汇集外滩，2 万余名热血青年排着整齐的队伍集中在黄浦公园门外。3 时许，学生队伍汇集在英国驻沪领事馆前。交大学生自治会主席吴振东、同济何长城等 4 人代表游行学生向领事馆递交抗议书，要求降下英国国旗。英国领事馆开始气焰很嚣张，扬言要扣留 4 位代表。消息传出，群情激愤，准备攻进领事馆营救代表。英方见势不妙，不敢再为难代表，并被迫降下英国国旗。

这次合法斗争是继救饥救寒运动之后，从政治上冲破《戡乱时期维持社会秩序临时办法》。

1948 年 1 月 23 日，交大学生自治会进行了公开改选，选出了第四届执委会，执委主席为吴振东，监委主席为丁奇中。改选后的学生自治会执委会一上任，就遇到了同济大学学生要求声援的请求。

早于交大自治会改选前半个月，国民党当局颁布了修正的《学生自治会规则》，规定学生自治会为校内之课外活动组织，不得参加校外团体活动。《规则》还规定，学校可以撤消自治会所作的决议，也可以解散学生自治会等。1948 年 1 月，同济大学学生发动了争取民主、反对迫害晋京请愿的斗争。

1 月 29 日晨，数千名武装军警特务将同济校园封锁起来，阻止同济学生赴京请愿。1 000 多名同济学生突破封锁线冲出校门，与交大、复旦、圣约翰等 27 所学校前来声援的 2 000 多名学生汇集在一起。不久，军警开始镇压，制造了“一·二九”血案。在搏斗中，交大学生穆汉祥在马队冲过来时挺身而出，和几位男同学冲到第一排保护中学的女同学。当他勇敢地拉住即将要踏到同学身上的马缰时，被残暴的骑兵用马刀砍伤，嘴唇被砍裂，门牙也

大学时期的庄绪良

被砍落。

同济事件后,4月下旬,在党总支领导下,交大学生按计划,依然用公开竞选的形式,成功进行了第五届学生自治会改选工作,吴振东仍任执委会主席,屈义坎任监委主席。

5月,交大党总支根据上海学委的指示进行调整充实,由庄绪良任总支书记。

二、"民主堡垒"

第二次世界大战后,美国背信弃义,破坏《波茨坦宣言》彻底解除日本武装的决定,加紧扶植日本军国主义。对此,上海的专家学者不断在报刊上发表文章,揭露美国扶植日本军国主义复活的事实。《经济周刊》出版反美扶日专辑,发表了国际问题专家宦乡、石啸冲、孟宪章、冯宾符等撰写的专文。《大公报》连续召开各界人士的反美扶日座谈会,上海成为全国反美扶日运动的舆论中心。

1948年五一劳动节前夕,中共中央发布《五一劳动节口号》,明确提出:"全国工人阶级和全国人民团结起来……反对美帝国主义扶植日本侵略势力的复活。"

同济大学"一·二九"事件后,多所大学的进步力量遭到了削弱。1948年红五月来临之际,上海学委决定选择交通大学作为上海学生反美扶日运动的主战场。上海学联与交通大学学生自治会联合举行了一系列大规模的政治性集会,组织全市学生参加。

5月3日,上海各校学生联合在交大体育馆举行纪念五四运动文艺晚会。其中,交通大学学生演出了《觉醒》《农作舞》和讽刺蒋介石效法袁世凯当大总统的新编历史剧《典型犹存》等节目。

5月4日,交通大学校园布置一新,从校门口到民主广场(即大操场)的路上,大量的学生运动历史图片,构成了一条"从五四(1919)到五四(1948)的中国青年的道路"。一路上用彩灯做成的路标,依次标着五四、五卅、九一八、"一二九"……直至最后一个箭头"走向黎明",指向营火晚会大门。大草坪中央最引人注目的是高高矗立的"民主堡垒"。堡垒正面书写着"民主堡垒"四个大字,顶部飘扬着一面鲜艳的红旗。此外,草坪西面的民主广场的主跑道旁布置了一

交大纪念五四运动展览会的场景之一

张有 50 平方米的巨幅图画，画上题字：“为独立自由、民主富强的新中国奋斗。”在大草坪北侧的中院里，学生还布置了一个以反对美国扶植日本侵略势力复活为主题的展览会。

1948 年 5 月 4 日，竖立在交大草坪中间的“民主堡垒”

下午，各校学生陆续来到交大，总计有 120 多所大中学校学生 1 万 5 千多人。校园里面一片欢腾。夜幕降临，营火晚会在民主广场举行。首先，大会主持人、交大吴振东宣读了国际学联的贺电。接着，大会主席、圣约翰大学的阮仁泽讲话，控诉日寇侵华的暴行；国际问题专家孟宪章教授作反对美国帝国主义扶植日本军国主义的主题演讲。演讲一结束，各校的节目在熊熊营火的周围上演。交大山茶社演出了秧歌舞和短剧。晚会高潮中，司徒汉用三节手电筒指挥全场高唱《团结就是力量》《你是灯塔》和《光明赞》。

会上通过了成立“上海市学生反对美国扶植日本、抢救民族危机联合会”（简称“反美扶日

“民主广场”

联”)。会上的演讲、口号通过校内的“九头鸟”扩音广播(由九只高音喇叭组成的扩音器),使得学校周围的市民都能听得清清楚楚。

5月22日,上海学委在交通大学再次召开了盛大的“纪念五二〇血案暨上海学联成立一周年大会”,进一步动员“反美扶日”斗争。上海102所中等以上学校共计1万5千余人下午陆续来到会场。大会由交大学生自治会主席吴振东主持,他宣读了国际学联、全国学联、华北学联、南京学联的来电。接着,圣约翰大学教授陈仁炳作了“反美扶日”的主题演讲。演讲后,上海学联正式命名交大的广场为“民主广场”。接着,由交大学生林家铿指挥队伍进行检阅。1万5千余人的队伍编成8路纵队,步伐整齐,绕场行进。会上,反美扶日联合会宣布发起10万人反对美国扶植日本的签名运动,提出了迅速召开对日和会、保证日本法西斯侵略势力不能复活、解散日本海上保安厅、拘捕并公审一切日本战犯等6项主张。

三、质询与反质询

反美扶日斗争的深入推进,引发了交大师生与吴国桢的一场质询与反质询的斗争。

经过五四营火晚会、“五二〇”纪念会等几次大型集会的发动、号召,交大和上海各校将“反美扶日”的火炬高高举起，运动很快扩展到全国的一些大中城市。对此，教育部密电上海市政府责令其“对少数违法学生不能再事姑息，要严加惩办，查明重要分子，开除学籍”。6月4日，上海市长吴国桢召集各大学校长开会。会上，吴国桢当众责问交大校长程孝刚“交大学生整天唱解放歌，跳秧歌舞，把校园搞得像是赤色租界……”，要求程“道之以政，齐之以刑”严加管教。[①] 6月1日，上海各大学校长、教授347人联名致书美国总统杜鲁门，反对美国扶植日本。

为了把反美扶日运动引向社会，交大党总支决定，由学生自治会出面召开一次大型座谈会，邀请各阶层人士、国际问题专家、教授参加，还主动给吴国桢、潘公展、宣铁吾等也发了请帖。6月3日晚，座谈会在交大体育馆召开，参加会议的有周谷城、张孟闻、卢于道、孟宪章、张絅伯及各大中学校学生。吴国桢也准时到场。

大会开始，会议主席、交大学生自治会主席吴振东宣布，为抗战八年死难的军民默哀一分钟。静默之后，他激愤地揭露美国扶植日本军国主义的事实，并掷地有声地质问：现在政府里有人恐吓我们说，反美扶日的人就是共产党！不知道说这种话的人，还是不是中华民族的子孙？

与会的吴国桢市长试图扭转大会气氛，便抢先要求发言。他说：今天要谈的是日本问题，首先要注意两点：第一，美国并没有扶植日本；第二，日本不会再侵略我们，美国的政策是对付共产党，避免亚洲和中国的赤祸。接着他吹捧美国的“功德”。吴国桢的话音未落，全场发出怒吼：“打倒奴才外交！”吴自知不妙，借口另有重要约会，便匆匆离去。

大会发言一个接一个，均以大量事实从不同角度说明“反美扶日”运动的正义性。座谈会进行了3个多小时，有10多位各界代表发言，使与会学生更加清楚地看透了政府当局不顾民族利益，成为美国“资本美国、工业日本、原料中国”侵略政策的追随者。

座谈会后，巴金、洪深、孟宪章、周谷城及香港工商界人士纷纷联名或发表宣言，或致电美国政府，强烈地表示反对美国扶植日本军国主义。

6月4日，交大举行了系科代表大会，决议第二天参加全市反美扶日大游行。5日，国民党调动了大批军警、宪兵队、保安队、青年军、警备车、飞行堡垒荷枪实弹、全副武装，对交大、复旦、同济等学校进行层层包围封锁。

面对反动派的嚣张气焰，学生们坚决要求冲出去。此时，国立大学区委、交大党总支和学生自治会负责人及时分析了形势，决定改在校内游行。这个决定，得到极力劝阻学生硬拼

---

① 吴振东：《政治漩涡中的程孝刚校长》。《水之源》(二)，第238页。

的师长们的赞许。总务长蔡泽教授走入游行队伍,程孝刚校长鼓掌欢迎学生。

吴国桢对学生的全市性“反美扶日”大游行进行了打击、破坏之后,自以为得势,接着进一步把矛头继续指向交大,挑起了一场打压交大学生的“神经战”。

6月6日下午,吴国桢召开记者招待会,指责交大学生是“假爱国之名,图卖国之实”,“阴谋破坏社会秩序”,声称要彻底查究“幕后操纵者”。次日,国民党《中央日报》上,登载新闻:“假爱国之名,图卖国之实——市长在昨晚记者招待会上痛斥越轨学生,专函提出七点质询,责成交大校方复查。”对此,学生自治会进行了公开复函,并在复函中提出了5点反质询。吴国桢见到交大的函复,十分恼火。6月10日,吴又召开记者招待会,提出“八点再质询”,并且威胁要“以妨害治安论,由警局传讯交大学生自治会及系科代表大会负责学生”。

面对反动派的汹汹攻势,地下党总支及时指示学生自治会党组,要以质询对质询,把吴国桢置于受审地位。6月11日晚,交大学生自治会在校内招待各报社记者,发表了《给吴市长的一封公开信》,提出11条反质询。公开信最后指出,我们不会犹疑恐惧,我们确信爱国无罪。这封义正词严的公开信在《大陆报》《正言报》《益世报》上发表,给了吴国桢迎头痛击。

6月12日晚,吴国桢再次召开记者招待会。针对吴国桢向报界多次发表的恐吓性谈话,程孝刚校长特地向报界发表谈话,表明学校的立场是“导之以

益世報

中華民國三十七年六月十一日

答覆所詢七項問題 交大覆文昨達市府

吳市長昨表示處理學潮態度 並再向交大提出新問題八點

交大覆函全文

工業界茶會歡送我出席國勞代表

交大一學生

上書

1948年6月11日,《益世报》刊登交大复函市政府所询七项问题的全文

德，齐之以礼”。

在上海市政府当局的步步紧逼之下，校长程孝刚不得不声明辞职。自治会内部对下一步怎样走也产生了分歧。

这时，在吴国桢授意下的特刑庭准备开庭，交大学生自治会要出庭受审。上级党组织指示交大总支：①不承认特刑庭的合法性；②再次责问吴国桢爱国何罪；③交大自行组织“公断会”，邀请各界人士公开论断交大学生与吴国桢之间谁是谁非。于是，按照这个精神，学生自治会发表了严正声明，发动各界人士举行公断会。

会前，学生自治会特地派人到包达三家中和马寅初、盛丕华等分析形势，商定召开公断会和主要出席对象的方案。[①] 邀请的各界代表除了声望很高的“海上十老”“救国会七君子”“六二三”上海人民代表和知名度很高的专家、教授外，还有由马寅初亲自出面代邀的宣铁吾的秘书长方秋苇和国民党政府立法委员周一志、吕克难等人。学生自治会同时也向吴国桢、潘公展、方治等发出了请帖。“海上十老”中的唐文治、张元济6月21日在《大公报》上发表了义正词严的给吴国桢的公开信，告诫吴国桢要“善为利导，并以保全善类……勿再传询”。[②]

1948年6月26日，交大学生自治会召开的“反美扶日”公断会现场

① 同济、上海交大、中华工商专科学校史志室合编：《精神不死——郑太朴烈士诞辰百年纪念集》，上海交通大学出版社2001年版，第53页。

② 《大公报》1948年6月21日。

6月26日晚,由各界代表组成的公断会在交通大学体育馆举行,馆外广播转播,交大学生1 000多人参加。会场正中挂着一条"反美扶日公断会" 横幅。在公断席上就座的各界人士有陈叔通、马寅初、许广平、史良、王造时、张志让、张絅伯、陈维稷、漆琪生、方秋苇、周一志等近30人。吴振东主持了大会,向大会汇报了交大"反美扶日"运动的情况,请与会者评理、公断,并说明也向吴市长发了正式请帖,吴国桢无故缺席,但可以缺席公断。

前清翰林、民族工业界代表陈叔通首先发言。他说:"吴市长说反美扶日是受少数人操纵,今天来校一看人多极了,情绪很热烈,哪里是受人操纵呢?'反美扶日'是举国上下人同此心,心同此理,有百是而无一非。美国扶植日本,对我中华民族生死存亡息息相关,我们同是中国人,岂能视而不见,听而不闻。吴市长说你们反美扶日不是爱国,我看说这种话的人便是卖国!"[①]全场一片热烈掌声。

史良女士发言说:"诸位反美扶日之举,动机是爱国,行动是正义,我查遍古今中外法典,找不出诸位犯法的条文。"[②]张志让先生紧接着发言:"十二年前史良先生等七君子以爱国之罪被国民党传询入狱,我是辩护律师,今天国民党故伎重演,我愿意再当一次和国民党当局打官司的辩护律师。"[③]

许广平女士也痛责吴国桢要传询爱国学生,是当年北洋军阀迫害她们的旧戏重演。周一志、方秋苇也先后发言。周说:"我是国民党政府的立法委员,是戴不上红帽子,也是共产党不敢操纵的,有人叫我周疯子,我今天不是讲疯话,爱国确实无罪,传询确属非法。"[④]方秋苇则以抗日将军的身份,揭露吴国桢当重庆市长时造成的防空洞大惨案,斥责吴国桢在"六三"座谈会上侈言抗日有功和痛恨日本法西斯的虚伪性。

公断会经过4个小时的热烈讨论,形成论断:"反美扶日运动是人同此心、心同此理的全国性爱国运动,不犯法,更绝不可能受人操纵。"最后张絅伯、马寅初以交大校友的身份表示坚决和爱国的交大同学在一起:"吴国桢要你们坐牢,我们一起去!"[⑤]全场掌声雷动。

第二天,《正言报》发表了"交大公断会,吴市长被缺席判决"的消息,并且报道说公断会"情绪颇为热烈,一致认为'反美扶日'运动是反对日本军国主义复兴,也是媲美五四运动的爱国运动"。[⑥]《大公报》对公断会的情况以及会上17位知名人士的发言作了详尽报道,并先

① 《大公报》1948年6月27日。
② 《大公报》1948年6月27日。
③ 《大公报》1948年6月27日。
④ 《大公报》1948年6月27日。
⑤ 《大公报》1948年6月27日。
⑥ 《正言报》1948年6月27日。

后发表多篇社论和专论，与学生的“反美扶日”运动相呼应。全国各地的“反美扶日”运动同时风起云涌。

第四节　黎明前的斗争

一、交大地下党组织的发展

在整个解放战争时期，中共交大地下党在激烈斗争中发展，党员人数不断增加，党的组织不断壮大，为上海解放和交大的新生作出了贡献。抗战胜利时，交大只有一个党支部25名党员，到1946年9月党员人数已增加到60多人，并成立了党总支。上海解放前夕，上级党组织根据形势发展的需要，特别是上海解放后需要大批干部，提出重视发展党员的要求，并将发展党员的批准权限下放到学校党总支委员会。据此，交大党总支根据共产党员的标准，认真发展优秀同志入党。到1949年4月，交大总支属下已有包括一至四年级的4个党支部和宣传、文艺2个支部，以及学生自治会、社团联、“新青联”、调查研究组等4个党组在内的共10个党组织，有党员198人。

交大党组织不仅队伍扩大，同时通过党内教育，包括组织党员认真学习毛泽东的《论联合政府》《目前形势和我们的任务》，刘少奇的《论共产党员修养》，及党的白区工作“隐蔽精干，长期潜伏，积蓄力量，以待时机”的16字方针，进行思想政治和政策教育；结合纪念王孝和烈士和开除叛徒党籍等案例，对党员进行革命气节和纪律教育。广大党员的思想政治水平、政策水平和组织性、纪律性都有很大的提高。

通过不断实践，党组织在领导方法和斗争策略方面也不断提高。在反“甄审”斗争中，党支部注意根据群众的情绪和觉悟程度，从低级到高级，从分散到联合，开展合法斗争，以现实教育提高群众；在救灾反内战斗争中，党总支注意从维护群众最切身、最关心的事出发，引导揭露国民党当局发动内战的行径；在赴南京请愿斗争中的关键时刻，党总支坚决执行上海学委的指示，掌握有理、有利、有节的原则，劝阻请愿学生返校，避开了敌人的血腥镇压，取得了护校斗争的胜利；在“五二〇”运动中，党总支在执行上级指示中，根据交大情况提出“休止罢课”和在“114”突发事件中逼市长来校谈判的斗争，显示出党总支组织有序，善于斗争；在反美扶日、质询反质询斗争中，党总支在执行上级指示中，利用长期来各支部和学生自治会党团与校长、教授建立起的专人联系制度和与民主党派建立起的友好关系，成功地召开了“公断会”。在斗争中，交大党的组织工作更加严密细致。一方面有坚定的学生自治会党团，有

中.7.28.

社論

肅清間諜的間諜

共匪正在施展其兩面作風，假冒「愛國」運動以掩飾其出賣東北領土主權的詭計，號召「新政協」和「聯合政府」以隱蔽其蘇維埃政權組織的陰謀，宣傳改變土革政策以誘騙農民而攫取其血汗和生命，不料共產國際發表了譴責南共的決議，否定了民族主義人民陣線和土地私有與工商自由這一切路線，而中國共匪本來是共產國際的支部和武裝間諜，至此不得不發表聲明，接受共產國際的決議，並依據決議檢討他黨徒的思想，這一聲明，把共匪隱藏在「愛國民主」和「安定中農」與「保護工商業」這些煙幕後面的武裝暴動國際間諜本來面目，一古腦兒呈現在中外人士的眼前了。

共匪黨徒既是共產國際的間諜，則職業學生自然是間諜的間諜。這些間諜的間諜的特點是憑藉幾個大學造成蘇維埃租界，組織大聯防以威脅學校當局抗拒治安機關的傳訊和懲處。

我們喚起政府與社會注意堅持民族革命戰爭聲討武裝國際第五縱隊之今日，不要放縱國際間諜的間諜，必須協力同心收回大學租界，懲處職業學生，為社會秩序求安定，為一般純潔學生的學業作保障。

昆明雲南大學蘇維埃是已經軍警機關摧毀了，徒手的軍警付了生命的代價救出了匪黨脅從的十五歲上下的少年回到祖國的懷抱，撫慰了他們慈母受了創痛的心胸。

北平職業學生七月九日突破戒嚴令的叛亂性的遊行，表演了共匪地下蘇維埃政權的力量，我們希望傅總司令嚴為處理，務須破獲首要職業學生的間諜組織，鏟除策動學潮的核心，使北平各大學在下學年能夠得到半年的安定。

上海方面我們喚起政府與社會注意，千萬不要忽視交通大學。交通大學在上學期之內是匪黨職業學生所誇稱的「民主場」，他們的公開集會都在交大舉行，在暑假之內，交大又變成了南北各地職業學生匪黨間諜的「民主宿舍」。南北兩地交流的匪生結隊成羣路過上海，就在交大的宿舍居住。上海英法租界早經政府收回了，不圖今日這一持有悠久歷史和最高聲望的交通大學又造成了蘇維埃租界，在國家之內自成一個獨立國家。

今日有幾個大學被共匪間諜職業學生所控制，他們在大學之內組織聯防，開設法庭，造成共匪城工部的屏障和煽動城市各種風潮的策源地。北平清華燕京的職業學生之猖獗無忌，與上海交通職業學生之得意忘形，決不是任何民主國家所能忍受。倘如政府為了投鼠忌器不加管制不予消除，則刑法上叛亂與外患兩章與戡亂期間危害國家緊急治罪法皆成具文，憲法失其保障，而中華民國民主共和國體將立即為蘇維埃政權所摧毀。

剿匪軍事不是「內戰」，更不是「黨爭」，乃是保衛國家命脈民主政制和知識青年，「干涉學術自由」乃是為了消滅共匪城工部組織保障社會秩序維護純潔學生的學業。今日幾個學校受了職業學生的威脅和控制使大學教育受了玷污和威脅，譬如人身生了毒害健康的癰疽，唯一救治的方法就是操刀一割。要知道割治癰疽並不是殺害人身，同樣的懲處職業學生並不是破壞學校。我們希望有關各大學的校長教授和畢業校友，為了愛護學校珍惜學業而與政府合作，使割治癰疽的手術，得以迅速而安全的實施。

1948 年 7 月 28 日，南京《中央日报》发表社论《肃清间谍的间谍》

扎实的社团和各班级群众工作为基础；另一方面在党内部署了二、三线，一线党员受到打击，二、三线党员立即补充上去，继续战斗，保证了党组织在交大的学生爱国运动中起到坚强的战斗堡垒作用。

二、改变斗争形式

1948 年秋，解放战争已进入战略决战阶段。蒋介石政府为挽救败局，颁布“改革经济”“肃清匪谍”“安定后方”等一系列法令，更加疯狂地镇压国统区内的民主斗争。

1948 年 6 月 29 日，国民党中央机关报《中央日报》发表社论，提出对爱国学生与其“养痈贻患，不如操刀一割”，扬言要“当机立断，斩草除根”。7 月 28 日，中央日报社再发社论《肃清间谍的间谍》，矛头直指交大学生运动，说：“上海方面我们唤起政府和社会注意，千万不要忽视交通大学。交通大学在上学期之内是匪党职业学生所夸称的‘民主场’，他们的公开活动都在交大举行。在暑假之内，交大又变成了南北各地职业学生匪党间谍的‘民主宿舍’。交通大学现在又造成了苏维埃租界，在国家之内自成一个独立国家。”教育部密电上海市政府：对学生破坏秩序、危害国家的重大违法行为不能再予姑息，要严予惩办。国民政府上海市当局吴国桢、潘公展、宣铁吾等人召集大学校长训话，并宣布各校学生不准开会、不许在校外活动、禁止其他学校学生入内、严厉监督学生行动等四项措施。为了避免损失，根据上级党组织的指示，对一部分已明显暴露的党员和积极分子进行了隐蔽转移。8 月 26 日，当特刑庭欲拘捕马肇璞、吴振东等16位进步学生，[1]传询李毓珽等19位进步学生时，[2]结果只抓到了张海威、陈宏毅两人。再后两人也被营救出。

这期间，学生自治会成为迫害、打击的重点目标，敌人往往会采取“一窝端”的办法使其瘫痪。许多刚当选为理事的学生就因被列入敌人黑名单而不得不转移。

1948年暑假后，上海各大学的学生自治会均已被破坏而无法活动，上海学联也转入地下。但是，交大学生自治会仍然坚持活动，由黄贻诚、张宝龄两人分别担任学生会内外工作。当时，交大学生自治会是上海学联唯一存在且可以公开活动的学生组织，也是学联唯一可以向全市大中学校学生传递信息与公开发出号召的机构。

针对以上情况，8月底，在大学区委指导下，新调整后的交大地下党总支召开了总支会议。会议决定将工作重点“从社团转移到班级”，以避免损失，为迎接解放作准备。11月，第六届学生自治会经过选举产生。厉良辅当选为执委主席，邓宗澄当选为监委主席。然而，不到三个月，厉险遭毒手，被迫离校。

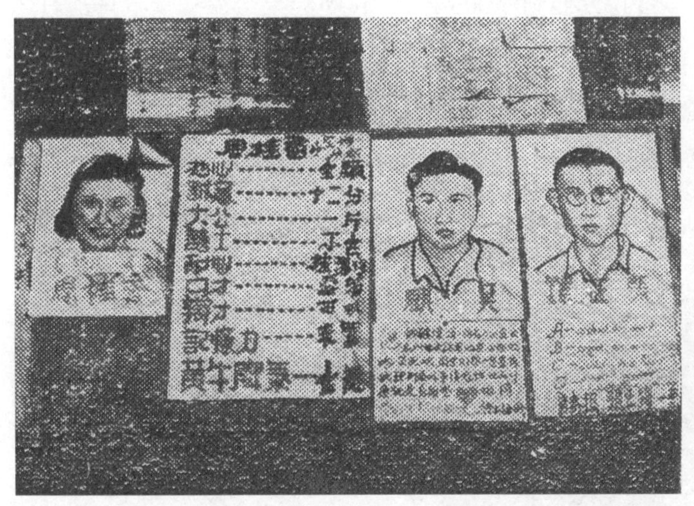

竞选学生自治会干事活动

1949年2月，形势进一步险恶，敌人要对进步学生下毒手，学生自治会成员首当其冲。为了保护积极分子，并把学生会的工作坚持下去，学生自治会加快了自治会体制从社团向班级转移的工作，决定把以个人为代表的学生自治会的理事改为以班级集体为代表。理事由

① 16人为马肇璞、张海威、葛如亮、黄鹏九、章斐然、吴振东、刘光裕、周蔚芸、戴昭崇、蔡祖齐、李君亮、史继陶、甘为垣、尤大瑜、钱叔文、祝匡时。

② 19人为李毓珽、李文杰、邢幼青、李宝珍、焦化民、周桂香、毛德明、吴麒、严鑫泉、奚祖纲、林家铿、周世炎、黄世群、丁奇中、何若平、汪廷豫、陈宏毅、周同昭、李家镐。

班级推选，经常调换。3 月 7 日，以新方法选出了学生自治会第七届理事会干事班级 12 个。

新的选举方法构建的以班级为基础的学生自治会组织和体制，减少和避免了敌人的打击破坏，保证了交通大学学生自治会继续成为上海地区爱国学生运动公开活动的堡垒。

针对学生们渴望了解发展迅速的解放战争的真相，交大党总支采取公开和秘密相结合的方法，专门成立了宣传分支部，领导该项工作。通过学生自治会用出版书刊、油印宣传册子、美术画、广播、壁报、歌舞等各种形式，向全校师生宣传解放战争的形势和共产党的政策，形成了这一时期交大学生运动中的一大特色。其中，最有影响的是《交大生活》和《每日新闻》。

《交大生活》重点报道全国大、中学校的进步学生运动，资料来源于全国各地的进步学生刊物和进步报刊，如香港进步报纸《华商报》、党的秘密出版物《群众》等，发行量从 400 份发展到 5 000 份。除《交大生活》外，学生自治会还创办了“每日新闻” 社，以大字报和“九头鸟”广播的形式，向校园内外的师生员工传播解放战争的胜利捷报和宣传党中央新华社电讯。交大的广播几乎成为上海当时的一个公开的红色广播台。“每日新闻”社的工作人员，除极个别的不得不公开身份，如自治会学术股史霄雯外，其余的基本上都处于秘密状态。

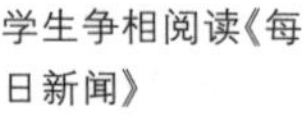

学生争相阅读《每日新闻》

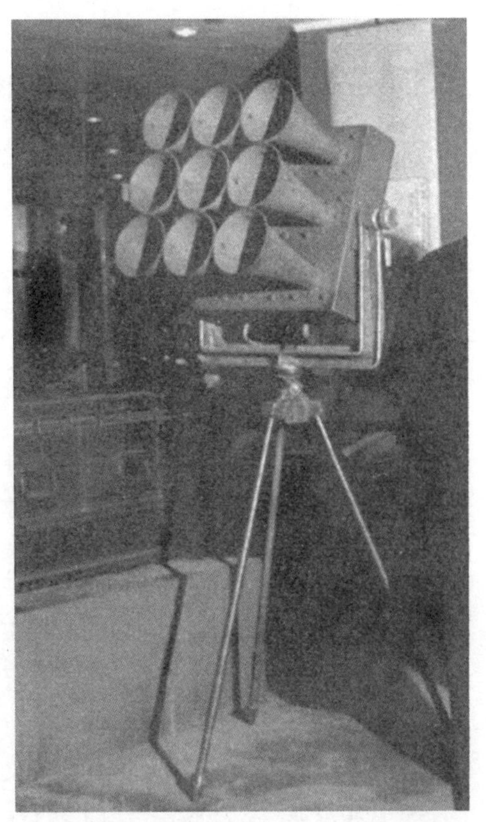
“九头鸟”扩音装置

为了扩大宣传，交大的民众夜校于1949年2月创办了通俗易懂的《民众报》。《民众报》主要介绍解放战争的大好形势，宣传中共中央的方针政策。《民众报》的主要阅读对象是徐汇地区的工人，每周出版两期，3月1日—4月19日共出版了15期和两份特刊。该报开始发行百余份，后增至近千份，发行对象扩大到长宁、静安等区的一些民众夜校，连国民党的要害部门龙华机场的职工也在传阅。

在白色恐怖笼罩的上海，交大校园成为传播红色声音的阵地。

三、成立“新青联”组织

1949年1月，为迎接解放、壮大组织，交大总支根据中共中央建团决议的精神，结合交大校园内的斗争形势，以党员为核心，开始建立党的秘密外围组织“交大新民主主义青年联合会”，简称“新青联”。

“新青联”有明确的政治纲领和章程，它的目标是“要为建设新民主主义新中国而奋斗”。由穆汉祥为“新青联”起草的宣言标题是：“春风绿到江南岸。”宣言号召学生：“面对敌人疯狂的迫害，灵活、沉着、坚定地把斗争进行到底，准备迎接上海解放的日子。”章程还拟定了参加“新青联”的誓言，严格按秘密工作原则活动。

“新青联”基本采用秘密的活动方式，采取单线联系，要求党员分工负责发展“新青联”成员。至2月份“新青联”会员已经达到300多人。全校“新青联”设立总部，下面按年级建立四个分部。1949年4月，“新青联”会员发展至400人左右(含198名地下党员)。而后，发展党员一般先发展其为“新青联”会员，然后再从会员中选择优秀的履行手续后吸收为党员。如黄旭华1949年3月经介绍光荣地参加了中国共产党。解放后，他一生从事科学研究，成为我国核潜艇总设计师，中国工程院首批院士。

由周蔚芸、何孝俅、穆汉祥等于1946年创办的民众夜校，也成为党组织领导青年学生走与工农相结合道路、接触社会、服务社会、锻炼自己的阵地。至1949

年初,夜校学生已经发展到300多人、历任教师累计达50—60人。经过学生运动的锻炼,其中有任教的学生穆汉祥等22人和在读的工友学生21人入党;[①]夜校建立了夜校党支部。

这一时期,交大党员人数增加迅速,如一年级分支部党员人数从入校时的7名发展到41名,是入学时的6倍。

四、解放前夕的战斗

1948年末1949年初,辽沈、平津、淮海三大战役相继取得伟大胜利。国民党反动统治败局已定,蒋介石已作迁往台湾部署。由此,国民党妄图把工厂、学校迁至台湾,运出物资,破坏城市的物质基础。党中央指示上海地下党组织发动群众,反对国民党的破坏,保护工厂、机关、学校,配合解放军接管城市,维持社会秩序,并迅速恢复生产。

交大地下党总支通过学生自治会,发动师生再一次展开护校斗争。

1948年底,传出国民党当局要把交通大学迁到台湾的消息。交大学生自治会立即根据党组织的指示,争取校方领导及教授会的支持,共同反对迁校,为防止当局利用寒假时机强迫迁校,决定本学年不放寒假。

为了让学生过一个充实而有意义的寒假,学生自治会组织了五六台大型演出,通过义演,募集经费。义演邀请了周小燕等文化界名人来校演出;邀请上海戏剧专科学校来校演出话剧《原野》。有的演出,全市大中学校学生组队前来观看,夜晚回不去就由交大学生自治会组织通宵联欢,校园里热闹非凡,使得敌人迁校的阴谋难以实行。

1948年底,面对解放战争强大攻势,国民党政府提出"应变"口号。中共上海市委指示,要利用"应变"口号,保护学校财产和人员安全。

学生自治会在党总支的指示下,把学校校方、教授会、讲师助教会、职员励进会等各方面的力量凝聚在一起。1949年2月3日,学校成立交大应变委员会,由陈石英担任主席,下设财务、安全等五个组,分别由王之卓、王龙甫、陈如庆、潘承梁、蔡任之分工负责。学校由应变委员会统一领导开展护校应变活动,包括争取应变费、调整教职工待遇及学生公费等等。

1949年1月初,面对物价暴涨,校长王之卓联合复旦、暨南、同济等8校校长向教育部呈文提出集体辞职,并强烈要求教育部增加经费。同期,上海国立专科以上学校教授联谊会推举交大教授曹鹤荪和复旦陈望道、暨大刘大杰等教授赴京面见代总统李宗仁,要求调整薪金及研究费。在校长和师生联合呼吁、请愿以及社会各界的支持下,国民党政府被迫拨给学校

---

① 张培性等:《穆汉祥和交大民众夜校》。《水之源》(三),第162页。

1—6月份的经常费、教工生活补助费、学生储粮款、师生3个月的存粮应变费等。

在"应变"的旗帜下，交大还成立了由1 000多位学生组成的护校总纠察队，保护学校。交大师生，又一次抵制了国民党当局的迁校阴谋。

1949年初，解放战争节节胜利，李宗仁代理总统。国民党玩弄起"和谈"阴谋，妄图苟延残喘。有的学生对"和谈"心存幻想，有的认为"以长江为界，南北分治"可行。为了理清思想、辨别真伪，根据中共上海市委指示精神，学生自治会出面组织了全校真假和平辩论会。

为了开好"真假和平辩论会"，事先准备中的一个难题是，揭穿国民党假和平、真备战的正方首席代表，由谁来担任？由于穆汉祥在群众中声望高，又有杰出的口才，他们班一致推他出任。此时，党组织已决定他撤离交大，所以最初他作了推辞。但是班上不知情的同学仍然强烈希望他出场。为了保护群众的积极性和热情，穆再三向党组织请求说，党组织已决定我离开交大到地区工作，我可以在辩论会一结束就离校，不再在交大露面，这就可以少暴露一个交大的同志，请相信我能胜任这个工作。起初，总支委员都不赞成，经过穆汉祥的反复阐述理由，大家勉强同意。上级党组织批准了交大党总支的决定。

3月下旬，"真假和平辩论会" 在上院114教室举行。各班学生十分踊跃，窗台上都站满了人。辩论会由系科代表大会常务委员史霄雯主持。辩论会正反双方各派3人，正方以穆汉祥为主，反方以地下党四年级分支部书记徐裕光为主。穆汉祥针锋相对地指出：历史上，1945年抗战胜利后，蒋介石将毛泽东邀至重庆，经过艰苦的谈判签署了《双十协定》，之后又召开了政治协商会议，签订了《和平协议》，但这都只是缓兵之计，待蒋介石将部队调到东北、华北、华中部署就绪之后，即撕毁协议，发动了全面内战。现在战场上他全线失利，又出来求和了，蒋介石真的有和平诚意吗？反方说：现在是李宗仁当政，情况变了。正方反驳：蒋介石的"引退"其实是退居幕后，以退为进，统治机器依然如故，军队仍控制在他手里。穆汉祥还用农夫与毒蛇的故事进行说明。最后，他大声疾呼："同学们，我们如果像农夫一样怜悯这条冻僵的毒蛇，而不将它一锄头砍死，最后终将被之毒害，请大家想一想，我们能和毒蛇和平吗？"会议主席旗帜鲜明地作出结论：和平不能等待，和平要用斗争去争取！

1949年4月23日南京解放，而此时也是上海最黑暗、最艰苦的时期。国民党京沪杭警备司令部汤恩伯发布了杀气腾腾的"十杀令""连坐法"。上海市内经常查户口，封锁马路，抄身搜捕。

为了避免革命力量遭受损失，交大总支作出了应急措施：凡已暴露的党员和积极分子离开学校，隐蔽起来；还不太暴露的党员和积极分子，白天可留在学校坚持工作，但夜晚不得留宿学校或家中。

25日晚,国民党各特务组织在警备司令部开会,密谋实行大逮捕。经过几次泄密,警备司令部对行动做了调整,决定交大逮捕行动由警察总局负责执行。4月26日凌晨2点,敌人对全市17所大专院校同时发起逮捕行动。军警的铁甲车撞开交大后门,冲进校内,全副武装的军警迅速把住校内各交通要道和学生宿舍,按预先准备好的黑名单逐房对照搜捕。这时,护校纠察队冲向钟塔,一时清脆的钟声夹杂着恐怖的枪声把全校学生惊醒。学生们相互掩护,机智躲避,但还是有部分学生被逮捕。

26日上午8时,军警才撤离学校,然而,特务仍在周围监视着。当时,还有5位自治会骨干出不去,校长王之卓用他的轿车偷偷地把5位自治会学生送出了学校。

"四·二六"大逮捕,敌人带来交大的黑名单有108人,结果被捕的包括外校的师生有56人。[①] 其中,交大师生50人。交大被捕人员中,中共地下党员7人、"新青联"成员近10人。这次大逮捕,全市17所学校被捕师生共352人,全部囚禁在建国西路648号的达人中学。在囚禁处,被捕的交大地下党总支委员严祖礽与另外6位党员一起团结大家与敌人进行了坚决的斗争。

4月30日,已经调到地区工作、担任徐汇分区委委员的穆汉祥,在完成一天任务后又饿又累,途经交大门口的一家面馆,刚叫了一碗阳春面,却被特务学生龚瑞盯上而被捕。5月2日,化学系四年级学生史霄雯在电车上亦遭遇特务而被捕。

学生被捕后,经交大总支和学校多方奔波营救,陆续有40人获释,但是仍有16人被分别押至提篮桥监狱和虹口商学院。之后,当局对监禁的16人下了枪决令。后因中共上海市委布置监禁地的党支部作策反工作拖延时间,至5月26日早晨,人民解放军已进驻市区,16人得以乘敌人各自逃命之际纷纷冲出牢房,分散隐蔽了起来。

穆汉祥和史霄雯被捕后被关在警察总局的死牢中,三番五次受酷刑逼供。穆汉祥身体受到严重摧残,史霄雯满身伤痕,但仍顽强坚持斗争。为了安慰家人,史霄雯写了一张纸条通过看守转给母亲。纸条上写着:"一切平安,请您放心。"交大地下党组织多方营救。王之卓校长亲自打电话给市警察局长、特务头子毛森,但他矢口否认有这两个人。就在5月20日,上海即将解放时,穷凶极恶的反动派在闸北宋公园(今闸北公园)秘密杀害了穆汉祥、史霄雯。

---

① 56人为李振华、曹克明、何炳江、杜崇璞、刘前学、程作渭、盛荣富、杨念和、李儒训、魏一邦、许锡绰、彭世美、刘康为、张文学、黄冠英、范正宇、郭可评、张以清、脱全禄、黄定远、黄良浩、王世尧、晏振群、孙学曾、归小芳、叶红玉、刘复祥、杜梵、章苏斐、李万春、施慧沥、张淑颖、谌文聪、王耀东、魏瑚、宗福腴、袁仲龄、许锡振、彭维藩、吴培豪、胡恒旭、陈唐尧、王正性、楼齐义、陈为汉、杨庆雄、束炳朝、周士炎、张家铎、徐铭祖、马昭彦、房代叔、严祖礽、陈元嘉、朱庆年、刘大成。

穆汉祥，生于1924年，回族，天津穆庄人。1945年考进交大电讯管理系，担任班长，是民众夜校的主要创办者。1947年加入中国共产党，担任交大党总支委员。解放前夕，调至区里担任徐汇区分区委员，积极从事工人运动，组织工人协会及人民保安队，为迎接解放作准备。他留给我们的话是："我愿化为泥土，让人们践踏着走向光明的前方。"

穆汉祥烈士
(1924—1949)

史霄雯，原名仕伯，生于1926年，江苏常州人，1945年考入交大化学系，担任班长、学生自治会执委干事，党的外围组织"新青联"会员，深受学生的爱戴。在史霄雯的遗物中，保存着一本英文版马克思著作《1848—1850法兰西阶级斗争》。他牺牲前曾对同学说："过去对这些书（指马克思主义著作）接触很少，现在既然认识了真理，一定要多看，推动自己前进。"他正是抱着"朝闻道，夕死可矣"的信念从容就义的。

史霄雯烈士
(1926—1949)

上海解放后的第三天，即1949年5月29日，学生自治会的学生在工人的指点下来到普善山庄寻找烈士的遗体，经过反复辨认，终于在一具尸体的衣袋里的一条领带中找到一张小纸条，上面写着史霄雯的名字。另外从衣着与被马刀劈过受伤的牙齿的特征上，辨出穆汉祥烈士的遗体。从他们遗体上的背部、胸部的血斑、剥落的指甲、僵直肿大的膝关节，都说明他们受过酷刑。

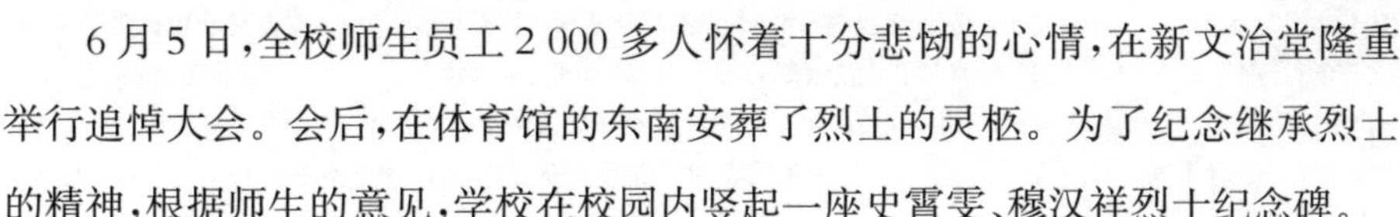

6月5日，全校师生员工2 000多人怀着十分悲恸的心情，在新文治堂隆重举行追悼大会。会后，在体育馆的东南安葬了烈士的灵柩。为了纪念继承烈士的精神，根据师生的意见，学校在校园内竖起一座史霄雯、穆汉祥烈士纪念碑。

"四·二六"大逮捕当天，国民党上海警备司令部下令军队进驻各大学，并限令各校3天内紧急疏散。上级党组织领导立即来到交大，与交大总支书记庄绪良等人作出决策：避敌锋芒，保存力量，采取五项措施应对：建立联络网；学生自治会转入地下；《交大生活》继续编写出版；组织师生，转移设备；组织人民保安队，开展社会调查。学校建立起1 200人的交大人民保安队和人民宣传队，油印毛泽东主席、朱德总司令的《中国人民解放军布告》投寄给反动军警分子；接受特殊任务，突击绘制沪西一带的地图，包括机场、铁路、地形地貌、国民党军设置的地堡和岗哨情况等。5月20日，一份交大附近的详细社区地形图转送给了人民解放军。5月26日,人民解放军第27军,正是按照地下党提供的地形图从沪西一带进入上海市区。

5月24日晚,解放军部队突入徐家汇,驻扎在交大校园的国民党军队闻风逃窜。5月25日晨,徐家汇地区全部解放。中午,一面鲜红的大旗在交大校门口升起,人民保安队守卫着学校的大门,学校的"九头鸟"扩音机重新广播,雄壮的"人民解放军进行曲"响彻徐家汇。

在交通大学的校园里,建有纪念"五卅"运动中牺牲的陈虞钦、吴恒慈的"五卅"纪念柱,史霄雯、穆汉祥烈士纪念碑,和1945年牺牲于抗击日军战斗中的杨大雄烈士纪念碑。从建校至1949年的51年历史中,交通大学不但培养了一批工程师、科学家、企业家和社会活动家,而且为共和国的建立献出了20多位革命英烈,这其中牺牲于解放战争时期的就有10位。他们有在校学生史霄雯、穆汉祥,有被迫离校的学生曹炎、[①]杨世恺、[②]汪廷豫,[③]有在校教授郑太朴、[④]兼职教授陈伯康,[⑤]还有校友杨潮、[⑥]周均时、[⑦]薛传道[⑧]等。他们之中有中共党员,也有民主党派和无党派人士。

---

① 曹炎(1921—1949),1942年考入贵州平越交通大学,1944年转入重庆交通大学。复员上海后积极参加学生运动,发起组织"知行社",并任社长。1947年6月,因遭通缉,离校回乡,任达孝中学教员,广泛开展革命宣传。1949年5月率部分进步学生加入华南人民解放军祁邵衡地区游击纵队,任政治部主任。6月3日,在与敌人的战斗中壮烈牺牲。

② 杨世恺(1925—1949),1944年考入重庆交通大学工业管理系,1947年秋当选为学生自治会执委。1948年9月毕业,经中共地下党安排,前往河南商丘自忠中学任教,做地下交通。1949年1月10日,在一次执行党的任务中被国民党军队逮捕,次日于瓜阜镇就义。

③ 汪廷豫(1928—1949),1944年考入交通大学运输管理系,后因从事学生革命运动,被当局以"危害国家"罪通缉。经中共党组织安排与杨世恺同赴河南商丘自忠中学,从事接受进步青年进入苏北解放区的地下交通线工作。因叛徒出卖,与杨世恺一起被捕,受尽严刑而不屈,于1949年1月11日被杀害。

④ 郑太朴(1910—1949),著名民主人士,自学成才。先后任职于商务印书馆、同济大学、交通大学、中华工商专科学校。出版著作、译作《自然哲学之数学原理》等20余本。1922年加入中共党组织,1922—1926年留德,参加革命活动,结识朱德、邓演达,回国参加北伐。大革命失败后脱党,但继续从事革命斗争。组建"第三党",积极参与反蒋斗争。遭逮捕,被判死刑。被营救后,继续从事民主党派建设与民主革命斗争。1949年1月,应中共中央邀请参加筹备新政协会议,途经香港不幸病逝。1950年,上海市人民政府追认其为革命烈士。

⑤ 陈伯康(1909—1949),曾留学日本东京帝国大学和早稻田大学。抗战时,一度在叶剑英领导的南岳游击队训练班执教。1949年受聘上海中华工商专科学校,同时担任交通大学工业管理系兼职教授。1949年5月22日,被国民党逮捕并沉尸黄浦江,时年仅40岁。

⑥ 杨潮(1900—1946年),1914年考入清华大学,1919年参加"五四"运动遭开除。后考入交通大学,1923年毕业。1933年由周扬介绍加入中国共产党。20世纪30年代在上海从事地下工作,以新闻为工具进行革命宣传。1945年7月,在福建的美国新闻处被国民党逮捕。1946年1月,病逝于狱中。1946年5月19日上海各界人士举行了杨潮追悼大会。

⑦ 周均时(1892—1949),1910年考入上海高等实业学堂(交大前身)船政科。1913年毕业后赴德国柏林工业大学。1920年学成回国。1927年起先后任中央大学、暨南大学、大厦大学、重庆大学教授、工学院院长。1940年被教育部任命同济大学校长;1946年任吴淞商船专科学校校长。1946年后,加入中国国民党革命委员会,为重庆地区负责人之一。1949年8月,被国民党当局逮捕;11月27日,在重庆渣滓洞就义。1950年2月,被追认为革命烈士。

⑧ 薛传道(1921—1949),1942年考入重庆交通大学,在校参加民主进步活动,先后担任学生会执委、学生自治会主席、"半月社"社长。抗战胜利后,薛曾任中央工业学校校长秘书,同时被选为国民党三青团中央候补监察委员(后转为国民党中央候补监察委员),但在妻子、共产党员商育辛的影响下,他的进步思想愈加突出,招致当局打压。1949年5月被捕,11月27日英勇就义。1982年11月2日,被追认为革命烈士。

抗战胜利后，中国面临着是回到半殖民地半封建社会，还是建立独立、民主、富强的新中国的两种命运抉择。交大师生从自身的遭遇和广大人民的苦难中觉醒，在中国共产党的领导下开展了如火如荼的爱国民主运动。交大被全市学生誉为“民主堡垒”。三年中交大先后牺牲了 5 位学生，被捕、被通缉和开除的学生有 142 人，但是交大的中共党员人数却从 25 人发展到 294 人（其中 98 人先后去了解放区、香港等地），党的外围组织新青联成员达 400 多人。在交大形成了一个爱国为民、求真务实、敬业律己、为中华之崛起而献身的知识分子群体。这个知识分子群体将会为新生的共和国作出更大的奉献。

交大师生庆解放

附录一

大事年表(1937—1949)

1937 年

7 月 7 日　七七事变,全民族抗日战争开始。

7 月 13 日　交大教授会致电蒋介石和行政院代院长王世杰,提出交大不应脱离铁道部、交通部。

8 月 1 日　行政院决定交大自本日起,由铁道部划归教育部管辖。

8 月 12 日　教育部否定交大内迁请求,通知交大本学期 9 月 20 日开学。

8 月 12 日　图书馆开始将重要图书迁至法租界。

8 月 13 日　淞沪抗战爆发。

9 月 13 日　教育部指令:唐、平两院学生转赴上海交大上课,两院优良师资应由该校依照需要及财力酌量遴用。

9 月 25 日　学校教务会议决:一、从 9 月份起奉令紧缩开支,专任教员待遇照旧,开课确有困难者发生活费,若无故不来者留职停薪。二、本学期学历:10 月 11 日开课,寒假停放,至下年 1 月 31 日终止。

10 月 31 日　上海难民收容所率难民进入交大徐家汇校舍。

11 月 1—4 日　学校人员、器械全部迁往法租界。

11 月 3 日　学校教授会代表钟伟成、丁嗣贤赴南京教育部请求准许交大迁移西南,被拒。

12 月 30 日　日本宪兵队入侵交大徐家汇校园,在校内设立“宪兵队徐家汇分驻所”。

1938 年

2 月 24 日　教育部长函:“学校名义至不得已时,可改为公立或私立,但组织不变。”

3 月　武汉、昆明交大同学会致函教育部希望准许交大迁校。

4 月 8 日　日本东亚同文书院进入交大徐家汇校舍。

5 月 9 日　黎照寰校长致函教育部,要求成立董事会,由董事会出面维持学校事务。

5 月 10 日　教育部、交通部两部函令学校“不得改私立”。

6 月 3 日　学校商借美国学堂操场以作为学生练习汽车驾驶之用,遭拒。

6 月 14 日　学校成立战区学生贷金委员会。

6 月 28 日　教育部高教司致函黎照寰校长,明确表示:“组织董事会一节与部定规程不合,碍难照准。”交通部也表示同样意见,指令校方:董事会“碍难照准”。

7 月 19 日　旅渝交大同学会致函教育部,陈述交大应迁至西南。行政院指令“无庸迁移”。

7 月 28 日　教育部首次举办国立院校统一招生。报考交大 684 人,实际录取 136 人。

9 月 14 日　训育部报告每周日定为无锡国学专修馆馆长唐文治先生的特约讲座。

10 月 3 日　战区学生洪传法、徐质、黄同荫等 17 名准免缴民国 27 年度学费。

11 月 17 日　教育部电告转黎照寰校长,7 月份经费已于 10 月 14 日由中央银行电汇,8、9 月份经费亦于 10 月 17 日、11 月 9 日汇出。

11 月　本届毕业生绝大多数分配内地后方工作。

1939 年

1 月 25 日　学校举行 1938 年度第一学期教务会议。黎校长报告:各课程均照规定开办,教员除外籍外无更动。学生人数略有增加,共 674 人,实施导师制,已聘教员 73 人兼任导师。

2 月 24 日　学校教务会决议,教职员薪金按 8 成发给。

8 月上旬　交通部和西南实业协会来函,要求聘请和介绍交大毕业生去后方工作。

8 月 19 日　黎照寰校长再度请求辞职,请张廷金主持教务会议。会议决定:奉教育部令增加电机和机械系班数,除在沪添报电机工程新生一班外,拟在川增设电机、机械工程各一班,请徐名材主持筹备事宜;通过本校工科研究所组织简章,拟加试行。

9月29日 教育部电告黎照寰校长,本年上海公立、私立专科以上学校毕业生教育部已统筹安排,决定遣送后方服务。1938年度交大有126名毕业生,其中112人分配到内地后方工作。令交通部门18个单位共录用交大毕业生61人。

11月 《交通大学实业管理学会会刊》出版发行。

本年 1923—1926年曾在学校电机科就读的夏采曦在苏联牺牲。

1940年

1月 教育部令交大设电机、机械培训班。电机与机械系,可设置双班。

4月30日 学校向教育部报告核定预算太少,不敷甚巨,请追加。

5月15日 教育部密电黎校长赴渝,黎照寰复电辞行并请求辞职。

5月27日 黎照寰校长回复教育部,他校学生入本校就读之事难以解决。

7月3日 交大四川同学会致函黎照寰:知悉教育部令交大在川筹设分校,愿尽全力为母校服务。

7月19日 重庆商船专科学校请交通大学代办该校在上海招生。

7月29日 教育部电交通大学:一、确定于下学年增设机械系、电机系各一班;二、每班普通设备费2万元,教学设备费10万元,经常设备费3.2万元;三、学生由统考分发;四、新设置的2班应在后方开办,速派员在川筹备,并于本学年开始上课。

夏 本校学生抗日救亡协会已发展会员20余人,在同学中开展读书会等进步活动。

8月29日 黎照寰校长致电重庆教育部,推徐名材在川主持增设电机、机械班筹备事宜。

9月 分校开展筹备工作。

10月30日 教育部致分校主任徐名材训令。附《国立交通大学分校办法》。

11月18日 交大分校在重庆小龙坎正式上课。徐名材为分校主任,陈章为教务主任(兼职),曹鹤荪教授为机械系主任,张钟俊为电机系主任。教员10余人,学生80余人。

1941年

1月 重庆校友发起组织交通大学(上海、唐山、北平)三院校友联合会,筹备成立总同学会。

5月10日 土木系本届毕业生35人,其中16人因抗战需要已提早毕业去后方服务。

6月9日 教育部对交大改名为私立文治大学给黎校长电文:一、校董会规程及章程已悉,章程及校董名单可先予备案;二、校名改私立文治大学可作此准备,非至情形万分困难,非经电呈核准后不可采用,希特别慎重。

6月　本届四年级毕业实习经学校与后方各铁路、公路局联系,仍照例分发,各学院应届毕业生123人,实习遍及华中、华南、西南、西北等23个路局。

7月25日　吴保丰接教育部命令,即日赴交大重庆分校担任分校主任。

9月16日　沪校成立以唐文治等11人组成的学校董事会,正式改校名为"私立南洋大学"。

10月2日　教育部准学校于必要时先对外改名为私立南洋大学,惟文凭可仍用交大名义。

11月19日　黎照寰校长向教育部呈函本年度招收新生情况报告,陈述:报考交大1 156人,录取新生245人,完成1941年度招生任务。

12月1日　学校所租文华油墨厂厂房期满,厂方提出收回。后同意续租,但需增加租金。

1942年

3月24日　文书主任罗君惕赴浙江金华催要办学经费,至4月底经费仍无着落。

4月8日　交大分校在小龙坎举行交通大学成立45周年庆祝大会。

4月14日　分校通过《国立交通大学分校组织大纲》(共29条)。

7月3日　教育部核准分校于下学年增设航空工程学系。

7月　沪校第六次董事会会议决议:学校不关门,校产要保全,在不改组、不改变制度、保存办学宗旨的前提下,与汪伪教育部联系,继续办学;经费要有着落。推举张廷金以代校长身份出面周旋。

8月8日　教育部令交通大学上海总部迁至九龙坡,重庆交大分校并入总校。留在上海租界的交大,改为分校,对外称"私立南洋大学",新学年继续招生。

8月18日　汪伪行政院会议通过决议:恢复国立交通大学。

8月19日　分校主任吴保丰致函中央无线电器材厂重庆分厂,旨在举行征募活动和开展"为母校献金运动"。

8月22日　重庆小龙坎考场遇日机空袭,试场被毁,生物一科停试。

10月17日　教育部令吴保丰代理国立交通大学校长。分校即改为国立交通大学本部。

10月中旬　交大本部由小龙坎迁入九龙坡新校舍。

11月1日 交大本部开始上课。

1943年

1月25日 吴保丰与交通技术人员训练所所长联合呈文交通部，请拨交通队警来九龙坡新址服勤，经常费用由所、校双方负担。

3月上旬 交大本部图书室仅有藏书1 650余部，其中1/3以上系迁至九龙坡新址添置。

4月5日 吴保丰致函军事委员会外事局，告知交大本部此次有17名学生应征通译，现在中训团译训班受训。

4月8日 交大本部在九龙坡校址举行建校47周年纪念活动。

6月 吴保丰奉命接收重庆商船专科学校。

6月 本部举行首届毕业典礼，机械、土木系毕业生共计30人，另管理系5人。

7月20日 交大本部电信研究所经教育部核准正式成立。

8月 交大向教育部报送《学生各种组织概况表》，称学校学生各种组织有：土木系系会、电机系系会、航空系系会、机械系系会、管理系系会、航海系系会、学生自治会、南洋话剧社等8个。

10月3日 交大地下党员宋名适、仇启琴遵照党组织的决定，与校友王天一等一批青年科技人员发起成立"工余联谊社"。

11月5日 张廷金呈函汪伪教育部，要求将同文书院现用之徐家汇本校校舍交回应用。

1944年

1月 交大本部与交通大学同学会合编的《交大友声》第一期出版发行，

2月1日 代理校长吴保丰公布教育部应征四年级学生充任军事译员的命令。

4月 交大用江北溉澜溪分校校舍对换九龙坡交通部技术训练所房舍。

4月8日 交大本部在九龙坡举行建校48周年校庆活动。

8月 本部电信研究所录取硕士研究生7名。

10月14日 教育部训令：国立交通大学校长黎照寰呈请辞职，应予免职。

11月2日 航空委员会下达征召航空、机械、电机、土木四系毕业生入空军机械学院高级训练班受训函，交大号召学生报名。

11 月 27 日　民生实业股份有限公司致函吴保丰:10 万元募捐款已齐备,请学校派员收取。

本年　学校公布《国立交通大学 1944 年新生训练体育测验办法》《国立交通大学 1944 年度新生训练早操办法》《国立交通大学 1944 年度新生训练篮球比赛办法》。

1945 年

3 月 19 日　交大本部从军征兵委员会结束,另成立从军同学服务委员会。

5 月 8 日　马寅初来校演讲,题目是《国际经济趋势与政治的联系》。

6 月 2—4 日　本校 26 名运动员代表出席陪都 48 校联合运动会,获总分第七名。

6 月 21 日　机械系四年级从军学生杨大雄在柳州前线牺牲。

6 月 30 日　教育部训令:任命吴保丰为国立交通大学校长。

6 月　经教育部核准,交大本部将轮机与航海两专修科改为系,学制四年。

8 月 15 日　日本宣布无条件投降,抗战取得胜利。

8 月 20 日　重庆学校召开第一次复员会议。29 日成立复员委员会。

9 月初　交大造船系师生 50 人,乘"江建"轮首批复员,10 月初抵上海。

9 月 21 日　本部教务长李熙谋等人赴中华学艺社接受交大沪校。

9 月 26 日　国民党政府教育部通过《收复区中等以上学校甄审办法》。宣布沦陷区的公立学校为"伪学校",关闭整顿。

12 月 20 日　裘维裕代表教育部京沪特派员办事处与东亚同文书院大学签订交接书。

1946 年

1 月　国民政府取消"伪学校、伪学生",决定建立临时大学,交大沪校归入临大四分校。

2 月 17 日　交大教授会成立。

3 月　交大同学会决定重建新文治堂。

4 月上旬　因物价飞涨,交大教授会议决定实行停教,并联络上海多所高校参加。

4 月 29 日　学校成立校务委员会。

4 月底　渝校第五批师生抵沪。至此,渝校师生全部复员上海,渝校(重庆学校)正式宣布结束。

6 月 15 日　《文汇报》刊登交大学生自治会开展"救灾反内战"活动,大中学校纷纷响应,全市学生开展"救灾反内战"运动。

6月20日 学校呈函教育部,请求恢复交大理、工、管三院。9月19日教育部批复同意。

6月中旬 上海临时大学补习班期满,交大分部707名学生正式转入国立交通大学。

9月 交大地下党总支成立。

10月24日 哲生馆竣工。

1947年

4月4日 交大学生贾子干被美商德士古汽油公司汽车撞死,引发了反美抗暴斗争。

4月8日 学校举办51周年校庆。其间,《交大学报》《交大土木》《管理》《交大工程》《交大电机》《交大造船》等相继出版、创刊。

4月29日 交大成立出版社,校长兼任社长。

4月29日 举办复员后第一届全校运动会。

5月4日 交大学生自治会举办以反内战、反独裁为主题的"五四"文艺晚会。

5月13日 教育部下令交大停办航海、轮机两系,学校成立了护校委员会。学生自开火车、晋京请愿的护校行动。

5月31日 3 000多军警进入交大抓人,季文美等教授发表声明痛斥当局。

7月28日 教育部令准吴保丰辞去校长之职。同日,以教育部次长杭立武为主席的交大整理委员会召开第一次会议。委员会对交大开展了近两个月的"整理"。

9月11日 本市举办专科以上学校国语演讲赛,本校学生获亚军。

9月27日 教育部任命程孝刚为交大校长。程孝刚提出"在安定中求进步"。

9月 理工科一年级的物理实验课恢复到每周一次。

10月19日 通过《国立交通大学教授会简章》(共11条)。

12月26日 交大学生自治会筹办"救饥救寒"义演,筹款1亿元。

1948年

1月1日 本校篮球队获上海大学生篮球联赛冠军。

1月 学校社团登记,全校共有63个社团。

4月8日 举办52周年校庆。《交大机械》《交大轮机》等创刊发行。

5月4日 学生自治会举办主题为"反美扶日"的"五四营火会",全市120余所学校15 000多名学生汇聚交大。

5月中旬　本校117名学生毕业前赴台湾参观考察。

5月22日　上海学联与交大合办"纪念五二〇营火晚会"。本市100多所学校,15 000名学生参加。交大草坪上搭起写有"民主堡垒"字样的牌楼。上海学联宣布交大运动场为"民主广场"。

6月1日　程孝刚在《大公报》上发文反对美国扶持日本。

6月3日　学生自治会举行"反美扶日问题座谈会",邀请市长吴国桢等出席,之后与吴国桢展开"七质八询"的斗争。

6月17日　程孝刚贴出辞职布告。

6月26日　学生自治会邀全市民主人士参加"反美扶日公断会"。

7月15日　教育部任命王之卓代理校长。王之卓提出要"在万分艰苦中求进步"。

7月28日　中央日报发表社论指责交大已成为一个"民主场"。

11月2日　校务会通过交大《聘任委员会简章》。

11月　面向广大学生教学的普通化学实验室建成。

年底　国民党政府提出"应变"口号,企图把学校迁往台湾,学校利用"应变"口号开展护校斗争。

1949年

1月11日　交大地下党建立党的外围组织"交大新民主主义青年联合会"。

1月28日　学校应变委员成立,校长为常务委员会主任。

3月下旬　学生自治会举行"真假和平辩论会"。

4月26日　夜2点,国民党军警铁甲车撞开交大后门,逮捕学生56人。

4月30日　国民党军队进驻学校。

5月20日　在校外被捕的交大学生地下党员穆汉祥、"新青联"会员史霄雯被秘密杀害。

5月25日　上海解放。

附录二
主要办学章程(1937—1949)

国立交通大学学籍规则草案(1942—1948)

第一章　招生及入学

第一条　本大学于每学年之始招考各系科一年级新生一次，其投考资格必须曾在公立或已立案之私立高级中学毕业或具有高级中学毕业同等学力者。

第二条　本大学于每学年之始招考研究所一年级新生一次，其投考资格必须曾以公立或已立案之私立大学或独立学院有关学系毕业，呈验大学各年级所习学程绩单经审查合格者。

第三条　本大学各院系二、三年级如有空额时得招考转学生。于学年之始与一年级新生招考同时举行之。其投考资格必须曾在公立或已立案之私立大学或独立学院修满与所投考学系相同之学系之一年级或二年级学程得有转学证书并经审查成绩合格者。

第四条　本大学各专修科二年级如有空额时得招收转学生。于学年之始与一年级新生招考同时举行之。其投考资格必须曾在公立或已立案之私立大学或专科学校修满与投考学科相同之学科一年级学程得有转学证书并经审查成绩合格者。

第五条　本大学一年级新生及转学生入学考试分为笔试、口试及体格检验三种均须及格后始得录取。入学考试笔试科目分别如下：

一、理学院及工学院各系一年级应试科目

(一)国文,(二)英文,(三)数学甲(高等代数、解析几何、三角),(四)物理甲,(五)化学甲,(六)中外史地及公民。

二、管理学院运输管理、财务管理两系一年级应试科目

(一)国文,(二)英文,(三)数学丙(代数、平面几何、三角),(四)中外历史及公民,(五)中外地理,(六)理化。

三、管理学院航业管理、电信管理两系一年级应试科目

(一)国文,(二)英文,(三)数学乙(高等代数、解析几何、三角),(四)物理乙,(五)化学,(六)中外史地及公民。

四、各专修科一年级应试科目

(一)国文,(二)英文,(三)数学(代数、平面几何、三角),(四)理化,(五)中外史地及公民。

五、转学生应试科目除按投考系科分别参加系科一年级新生应试科目处并须加试各该系科主要专门科目两项,其科目另定之。

六、研究所一年级应试专门科目至少三项,由各所分别决定之。

第六条　本大学各系科所除轮机工程及航业管理两系限收男生外其余均男女兼收。

第七条　本大学每年招生之招考日期、地点、报考手续、笔试科目及招收名额等另订招生简章公布之。

第八条　一年级新生及转学生录取后须于规定入学期内前来本大学办理入学手续,其详细办法另载入学通知,凡逾期不到校办理入学手续者即取消其入学资格。

第九条　凡一年级录取新生于入学后第一学期内不得呈请休学。

第十条　本大学各系科有空额时得酌收选课生,其入学资格以在工厂公司或机关服务并由原机关介绍,经本大学各该院系科审查合格既教务长核准者为限,选课生无正式学籍每学期至多选习三学程,并酌收选课费。

第十一条　旧生应于每学期规定入学期内一律到校办理注册手续,其因病或因事不能于规定期内到校办理注册者,应于注册期前书面向教务长陈明理由,附呈证件申请给假,经核准后始得延迟注册,惟至多以三星期为限,如注册期前未经准假而逾期不来办理注册手续者,概作自动退学论。

第二章　转院转系

第十二条　本大学一年级新生及四年级学生不得申请转院转系。

第十三条 本大学二、三年级学生申请转院转系者,须于上学期结束前遵照教务处规定时期,办理申请手续,惟转院系均以一次为限。

第十四条 本大学专修科学生不得转入各院系。

第十五条 申请转院转系学生须教务长及转出入院系之院长系主任根据该生过去成绩初步审核提交教务会议决定之。

第十六条 各系各级转出转入学生名额均不得超过该系该级原有学生总数之十分之一。

第十七条 如申请转院转系学生其以前参加之入学考试科目程度与拟转院系有不同者,应令该生重行参加拟转院系之入学考试。

第十八条 转院转系学生一经转入各该系后,凡该系以前所规定必修学程有未修习者须尽先修习之。

第三章 考试

第十九条 本大学各系科考试分毕业考试、学期考试、月考三种,月考由教员自行指定时间举行其次数至少与该学程之学分数相等,毕业考试及学期考试均由注册组排定日程及座次举行,未经教务处核准不得变更。

第二十条 各学程不论一学期内授毕与否,概须于该学期结束时举行学期考试。惟设计绘图等学程得由院系决定,不举行学期考试,但仍须事先通知教务处。

第二十一条 各教员应按照学生平时作业酌记分数,除月考外并得适应情形之需要举行临时测验所有分数归入平日积分内计算。

第二十二条 平时积分包括日常习题、口试答问、临时测验及月考等项,凡平时积分不满四十分者,由教员通知注册组扣除该生该学程学期考试。

第二十三条 学生参加考试必须遵守“考试规则”,如有违犯情事应予照章惩处,其“考试规则”另订之。

第四章 缺席

第二十四条 学生缺席分缺课与旷课二种,准假缺席为缺课,未经告假未准者为旷课。

第二十五条 凡学程讲授一小时者缺课一小时为一次,实验设计绘图等课三小时或两小时连续者,缺课也作一次计算。

第二十六条 学生请假手续应依照本大学“学生请假规则”办理,请假规则另订之。

第二十七条　学生在告假期内，不论教员缺席与否，凡既经请假之课程概作缺课论。

第二十八条　学生在上课点名十分钟后始到教室者概为迟到，迟到三次，以缺课一次论。

第二十九条　学期考试期间学生因亲丧或重病等事故请假者须附缴证件呈请教务长核准。

第三十条　凡在一学期内各学程之缺席总数超过全学期授课时间总数三分之一以上者不得参加学期考试。

第三十一条　凡在一学期内有缺课时，须依次数照后列缺课扣分表扣除其平日积分成绩，旷课一次照缺课三次计算。

第三十二条　凡在一学期内缺席次数超过该学程授课时间三分之一以上者不得参加该学程之学期考试。

第三十三条　表中所列扣分，以每学期十八星期计算，如学期时间过短或过长时得由教务处按照比例另列扣分表办理之。

第五章　学程学分及成绩

第三十四条　各学程除不举行学期考试者外，其学期成绩之计算，以学期考分百分之四十，平时积分占百分之六十。如遇特殊情形得由教员商请院长系主任另行酌定办法。

第三十五条　凡不举行学期考试之学程得以平时积分为学期成绩。

第三十六条　各学程采取学分制，凡每学期每周上课一小时并须二小时以上之自习者或实习二小时至三小时者为一学分。各学程之学分数由各院系根据此项原则拟定后提出院务会议议决定之，不属院学程之学分数由主任教授拟定后提出教务会议决定之。

第三十七条　学期平均成绩以学分为根据，其计算方法如下：

甲、以学程之学分数乘该科之学期成绩其所得之数为学分积。

乙、每学生每学期所习各学程之学分数相加得学分总数。

丙、每学生每学期所习各学程之学分积相加得学分。

丁、以学分总数除学分总积得学期平均成绩。

第三十八条　各学程之学期成绩不得与该学程之他学期成绩平均计算。

第三十九条　本大学各系科学程之学期成绩概以六十分为及格，一百分为满格。

第四十条　研究所学程之学期成绩以上十分为及格，一百分为满格。

第四十一条　每学期学生所修功课不得少于十四学分，至多亦才得超过肄业系科规定该学期应选学分五分之一,如遇特殊情形经院长系主任特准者,得酌予增加。惟凡由他校转入学生及本校转院转系学生每学期选修学程不得超过规定学分。

第四十二条 学生选课于每学期开学注册后办理,选课办法另定之。学生须遵照选课办法于规定时间内办妥选课手续,除曾因特殊事故经呈请教务长核准者外,逾期一律不得补办。

第四十三条 学生未经正式选课或办理加选手续者,虽经随班听讲所参加考试概不给学分亦不计成绩。

第四十四条 学生已选某学程因故须退选者,应于规定期内办妥退选手续,其未经及时退选擅自放弃者,该学程以零分计算。

第四十五条 凡选修学程不及格者,不得修习有连贯性之较高深学程。

第四十六条 凡选修学程既经选习即与必修学程同样办理。

第四十七条 各院系科所各年级必须选修学程及其每周授课时数学分数、选修学程等另订学程一览表规定之。

第六章 补考留级停学

第四十八条 学生学期成绩凡不及格学程之学分总数不超过该学期实际选习学分总数三分之一,其所有不及格学程之分数在四十分以上者得予补考一次,补考成绩及格者,概以六十分计算不及格者应令重读。

第四十九条 学生学期成绩凡不及格学程之分数不满四十分者不得补考应令重读。

第五十条 必修学程二种或二种以上,经重读仍不及格者应令退学。

第五十一条 学生学期成绩不及格学程之学分总数超过该学期实际选习学分总数三分之一者,不得补考,应令留级。

第五十二条 留级生之该学年其他及格学程成绩,凡在七十分以上者得予承认,其不满七十分者,不计成绩应令重读。

第五十三条 凡因前学期成绩不良照章须令留级之学生,如其次学期可选之学程不及十四学分应停学一学期,停学期满须于规定期内到校复学。

第五十四条 留级生以后各学期中,尚仍有不及格学程之学分总数超过该学期实际选习学分总数三分之一以上时,不得补考,应令退学。

第五十五条 学生学期成绩不及格学程及学分总数超过该学期实际选习学分总数二分之一以上时不得补考,应令退学。

第五十六条　学期考试期间凡因亲丧或重病等不得已事故请假，经事前提出证件，呈请教务长核准者，所有未参加学期考试之学程得准予补考，其补考成绩九折计算再与平时积分合计后作为该学程学期成绩。

第五十七条　补考于次学期注册前二星期内办理由注册组排定日程及座次举行之，凡应行参加补考学生须先期到校以便按时应试。

第五十八条　补考一次为限，如未按时参加补考，不论任何事故不得再行请求补考，所有各该学程之学期成绩凡前曾参加学期考试者以原分数计算如未经参加学期考试者，以零分计算。

第五十九条　凡无学期考试而以平日积分作为学期成绩之学程，其成绩于学期结束前送交注册组，凡不及格或成绩不全者，应令重读。

第六十条　月考如因病或因事经告假核准者，应凭假条向授课教员陈明并商请予以补救办法，不得于学期考试结束后再补月考。

第六十一条　研究生不及格学程，一律不得补考其成绩在六十分以下者必须重读。

第七章　休学复学

第六十二条　学生如因重病须休学者，应由家长或保证人书面申请并附医师证明书经教务员核准后得休学一学期或一学年，必要时并得连续请求延长一学期或一学年，但总共不得超过二学年，其继续休学手续必须于应行复学之学期开学前办妥，逾期作自动退学论，休学时先须办理离校手续完竣及缴还注册证后，始可由校发给休学证明书。

第六十三条　学生休学期限未满不得申请复学，休学期满请求复学须于规定开学日期前两周内缴还休学证明书，呈请教务长核准始可复学，逾期不到者，作自动退学论。

第六十四条　休学生复学时应在原肄业院系科组相衔接之年级，肄业休学时学期成绩尚未结束者，复学时不得请求补考应仍编入原级肄业。

第六十五条　在学期考试举行前一月以内不得呈请休学。

第六十六条　学生因违犯校规或疾病经校医查明，得由校勒令停学或休学若干时年。

第六十七条　一年级新生在未修毕第一学期以前不得呈请休学。

第八章　退学

第六十八条　有下列情形之一者，应令退学。

(甲) 学业成绩不合格照章应令退学者。

(乙) 身体过弱或有严重病症，经校医查明，不能留校求学者。

(丙) 因不得已事故自动申请退学者。

(丁) 休学期满未如期来校申请复学或继续申请休学以及休学逾规定期限不能继续准者。

(戊) 事前未经呈请准假，逾期到校注册选课者，凡退学学生除品行不良情节严重者外，得申请给予修业证明书或转学证书。

第九章　毕业

第六十九条　本大学各院系学生在修业期限至少须满四学年。

第七十条　各院系学生除应修满上条规定修业年限外并须满足下列各条件始得毕业授予学士学位。

(甲) 肄业院系所规定之必须学程均经修习及格。

(乙) 及格学分数满一百四十四学分。

(丙) 凡经选习之选修学程完全及格。

(丁) 体育军训三民主义均及格。

(戊) 论文及格。

第七十一条　本大学各专修科学生在校修业期至少应满两学年并须于假期赴校外实习。

第七十二条　各专修科学生除应修满上条规定修业年限，并经实习期满得有实习证明外，并须满足下列各条件始得毕业。

(甲) 肄业专修科规定之必须学程均经修习及格。

(乙) 体育军训三民主义均及格。

(丙) 在校外实习得有合格证件。

第七十三条　研究所学生除论文必须及格外并须修足三十二学分其中成绩在七十分以下六十分以上者，不得超过十学分，始得毕业，并授予硕士学位。

第七十四条　研究所学生修业期限为两学年除情形特殊经审查会特准者外，无论毕业与否不得延长修业期限。

第七十五条　研究所学生论文审查办法另订之。

第七十六条　凡本大学毕业生如欲继续入本大学其他系科肄业者其毕业总平均成绩须在七十五分以上，并经教务长及有关院长系主任核准后得自第三学年第一学期起读以前必修学程,有未修习者须尽先修习之。

第七十七条　本大学毕业生如欲入本校同系他组肄业者,其毕业总平均成绩须在七十五分以上,并经教务长及有关院长系主任核准后得自第三年级或第四年级第一学期起读,以前必修学程有未修习者,须尽先修习之。

第十章　附则

第七十八条　本规则经教务会议通过后,呈请校长核准公布施行,如有未尽事宜得随时修正之。

国立交通大学重习、留级、停学、休学、退学规则(1942—1948)

第一条　凡仅有积分而无考试科目,如学生因旷课过多致功课欠缺而积分在六十分以下四十分以上者,准其于次学期补考以前补足(例如补缴图画,补足试验或设计等)。

第二条　凡学生对于所读各科目有下列情事者必须重习。

(甲) 学期成绩不列等(不满四十分)者。

(乙) 因平时积分不满四十分而扣除学期考试者。

(丙) 因请假缺课及旷课过授课时间三分之一未经特准而扣除学期考试者。

(丁) 因考试犯规而扣考者。

(戊) 凡补考不及格者。

(己) 凡无须考试之科目其积分不满四十分者。

(庚) 凡学生未经准假而未参加学期考试者。

(辛) 凡合于本规则第一条之规定而不如期补足者。

第三条　学生学期成绩不及格科目之学分数逾该学期修习学分总数三分之一者,不得补考。在第一学期须令停学一学期,期满后仍留原级。在第二学期须令留级,留级后对于已习之及格科目得酌予免读。

第四条　学生因疾病或受伤须长期休养治疗者经校医验明得请求休学。

第五条　学生因家庭事故请求休学者须有家长亲笔签名盖章函件到校申请。

第六条　凡请求休学学生一经核准即须离校至复学时方得返校。

第七条　休学学生得请求延长休学时期惟休学时期超过二足学年者不得请求复学。

第八条　休学学生在校核准休学期满后,不请求延长休学,亦不如期返校者即作退学论。

第九条　凡学生有下列情事之一者应令退学。

(甲) 学期成绩不及格科目之学分数逾该学期修习学分总数二分之一者。

(乙) 必须科目重读一次仍不及格者。

(丙) 留级学生学期成绩不及格科目之学分数仍逾该学期修习学分数三分之一者。

(丁) 考试舞弊者。

第十条　一学年内不及格之科目必须于第二学年内补读以一次为限。

第十一条　各科目之先修科目未及格者该科目准予旁听但不计学分。

第十二条　一学期内至少须读十四学分。

第十三条　新生甄别考试不及格者,其不及格之科目必须补读。

第十四条　本规则经教务会议通过校长核准后公布施行。

第十五条　本规则如有未尽事宜得由教授二人以上之提议按照前条规定手续修正之。

各系主任会议议决助教工作规定

一、助教工作应如何规定案

议决:助教以担任下列各项工作为原则:

A. 指导学生实验及实习;

B. 批阅设计及制图图卷;

C. 批阅习题及报告;

D. 其他教务事项由系主任指派者。

二、助教每周工作考绩应如何规定案

议决:至少以十学分为原则其计算方法如下:

A. 实验实习有报告批阅者,每三小时作二学分,无报告者作一学分。

B. 设计或制图随班上课须批阅图卷者,每三小时作一学分半,不随班上课作一学分。

C. 批阅习题每学程每组二十人至四十人二学分,在三小时以下者作一学分。

D. 系主任临时指派工作不以学分计算。

国立交通大学教授会简章(1947 年 10 月)

一、定名　本会定名为国立交通大学教授会。

二、宗旨　本会以增进同仁福利,协助学校发展为宗旨。

三、会员　凡本校专任教授副教授均为本会会员。

四、组织

(甲)本会设理事七人组织理事会,理事由大会票选之,互推一人为主席,执行大会议决案及处理一切会务。

(乙)本会得设各种委员会,其人选由大会票选之,各委会办事细则另订之。

五、任期　理事任期以一学年为期,连选得连任。

六、职权　本会为本校最高评议机构。

七、会期　会员大会于每学期开始时及终了时各举行一次,理事会每月举行一次。理事会由理事主席召集之,会员大会由理事会召集之,临时大会由理事会或会员七人以上之联署提请理事会召集之。

八、开会及决议　以会员过半数为开会法定人数,表决时以出席人数之二分之一以上为表决法定人数。凡会员因故不克出席者得以书面委托代表,惟每人以代表其他会员一人为限。

九、提案　会员提案提交理事会整理之。

十、经费

(甲)会员会费每人每学期 20 元。

(乙)学校补助。

十一、附则

(甲)本简章经会员大会通过施行并送请学校备案。

(乙)本简章如有未尽事宜得提出大会修正之。

本校教授休假进修办法(1948 年 12 月)

(一)本校为奖励教授进修起见,根据教育部三十年八月公布一八〇一一号部令,订定本办法。

(二)凡在本校专任教授连续服务七年以上者,依照部颁大学及独立学院聘任待遇暂行规则第十五条之规定,得有离校考察或研究一年之机会。

(三)第二条所称连续在本校任教其继续在奉令改组或合并之前之服务年得合并计算。

(四)教授休假进修,每年每系暂定一人,其教授人数在八人以上者至多二人,总数由学校按照经费情形决定之,但其先后次序,以年资为标准,各年资相同者,由聘任委员会投票决定之。

(五) 凡教授有休假进修资格而超出本校名额者,得由学校呈请教育部照章办理之。

(六) 教授休假期间所缺课程,应由原系科其他教员分别担任,不得因此增聘专任教员。

(七) 教授休假期间仍领原薪津。

(八) 申请手续由系科办理之,办理时须备送下列各件:

(甲) 履历表。

(乙) 在服务期间之研究报告或著作。

(丙) 进修计划。

(九) 经本校核准休假进修之教授,本校得委托担任视察讲学及审查事项,其旅费得由学校酌予补助。

(十) 申请休假进修之教授因限于名额未经核定者,得保留于下年度办理之。

(十一) 教授进修期满时应有返校继续服务之义务。

(十二) 教授在进修期满时应就考察或研究结果详具报告。

(十三) 本办法只限于国内休假进修,俟环境许可时,国外进修办法另定之。

后　记

在学校党政的领导下，在校史编纂委员会和校史编写团队十多年的精心编研、反复打磨下，《上海交通大学史》八卷本，在校庆120周年来临之际，正式推出了。其中1—4卷，于2011年校庆115周年时问世，并荣获中国高等教育学会“第八次优秀高等教育科学研究成果”著作类一等奖。

《上海交通大学史》是由十余位老中青结合的研究人员参与编著而成的学术著作，是集体智慧的结晶。编纂的指导思想、体例原则、结构框架、重大问题的把握等都经过集体讨论研究，比较全面地记录了上海交通大学从1896年到2006年110年的办学历程和发展轨迹。在编纂中，努力将110年的交大发展历史置于中国近现代社会经济、政治、文化的巨大背景中进行研究。全书采用纵横交叉、点面结合、宏观与微观统一的方法，紧扣学校发展的主要内涵，全方位、多角度、有侧重地展示学校不同时期的发展历程。从浩瀚的文书档案等第一手资料和召开有关专题座谈会、组织个别访谈交流中，深入挖掘和研究校长办学理念、教师敬业教学、学生勤奋学习、校友爱校情结等生动事例与精神品格；同时，也不忘长年在基层守护交大一草一木的普通员工，多角度展现交大历史长河中的个人魅力与人生智慧，尽可能做到见物、见人、见情。全书图文并茂，力求既具学术性，又有可读性。

《上海交通大学史》第四卷由漆姚敏同志撰写第一、二、三、四、五、六章；陈泓同志撰写第七、八、九章。在编著过程中，王宗光、潘铉、叶敦平、毛杏云、范祖德等同志对大纲的确定、初稿讨论、书稿审阅付出了艰辛的劳动。

上海师范大学叶书宗教授对书稿进行了认真地审读。曹子真、陈警众等同志给予大力帮助。朱积川同志提供了部分照片。曹志芳同志做了很多文字录入工作。学校党史校史研究室、档案馆、出版社鼎力支持。写作过程中使用了西安交通大学档案馆所藏的档案资料。在此谨表示诚挚的谢意!

由于学校历史悠久,文献史料丰富,编纂任务艰巨,编写水平和编纂时间有限,书中难免有疏漏和失当之处,敬请广大读者、同行、专家、校友批评指正。

《上海交通大学史》编写组

2011 年 2 月第一稿

2016 年 2 月修订